A Vida do Lado de Fora

A Vida do Lado de Fora

Uma presença fiel na filosofia, na teologia e nas ciências

Pedro Dulci (org.)

Copyright © 2021 por Thomas Nelson Brasil

Todos os direitos desta publicação reservados por Vida Melhor Editora Ltda.

Os pontos de vista desta obra são de total responsabilidade de seus autores, não refletindo necessariamente a posição da Thomas Nelson Brasil, da HarperCollins Christian Publishing ou de sua equipe editorial.

Publisher	*Samuel Coto*
Editor	*Guilherme Lorenzetti*
Preparação	*Bruna Gomes*
Revisão	*Edson Nakashima* e *Paulo Nishihara*
Diagramação	*Luciana Di Iorio*
Capa e projeto gráfico	*Kaiky Fernandez*

Dados Internacionais de Catalogação na Publicação (CIP)

V69 A vida do lado de fora : uma presença fiel na filosofia, na teologia e nas ciências / organização Pedro Dulci. - 1.ed. - Rio de Janeiro : Thomas Nelson Brasil, 2021.
  304 p.; 15,5 x 23 cm.

  Vários autores..
  ISBN: 978-65-56894-65-2

  1. Artes. 2. Filosofia. 3. Tecnologia. 4. Teologia. 5. Vida cristã. I. Dulci, Pedro..

09-2021/49   CDD 261.57

Índice para catálogo sistemático:

1. Religião e arte : Cristianismo   261.57

Aline Graziele Benitez - Bibliotecária - CRB - 1/3129

Thomas Nelson Brasil é uma marca licenciada à Vida Melhor Editora LTDA.

Todos os direitos reservados à Vida Melhor Editora LTDA.
Rua da Quitanda, 86, sala 218 — Centro
Rio de Janeiro — RJ — CEP 20091-005
Tel.: (21) 3175-1030
www.thomasnelson.com.br

Este livro possui recursos extras

Use o *QR Code* abaixo para ter acesso a uma curadoria de filmes, séries, músicas e outros recursos complementares.

*Prefácio: formação acadêmica livre,
  por Igor Miguel* — 9

*Introdução a um livro que não mudará o
  mundo, por Pedro Dulci* — 13

*Apresentação: formação teológica
  contemporânea, por Pedro Dulci* — 21

I	O drama da doutrina	55
II	Uma fé para a vida	73
III	Filosofia cristã	91
IV	A certeza da fé	109
V	A Trindade contra as tretas	127
VI	Uma fé que traz luz	151
VII	A vida do lado de fora	173
VIII	Trabalhando pelo bem comum	193
IX	Nossa relação com o dinheiro	211
X	Deus é criativo	231
XI	Palavra e natureza	251
XII	De volta para o futuro	271

*Conclusão: a sapiência para além da
  proficiência, por Kaiky Fernandez* — 289

Recursos adicionais — 295

PREFÁCIO
A formação acadêmica livre

Roger Scruton (1944–2020) escreveu um importante ensaio intitulado "O Fim da Universidade", que, a propósito, foi lindamente traduzido pela querida Ana Staut. Por meio de sentenças cuidadosamente elaboradas, o filósofo britânico faz uma análise honesta sobre o "fim" da universidade em um sentido duplo: seu propósito e seu fracasso institucional.

Quanto ao seu propósito, a universidade tem a missão de prover os saberes e conhecimentos necessários para a propagação da cultura, o desenvolvimento pessoal e o amadurecimento da comunidade humana. Ela é ontologicamente uma instituição que tem por finalidade (*telos*) promover o conhecimento. Quando instituições de Ensino Superior fracassam nesse propósito, elas se descaracterizam e se tornam outra coisa. O mais comum hoje em dia é encontrar faculdades ou departamentos acadêmicos que mais se parecem com centros de militância política, plataformas partidárias, templos religiosos, instituições financeiras ou empresas. Essas sobreposições de lógicas institucionais estranhas à universidade produzem uma deformidade ontológica, e aqueles que buscam em uma instituição acadêmica o "conhecimento" acabam por se frustrarem, pois ela foi instrumentalizada para outros fins. A consequência mais desconcertante dessa descaracterização é que esse cenário tende a tratar o conhecimento como algo que precisa ser desconstruído e problematizado. Sempre há um ar de cinismo quanto à possibilidade de se conhecer e de se ter acesso a alguma verdade.

A deformidade ontológica da universidade resultará, segundo Scruton, em um outro "fim", nesse caso, a destruição da própria universidade. O autor percebe essa tendência principalmente nos cursos de ciências humanas. Como são territórios tomados por agendas políticas, projetos de revolução cultural, afirmações identitárias e críticas constantes a todo o saber historicamente acumulado, as universidades acabaram se transformando em lugares onde o conhecimento é vilipendiado. Todo saber está ali para ser esquartejado, desmontado e se tornar, enfim, estilhaços de algum objeto agora impossível de ser identificado ou analisado.

Não entrarei no mérito de como as abordagens críticas caem em um tipo de argumento circular e de como há muito de falacioso no método aí adotado. Entretanto, mesmo diante de toda a fumaça que há nesse incêndio revolucionário, algo deve ser considerado: há muita gente em busca de conhecimento autêntico; gente interessada em construir ao invés de desconstruir, de edificar ao invés de implodir. A razão para a popularidade do desconstrucionismo no meio acadêmico parece óbvia: é muito mais fácil demolir uma catedral milenar do que lançar seus fundamentos, o que dirá, então, terminá-la.

Mas onde apreciar a arquitetura de um conhecimento autêntico quando a universidade está em crise em relação ao que é bom, belo e verdadeiro? Como ser propositivo e adquirir conhecimento em um cenário de incertezas, saberes fluidos, hiperperspectivismo, relativismo moral e pós-verdade? Uma constatação filosófica é que os dias são de crise epistemológica, isto é, de uma dúvida obsessiva sobre a possibilidade de qualquer conhecimento.

O cenário se torna ainda mais nebuloso para aqueles que desejam conhecer a partir de concepções de mundo ou de tradições rejeitadas por grupos que, hoje, têm a hegemonia do pensamento acadêmico. Cristãos, judeus, muçulmanos ou hinduístas não têm tanto espaço para partilhar suas respectivas epistemologias. O cristianismo e o judaísmo, particularmente, são tidos como crenças regidas pela visão de mundo de brancos, ricos e burgueses, mesmo o cristianismo sendo uma religião negra e que está em vias de se tornar a religião do sul global.

O cristianismo, a tradição intelectual na qual estou inserido, se apresenta como um depósito de teólogos, filósofos, educadores e cientistas. Suas práticas eram afetadas por concepções de ser, de mundo, de humanidade, de natureza e de cultura derivadas da singularidade da fé no Deus Trino e na autorrevelação de Deus como entregue pelas Escrituras Sagradas.

O cristianismo imagina e interage com o mundo de uma forma completamente diferente do conhecimento que optou pela desconstrução histórica. Vale lembrar que não há um problema no direito de se afirmar uma crença na descrença; contrassenso é sua promoção com fins intelectualmente hegemônicos. Como se pode ver, algumas vezes — só algumas? — até o anticolonialismo pode ser colonialista.

O cristianismo, por sua vez, afirma a possibilidade de um autêntico conhecimento sobre Deus e a realidade. Ele acredita que, apesar das limitações cognitivas impostas por problemas espirituais profundos, o ser humano pode cooperar para que transformações e avanços culturais significativos aconteçam. Por outro lado, o cristão não é ingênuo. A noção de queda exige certa prudência epistêmica, quase um tipo de ceticismo (porém, sem negação) quanto à capacidade da razão e do conhecimento formal.

Infelizmente, em muitos contextos, o ceticismo cristão foi exagerado e transformou-se em anti-intelectualismo. Por outro lado, é inegável que muitos cristãos não viram qualquer tensão entre sua fé e a atividade intelectual; pelo contrário, encontraram na fé a maior motivação para se envolverem com a reflexão e a investigação científica e acadêmica.

No mundo moderno, pressões do secularismo dificultaram a integração entre a fé cristã e o ambiente acadêmico. Uma vez que o cristão se torna consciente da sua própria tradição e visão de mundo, ele se vê, frequentemente, diante do seguinte dilema: como se envolver com uma área de conhecimento acadêmico a partir da tradição intelectual da sua comunidade de fé?

Aparentemente, com exceção de algumas poucas instituições confessionais, a universidade tem se tornado um ambiente pouco favorável, e muitas vezes até hostil, à integração entre fé cristã e atividade acadêmica. Todo aluno cristão que luta para manter sua fé integrada à vida acadêmica sabe que a vida universitária parece um trabalho missionário entre povos não alcançados, o que me leva a pensar se, de fato, não seria exatamente este o desafio missiológico do cristão no *campus*.

Não acho que seja necessário nos retirarmos da universidade. Pelo menos em nosso contexto brasileiro, a "opção beneditina" ainda não é bem uma opção. Porém, paralelo à atividade acadêmica, o cristão terá que, muitas vezes, procurar aquilo que Scruton chama de *underground seminaries* (seminários clandestinos), ou seja, agremiações acadêmicas livres que se colocam como produtoras de conhecimento e espaços de reflexão. O fato de serem livres não implicaria, porém, em menos rigor ou baixa qualidade acadêmica. Embora o título de universidade não seja uma garantia de que esse tipo de problema não aconteça, é possível oferecer conhecimento acadêmico autêntico e de qualidade em ambientes livres e explicitamente confessionais.

Pensando nisso, iniciativas de formação livre em teologia, filosofia, ciências políticas, arte e cultura devem ser vistas como ótimas opções por cristãos que desejam integrar sua fé a seus saberes acadêmicos. Nesses ambientes será possível criar uma verdadeira rede de cristãos comprometidos com a sua confessionalidade e, ao mesmo tempo, intelectualmente engajados.

Os cristãos continuarão na universidade, manterão seus diplomas, publicarão em periódicos e prosseguirão com suas pesquisas, mas encontrarão em ambientes confessionais livres a inspiração e o subsídio para, além disso, demonstrarem que sua visão de mundo pode contribuir muito para soluções, pesquisas e reflexões de interesse comum.

Não tenho dúvidas de que a internet viabilizou ainda mais a disponibilidade de formação confessional livre. É claro que essa é uma área que ainda exige muita criatividade, inovação, investimento e responsabilidade acadêmico-teológica, mas é justamente por isso que os cristãos precisam considerar este o cenário perfeito para a promoção e o avanço de uma inteligência cristã — em nosso caso, que seja particularmente reformada e evangélica.

Nos últimos anos, tenho procurado fornecer conhecimento teórico e metodológico sobre como os cristãos podem pensar uma pedagogia cristã que não sirva apenas para escolas confessionais e para a igreja local, mas que também contribua para a vida comum e para a sociedade como um todo. Ocupo-me com o tema porque estou convencido de que além de termos uma rica e longa tradição pedagógica, também temos subsídio para incorporar saberes científicos que não conflitam, mas que trazem importantes contribuições para o desenvolvimento de uma filosofia e metodologia de aprendizagem.

Enfim, ando às voltas não somente com a necessidade de se criar espaços e contextos de reflexão livre em pedagogia cristã, mas também com a necessidade de agregar soluções metodológicas para que se ensine mais e melhor. Mais do que nunca, é fundamental que se recupere a figura do professor-mestre, isto é, do docente erudito, aquele que também conta com bom domínio didático. O primeiro exige formação cultural, e o segundo, formação pedagógica e metodológica, mas não conheço programas de formação docente que combine ambos. Temos, assim, o cenário perfeito para a criação de plataformas de formação livre e complementar em pedagogia.

Igor Miguel, teólogo, pedagogo, mestre em letras (língua hebraica) pela FFLCH/USP, presidente da Associação Kuyper de Estudos Transdisciplinares, diretor da ONG e-Missão e pastor na Igreja Esperança, em Belo Horizonte (MG). Autor de *A escola do Messias* (Thomas Nelson Brasil).

INTRODUÇÃO A UM LIVRO QUE NÃO MUDARÁ O MUNDO
Pedro Dulci

Sozinhos, os livros não conseguem transformar a realidade em que estão. Por mais importantes que tenham se mostrado na história da humanidade, é necessária toda uma rede de relações humanas e institucionais para que, então, eles possam cumprir o seu papel. É inegável que, por meio de boas obras literárias, temos acesso às histórias, aos conceitos e às teses mais diversas, encarregadas da importantíssima função de nomear acontecimentos. Ou seja, elas dão nomes a processos e dinâmicas da realidade que poderíamos até já experimentar de forma inconsciente, mas que, antes de uma boa leitura, não tínhamos condições de entender por completo. *Contrario sensu*, também é verdade. A partir de uma boa leitura, inicia-se uma conversa com o autor, que compartilha suas ideias, cria conceitos e nos ajuda a nomear experiências que agora passam a ser compartilhadas. Nesse sentido, os bons livros ajudam a nos orientar na realidade. A leitura se torna um instrumento básico para o bem viver, nos enriquece e contribui para uma existência mais caracteristicamente humana.[1] Uma obra se tornará um clássico pela sua capacidade perene de continuar nomeando acontecimentos da criação ao longo dos séculos e despertando a imaginação de seus leitores para novos diálogos. Existe, portanto, um vínculo estreito entre a escrita e leitura de livros, e a realidade do mundo que eles nomeiam.

No entanto, mesmo com toda a vivacidade que a leitura de bons livros pode suscitar, não basta nomear e conhecer a teoria certa para transformar o mundo. Essa é uma afirmação forte, e não gostaria que ela soasse pessimista ao leitor que acaba de comprar um novo volume para sua biblioteca. Na verdade, é uma hipótese que facilmente pode ser comprovada por quem ama ler e já se apaixonou pelos conceitos teológicos e filosóficos, ou pelas histórias dos heróis da fé. Quantos de nós já não nos questionamos por que alguns dos entusiastas que descobrem os conceitos de "cosmovisão cristã", "soberania das esferas", "teologia pública" — ou então a biografia de homens como Abraham Kuyper e Herman Dooyeweerd — viram apaixonados por esses temas, mas não conseguem transformar sua realidade na mesma proporção de sua empolgação? Por que o melhor livro já escrito sobre a vida e a obra de Kuyper não tem condições de deixar o mesmo legado kuyperiano no Brasil? Ou seja, por que não é suficiente descrever e nomear os processos de transformação social empreendida pelo neocalvinismo na Holanda para desencadear as mesmas dinâmicas por aqui?

O leitor verá esses nomes sendo repetidos várias vezes ao longo das próximas páginas. Eles foram escolhidos como exemplo porque são as referências de nossa abordagem em teologia pública. Entretanto, precisamos lidar, logo nas primeiras páginas, com questões incontornáveis. Se a teologia reformada, em seus desenvolvimentos neocalvinistas e

---

[1] cf. ADLER, Mortimer J.; DOREN, Charles Van. *A arte de ler: como adquirir uma educação liberal* (São Paulo: É Realizações, 2017), p. 12.

na filosofia reformacional, são abordagens tão frutíferas à cultura, por que seus expoentes contemporâneos — incluindo a nós mesmos, no presente livro — não são bem-sucedidos em transformar o mundo à imagem e semelhança das páginas daquela história?

Para começar, podemos dizer que existe uma grande tentação de esteticismo teológico. Ou, ainda, em termos menos técnicos, o que o pastor e teólogo alemão Helmut Thielicke (1908-1986) chamou de "o perigo do belo" em suas *Recomendações aos jovens teólogos e pastores* (1959). Apesar de a beleza da glória de Deus ser o fim para o qual ele criou toda a realidade, a hipertrofia do modo estético de funcionamento na realidade pode trazer problemas graves. O inusitado é que esses problemas tradicionalmente estariam ligados à indústria cultural, às grandes mídias ou até mesmo aos circuitos artísticos. No entanto, os pastores da igreja e sua formação teológica não permaneceram imunes à espetacularização da sociedade — e aqui está o risco de se apaixonar muito mais pela teoria kuyperiana do que pelas realidades mais profundas que ela sinalizava. Thielicke coloca esse perigo da seguinte forma:

> Não estou muito certo se devo ou não dizer o que direi agora. Pois não desejo privar o combate espiritual de sua alegria nem gostaria de ver o entusiasmo intelectual e estético e a bênção do amor intelectual a Deus serem trocados pelas suposições cansadas de um velho (que, espero, vocês não pensem que eu sou!). Permita-me expor agora a hipertrofia do esteta teológico (quem negaria que esse tipo encontra-se facilmente em muitas cátedras de Teologia?) como uma doença muito real, embora possa às vezes ser também uma febre benigna, salutar. Minha tese é a seguinte: cada conceito teológico que impressionar vocês deve ser considerado um desafio à sua fé. Não aceite sem refletir que você crê em tudo que o esclareça intelectualmente e o impressione teologicamente. Caso contrário, de repente você não estará mais crendo em Jesus Cristo, mas em Lutero ou em um de seus professores de Teologia.[2]

Apesar do receio de que a vida intelectual característica daqueles que lidam com conceitos e reflexão seja trocada pela experiência de um velho professor de teologia, ainda assim Thielicke é contundente: não se apaixone pelos conceitos que nomeiam a realidade. Não se torne um devoto de Lutero, Calvino, Kuyper ou Dooyeweerd. Eles devem ser meios por meio dos quais Deus desafiará sua fé; caso contrário, rapidamente não estaremos mais empenhados com a fé em Cristo, mas devotos de uma escola teológica preferida. Esse é o perigo do belo, contra o qual o esteta teológico tem de lutar para que o seu coração não seja constantemente assediado. É nesse sentido que Thielicke continua sua recomendação dizendo que: "um dos combates mais difíceis na experiência do professor [e do estudante] de Teologia vem do fato de que, pelas razões que já mencionei, a teologia boa e respeitável — não mera teologia dissoluta e fervilhante de heresias — é uma ameaça à nossa vida pessoal de fé".[3] Veja o quão forte é essa afirmação! Se tenho as afeições do meu coração emparelhadas com a mera beleza de um sistema teológico, sem a diligência de me lembrar de que aquela teologia cumpre a função de esclarecer, nomear e até desafiar os processos típicos da nova vida em Cristo, posso colocar em risco minha fé. A teologia passa a funcionar como

---

[2]THIELICKE, Helmut. *Recomendações aos jovens teólogos e pastores* (São Paulo: Vida Nova, 2014), p. 51.
[3]Ibid., p. 52.

uma mediadora da minha relação com meus irmãos, com a realidade e, pior, até com Deus! — tornando-se, assim, uma disciplina perigosa.[4]

É claro que a beleza de um conceito brilha aos nossos olhos porque estávamos carentes de respostas para perguntas que tínhamos em nossa caminhada como discípulos de Jesus. É por isso que gostamos tanto de falar sobre cosmovisão, soberania de esferas, Kuyper, Dooyeweerd, e assim por diante. Todavia, os conceitos, como respostas às nossas perguntas, não podem subtrair a beleza do fim em si mesmo, que é a caminhada com Cristo. Justamente, é por tudo isso que, em primeiro lugar, livros, sozinhos, não conseguem transformar o mundo. Ou, se me permitem citar uma vez mais Thielicke: "a fé precisa ser mais do que um mero objeto enlatado nos livros ou engarrafado nos cadernos, de onde possa, no momento certo, ser transferida para nosso cérebro".[5]

Não obstante essas circunstâncias bastante pessoais do trabalho teológico, existe ainda um segundo fator determinante para a não transformação da realidade mesmo em face da publicação de excelentes livros. Esse elemento adicional não é de natureza normativa, como os conceitos e as descrições teóricas presentes nas obras teológicas; nem mesmo de natureza existencial, como a tentação esteticista dos teólogos. Pelo contrário, trata-se de uma espécie de condição de possibilidade contextual tanto para que conceitos tenham ressonância na realidade, quanto para que indivíduos tenham protagonismo cultural na esfera pública. Seguindo a função de criar conceitos e dar nomes aos acontecimentos da criação,[6] vamos chamar de "alicerces comunitários" o segundo elemento necessário para que livros transformem o mundo.

Essa é uma metáfora abundante nas Escrituras e foi retirada do ambiente da construção civil. Ela busca destacar um caráter específico de uma edificação cujos alicerces estão enterrados no solo e, portanto, invisíveis aos nossos olhos, sendo, no entanto, responsáveis pela sustentação de toda a parte visível da construção. Nesse sentido, nossa intenção é a mesma quando insistimos em "alicerces comunitários" como condições de possibilidade tanto para o florescimento de conceitos teológicos, quanto para o protagonismo pessoal na esfera pública. Queremos chamar a atenção do leitor para um aspecto da vida cristã responsável pela sua vitalidade, mas que, além de negligenciado, também é inglório quando comparado somente com o brilhantismo das biografias dos heróis da fé ou com a beleza sedutora dos sistemas teológicos. Apesar de serem os grandes feitos públicos de Kuyper ou as conquistas intelectuais de Dooyeweerd que atraem nossa atenção, por baixo dessa arquitetônica teológico-filosófica existe uma estrutura pesada de alicerces comunitários que não pode ser desprezada — caso contrário, a mera reprodução de suas ideias e trajetórias de vida não produzirá o mesmo efeito na realidade.

Alicerce comunitário é a rede de relações interpessoais das famílias, igrejas e Estados que fornecem o sustentáculo a todo esforço visível das demais comunidades voluntárias de uma sociedade, suas instituições, seus artefatos culturais, seus movimentos e iniciativas teóricas e práticas, que dali florescem. Isso é notório na história de Kuyper e da filosofia reformacional, para aproveitarmos o exemplo que temos usado. Uma informação curiosa que poucos sabem é que, quando o estadista holandês terminou sua formação na Universidade de Leiden

---

[4]DOOYEWEERD, Herman. *No crepúsculo do pensamento ocidental* (Brasília: Monergismo, 2017), p. 182.
[5]THIELICKE, *Recomendações*, p. 52.
[6]DELEUZE, Gilles; GUATTARI, Félix. *O que é a filosofia?* (São Paulo: Editora 34, 1992).

e dirigiu-se para o seu primeiro pastorado na igreja rural de Beesd, ele simplesmente não podia ser considerado alguém nascido de novo! Ao chegar àquela igreja formada por agricultores iletrados e pessoas muito simples, Kuyper encontrou a trama comunitária necessária para marcar seu ministério perenemente. Essa igreja não só recebeu um pastor que ainda "não estava pronto", como também orou por ele, apresentou-lhe as antigas doutrinas da graça, ensinou-lhe o calvinismo e lhe deu todas as condições comunitárias de florescer como teólogo e estadista. Olhando em retrospecto, o próprio Kuyper confessa que aqueles dias foram paradigmáticos: "com o conhecimento da Bíblia que eu havia recebido na Universidade, eu não conseguiria mensurar aquele povo simples", isso porque a própria relação que os habitantes de Beesd mantinham com a Bíblia estava longe do liberalismo teológico de Leiden, "e não apenas conhecimento bíblico, mas uma cosmovisão cristã bem ordenada de estilo reformado tradicional".[7] O que Kuyper encontrou ali foram justamente alicerces comunitários para poder florescer como um ser humano à imagem e semelhança de Cristo Jesus.

Poderíamos seguir oferecendo vários exemplos de como esse princípio opera na sustentabilidade dos artefatos culturais, dos princípios teológicos e das trajetórias pessoais. A exemplaridade do ministério de Jonathan Edwards, por exemplo, nunca seria possível sem os alicerces comunitários não só de sua família, mas de toda a comunidade ao redor — Edwards também fez parte de uma igreja rural muito simples; os membros dessa igreja precisavam atravessar um rio a nado para chegar ao culto.[8] Veja o vigor dessas comunidades! Como delas não poderiam surgir pessoas como Edwards ou Kuyper? Como os conceitos de "afeições religiosas" ou "soberania das esferas" não floresceriam em um contexto alimentado por essas comunidades? Assim, o mérito não recai apenas sobre o brilhantismo de Edwards e de Kuyper, ou mesmo sobre a força dos próprios conceitos teológicos que eles articularam. Passamos a perceber como essas comunidades, de profundos alicerces comunitários, forneceram bases sólidas para um ajuste fino entre aspectos teóricos normativos, experiências existenciais significativas e a consideração do contexto situacional em que estavam inseridos.

Em cada um desses exemplos, o que está em operação são as três comunidades morais fundamentais: família, Igreja e Estado. Veja que em nossa definição de alicerces comunitários fizemos uma distinção entre a rede de relações interpessoais que surgem dessas três comunidades e as demais agremiações humanas que chamamos simplesmente de voluntárias, isto é, todas as associações, instituições e movimentos que fazem parte das sociedades. Enquanto as três primeiras devem ser tomadas como naturais, todas as outras precisam ser vistas como culturalmente construídas. Essa diferenciação não é mero capricho sociológico, mas deve ser preservada em razão de suas características internas. Quem explica o que está envolvido nisso é o próprio Dooyeweerd quando argumenta que as comunidades naturais têm por diferença específica o fato de estarem "destinadas a englobar seus membros a um grau intensivo, continuamente ou pelo menos por uma parte considerável de sua vida, e assim por diante, em um caminho independente de sua vontade. Segundo a visão cristã, seus tipos básicos diferenciados são fundados em uma instituição divina especial".[9] Ou seja, a característica que distingue

---

[7] KUYPER, Abraham. *Confidentially*. In: BRATT, J. D. *Abraham Kuyper: a centennial reader* (William B. Eerdmans Publishing Co, 1998), p. 55.

[8] MURRAY, Iain H. *Jonathan Edwards: uma nova biografia* (São Paulo: PES, 2015), p. 37.

[9] DOOYEWEERD, Herman. *A new critique of theoretical thought* (Paideia Press; Reformational Publishing Project, 2016), 3.2.1, § 3, p. 187.

as famílias, a Igreja e o Estado é o fato de essas comunidades terem sido divinamente fundadas. O jurista holandês explica um pouco mais o que isso significa:

> A comunidade familiar natural (tanto em seu sentido mais amplo quanto mais estreito) é aquela em que o ser humano nasce. O mesmo vale para o Estado; embora seja possível obter cidadania também de outras formas, nenhum cidadão é capaz de mudar sua nacionalidade à vontade. A comunidade institucional da Igreja recebe os filhos dos pais cristãos como seus membros pelo batismo e, como tais, eles continuam a pertencer a essa comunidade por meio de um vínculo independente de sua vontade, até que atinjam seus anos de discernimento. Esse traço institucional está ausente nas seitas que rejeitam o batismo infantil e, às vezes, estão mesmo sem organização institucional.[10]

Imagino que o teor muito técnico das palavras de Dooyeweerd incomodem o leitor. Entretanto, o que parece mais estranho aos olhares contemporâneos é chamar de "naturais" comunidades como a Igreja e o Estado. Podemos até compreender que a comunidade familiar encontra sua função fundante no aspecto natural, uma vez que é ali que um ser humano nasce e recebe sua orientação para o florescimento ético — uma vez que é no seu interior que todo o capital moral será cultivado.[11] Todavia, estamos tão acostumados a manter laços comunitários morais superficiais com nossas igrejas e até mesmos com nossos Estados, que nos esquecemos de que, em uma visão cristã das instituições sociais, eles também têm a função divinamente ordenada de integrar os seus membros desde os primeiros dias de sua vida e independentemente de sua vontade. Não temos espaço, nem é o nosso propósito discutir aqui a doutrina do batismo infantil, nem o alistamento militar obrigatório, mas eles são aspectos distintos dessa mesma compreensão intensiva e duradoura das instituições naturais da Igreja e do Estado, assim como da família.

Dentre muitas implicações políticas que poderíamos tirar dessa cartografia social que Dooyeweerd nos oferece, o que precisa ficar evidente para os propósitos desta introdução é que dois dos maiores males que alguém pode oferecer para as comunidades às quais pertence são a pressa e a inconstância. As três comunidades morais fundamentais precisam de muito tempo para consolidar seus processos de formação de capital moral. Isso significa dizer que leva muito tempo para formar um bom pai e uma boa mãe, para educar bem os filhos, para cultivar uma boa congregação e até mesmo para edificar uma nação. *Contrario sensu*, também é verdade. Não é possível abrir mão dos membros dessas comunidades morais sem colocá-las em risco: não dá para "trocar" de esposo, de pastor, de igreja e de endereço sem colocar em risco a existência dessas comunidades. O que a teoria cristã das instituições sociais nos ensina é que o capital moral floresce somente com o trabalho de muitos anos e a partir de alicerces comunitários muito profundos. Esse é o segundo e mais importante fator que impede um livro de mudar o mundo por conta própria. São necessários alicerces comunitários.

A situação é muito diferente quando falamos de todas as outras comunidades associativas que nascem a partir dessas três células originais de uma sociedade. Segundo os termos técnicos dooyeweerdianos: "todas as outras comunidades sociais mostram a natureza das

---

[10] Ibid., 3.2.1, § 3, p. 187, tradução livre.
[11] KUIPER, Roel. *Capital Moral: o poder de coleção da sociedade* (Brasília: Monergismo, 2019), p. 147.

associações voluntárias. Estas originam-se das relações interpessoais e intercomunais livres e diferenciadas [...] Elas são, consequentemente, baseadas no princípio da liberdade de se reunir e poder sair".[12] Ao contrário das comunidades naturais, as associações culturais são voluntárias e marcadas pelo princípio da total possibilidade de entrada e de saída a qualquer momento, sem que isso coloque em risco a existência daquela associação. Se a separação de um casal pode ser fatal para uma família, isso não é o caso quando mudo de emprego, quando troco de universidade ou quando resolvo sair de um clube de livros. Essas comunidades associativas precisam de mobilidade — se estamos presos a um trabalho, por exemplo, estamos vivendo em condições análogas às da escravidão, e isso é uma degeneração social. As únicas comunidades que precisam de um vínculo moral intensivo da nossa parte são as famílias, as igrejas e os Estados. É claro que empresas, universidades e demais institutos sociais tradicionais são muito mais valorizados do que aqueles que surgiram recentemente. Entretanto, não podemos lidar com os matrimônios, as igrejas e os nossos países segundo os arroubos da minha livre vontade ou conforme os ditames do mercado de trabalho, por exemplo.

Não preciso de argumentos filosóficos para esclarecer esse ponto. Conhecemos várias histórias. Quantas famílias, igrejas e até mesmo Estados deixaram de existir porque seus membros abandonaram o projeto no meio do caminho? Quão prejudicado é o desenvolvimento integral de uma criança sem o registro de seu pai? Quão abalada fica uma igreja na troca constante de seus pastores e membros? Ou até mesmo quão marcada fica uma nação quando todo um grupo social decide migrar porque as condições políticas ou econômicas não são mais favoráveis? Países inteiros foram à falência quando seus empresários ou cientistas desistiram de insistir na história do seu Estado. A analogia que o professor e ex-senador da Holanda Roel Kuiper escolheu, falando de "capital" moral, não é fortuita. Assim como o dinheiro, a tradição moral é fácil de ser despendida, mas difícil (e demorada) de ser acumulada. Felizmente, o Ocidente tem uma inquestionável "herança" cristã que não permite sua cultura simplesmente colapsar diante do descaso ético em que vivemos. No entanto, os alertas de decadência civilizacional apontam justamente para o quão pródigos temos sido em gastar a herança que recebemos — e quão impacientes temos sido para cultivar o capital moral.

Agora temos condições de, finalmente, concluir nossa resposta sobre a razão de bons livros não serem suficientes para transformar a realidade. Voltemos nossos olhares para o Brasil e vejamos como estamos imersos em mero esteticismo conceitual em razão da falta de alicerces comunitários. Nossas igrejas, em uma situação como a das fazendas da colônia de Edwards ou dos agricultores de Beesd, teriam sucumbido. Muitos cristãos não atravessam a rua para irem ao culto, quanto mais cruzarem um rio a nado! Algumas comunidades com muito mais recursos não têm sobrevivido nem com um pastor nascido de novo, quanto mais tendo de orar e zelar por um pastor descrente. Esses são exemplos de como nossos alicerces comunitários são frágeis e superficiais. Não temos sido diligentes em cultivar o capital moral necessário a ponto de formarmos uma tradição que possa contribuir para o zelo pela cristandade; estamos ocupados demais lutando pelo básico e contra o bizarro.

Onde está a dignidade deste livro, portanto? É claro que ele é rigoroso na apresentação de conceitos corretos, dos paradigmas de teologia pública e dos modelos filosóficos. Entretanto, não pode ser visto apenas como um repositório frio de ideias oriundas da preocupação de

---

[12] DOOYEWEERD, *A new critique of theoretical thought*, 3.2.1, § 3, p. 189.

cultivarmos, por longos períodos, profundos alicerces comunitários. Talvez nesse aspecto ele tenha uma diferença específica que o destaque: é uma obra concebida por muitas mãos. Não convidamos autores aleatórios, pelas suas competências intelectuais, ou reunimos apenas os seus textos mais brilhantes para formar um livro que, por si só, teria condições de mudar o mundo. Mais do que comunicar raciocínios claros, nele também queremos mostrar uma comunidade de amigos que caminharam juntos por muitos dias e deram à luz ideias no contexto de uma comunidade alicerçada sobre o mais sólido fundamento em que qualquer projeto humano pode se sustentar, como é o caso da Igreja de Cristo, que é a casa de Deus, a coluna e fundamento da verdade (1Tm 3:16).

Minha oração é que não só cada ideia, mas também a exemplaridade da própria comunidade que se formou voluntariamente ao seu redor possa contribuir para sua edificação! Boa leitura.

Pedro Dulci é filósofo, casado com Carolinne e pai do Benjamim. Tem doutorado em Filosofia pela Universidade Federal de Goiás — com período de pesquisa na Universidade Livre de Amsterdã — e é cofundador e coordenador pedagógico do Invisible College, além de pastor efetivo da Igreja Presbiteriana Bereia, em Goiânia. Atualmente está cursando o doutorado em Ministério no Missional Training Center sob a supervisão do professor Michael W. Goheen. Interessa-se por filosofia contemporânea, teologia bíblica e ministério pastoral.

Apresentação

Pedro Dulci

FORMAÇÃO TEOLÓGICA CONTEMPORÂNEA
Aprendizado ao longo da vida e crescimento espiritual por meio da educação online

Como responder teologicamente a um tempo que não conhecemos?
A interpretação sobre o que é o contemporâneo tornou-se um campo de tensões e disputas. Alguns o enxergam como algo realmente novo, da ordem de uma ruptura sem precedentes, que institui características inauditas. Outros o encaram a partir de uma continuidade levada a suas últimas dimensões, como se o hodierno encontrasse raízes nas práticas e configurações do antigo regime. *Modernidade líquida*, *hipermodernidade* ou *pós-modernidade* nomeiam tentativas teóricas de apreender o complexo arranjo de padrões mentais, experiências pessoais e práticas sociais que constituem a fisionomia espiritual do nosso tempo.[1]

Existe, entretanto, uma dimensão da contemporaneidade que escapa a qualquer modelo teórico de interpretação. Trata-se justamente do seu caráter aberto e desconhecido, algo típico dos dias que ainda nos reservam surpresas próprias da vida debaixo do sol. Sou obrigado a concordar com o filósofo italiano Giorgio Agamben, em seu pequeno ensaio intitulado "O que é o contemporâneo?" (2009), no qual ele argumenta basicamente que: "contemporâneo é aquele que mantém fixo o olhar no seu tempo, para nele perceber não as luzes, mas o escuro".[2] Nesse caso, ser contemporâneo é ter uma habilidade bem distinta de simplesmente saber o que está claro diante dos olhares de todos. Na verdade, trata-se, justamente, de ser capaz de se conscientizar daquilo que ainda está imerso na obscuridade do tempo presente e trabalhar mergulhado nessa ausência de luz. Produzir qualquer artefato contemporâneo é trabalhar no escuro.

Para começar a nos orientar nessa ausência de luz, o filósofo italiano levanta duas perguntas muito interessantes que nos ajudam a lidar com aquilo que nos é mais urgente. São elas: "De quem e do que somos contemporâneos?" e "Antes de tudo, o que significa ser contemporâneo?".[3] A segunda pergunta já é quase um truísmo quando se procura entender algum fenômeno da realidade. Um primeiro passo incontornável é perguntar o significado daquela experiência. No entanto, a primeira questão nem sempre é lembrada para compreender o nosso tempo — e ela é muito mais frutífera que a segunda, em uma primeira abordagem. Quando nos lembramos de quem e do que somos contemporâneos, começamos a delinear o tipo de interlocutores que temos e as dimensões dos nossos desafios.

A essa altura de nossa argumentação, toda a reflexão filosófica começa a tomar mais corpo — e ficar desesperadora. Isso acontece quando nos lembramos de que somos contemporâneos tanto de Judith Butler quanto de Pabllo Vittar, tanto de Jordan Peterson quanto de

---
[1] Gilles Lipovetsky (*hipermodernidade*); Bruno Latour; Zygmunt Bauman (*modernidade líquida*); Jean-François Lyotard (*pós-modernidade*) e Charles Taylor são alguns dos autores engajados nessas tentativas.
[2] AGAMBEN, Giorgio. *O que é o contemporâneo? e outros ensaios* (Chapecó: Argos, 2009), p. 62.
[3] Ibid., p. 57.

Felipe Neto; além de plataformas como *YouTube* e *TikTok*, ou ainda de *influencers* reais como também virtuais — seja a Maya, da Puma, ou a Lu, do Magazine Luiza, que recentemente gravou um clipe com o *DJ* goiano Alok. Somos contemporâneos da internet das coisas, do isolamento social, do individualismo inaudito e da indiferença em todas as facetas da vida afetiva — e começar a perceber isso é o primeiro passo para manter os olhos não nas luzes do nosso tempo, mas no escuro dele.

Nesse cenário é que se insere a pergunta fundamental do presente capítulo: como ensinar e aprender teologia em um tempo assim? Como produzir teologia no escuro, sem saber claramente quais são os desafios a que estamos respondendo? Ser um discípulo de Jesus na contemporaneidade significa sermos fiéis no escuro daquilo que nos é atual. Essa sempre foi uma preocupação específica do Invisible College como instituição de ensino e de pesquisa teológica, que acreditamos ser do interesse de toda a igreja de Jesus contemporânea.

Boa teologia deve ser contemporânea

Algumas diferenciações podem nos ajudar nesse momento. Gosto muitíssimo de como o teólogo norte-americano Heath Lambert chama a atenção para a natureza teológica de nosso dia a dia como discípulos de Jesus. Enquanto diretor executivo da *Association of Certified Biblical Counselors*, Lambert tem preocupações voltadas ao aconselhamento bíblico, mas sua argumentação também é útil para nós de maneira geral. Basicamente ele diz que muitas pessoas não assumem a natureza teológica daquilo que fazem cotidianamente — como aconselhar alguém, por exemplo. Isso acontece porque "muitos creem que teologia é o que futuros ministros do evangelho estudam em seminários, a fim de se qualificarem para conduzir a igreja e pregar sermões ou ir para o campo missionário. Eles não entendem que a teologia desempenha um papel sério em ajudar pessoas com seus problemas por meio do aconselhamento".[4]

Ou seja, ao reduzir o lugar da teologia a um saber técnico de pastores e líderes da igreja, vários discípulos de Jesus perdem um instrumento importantíssimo para a compreensão dos seus problemas pessoais e coletivos. É nesse momento, então, que ele nos apresenta uma das melhores compreensões do que é a tarefa teológica contemporânea:

> Boa teologia deve ser teologia contemporânea. Teologia contemporânea não significa que devamos desenvolver novas verdades em cada época. Em vez disso, significa que procuramos compreender como as antigas verdades da Palavra de Deus se aplicam ao nosso cenário contemporâneo. Muitos manuais de teologia cristã foram escritos durante a história da igreja. Você pode imaginar por que escritores cristãos continuam a produzir novos trabalhos de teologia quando há tantos do passado? Uma razão é que a igreja, continuamente, confronta novas ameaças à verdade da Palavra de Deus. Quando isso acontece, cristãos devem tomar o texto antigo das Escrituras e aplicar de tal forma que se tornem relevantes para aquele momento. A boa teologia não é apenas a recitação do que a igreja tem crido, embora isso seja importante. Inclui, também, o que a igreja deve crer hoje em meio às ameaças contemporâneas.[5]

---

[4] LAMBERT, Heath. *Teologia do aconselhamento bíblico* (Editora Peregrino, 2017), p. 15.
[5] Ibid., p. 16.

Existe aqui um condensado de motivações teológicas que precisa ser descompactado e aplicado a nosso próprio contexto. O que está pressuposto nessa definição é a compressão de que a boa teologia consiste na cuidadosa interpretação do texto bíblico, isto é, em sua compreensão, mas não entendida como um fim em si mesmo. O correto entendimento da revelação normativa da Escritura se faz acompanhar de uma devida aplicação à situação e à existência das pessoas. Isso explica a multiplicação de trabalhos teológicos sobre os mesmos temas ao longo da história do dogma. A teologia se preocupa com o que toda a Bíblia ensina para hoje. É por isso que boa teologia é sempre teologia contemporânea. É essa compreensão que nos livra da sedução de todo aprendiz de teologia de querer desenvolver novas verdades em cada época sujeitando o texto bíblico ao espírito do seu tempo.

Em lugar dessa tendência, o que se espera dos teólogos e das teólogas é a habilidade de compreender a perenidade da revelação divina, por meio da intenção dos autores bíblicos, em ajuste fino às estruturas literais, que, então, serão recebidas e aplicadas pelos leitores em seus contextos de vida. Autor, texto e leitor mantêm-se em um arranjo não reducionista, que respeita o texto bíblico e coloca homens e mulheres em trabalho teológico genuinamente contemporâneo.[6]

Quando somamos essa compreensão da teologia, proposta por Lambert, àquela interpretação do contemporâneo, de Agamben, temos diante de nós um desafio educacional para todos aqueles que pretendem aprender e ensinar teologia "no escuro" das questões contemporâneas. É preciso conscientizar-se de que pesa sobre os ombros de cada nova geração a tarefa de aprender as formas de pensamento, as posturas de vida e as configurações sociais do tempo em que Deus a colocou. Para dispormos a questão nos termos do sociólogo canadense Charles Taylor, em seu trabalho seminal para todo aquele que pretende entender nosso tempo, *Uma Era Secular*:

> acreditar em Deus não significa exatamente a mesma coisa no ano de 1500 e em 2000. Não estou me referindo ao fato de que até mesmo o cristianismo ortodoxo passou por mudanças importantes como, por exemplo, o "declínio do inferno", novos entendimentos da expiação). Até mesmo com respeito a proposições de fé idênticas existe uma importante diferença [...]. A diferença à qual me refiro acima é aquela de toda a estrutura de fundo a partir da qual alguém acredita ou se recusa a acreditar em Deus. As estruturas de ontem e de hoje são qualificadas respectivamente como "ingênuas" e "reflexivas", pois a última reabriu uma questão que havia sido fechada na primeira pela forma não reconhecida do *background*. A mudança de *background*, ou melhor, a ruptura com o pano de fundo anterior torna-se mais evidente quando focalizamos determinadas distinções que fazemos hoje.[7]

Chamamos de cristianismo contemporâneo o imperativo, sobre os discípulos de Jesus de hoje, de entenderem que seus interlocutores não pressupõem mais os conteúdos da fé cristã. A grande transformação que a sociedade ocidental experimentou, dando lugar ao que Charles Taylor chama de era secular foi, *grosso modo*, a passagem de um pano de fundo

---

[6]Cf. VANHOOZER, Kevin J. *Há um significado nesse texto?* (São Paulo: Edições Vida Nova, 2006), p. 234 e ss.
[7]TAYLOR, Charles. *Uma Era Secular* (São Leopoldo: Editora Unisinos, 2010), p. 27.

religioso tácito para o esfacelamento vertiginoso de múltiplas crenças produzidas a partir da reflexibilidade dos indivíduos. Os desafios de compartilhar a fé cristã assumidos por Lutero e Calvino eram muito diferentes daqueles enfrentados por Kuyper e Bavinck, que, por sua vez, vão se afastando a cada dia daquilo a que nós temos que responder.

Não é nosso propósito nem temos espaço para explicar o que significa essa mudança — o próprio Taylor gastou 900 páginas para explicar como tudo isso aconteceu —, mas o que é mais importante nesse processo é entender como deixamos padrões cognitivos, experienciais e sociais de aceitabilidade ingênua da mensagem cristã para uma era em que a autonomia do indivíduo assumiu níveis tão agudos que nada mais poderia ser recebido sem passar pelos seus crivos reflexivos. Comentado a obra de Taylor, James K. A. Smith explica que: "a nossa era é 'secular', de acordo com Taylor, não por causa de um índice de participação religiosa (ou de sua ausência), mas sim em razão dessas manifestações de contestação de sentido. É como se as catedrais ainda estivessem de pé, mas com seus alicerces erodidos".[8]

A grande e aparentemente exclusiva questão de nosso tempo é o florescimento dos indivíduos. Nesse sentido, tudo foi colocado sob suspeita e investigação para se avaliar se realmente contribui para a afirmação da vida individual — ou se deve ser descartado por enfraquecer os propósitos narcisistas do humanismo autossuficiente de nossa era.[9] Vale dizer, ainda, que não há retorno possível para um antigo regime antes da secularização. O fervor e a devoção não podem desfazer a mudança nas estruturas de reflexividade e contestabilidade da crença que caracterizam nossa época. Não há como desfazer o secular. O que nos resta, portanto, é apenas o dever de aprender como não pensar, crer e viver de forma secular.

Não é preciso muito esforço para entender como essas transformações alteraram substancialmente o trabalho de vivenciar e compartilhar a fé cristã no contemporâneo — uma vez mais o escuro de nosso tempo se mostrando. A necessidade mais fundamental do ser humano, de ser confrontado em seu pecado, continua inalterada. Isso é normativo, e mudança temporal nenhuma a revogará. Entretanto, de uma perspectiva situacional, a forma como os indivíduos experimentam essa condição alienada de Deus, varia e necessita de tratamentos novos e criativos.[10] Essa conscientização não só faz surgir novos trabalhos teológicos sobre os mesmos temas tratados há anos, como mostrou Heath Lambert, como também coloca a necessidade de novas instituições educacionais.

---

[8] SMITH, James K. A. *Como (não) ser secular: lendo Charles Taylor* (Brasília: Monergismo, 2021), p. 33.

[9] Será exatamente essa análise que permitirá Taylor concluir que: "A partir dessa perspectiva, é possível oferecer essa descrição de uma linha da diferença entre tempos mais antigos e a Era Secular: uma Era Secular é aquela na qual o eclipse de todas as metas que vão além do florescimento humano se torna concebível, ou melhor, enquadra-se na variedade de uma vida imaginável para multidões de pessoas. Essa é a ligação crucial entre a secularidade e um humanismo autossuficiente" (TAYLOR, *Uma Era Secular*, p. 34).

[10] Em sua excelente obra introdutória à argumentação de Charles Taylor, o filósofo canadense James K. A. Smith amplia e nos explica um pouco mais o que significa essa necessária mudança ministerial operada na era secular: "é suficiente dizer que os paradigmas que você trouxe ao seu ministério falharam em dar conta de sua experiência até então. Você pensou que estivesse se dirigindo a um mundo igual ao seu, só que sem Deus; mas, na verdade, você se deslocou para um mundo inteiramente diferente. Acontece que não é o Areópago da experiência de São Paulo (em Atos 17), onde as pessoas se devotavam a todos os tipos de divindades e você acrescentava mais uma ao panteão deles ao falar sobre o único e verdadeiro Deus. Não! Aparentemente, muitos conseguiram construir um mundo de significados que não é de modo algum perturbado por questões acerca do divino embora esse mundo possa ainda ser assombrado de várias formas, assombrado por aquele 'quase'" (SMITH, *Como (não) ser secular*, p. 8).

Está implícito em todo esse raciocínio que novas organizações são criadas com projetos pedagógicos distintos também para fazer frente às novas ameaças à verdade da Palavra de Deus. A motivação de inaugurar escolas de teologia tais como o Invisible College, por exemplo, está em ajudar homens e mulheres a compreender o texto antigo das Escrituras e aplicá-lo ao contexto em que estão de tal forma que se torne relevante. Não é sem motivo que uma das imagens bíblicas para a revelação de Deus é "lâmpada" para os nossos pés e "luz" para o nosso caminho (Salmos 119:115) — o que nos traz muita esperança quando no núcleo do trabalho contemporâneo está o escuro e o desconhecido.

Vale dizer ainda, no entanto, que não é exclusividade do Invisible College a percepção de que a boa teologia não pode reduzir-se a mera recitação daquilo em que a igreja tem crido. A partir dos anos de 1960 teve início na parte norte do continente americano um movimento de centros cristãos de estudo que influenciaram muitíssimo todo e qualquer trabalho de formação teológica contemporânea. Ocupar-se brevemente com a história desse movimento pode nos ajudar muitíssimo a entender, mais uma vez, de quem somos contemporâneos e o que significa ensinar a igreja a crer hoje, em meio às ameaças contemporâneas.

Estudando teologia em um seminário clandestino

Nenhum movimento de renovação teológica, seja em seu currículo ou mesmo em sua produção, emerge do absoluto nada. É necessário determinar algumas de suas causas para compreender a natureza dos efeitos que elas produziram e como moldaram, ainda hoje, uma visão renovada do ensino e da aprendizagem teológica. Para isso, uma das melhores introduções escritas a respeito de todo o contexto histórico, teológico e até mesmo pessoal da biografia dos envolvidos na renovação pedagógica da formação espiritual do século 20 é o livro de Charles E. Cotherman intitulado *To Think Christianly* (2020).

O objetivo da investigação de Cotherman é a história específica da fundação do L'Abri, pelo casal Francis e Edith Schaeffer, bem como do Regent College, pelo professor James Houston. Para ele, essas duas instituições foram os catalisadores de um movimento maior de centros cristãos de estudo na parte norte da América — apesar de não terem sido as primeiras nem as exclusivas influências sobre as diversas organizações que surgiram naquele período.[11] A despeito dos limites, que precisam ser apontados, do impacto dessas duas comunidades de aprendizado, acreditamos que ambas são determinantes, ainda hoje, para moldar a fisionomia dos principais centros de educação teológica e formação espiritual existentes — por isso são influências incontornáveis d iniciativas como o Invisible College.

Apesar dos históricos acadêmicos e eclesiásticos muito diferentes dos Schaeffers e de Houston, Cotherman concorda que, na década de 1960, era virtualmente impossível não ter sido impactado pelo exemplo e obra do pastor e teólogo alemão Dietrich Bonhoeffer

---

[11] O primeiro exemplo do modelo apresentado pelo autor foi a Faith-and-Life Community, sediada na Universidade do Texas, em Austin a partir de 1952. Ademais, é importante lembrar que Francis Schaeffer tinha sido aluno no Westminster Theological Seminary em um decisivo momento para o movimento fundamentalista americano, em que seus professores, como Cornelius Van Til assumiram protagonismo. Por fim, ainda é necessário lembrar que o professor Houston tinha sido comtemporâneo de C. S. Lewis na Inglaterra, assimilando muitíssimo de sua maneira de conduzir e fomentar a mente cristã para, em seguida, trazer para o Regent College. Cada um desses momentos e instituições são importantíssimos para o cenário teológico americano e europeu, ainda que não seja o foco de nossa atenção. Precisamos nos lembrar também da obra de Paul Bramadat sobre a Inter-Varsity Christian Fellowship, *The Church on the World's Turf: an evangelical Christian group at a secular university* (Nova York: Oxford University Press, 2000).

(1906-1945) na fundação do seu seminário clandestino em Finkenwalde, no interior da Alemanha — um dos mais paradigmáticos exemplos do conceito de *underground seminary*, de Roger Scruton. Em resumo, a história desse seminário clandestino se insere em um momento prático da vida do teólogo alemão.

Depois de ter completado seu doutorado em 1930 e de ter ensinado teologia em uma das maiores universidades da Europa — a Universidade de Berlim — a partir de 1931, Bonhoeffer foi banido da universidade em 1936, em razão de seu crescente antagonismo ao regime nazista. A perseguição dos líderes da Igreja, que tinha sido, em grande parte, subjugada pelo Terceiro *Reich*, chegou até a formação dos novos pastores. Aqueles que não concordassem com as orientações que a igreja estava assumindo em relação ao governo seriam perseguidos e silenciados — como estava acontecendo com Bonhoeffer. Muitos deles eram enviados intencionalmente aos campos de batalha na certeza de que morreriam.[12]

Nesse contexto, existia uma parte da Igreja que resistia e confessava o senhorio exclusivo de Cristo sobre ela. Exatamente por isso, ficou conhecida como Igreja Confessante, a qual precisava continuar preparando teologicamente seus pastores para cuidar das ovelhas em tempos tão sombrios. Foi quando Bonhoeffer passou metade de uma década, de 1935 a 1940, ensinando, aconselhando e vivendo com algumas dezenas de estudantes em uma propriedade rural em Finkenwalde. Foi nesse período que ele escreveu as obras que o fariam mais conhecido na história do pensamento cristão — *Vida em Comunhão* e *Discipulado*.

Quanto ao caráter inspirador desse período de trabalho de Bonhoeffer, o professor Paul R. House escreveu uma importante obra, específica sobre a visão de Bonhoeffer sobre a formação teológica.[13] A partir da pesquisa que originou a obra, ele tem condições de explicar que: "o livro *Discipulado* expressa que tipo de alunos e professores devem constituir seminários, isto é, que sejam comunidades de graça preciosa, enfatizando a graça de Deus, o chamado de Deus e os padrões de Deus para os pastores. *Vida em Comunhão* descreve o que Bonhoeffer queria que essas comunidades do corpo de Cristo fizessem juntas e explica por que ele queria que elas fizessem isso".[14]

Nesse sentido, podemos dizer que Bonhoeffer deixou para a segunda metade do século 20 um novo paradigma de educação teológica e formação espiritual, muito diferente da formação liberal que havia recebido nas Universidades de Tübingen e de Berlim. Conforme explica House uma vez mais:

> Bonhoeffer não pretendia estabelecer um novo tipo de monasticismo protestante na Alemanha. Os meios eram importantes para ele, e ele mantinha os alunos praticando-os, mas ele ligava esses meios ao resultado, que era o que mais importava. Ele estava tentando formar pastores para as comunidades da igreja local da graça preciosíssima. Esses pastores precisavam entender como pregar, orar, ler a Palavra de Deus, servir ao povo de

---

[12] Cf. BETHGE, Eberhard. *Dietrich Bonhoeffer: A Biography* (Mineápolis: Augsburg Fortress Publishing, 2000), p. 493.
[13] HOUSE, Paul R. *Bonhoeffer's Seminary Vision: A Case for Costly Discipleship and Life Together* (Wheaton: Crossway Books, 2015).
[14] HOUSE, Paul R. "Shaping Shepherds for Costly Grace". Tradução livre. Disponível em: https://www.thegospelcoalition.org/article/shaping-shepherds-for-costly-grace/.

Deus e viver em comunidade familiar com outros crentes. Ele acreditava que os seminários que formam essas pessoas são ministérios especiais visíveis do corpo de Cristo.[15]

Essa nova compreensão do lugar da teologia na formação dos discípulos de Cristo não só marcou toda uma época para os centros cristãos de estudo, como também ainda é um paradigma para a igreja evangélica contemporânea. Em uma instrutiva resenha sobre o livro *Bonhoeffer's Seminary Vision*, David Schrock sumaria três lições perenes para nós:

> Primeiro, em vez de ter inscrições abertas, uma prática-padrão hoje, os seminários deveriam aceitar "alunos comprometidos". Tal prática faria com que as escolas encolhessem (ou fechassem), mas esse é o ponto. Seguindo o modelo de Bonhoeffer, a meta da educação no seminário não deve ser o tamanho, mas a força. O mundo precisa de ministros fortes, e House está convencido de que ambientes menores para a educação são necessários para isso. Em segundo lugar, alunos comprometidos precisam de "professores comprometidos", professores que não buscam progredir em suas carreiras, mas que são zelosos pela glória de Cristo, pelo crescimento de sua igreja e pelo bem do aluno. [...] Terceiro, os seminários devem ter como objetivo produzir "pastores comprometidos", pastores fundamentados na Palavra e dispostos a sofrer por causa de Cristo (97-98). Este é talvez um dos aspectos mais convincentes da *Bonhoeffer's Seminary Vision*, mas é mais do que irônico. A maioria dos seminários norte-americanos é de locais de beleza arquitetônica e floral. Nesse ambiente agradável, os alunos são preparados para a guerra.[16]

Cada uma dessas marcas de comprometimento, força e disposição pela Igreja de Jesus Cristo fez com que as práticas e instituições de formação teológica fossem revisadas e reformadas. Assim como hoje em dia, o que moveu o casal Schaeffer e o doutor Houston na década de 1950 foram os padrões da mente evangélica, que já se mostrava escandalosamente inexistente, conforme diagnosticou Mark Noll.[17] Essa movimentação embrionária de pequenos, mas significativos, centros de estudos tinha o objetivo muito circunscrito de responder, por meio da experiência da comunhão cristã, que "tudo na vida (incluindo a vida da mente) cai necessariamente dentro do alcance do discipulado cristão".[18]

Não somos ingênuos de pensar que todos os indivíduos ou instituições educacionais mencionados nestas páginas alcançaram, de forma completa, a integração de vida, fé e mente. Entretanto, o que havia de diferente naquele momento da história, e que marcou um novo movimento de instituições educacionais teológicas, é que "todos eles consideraram esse tipo de envolvimento holístico de vida e mente como um ideal".[19]

---

[15] HOUSE, Paul R. "Shaping Shepherds for Costly Grace", s.p., tradução livre.
[16] SCHROCK, David. "Bonhoeffer's Seminary Vision: A Case for Costly Discipleship and Life Together". Tradução livre. Disponível em: *https://www.thegospelcoalition.org/reviews/bonhoeffer-seminary-vision/*.
[17] NOLL, Mark A. *The Scandal of Evangelical Mind* (William B. Eerdmans Publishing Company, 1994), p. 1.
[18] COTHERMAN, Charles E. *To Think Christianly: A History of l'Abri, Regent College, and the Christian Study Center Movement* (IVP Academic, 2021), p. 1-2. Tradução livre.
[19] Ibid., p. 2.

Aprendendo a obedecer Jesus em todos os domínios da vida

Ainda que movida por um ideal, nunca perfeitamente alcançado, essa mudança é muito significativa para a nossa investigação sobre o delineamento do tipo de formação teológica a ser buscado na contemporaneidade. Isso porque o que tais instituições enfrentaram era a situação marcadamente fragmentada e dualista alimentada pela igreja evangélica dos Estados Unidos e do Canadá há anos. Cotherman explica os elementos envolvidos nesse cenário norte-americano diante do qual não precisamos de muito esforço para encontrar paralelos estruturais com a situação brasileira:

> Para uma geração de *baby boomers* [nascidos entre 1946 e 1964] evangélicos confrontados com níveis sem precedentes de oportunidades educacionais e vocacionais ao lado de inevitável inquietação social, os ideais — mesmo que nunca perfeitamente alcançados — fizeram uma profunda diferença quando aqueles se juntaram a seus pares nas universidades emergentes da nação. Conforme alguns desses indivíduos começaram a colocar em prática as implicações desses ideais em suas próprias vidas e carreiras, eles ajudaram a impulsionar uma revolução vocacional dentro do evangelicalismo norte-americano que resultou em vários evangélicos ingressando em carreiras acadêmicas, artísticas e empresariais — campos que raramente haviam entrado no horizonte evangélico de possibilidades de maneira tão poderosa.[20]

É muito interessante observar como a descrição de Cotherman encontra ressonâncias no trabalho do pesquisador brasileiro Conrado Schlochauer. Sua pesquisa de doutorado em aprendizagem de adultos, pelo Instituto de Psicologia da Universidade de São Paulo (USP), lhe mostrou que o processo de revolução no campo da aprendizagem contemporânea começou exatamente no período do Pós-Guerra. Na mesma época em que o L'Abri estava nascendo, o presidente dos EUA, Franklin Roosevelt, publicou leis que "ofereciam incentivos financeiros para que ex-combatentes continuassem seus estudos".[21] É claro que os políticos norte-americanos estavam almejando o potencial de crescimento econômico do Pós-Guerra, que deveria estar alinhado à requalificação de toda uma massa de soldados que precisava voltar ao trabalho.

Independentemente dos interesses de reconstrução social norte-americanos, "como resultado, em 1947, quase metade das matrículas em cursos superiores foram realizadas por veteranos. Isso trouxe uma mudança radical para as escolas e universidades, cujos professores foram expostos a situações pedagógicas com as quais não estavam habituados".[22] A partir desse momento, tornou-se uma necessidade atualizar-se constantemente diante das inovações tecnológicas desenvolvidas durante os períodos de guerra. Foi a primeira vez, portanto, que um conceito de educação para toda a vida assumiu protagonismo entre alunos adultos. As décadas de 1960 e 1970 foram frutíferas em termos de produção de novas ideias e visões

---

[20] Ibid., p. 2.
[21] SCHLOCHAUER, Conrado. *Lifelong learners – o poder do aprendizado contínuo: Aprenda a aprender e mantenha-se relevante em um mundo repleto de mudanças* (São Paulo: Editora Gente, 2021), p. 30.
[22] Ibid., p. 30.

para organizar e implementar um processo de educação permanente de adultos. Conrado Schlochauer conta que:

> Durante quase vinte e cinco anos, o conceito da aprendizagem ao longo da vida foi discutido e reconhecido por políticos e acadêmicos que continuaram o processo de questionamento da escola tradicional. Contudo, pode-se dizer que não houve aplicação, de modo consistente e abrangente, ainda que tal conceito fosse considerado uma solução ideal e completa para as demandas educacionais... Alguns anos depois, a Comissão das Comunidades Europeias elaborou o Memorando sobre aprendizagem ao longo da vida com a intenção de alinhar os conceitos discutidos até aquele momento. Ao mesmo tempo, conclamou seus Estados-membros a liderarem o debate e a implementação da visão proposta. Na introdução, o documento reconhece, de maneira "indiscutível", a entrada na "Era do Conhecimento" e revela que, portanto, a aprendizagem ao longo da vida deveria deixar de ser um componente da educação e da formação para tornar-se um princípio orientador, que deveria ter sua execução prática implementada ao longo da década. Além disso, a Comissão apresenta uma nova expressão: a aprendizagem em todos os domínios da vida, ou *lifewide learning*. Esse termo destaca a aprendizagem em quaisquer fases e dimensões da vida e enfatiza a complementaridade das abordagens formal, não formal e informal.[23]

Importante observar como os fenômenos sociais aqui narrados não só perduraram, mas se aprofundaram nas rotinas da vida contemporânea — com claros impactos na vida da igreja. Em uma sociedade em que os níveis de escolarização e oportunidades educacionais apenas aumentam, as igrejas locais são pressionadas a apresentar uma articulação cada vez mais sólida entre a fé em Jesus e todas as outras áreas da vida. Talvez em poucos contextos como o das comunidades de fé cristã o conceito de aprendizagem em todos os domínios da vida faça tanto sentido. Nós temos a necessidade, a cada nova geração, de ensinar como os discípulos de Jesus devem lhe obedecer e lhe ser fiéis nos mais diversos âmbitos. Ademais, os novos clamores, que passaram a ser característicos das modernas democracias, contra todo tipo de injustiças sociais e condições de vulnerabilidade, fizeram uma profunda diferença contextual na obediência à vocação de Jesus para seus discípulos e as implicações que esse chamado passa a ter nas existências particulares.

Esses foram alguns dos ingredientes fundamentais para preparar aquilo que foi chamado por Cotherman de a revolução vocacional dentro do evangelicalismo norte-americano: a descoberta, por parte dos pastores e líderes evangélicos, de uma série de esferas da vida humana — como as carreiras acadêmica, política, artística, empresarial e tecnológica — em efervescência, mas totalmente desvinculadas de uma noção robusta de como glorificar a Deus por meio delas. As pessoas precisavam aprender a ser presenças fiéis nesses campos sociais — mas não tínhamos instituições com um histórico interesse em ensiná-las. Tudo isso foi o terreno perfeito para o surgimento de novos ministérios paraeclesiásticos com estudantes e jovens profissionais que já carregavam consigo desafios muito próprios.

---

[23] Ibid., p. 33-4.

Escrevendo em outro contexto, James K. A. Smith faz um alerta perene a todos nós: "com muita frequência, a retórica de 'integrar fé e aprendizagem' se baseia em uma noção muito restrita de 'fé' e tende a gerar um paradigma muito individualista (e modernista): eu, o estudioso cristão, guardião solitário, estou tentando integrar meus compromissos de fé particulares em meu trabalho acadêmico... Infelizmente, eu acho que muito do ministério paraeclesiástico no *campus* — que tende a representar o 'cristianismo', e não a igreja — se alimenta disso de duas maneiras: (1) podemos acabar reduzindo a 'fé', que se incorpora em um tipo de mercadoria muito intelectualizada ('ideias'), e/ou (2) acabamos tornando a vida litúrgica e de adoração da igreja marginal ou opcional, na melhor das hipóteses, ou ainda desnecessária, na pior".[24] Além de todas as transformações culturais daquele período, a Igreja precisaria manter-se vigilante contra novas tendências que se tornariam cada vez mais típicas da igreja evangélica, como seu minimalismo eclesiástico na formação teológica.

A partir de tudo isso, temos condições de compreender a importância e singularidade do surgimento do L'Abri na Suíça, por exemplo, e todo o movimento que ele ajudou a catalisar. De um ponto de vista pessoal, a própria trajetória de Francis Schaeffer é significativa para as novas iniciativas de fé cristã e formação teológica integral. Cotherman nos lembra que: "Schaeffer começou seu ministério dentro do presbiterianismo fundamentalista, mas se afastou do fundamentalismo separatista quando encontrou correntes teológicas e filosóficas europeias que alimentaram suas próprias dúvidas e, eventualmente, uma convulsão teológica pessoal no início dos anos 1950".[25]

Essa experiência foi muito dramática para o próprio Schaeffer e marca um momento de crise e, ao mesmo tempo, de desenvolvimento de um novo tipo de ministério.[26] A partir de então, Francis e Edith estavam profundamente comprometidos com a contextualização do evangelho às necessidades do dia a dia das pessoas que chegavam até sua casa — transformada em uma comunidade de hospitalidade dedicada ao desenvolvimento espiritual e ao envolvimento intelectual honesto com as principais tendências culturais em circulação. Uma vez que o casal Schaeffer foi extremamente bem-sucedido nessa missão, tornou-se um modelo para vários outros centros de estudo, hospitalidade e formação teológica nos Estados Unidos e no mundo.

Independentemente do inquestionável lugar central que o L'Abri ocupou para delinear a fisionomia dos novos centros de formação cristã na contemporaneidade, existia uma diferença que fez dele uma iniciativa perene. Cotherman, uma vez mais, explica que: "mesmo assim, apesar de todas as semelhanças, havia uma diferença crucial entre a Christian Faith and Life Community [aquela primeira iniciativa que nasceu na Universidade do Texas, em Austin] e o L'Abri, e entre seus fundadores. Schaeffer diferiu de Lewis por ter saído dessa temporada de exploração e dúvida tendo se livrado do separatismo fundamentalista, mas não do cristianismo ortodoxo e da crença na verdade absoluta. Isso fez toda a diferença para o L'Abri e a rede de indivíduos e centros de estudo que ele inspirou".[27]

Apesar do pioneirismo do ministro presbiteriano W. Jack Lewis, de pensar uma comunidade integrando vida e fé, em 1952, a falta de bases confessionais mais sólidas fez com que essa experiência não sobrevivesse à corrosividade dos tempos contemporâneos. Cotherman

---

[24]SMITH, *O Diabo lê Derrida e outros ensaios* (Curitiba: Encapse, 2020), p. 86-7.
[25]COTHERMAN, *To Think Christianly*, p. 5. Tradução livre.
[26]Cf. SCHAEFFER, Francis. *A verdadeira espiritualidade*.
[27]COTHERMAN, *To Think Christianly*, p. 5. Tradução livre.

também relata que "o pensamento existencialista da Europa começou a influenciar os *campi* norte-americanos, como a Universidade do Texas, em Austin, na década de 1950, por meio da literatura e do movimento *beat*", fazendo com que a Christian Faith and Life Community, de Jack Lewis, "funcionasse menos como um centro de formação espiritual e mais como uma incubadora de investigação intelectual livre de restrições da faculdade ou dos pais".[28]

Vale ressaltar que seu esforço não foi de todo infrutífero, e vários líderes da comunidade passaram a exercer atividades nacionais de influência. Entretanto, os estudantes da Christian Faith and Life Community foram submetidos a uma dieta constante de autores existencialistas e da contracultura norte-americana, preparando-se para serem os protagonistas no Movimento pelos Direitos Civis e, depois, na emergente Nova Esquerda — a partir dos quais novas organizações surgiram, como a *Students for a Democratic Society*, fundada em 1960. Isso não só explica a dissolução da comunidade de fé, como também reforça aquela diferença específica da teologia contemporânea que definimos no início desta Apresentação.

Claramente, esse é o perigo que mencionamos anteriormente, a partir da argumentação de James K. A. Smith: "se a pesquisa acadêmica cristã é sobre 'trazer todo pensamento cativo', ela exige o que Linda Zagzebski descreve como 'virtudes da mente'. Portanto, a pesquisa acadêmica cristã exige formação, e o local mais importante de tal formação é a vida de adoração da igreja. Como tal, o ministério universitário ocupa esse lugar 'intermediário' e é de fato chamado a ser a igreja *para a universidade*".[29]

Por outro lado, o L'Abri não estava comprometido em desenvolver novas verdades, acomodadas aos padrões espirituais de sua época. Em lugar disso, queriam compreender como as antigas verdades da Palavra de Deus respondiam honestamente aos clamores do cenário contemporâneo. Segundo a explicação de Cotherman:

> Em L'Abri, os alunos absorveram muitas excentricidades de Francis e Edith Schaeffer (alguns estudantes de L'Abri até começaram a usar bermudas suíças, como Schaeffer), mas também encontraram a profunda convicção dos Schaeffers de que havia realmente um "Deus que está lá" e que ele "não está em silêncio". Além de seu *status* como epítome da vanguarda boêmia evangélica durante a primeira década e meia de L'Abri (1955-1970), os Schaeffers foram capazes de exercer uma influência duradoura sobre uma geração de evangélicos, em parte porque sua contextualização não foi um fim em si mesmo, mas uma porta para uma visão de mundo teologicamente robusta — uma palavra que Schaeffer popularizou ao longo de sua vida — enraizada na tradição teológica reformada. Ao colocar ênfase distinta na soberania de Deus sobre toda a criação, a teologia reformada — mais frequentemente associada ao trabalho do reformador João Calvino, do século XVI — carregou consigo sementes de engajamento cultural que gerou frutos significativos no evangelicalismo norte-americano do século XX. Em L'Abri, os Schaeffers ajudaram os alunos a imaginar como era um evangelho que atinge e molda todas as áreas da vida. Muitos dos jovens evangélicos que se sentaram aos pés de Francis Schaeffer durante uma discussão ou que observaram Edith Schaeffer cultivando a

---
[28]Ibid., p. 4. Tradução livre.
[29]SMITH, p. 87.

beleza no dia a dia saíram dessa experiência inspirados pela amplitude de uma iniciativa cristã valiosa.[30]

Em L'Abri vimos tomar formar e corpo institucional o imperativo de aprender a obedecer a Jesus em cada domínio da vida. De maneira pioneira, tínhamos ali uma comunidade de aprendizado ao longo da vida cristã capaz de tornar significativa e fiel a presença dos discípulos de Jesus em áreas diversas. O envolvimento cultural, a sensibilidade estética, a hospitalidade intencionais não eram fins em si mesmos; eram o "método evangelístico" dos Schaeffers.[31] Trata-se de uma porta de entrada para iniciar um aprendizado que se estenderia ao longo de toda a vida cristã — sobre como o evangelho de Jesus Cristo atinge e molda todas as áreas da vida que estavam experimentando as efervescências da segunda metade do século 20.

As características do L'Abri não foram decisivas apenas para o pontapé inicial na história do movimento de centros de formação teológica contemporânea. Até mesmo os limites estabelecidos por essas características também seriam determinantes para identificarmos os próximos passos para a igreja. Somos obrigados a concordar com Cotherman em que: "por mais importante que fosse o L'Abri para a formação das aspirações intelectuais, espirituais e até relacionais de uma geração, o movimento cristão de centros de estudo seria muito diferente hoje se não fosse pela influência de outra comunidade de aprendizagem — o Regent College".[32]

A história do Regent é menos popular que a do L'Abri, mas igualmente importante para a formação da fisionomia educacional teológica contemporânea. Ele não foi fundado por um pastor, mas por um "cristão leigo", o geógrafo, formado na Universidade de Oxford, James Houston, junto a um grupo de estudantes e empresários bem relacionados, pertencentes aos Plymouth Brethren — também conhecidos como Os Irmãos de Plymouth, ou Assembleias dos Irmãos. A ideia inicial de Houston não era iniciar apenas mais um centro de estudos. Antes, ele queria oferecer formação teológica, em nível de graduação e pós-graduação, a todo tipo de cristão que não tinha interesse de ser um pastor ordenado — isto é, os chamados "cristãos leigos". Com isso, ele "ajudou a dar peso acadêmico ao incipiente movimento de centros de estudo e reforçou sua ênfase em ajudar os cristãos leigos comuns a pensarem de maneira cristã sobre suas vocações, sejam elas quais forem".[33]

Por outro lado, o Regent também tinha o claro objetivo de abrir um novo precedente para os esforços evangélicos no engajamento com a universidade secular. Com sua oferta de programas de educação teológica em nível de pós-graduação, o Regent não queria apenas conceder diplomas para cristãos, mas se mostrar uma comunidade de diálogo com a pesquisa universitária — e tornar comum, entre os evangélicos, a imagem do *campus* como território inimigo a ser conquistado. Foi pensando nisso que a propriedade que escolheram para construir sua sede está localizada na área da Universidade da Colúmbia Britânica, com a qual compartilha não só bibliotecas, restaurantes e livrarias, mas todo o ecossistema universitário da região oeste de Vancouver.

Com essa localização, portanto, materializava-se uma estratégia inovadora de diálogo acadêmico e cultural. Claramente, essa ênfase veio de seu fundador, o professor Houston,

---

[30] COTHERMAN, *To Think Christianly*, p. 5-6. Tradução livre.
[31] SCHAEFFER, Francis. *O Deus que intervém* (São Paulo: Cultura Cristã, 2009), p. 260.
[32] COTHERMAN, *To Think Christianly*, p. 6. Tradução livre.
[33] Ibid., p. 6. Tradução livre.

ele mesmo um acadêmico que absorveu de Oxford uma maneira — muito diferente da do evangelicalismo norte-americano — de enxergar o ambiente universitário. Lá ele teve a oportunidade de conhecer ninguém menos que C. S. Lewis, o qual, com certeza, deixou marcas indeléveis na estima de Houston pela presença fiel na universidade. Na verdade, é um tanto irônico pensar que esse modelo inovador de formação teológica tenha tomado suas principais características do antigo sistema Oxbridge.[34] Essa era uma marca compartilhada não só de Houston, mas de vários docentes da instituição, como J. I. Packer, F. F. Bruce, William J. Martin, que passaram por Tyndale House, em Cambridge.[35]

Novas imagens para orientar espaços de formação teológica
Essa reconstrução tem o objetivo de esclarecer como, a partir da década de 1970, tanto o L'Abri quanto o Regent College haviam contribuído permanentemente para firmar um novo modelo de educação teológica contemporânea — tornando-se uma inspiração para o surgimento de várias outras instituições. Cotherman nos conta que cada novo estudante que passava uma temporada com o casal Schaeffer ou que era diplomado no Regent saía com o desejo de "fundar seus próprios centros de estudo em lugares que iam de cidades universitárias como Berkeley, Califórnia, e Charlottesville, Virgínia, a cidades globais, como Washington, D.C., e aldeias escondidas, como Stahlstown, Pensilvânia".[36] Fazia muito sentido aos contemporâneos a ideia de formar comunidades de aprendizado definidas por hospitalidade e uma vida intelectual e espiritual vibrante.[37]

Dentre as iniciativas mais imediatas em relação ao movimento de centros cristãos de estudo que procuraram adaptar esses modelos aos seus próprios contextos, a obra de Charles Cotherman se dedica a nos lembrar de Jim Hiskey, que, com a ajuda de James Houston,

---

[34] O "sistema Oxbridge" é uma designação utilizada para se referir ao sistema de tutorias, enquanto metodologia do Ensino Superior a partir de sessões regulares em grupos muito pequenos de estudantes, praticado pelas universidades de Oxford e Cambridge. Procuramos adaptar às necessidades e recursos do Invisible College toda essa metodologia. Conforme a própria orientação do *site* da Universidade de Oxford: "O modo básico de ensinar em Oxford é baseado em conversas, normalmente entre dois ou três alunos e seu tutor, que é um especialista no assunto. Chamamos isso de tutorias, e é sua oportunidade de falar com profundidade sobre seu tema de pesquisa e receber *feedback* individual de seu trabalho. Além das tutorias, dependendo do seu curso, você também participará de uma combinação de seminários, palestras, trabalhos de laboratório e aulas de idiomas todas as semanas. Juntas, essas oportunidades fornecem o ambiente perfeito para uma educação excepcional" (disponível em: *https://www.ox.ac.uk/admissions/undergraduate/student-life/exceptional-education/personalised-learning*, tradução livre). Na Universidade de Cambridge, as tutorias são chamadas de supervisões: "Reuniões em pequenos grupos, na maioria das vezes para um a três alunos, as supervisões oferecem a oportunidade de explorar seu tema de pesquisa mais profundamente, discutir seu próprio trabalho e ideias, e receber *feedback* regularmente. Como não são avaliadas, as supervisões fornecem o ambiente ideal para você provar suas ideias e descobrir interesses, ao mesmo tempo que se incentiva o desenvolvimento de seu raciocínio" (disponível em: *https://www.undergraduate.study.cam.ac.uk/courses/how-will-i-be-taught*, tradução livre).

[35] COTHERMAN, *To Think Christianly*, p. 54.

[36] Ibid., p. 7. Tradução livre.

[37] Vale deixar claro que não temos nenhuma história romântica aqui. Cotherman esclarece que: "Na verdade, praticamente todos os centros de estudo tratados nestas páginas enfrentaram problemas relacionados ao recrutamento de alunos ou à solvência financeira em um ponto ou outro. Também houve muitos erros e conflitos de personalidade ao longo do caminho. Em alguns casos, as ambições e sugestões de publicitários e consultores mostraram-se fortes demais para serem resistidas, e os centros de estudo se tornaram irreconhecíveis. Em outros casos, os centros de estudo se apegaram a uma perspectiva que remontava a sua fundação até quase o colapso, antes de mudar suas estratégias para atender às novas demandas de seu contexto. Em meio a esses desafios e dificuldades, os modelos que os primeiros líderes de centros de estudo encontraram em L'Abri e Regent College provaram ter um valor duradouro" (COTHERMAN, *To Think Christianly*, p. 7, tradução livre).

fundou o C. S. Lewis Institute em 1976, em Springfield, Virgínia.[38] Também há um capítulo dedicado ao importante trabalho de R. C. Sproul, que foi o fundador e presidente do Lingonier Valley Study Center — hoje conhecido como o complexo Ligonier Ministries.[39] Tais iniciativas fortaleceram as bases de um movimento que sempre esteve apenas vagamente conectado, mas que, em 2008, acabou desenvolvendo uma rede formal de estudos cristãos baseados em universidades e centros chamada Consortium of Christian Study Centers.[40]

Conforme já mencionamos anteriormente, essa não é uma história exaustiva das instituições de ensino teológico da igreja no século 20. Várias importantes instituições e iniciativas foram deixadas de fora da reconstrução de Cotherman. Talvez a ausência mais notável do minucioso estudo de Cotherman seja o Institute for Christian Studies, fundado em 1967, em Toronto, por calvinistas holandeses. Apesar de menos conhecido do público brasileiro, ele é de fundamental importância para a difusão, de forma acessível, da tradição reformacional da filosofia — principalmente pelo trabalho de Hendrik Hart, Calvin Seerveld, James Olthuis, Albert Wolters, Michael Goheen, James K. A. Smith e Nancy Pearcey.

Cotherman registra que: "Desde o início, o Institute for Christian Studies foi uma comunidade definida por métodos inovadores, uma cultura etnicamente holandesa e uma ênfase estrita de que seus professores usavam a filosofia reformacional de Herman Dooyeweerd (1894-1977) como a base de todas as instruções — o que a levou a sérios mal-entendidos e reduziu ao escopo de sua influência no movimento de instituto e centros de estudos".[41] Com o passar do tempo, essa ênfase filosófica, bem como a escolha metodológica do Institute for Christian Studies, provou-se eficaz para fazê-la uma instituição duradoura e uma parceira de conversação frutífera para universidades na Europa, como a Universidade Livre de Amsterdam, e para um subconjunto de evangélicos norte-americanos — especialmente acadêmicos ligados ao Calvin College e à comunidade reformada holandesa em Michigan.[42] No entanto, sua influência no movimento de centros cristãos de estudo, representado pelo Consortium of Christian Study Centers, é mínimo em comparação com L'Abri e Regent College.

Seria oportuno, a essa altura de nossa argumentação, avaliarmos os diferentes formatos pedagógicos envolvidos nos modelos de L'Abri e Regent College. A começar pelos seus nomes, fica evidente que carregam imagens do tipo de postura que gostariam de assumir na sociedade civil. Vejamos L'Abri, que, literalmente, significa "O Abrigo". Claramente é uma proposta de comunidade protegida e insular, um arquipélago de sentido e significado para a vida cristã em meio às pressões que tentam cooptar os corações contemporâneos.

O Regent, por outro lado, é um *college*, denominação britânica para a organização universitária. Trata-se não só de um projeto distintamente acadêmico, mas também orientado pelos padrões do Reino Unido. Nele a compreensão bíblica do papel dos corregentes do Reino de Deus assume seu lugar no protagonismo acadêmico. Cotherman também nos lembra que:

---

[38] Disponível em: *http://www.cslewisinstitute.org/*.
[39] Disponível em: *https://www.ligonier.org/*.
[40] Disponível em: *https://studycentersonline.org/*.
[41] COTHERMAN, *To Think Christianly*, p. 9-10. Tradução livre.
[42] Referência do livro sobre a história deles.

A ênfase pessoal de Houston na educação teológica voltada para os leigos, combinada com a herança dos Irmãos de Plymouth do Regent, abriu a porta para a educação teológica de muitos — incluindo muitas mulheres — que não poderiam obter acesso à educação tradicional do seminário ou que, em outros casos, achavam que o seminário não se ajustava a eles muito bem".[43]

Cabe dizer, por fim, que esse movimento não se restringe a um capítulo passado na história da educação teológica. Ainda hoje existem instituições que perseguem o mesmo esforço de pensar a formação teológica contemporânea em diálogo com o que foi feito anteriormente, mas também atenta ao que é específico dos nossos dias. Duas iniciativas merecem ser mencionadas aqui. Em primeiro lugar, a Vida House, fundada e dirigida por Josh Eby. Segundo sua própria descrição institucional,[44] trata-se de uma comunidade de aprendizagem criativa, inovadora e diversificada. Ela também nasceu do desejo de formar líderes de ministério em e para a missão transcultural de maneiras relevantes para o contexto contemporâneo.

A pergunta que orienta todo o projeto pedagógico da instituição é: o que significa desenvolver missionários em e para a missão transcultural? Para isso, os participantes da Vida House são formados em uma comunidade cristã e treinados para liderar comunidades cristãs. Cada aspecto é direcionado para a formação de líderes missionários visionários. Nessa formulação institucional, a preocupação de Smith, mencionada anteriormente, sobre o minimalismo eclesiástico nos centros de ensino cristãos não é desconsiderada, mas intencionalmente abordada.

Além disso, em segundo lugar, também precisamos mencionar o Missional Training Center, fundado e dirigido pelo pastor e teólogo canadense Michael Goheen. Conforme o *site* da instituição,[45] seu objetivo é desenvolver uma educação teológica que treine efetivamente líderes missionários na área da grande Phoenix ao preparar o povo de Deus para ser uma presença fiel, em palavra e ação, no mundo contemporâneo. Ao desenvolver um modelo criativo de educação teológica, o Missional Training Center está seguindo as contribuições de destacados líderes em missões, tais como Harvie Conn, Lesslie Newbigin e David Bosch, que se empenharam em fazer novas perguntas sobre a educação teológica em várias áreas, incluindo currículo, pedagogia, estruturas e avaliação. Ademais, eles desfrutam de uma parceria completa com o Covenant Theological Seminary, para oferecer programas de pós-graduação credenciados pela Association of Theological Schools (ATS) e pela Higher Learning Commission (HLC).

Da mesma forma que analisamos brevemente o L'Abri e o Regent College a partir das imagens dominantes em seus nomes — abrigo e *college* — é interessante fazer o mesmo com a Vida House e o Missional Training Center, uma vez que são as respostas mais contemporâneas para a formação teológica contextualizada. Algo muito significativo pode ser lido no *site* do Missional Training Center a respeito de sua estrutura física: "Um seminário em uma sala de estar? Uma abordagem inovadora e sustentável para a educação teológica rigorosa". Tanto em suas estruturas quanto no nome da Vida House, a ideia de casa assume papel importante na configuração das instituições.

---

[43]COTHERMAN, *To Think Christianly*, p. 7. Tradução livre.
[44]Disponível em: https://vidahouse.org/.
[45]Disponível em: https://www.missionaltraining.org/theological-education/.

A impessoalidade que salas de aula podem assumir é superada pelo espaço íntimo de uma casa, que se transforma em uma comunidade de aprendizado e formação espiritual — como na concepção do L'Abri ou na disposição dos antigos professores do Regent de receber os estudantes em suas próprias casas. Estar em um ambiente doméstico e confortável, com certeza, transforma os cursos em uma mistura frutífera de seminários, palestras e conversas entre iguais.

Não é necessário muito esforço para perceber como o Invisible College encontrou em cada uma dessas instituições inspiração e direção — ao mesmo tempo que procura se diferenciar substancialmente em vista de nossas necessidades específicas. Com o Regent, compartilhamos a orientação britânica, principalmente do sistema Oxbridge de acompanhamento dos estudantes por meio de tutorias. Além disso, a inspiração britânica também diz respeito à história em torno do nome Invisible College, que se refere ao período em que o químico, físico e filósofo natural anglo-irlandês Robert Boyle lamentava, com seus outros irmãos em Cristo e cientistas, não ter um *college* distintamente protestante em sua orientação científica. O que os consolava, no entanto, é que, mesmo espalhados em várias instituições diferentes, quando se reuniam, eles formavam o Invisible College.[46]

Ou seja, mesmo carecendo de uma estrutura institucional e oficial, vários homens e mulheres da ciência poderiam ter renovo da fé, esperança e amor na convocação de sua comunhão com outros irmãos comprometidos com a mesma missão de aprender do Senhor e servir sua Igreja. Essa convicção nos orienta e nos devolve à proposta do L'Abri, Missional Training Center e Vida House, em que encontramos abrigo, refúgio e comunhão legítima, na dispersão das diversas instituições seculares de aprendizado. Assim nos reconhecemos na longa história de centros cristãos de estudo — apesar de uma diferença substancial em relação a cada um deles, a qual acreditamos ser o mais próprio de nossa era contemporânea e da qual trataremos a seguir.

Dos meros encontros presenciais ao genuíno crescimento espiritual, mesmo remotamente

Alguns leitores poderiam estar insatisfeitos com a ausência de várias instituições teológicas importantes da década de 1960. Não imaginamos que o L'Abri e o Regent College monopolizavam a educação teológica de seu período — nem que o Missional Training Center, a Vida House ou mesmo o Invisible College fazem o mesmo nos dias de hoje.[47] Nossa atenção é dedicada a se perguntar sobre a educação teológica contemporânea em comunidades de crescimento espiritual e aprendizado ao longo de toda a vida — o que tem sido chamado aqui

---

[46] Quem se dedicou não só à história, mas a toda a sociologia de difusão do conhecimento científico por meio de comunidades tais como o histórico Invisible College foi a socióloga e professora na Universidade da Pensilvânia, a norte-americana Diana Crane. Seu livro *Invisible Colleges: diffusion of knowledge in scientific communities* (University of Chicago Press, 1972) orientou muitíssimo toda a nossa visão a respeito de comunidades de aprendizado, organização social e difusão de ideias — rumo a uma genuína sociologia do crescimento compartilhado de conhecimento pensado para a teologia.

[47] De fato, no próprio livro do Cotherman várias outras instituições são mencionadas, além de importantes seminários e universidades americanas e canadenses do mesmo período e que não foram citados por mim. No Brasil a situação é a mesma. Somos imensamente devedores do trabalho pioneiro de instituições como o Centro de Pós-Graduação Andrew Jumper, o Seminário Servo de Cristo, e mais recentemente, o Seminário Martin Bucer – sem falar dos representantes mais diretos do Regent e do L'Abri aqui: O centro de Estudos Cristãos, dirigido pelo reverendo Ricardo Barbosa, e o próprio L'Abri Brasil, plantado pelo casal Guilherme e Alessandra de Carvalho e pelo obreiro Rodolfo Amorim. Estas, e tantas outras instituições contribuíram de formas diferentes para formar a fisionomia intelectual do evangelicalismo brasileiro e têm nosso maior respeito e consideração, mesmo não sendo objeto das nossas reflexões neste capítulo.

de centro cristão de estudo. Para esclarecer esse recorte, precisamos apontar, portanto, quais são as marcas distintivas desses centros e por que eles cumprem um papel tão significativo para a educação teológica atual.

Charles Cotherman responde especificamente a essa pergunta: "Um centro cristão de estudo, em sua forma mais básica, é uma comunidade cristã local dedicada ao florescimento espiritual, intelectual e relacional, por meio do cultivo de espiritualidade profunda, engajamento intelectual e artístico, e uma presença hospitaleira. Para ser um centro de estudos, cada um desses quatro elementos — espiritual, intelectual, relacional e espacial — deve ser cultivado".[48] Apesar de sucinta, essa definição é bem completa. A partir das breves reconstruções que fizemos anteriormente, procuramos tratar dos três primeiros elementos da definição, isto é, sua preocupação espiritual, intelectual e relacional. O único aspecto dos centros de estudo sobre o qual não nos detivemos ainda é o espacial.

De fato, é realmente muito importante a ênfase de Cotherman, em todo o seu livro, à preocupação que os Schaeffers, o dr. Houston, o reverendo Sproul e os outros fundadores dos institutos educacionais dedicam ao espaço físico e às reuniões presenciais. A localização não era um detalhe, antes dizia respeito a algo constituinte da identidade das comunidades cristãs — elas precisavam ser bem localizadas.

Ademais, voltando à análise desses centros de estudo a partir das imagens dominantes em seus nomes — abrigo, refúgio, *college* e casa — podemos dizer tranquilamente que todos eles são bastante "localistas" em suas metáforas, ou seja, enfatizam a necessidade da reunião presencial e, de preferência, confortavelmente localizada. Cotherman explora um pouco mais esse ponto nas palavras seguintes, sobre sua definição de centro de estudo, e nos mostra o que realmente está em jogo na ênfase que chamei de "localista":

> Embora alguém possa crescer intelectual e espiritualmente por meio de cursos online ou estudo individualizado, e embora um ministério que dedica suas energias ao desenvolvimento de mídia para consumo individualizado e anônimo possa desempenhar um papel no desenvolvimento da capacidade de um indivíduo de pensar de modo cristão, tal ministério não poderia ser chamado um centro de estudo. O lugar — e mais especificamente um lugar marcado pelo calor dos relacionamentos e pela hospitalidade — é essencial. Além de um senso de lugar definido pelo ambiente construído e o espírito acolhedor de um centro de estudo, a localização geográfica também exerce uma influência importante nos contornos do ministério de cada centro de estudo. Trotter desenvolveu uma tipologia útil que leva em conta essas diferenças na função e nos objetivos de quatro tipos exclusivos de centros de estudo: centros de estudo baseados em igrejas, centros de estudo baseados em cidades, centros de estudo baseados em universidades e centros de estudo em destinos. Embora exemplos de cada um desses diferentes tipos de centros de estudo apareçam nesta história, o foco principal desta pesquisa é o desenvolvimento de um movimento de centros de estudo com base na universidade, representado pelo Consortium of Christian Study Centers e seus membros. Não apenas esses centros de estudo,

---

[48]COTHERMAN, *To Think Christianly*, p. 8. Tradução livre.

em virtude de sua proximidade com instituições acadêmicas, são representativos dos centros de estudo mais intelectualmente engajados, mas também representam a vanguarda do movimento de centros de estudo de hoje conforme se depara com questões de liberdade religiosa no *campus* e cresce em termos de influência, representação e recursos financeiros.[49]

Apesar de ser necessário reconhecer a legitimidade que os espaços físicos têm na reconstrução histórica do movimento de centros de estudo — como também na dinâmica mais ampla do ensino e da aprendizagem —, também deve-se entender os pressupostos falaciosos dessa argumentação.[50]

Em primeiro lugar, existe uma rápida acomodação entre ministérios e recursos remotos (online) com experiência individualizada. Embora seja admitido o genuíno crescimento intelectual e espiritual por meio de cursos, mídias e todo o tipo de conteúdo não presencial, ele é circunscrito à experiência individual, e não coletiva ou relacional — deixando-o assim de fora de uma das quatro marcas constituintes de um centro de estudos.

Em segundo lugar, existe uma implicação direta não necessária de localização com o calor dos relacionamentos e hospitalidade. É absolutamente legítima a ideia de um lugar construído com um espírito acolhedor para o estabelecimento dos contornos do ministério de cada centro de estudos. Entretanto, parece não ser discutível para o autor que não é necessário que uma localização geográfica carregue em si esse calor e hospitalidade — ou que estruturas não presenciais não sejam calorosas e hospitaleiras. Acolhimento não é uma propriedade *per se* da reunião presencial, caso contrário não existiria frieza em locais bem planejados.

Por fim, em terceiro lugar, dá-se ênfase exagerada aos centros de estudo baseados em universidades. Embora outros exemplos sejam mencionados, os centros de estudo próximos às instituições acadêmicas são considerados mais representativos que os demais — sugerindo um protagonismo injustificado da universidade na formação teológica e espiritual contemporânea em relação a outras bases, como a igreja local. Apesar de todas as questões a respeito de liberdade religiosa nos *campi* norte-americanos, de representação e até mesmo de recursos financeiros, essa ênfase mais nos parece uma idealização da universidade do que uma correta compreensão das dinâmicas de influência de uma sociedade e o papel que a igreja local deve ocupar na formação teológica contemporânea.[51]

---

[49]Ibid., p. 8. Tradução livre.

[50]Em um contexto diferente, James K. A. Smith faz uma análise pertinente à nossa investigação. Escrevendo sobre os perigos, que rondavam o Calvin College, de transformar seus estudantes em consumidores, o filósofo canadense se vale da filosofia de Herman Dooyeweerd e sua análise modal da realidade para nos explicar que: "uma instituição está fora de ordem (esse não é o termo técnico holandês) quando um de seus aspectos secundários supera o aspecto principal" (SMITH, *O Diabo lê Derrida*, p. 78). Ou seja, apesar de uma instituição educacional ter incontornáveis aspectos espaciais e físicos, assim como econômicos, nenhum deles pode se tornar a função-guia de um centro de formação teológica. Sua preocupação específica é com o fato de o paradigma do estudante-consumidor indicar uma transformação prejudicial: um aspecto secundário, o econômico, triunfando sobre o educacional, que é o nuclear. Guardadas as devidas proporções, o que argumentaremos a seguir é que uma ênfase demasiado "localista" pode induzir centros cristãos de estudo a confundirem sua função principal com aspectos secundários — como os seus modos espaciais e físicos.

[51]Nesse momento, cabe uma vez mais o alerta de James K. A. Smith sobre o minimalismo eclesiástico em muitos ministérios com estudantes universitários e profissionais liberais. É importante aproveitar essa oportunidade para insistir: "Como devemos enfrentar essa persistente modernidade da universidade? Com aulas, fóruns, debates, mesas-redondas e discussões em grupo, mas também com a proclamação do evangelho na adoração da igreja — uma proclamação litúrgica que forma estudantes cristãos e acadêmicos como agentes de redenção. Um dos principais objetivos intelectuais do ministério universitário deveria ser lembrar a universidade de seu caráter essencialmente religioso... Mas, junto

Gostaríamos de explorar criticamente cada um dos pontos levantados acima.[52] Com isso, nosso intuito não é apenas criticar um dos elementos da definição de centro cristão de estudos apresentado por Charles Cotherman, mas ampliar sua visão para aquilo que consideramos um ponto distintivo de muitas iniciativas contemporâneas, igualmente genuínas, de educação teológica e formação espiritual — sua "não espacialidade". Em uma dependência criativa da definição de Cotherman, defenderemos que *um centro cristão de estudo, em sua forma mais básica, é uma comunidade cristã dedicada ao florescimento espiritual, intelectual e relacional, por meio do cultivo de espiritualidade profunda, engajamento intelectual e artístico, e acolhimento hospitaleiro* — seja ele presencial ou remoto. Nesse sentido, para ser um centro de estudos, a ênfase recai sobre o florescimento espiritual, intelectual e relacional, que pode ser cultivado tanto em plataformas de educação remota quanto em ambientes presenciais.

Essa discussão é especialmente importante para centros de estudo como o Invisible College. Isso porque, quando optamos pela orientação de um ensino teológico "para nativos digitais", tínhamos em mente mais do que simplesmente um recorte geracional ou uma opção tecnológica específica dentre várias outras plataformas à nossa disposição. Em vez disso, nossa atenção estava no fato de que um dos principais catalisadores das mudanças significativas nos padrões de pensamento, experiências pessoais e arranjos sociais do contemporâneo é a submissão constante das pessoas à conectividade que a internet proporciona.[53] Em um cenário assim, não é difícil, nem mesmo prudente, deixar de concordar com a leitura que Heidi A. Campbell e Stephen Gardner fazem de que "vivemos em um mundo onde nossas tecnologias digitais estão cada vez mais se cruzando com nossas vidas espirituais".[54]

Seguindo a tradição de escolher um nome que carrega não só um formato, mas também uma identidade e uma missão, o Invisible College mantém interesses semelhantes aos de outros centros de estudo, mas com aquela descentralização original, pensada pelos cientistas britânicos, que o faz "invisível" e talvez mais adequado às dinâmicas típicas da era interconectada. Por isso, "qualquer análise das abordagens religiosas para a nova mídia envolve uma leitura cuidadosa das tendências tecnológicas dentro de nossa sociedade da informação global, juntamente com uma análise ética cristã da mídia, baseada em uma teologia inteligente da tecnologia".[55] Nossa investigação até agora procura entender se essa dinâmica descentralizada,

---

com esse objetivo apologético (negativo), deve estar um discurso kerigmático (construtivo) e uma vida litúrgica que demonstre uma comunidade alternativa de compromisso. Como os replicantes, os ministros universitários — e todos aqueles envolvidos no ministério universitário — são um 'povo peculiar', chamado ao discipulado da mente" (SMITH, *O Diabo lê Derrida*, p. 89-90).

[52]Em razão da extensão do capítulo, bem como do tratamento prévio já realizado pelo texto de Igor Miguel sobre os *underground seminaries*, a partir da crítica da universidade elaborada por Roger Scruton, não me demorarei mais no terceiro pressuposto de Cotherman que julgo ser equivocado — a saber, uma ênfase exagerada nos centros de estudo baseados em universidades. Minha avaliação iria na mesma direção daquela que assumiu o texto de Igor Miguel, de Roger Scruton e dos alertas, já mencionados, de James K. A. Smith. O restante do capítulo, portanto, se ocupará dos dois primeiros pressupostos equivocados de Cotherman.

[53]Estamos de acordo com Conrado Schlochauer, em que a tecnologia digital não é um fator exclusivo e isolado nesse processo: "a aprendizagem também vive sua transformação, não apenas em decorrência das grandes disrupções tecnológicas, mas como parte de uma verdadeira revolução cultural. O mesmo cenário que impacta a sociedade também impacta o processo de aprendizagem, ampliando absurdamente nossas possibilidades como aprendizes" (SCHLOCHAUER, *Lifelong learners*, p. 48).

[54]CAMPBELL, Heidi A.; GARNER, Stephen. *Networked theology: negotiating faith in digital culture* (Ada, Michigan: Baker Publishing Group, 2016, *e-book*), posição 88. Tradução livre.

[55]Ibid., posição 121. Tradução livre.

invisível e interconectada da era digital favorece o crescimento teológico e é compatível com o amadurecimento espiritual cristão.

Uma contribuição recente e importante para nos ajudar a avançar nessa discussão vem da pesquisa de Stephen D. Lowe e Mary E. Lowe, em seu livro *Ecologies of faith in a digital age: spiritual growth through online education*. Toda a paixão e preocupação dos autores nasce dessa mesma questão: "a maioria de nós não vive mais em mosteiros isolados do mundo real. Todos nós vivemos, trabalhamos e nos relacionamos no mundo real, e este mundo é digital, conectado em rede e altamente interconectado. Dada a realidade das relações e interações digitais do século XXI, precisamos de um modelo de formação espiritual que se ajuste melhor à maneira como vivemos na era interconectada".[56] Os autores estão conscientes que vivemos em uma era sem precedentes de conectividade, informação, velocidade e fragmentação.

Essa leitura encontra ressonância no primoroso trabalho do filósofo e ex-senador holandês Roel Kuiper quando este argumenta que:

> a sociedade pós-moderna se transformou no exemplo das alterações sociais profundas que são apontadas como a Grande Transformação. E claro que esta se compõe de várias outras transformações profundas. Segundo algumas interpretações, elas acompanham a mudança de uma forma de sociedade industrial para uma pós-industrial. Outras falam do surgimento de uma sociedade em rede ou uma sociedade da informação. A mudança de época, de acordo com as principais análises, considera alguns processos dominantes: informatização, globalização e individualização. Estes, em conjunto, trouxeram uma dinâmica sem precedentes.[57]

Um juízo de valor prévio sobre cada uma das características desse "mundo em rede", entretanto, depende de uma detida avaliação que nos mostre como tais dinâmicas podem ou não ser prejudiciais ao florescimento humano. Dos mais otimistas aos céticos, a cultura interconectada em que estamos inseridos exige que a igreja pergunte sobre os efeitos em nossa vida teológica e espiritual e considerar o impacto de tudo isso em nossas instituições, organizações, esquemas, conceitos, paradigmas e práticas de formação espiritual.

Uma vez mais é preciso ressaltar, a partir do testemunho pessoal dos autores, que esse deslocamento das atenções localistas dos centros de estudo para as dinâmicas remotas e descentralizadas, típicas da era digital, não é sinônimo de desprezo pelo ensino tradicional:

> Somos administradores e professores em um grande *campus*, ministrando cursos em salas de aula tradicionais. Valorizamos este aspecto de nossa carreira acadêmica e profissional, e percebemos que a experiência corporificada de ensino e aprendizagem tem um lugar legítimo em qualquer ecologia de formação espiritual. No entanto, a questão sobre onde ocorre o crescimento espiritual precisa de uma perspectiva mais holística e ecologicamente

---

[56]LOWE, Stephen D.; LOWE, Mary E. *Ecologies of faith in a digital age: spiritual growth through online education* (Downers Grove: InterVarsity Press, 2018), p. 3. Tradução livre.

[57]KUIPER, Roel. *Capital moral* (Brasília: Monergismo: 2018), p. 39.

informada se quisermos capturar a essência do ensino bíblico e aplicá-lo a várias formas de comunidade cristã digital, virtual ou física.[58]

No núcleo da questão não se encontra a substituição do presencial pelo remoto nem uma oposição do local ao virtual. Apesar de o livro ter sido escrito em 2018, dois anos antes da pandemia de Covid-19 — quando uma série de dinâmicas sociais de distanciamento se agravou —, ainda assim é muito difícil pensar em um fim completo de *campi*, cursos, salas e roteiros tradicionais de educação teológica. O que se mostrou urgente, na verdade, é ampliar o escopo de legítimas possibilidades de crescimento e formação teológica. Nosso grande desafio é englobar os processos e dinâmicas digitais que já fazem parte da vida cotidiana, e, assim, formar um verdadeiro ecossistema holístico de ensino e aprendizado bíblico, que responda aos desafios dos nossos dias.

Como nos provoca Schlochauer: "se, antes, o papel principal da escola era transmitir conteúdo, agora ela tem a função de nos ajudar a conviver com o excesso de informação".[59] Ou seja, incluir nas práticas de formação teológica e espiritual consolidadas há séculos uma série de procedimentos atuais, que já nem são tão novos por terem sido assimilados ao dia a dia das pessoas — mas disruptivos o suficiente para colocarem em obsolescência alguns hábitos educacionais do passado.[60]

Momentos individuais de conexão não precisam favorecer o individualismo

No campo de tensões entre o que está bem estabelecido e o que pede por adequação é que se encontra o trabalho para os centros cristãos de estudo. E também é nesse ambiente que eu gostaria de questionar aquelas admissões de Charles Cotherman a respeito da necessária espacialidade dos centros de estudo para que não se tenha uma experiência individualista, fria em relacionamentos e até mesmo academicamente deslocada. Essas três admissões, que julgo problemáticas, se somam a outras críticas tradicionais, que Stephen e Mary Lowe também apresentam em sua obra. Procurarei responder a elas a partir do diálogo interessantíssimo que os autores estabelecem com a sociologia contemporânea, chamando nossa atenção para os seguintes fatores:

> Alguns argumentariam que a atividade online, por sua própria natureza, cria e contribui para o isolamento e a desconexão de outras pessoas. A realidade, entretanto, é que o isolamento e a desconexão se tornaram parte da vida norte-americana nas últimas décadas, mesmo antes do surgimento da internet e das plataformas de redes sociais online. Putnam e Feldstein escreveram: "No início, *grosso modo*, no final dos anos 1960, os norte-americanos, em grande número, começaram a se associar menos, confiar menos, dar menos, votar

---

[58]LOWE; LOWE, *Ecologies of faith in a digital age*, p. 8. Tradução livre.

[59]SCHLOCHAUER, *Lifelong learners*, p. 35.

[60]Antes de avançar na argumentação a respeito da possibilidade de genuíno crescimento espiritual e teológico por meio de mídias digitais e plataformas de ensino a distância, gostaria de deixar claro antecipadamente que tais argumentos não se aplicam à questão específica do culto cristão. Uma vez que se trata de uma reunião de natureza muito distinta daquelas que podem ser realizadas por centros de estudo, os caminhos, argumentos e conclusões são bem distintos. Tive o privilégio de falar a respeito disso no Fórum Nordestino de Cosmovisão Cristã, realizado pelo Instituto Schaeffer de Teologia e Cultura. A palestra está disponível em: *https://www.youtube.com/watch?v=O71sH5yrlKE*.

menos e conversar menos". Ray Oldenburg lamentou a perda de um local público informal, semelhante aos cafés na Europa, onde as pessoas podiam se reunir para o discurso social. Ele sustentava que o problema do lugar é ampliado pela incapacidade de estabelecer experiências comuns fora da família ou dos contatos profissionais. A solução de Oldenburg para o problema do lugar é o que ele chamou "O terceiro lugar", componentes da sociedade que permitem o engajamento de estruturas sociopolíticas. O terceiro lugar contém evidências tangíveis e intangíveis; lugares como parques públicos e praças da cidade facilitam encontros informais de pessoas. O terceiro lugar também fala ao intangível, permitindo um campo de jogo equitativo para que diversos grupos possam se reunir em um discurso e uma maior unidade.[61]

As palavras anteriores dizem respeito ao primeiro e mais fundamental argumento contra a educação teológica online, a saber, sua inferioridade, em razão do individualismo que ela poderia favorecer. Para o movimento de centros cristãos de estudo, esse sempre foi um fator crítico, uma vez que a espiritualidade individualista da teologia norte-americana era um dos inimigos a serem combatidos com suas iniciativas. Vale dizer que aquilo que foi uma realidade da igreja evangélica dos EUA também está presente na brasileira. Entretanto, nosso questionamento dirige-se à necessidade — um conceito utilizado de maneira forte aqui — existente entre as dinâmicas de ensino e aprendizado remotos, e o individualismo. Acreditamos que essa relação não é necessária. Os habitantes do mundo contemporâneo têm sido individualistas muito antes da difusão das tecnologias de educação a distância. Mencionemos, mais uma vez, uma das mais completas análises apresentadas pelo professor Roel Kuiper a respeito da perda da intersubjetividade e dos paradoxos da individualização na contemporaneidade:

> O indivíduo é colocado no centro, com todas as suas possibilidades e resultados, querendo ele ou não. A individualização, então, também não é uma escolha livre, mas uma necessidade e, até mesmo, uma responsabilidade. E cada um deve "administrar" a sua própria vida numa sociedade em que é preciso negociar sobre papéis e responsabilidades, formular regras favoráveis, perceber oportunidades e ameaças, e fazer avaliações de risco. Ao fazer todas essas escolhas e decisões, escrevemos a nossa biografia individual. Disso resulta que sistemas antigos, como família, vão pressionando nossa consciência. Eles se apresentam contra as nossas escolhas pessoais. Não existem mais soluções "sistêmicas" para as nossas escolhas individuais... Não há mais salvação para essas coletividades. O motivo mais importante para seu definhamento é o aparecimento de outro tipo de subjetividades.[62]

Parte desses processos de individualização inauditos, descritos por Kuiper, que temos experimentado contemporaneamente dizem respeito à perda do que Oldenburg chama de "terceiro lugar": todos os cafés, igrejas, praças, bares e livrarias, que não são nem espaço privado da família nem espaço político da burocracia estatal. Nesse sentido, inclusive, a internet

---

[61] LOWE; LOWE, *Ecologies of faith in a digital age*, p. 81. Tradução livre.
[62] KUIPER, *Capital moral*, p. 107.

pode auxiliar na recuperação desses espaços. Não seremos ingênuos de defender um argumento igualmente frágil e apostar na necessidade (veja aqui, novamente, o conceito sendo usado de maneira forte) da internet para recuperarmos capital moral e social contemporâneo. Entretanto, todo o nosso esforço é chamar a atenção da igreja e dos centros de formação cristã para essa que é uma ferramenta a mais a nossa disposição! Nisso encontra-se um ponto de convergência entre os vários interpretes aqui: no núcleo da questão encontra-se a necessidade de entender, ambientar-se e utilizar-se dos novos ecossistemas digitais para cultivar esse poder de conexão da sociedade.

Stephen e Mary Lowe estão conscientes da necessidade de capital moral e explicam que:

> Quando ouvimos o termo capital, geralmente pensamos em termos de ativos financeiros ou do valor financeiro e do valor desses ativos. Também podemos aplicar esse termo às redes sociais e ao valor das relações recíprocas nessas redes. Existe um certo valor inerente para um indivíduo ou grupo de indivíduos que recebem esse capital social. Por exemplo, um querido amigo nosso foi enviado ao Iraque como capelão militar por dezoito meses. Durante sua ausência, sua família e amigos puderam se comunicar não apenas por cartas e pacotes, mas também pelo Skype em tempo real. Esses encontros virtuais, mediados pela tecnologia disponível, produziram um capital ou benefício social diferente das formas simples de comunicação unilateral. Amigos e familiares puderam vê-lo, ouvi-lo, observar seus aposentos e ter uma noção real de como era sua vida tão longe de casa. Embora não estivessem fisicamente presentes um com o outro, essas interações sociais forneceram benefícios valiosos para o capelão, sua família e seus amigos".[63]

Quando passamos a enxergar os ecossistemas sociais a que já estamos integrados e que podemos fortalecer com o auxílio dos instrumentos tecnológicos a nossa disposição, a discussão assume uma nova dimensão. As plataformas de interação social remotas tornam-se mais um meio para a recepção e doação de assistência mútua e florescimento humano. Isso não significa que dimensões, processos e dinâmicas presenciais podem ser substituídos pelas remotos. Em vez disso, trata-se de reconhecer como o capital social das redes sociais, normas de reciprocidade, assistência mutua e confiabilidade podem crescer e se desenvolver por meio de outras formas de conectividade.

Além disso, os anos de experiência na coordenação de cursos teológicos a distância ensinaram Stephen e Mary Lowe a questionarem um pressuposto igualmente falso na ideia de que a experiência online individualiza e contribui para a perda contemporânea da intersubjetividade. Não é porque estamos envolvidos em práticas digitais individuais que alimentamos o individualismo. Este é a degeneração daquelas; não precisam estar vinculados. Isso porque, apesar dessas atividades individuais, não estamos totalmente desembaraçados de nossas relações — mesmo quando estamos sozinhos, diante de nossos computadores ou celulares. Conforme Stephen e Mary Lowe explicam: "Os alunos que se envolvem online experimentam um ambiente que molda e forma seu desenvolvimento. Esses alunos trazem consigo uma vasta rede de conexões sociais que influencia o que e como eles aprendem. Os alunos também

---

[63]LOWE; LOWE, *Ecologies of faith in a digital age*, p. 67-68. Tradução livre.

contribuem com uma riqueza de conhecimento, experiência e capacidade de se conectar pessoalmente com outras pessoas".[64]

Ou seja, mais do que uma experiência neutra e metodologicamente isenta, todo usuário das plataformas de educação remota não só traz consigo uma série de vivências coletivas que enriquecem outros, como também recebe aquilo que será o recurso material para suas outras relações intersubjetivas, assim que desligar o computador. Antes, durante e depois, ele se acha imerso em uma contínua habitação mútua com a rede de relacionamentos que o molda e que ele também forma. Além disso, "os alunos que leem os textos do curso estão interagindo com as palavras, pensamentos e expressões dos colaboradores representativos. Quando eles interagem com outras pessoas online, eles se envolvem com a rede de outra pessoa, o que serve para informar, influenciar e, por fim, levar ao crescimento contínuo".[65]

Grande é a ressonância do Invisible College não só na argumentação, mas também na experiência educativa de Stephen e Mary Lowe. Ela surge como que um oásis em meio a um deserto de reducionismo de muitos discursos sobre a educação teológica. Apesar do privilégio de podermos desfrutar de espaços físicos bem pensados para receber estudantes em formação, ignorar o quanto de genuíno crescimento espiritual existe na educação remota é uma ilusão muito perigosa. Na verdade, deveríamos incentivar nossos estudantes na direção contrária, para que entendam que, quando estão sentados em frente a um computador, mexendo em seus celulares ou interagindo nos encontros online e aulas remotas, não estão individualisticamente particularizados.

Essa é uma das mais fortes ênfases do consumismo resiliente no nosso imaginário educativo que precisa ser desconstruída. É necessário ajudar todo usuário de ecossistemas digitais a abrir mão de uma postura meramente consumista de conteúdo. Nas palavras de James K. A. Smith: "o fato de os estudantes estarem aqui para adquirir hábitos, habilidades e sabedoria não os torna 'consumidores' ou clientes. Como uma instituição focada na tarefa da educação, não estamos fornecendo uma 'mercadoria'. E ter uma identidade única não se traduz apenas em ser uma 'marca'. Na verdade, a tarefa de uma educação em artes liberais distintamente cristã é criar uma comunidade de pessoas formadas para resistir e desafiar o reducionismo de uma cultura voltada para o mercado. Na medida em que fizermos isso, seremos fiéis à nossa vocação".[66]

Na contramão dessa ideia, precisamos insistir que todo discípulo de Jesus que esteja se preparando teologicamente, de maneira remota ou presencial, mantém-se integrado na comunhão mística com o Corpo de Cristo e a criação de nosso Deus. Segundo a mais bela explicação sobre os sinais de Deus na criação e na experiência humana, publicada pelo teólogo e pastor presbiteriano Peter J. Leithart:

> embora eu seja distinto do mundo, não estou acima dele como algo fora de mim. O mundo me habita mesmo enquanto habito o mundo, e nem o mundo nem eu podemos ser o que somos um sem o outro. Irredutivelmente diferente como o mundo é de mim, e eu do mundo, cada um tem de habitar o outro se qualquer um deles sequer existirá. A mesma fita de Möbius resolve o dilema

---

[64]Ibid., p. 81. Tradução livre.
[65]Ibid., p. 81. Tradução livre.
[66]SMITH, p. 79.

do individualismo *versus* a sociedade, economia política *versus* sociologia. Indivíduos são totalmente únicos. Não se pode reduzir nenhum indivíduo a outro, nem indivíduos são simples somas ou produtos doutros que os influenciaram. Entretanto sou o eu único que sou só por causa doutros que me moldaram. Sem esses outros sociais em particular, eu seria um eu diferente, e sem mim eles todos seriam eles diferentes. A sociedade tem de habitar dentro de indivíduos, e indivíduos dentro da sociedade..[67]

A intenção de Leithart é nos ajudar a desenvolver uma visão trinitária da realidade, enxergando padrões de habitação mútua próprios da Trindade em cada aspecto do mundo e da experiência humana, reconhecendo em elementos cotidianos vestígios da Trindade. E se tudo isso é verdade quanto à nossa relação com o mundo inanimado ao nosso redor, imagine quão mais verdadeiro é em nossos relacionamentos interpessoais! Sem ignorar as diferenças nos tipos de mediação entre os indivíduos, tenho certeza de que meus familiares, amigos e colegas de sala de aula habitam em mim quando derramo meu coração neles. Não permaneço isolado ou hermeticamente fechado em meu mundinho mental, mesmo que esteja atrás de uma fria tela de computador. Isso porque sei que estou compartilhando a mesma fé, esperança e amor com meus companheiros de caminhada teológica ao longo daquele semestre de estudos, por exemplo.

Com isso fica mais evidente para nós a escolha, por Stephen e Mary Lowe, da imagem da "ecologia" da fé na era digital: estamos imersos em uma complexa rede de habitações mútuas, que, somente com muito esforço intencional, pode nos deixar indiferentes ao que Deus pode fazer por meio das plataformas de educação remota. Apesar de muitos abusos e de uma histórica negligência, elas não precisam seguir, necessariamente, a lógica que mantém tantos usuários anestesiados pelo entretenimento.

O erro do monasticismo presencial e a possibilidade de relações digitais genuínas

A convicção de que estruturas digitais podem ser ferramentas integradas à ecologia do processo de formação espiritual de um discípulo de Cristo, sem alimentar seu individualismo, nos leva à segunda crítica mais contundente que tais iniciativas recebem: quanto de calor relacional perdemos em uma comunidade de aprendizado virtual em comparação a um centro de estudos presencial? As plataformas de educação remota, em ecologias digitais, conseguem fornecer a mesma qualidade de relações intersubjetivas que um ambiente educacional presencial? Essas perguntas assumem primeira importância diante daquelas ênfases localistas presentes na argumentação do movimento de centros de estudo.

Alguns estudiosos cristãos estão convictos de que as comunidades virtuais não conseguem desempenhar as mesmas funções, que competem exclusivamente a um espaço de aprendizado teológico presencial — não podendo, portanto, servir para a mesma finalidade. O mais destacado defensor dessa posição é o filósofo e apologeta norte-americano Douglas Groothuis. O seu livro *The Soul in Cyberspace* é uma das mais antigas e pioneiras críticas ao lado mais sombrio da comunicação mediada pela tecnologia digital.[68]

---

[67]LEITHART, Peter J. *Vestígios da Trindade* (Brasília: Monergismo, 2017), p. 42.
[68]GROUTHUIS, Douglas. *The Soul in Cyberspace* (Grand Rapids: Baker Pub Group, 1997).

Apesar de se tratar de uma publicação remota, que não testemunhou muitos desenvolvimentos tecnológicos, o autor continua sustentando suas principais teses em palestras e pronunciamentos mais atuais. Em entrevista recente, Tim Challies perguntou a Groothuis: "Em seu livro, você escreveu: 'a busca compulsiva por diversão costuma ser uma tentativa de escapar da miséria da vida. Temos grande dificuldade de ficar quietos em nossos quartos. O ciberespaço pode ser a maior tentação já oferecida à humanidade para perder sua alma na diversão'. E isso foi escrito muito antes do YouTube. As coisas melhoraram nos anos que se passaram? As coisas pioraram?".[69] A resposta de Groothuis foi a seguinte:

> Com o surgimento das redes sociais — Facebook, MySpace, Twitter etc. — a tentação de evitar o mundo face a face aumentou. Existem mais brinquedos para nos distrair desse modo de ser. Escrevi sobre mundos simulados em *The Soul in Cyberspace*, mas eles não haviam atingido as proporções de *SimLife* ou *Second Life*, que são "culturas" inteiras para os desencarnados.
>
> Sim, as coisas estão muito piores. Os desvios estão se acelerando em um ritmo alarmante. Considere *laptops*. Recentemente, tive que bani-los de minha sala de aula, no Seminário de Denver, porque muitos alunos estavam fazendo várias tarefas — comprando online, checando *e-mails* e coisas do tipo — enquanto eu dava aula, completamente concentrado e entregue a isso. Agora que são ilegais, os alunos olham mais para mim e uns para os outros. De alguma forma, eles ainda se lembram de como fazer anotações a mão. No entanto, um aluno admitiu usar seu dispositivo de bolso para ver a definição de uma palavra que eu estava usando. Se ele podia fazer isso, também poderia enviar mensagens de texto e se distrair do ambiente de aprendizagem da sala de aula.
>
> Sim, alguns alunos serão responsáveis e só usarão o *laptop* para fazer anotações no modelo que distribuo ou utilizo, para pesquisas genuínas relacionadas à aula. Mas, dada a mentalidade pandêmica de multitarefa, não posso contar com esse tipo de comportamento responsável; então eu os bani.[70]

Apesar de instrutiva toda a argumentação de Challies e Groothuis, alguns de seus pressupostos podem ser problematizados para alcançarmos pontos ainda mais nucleares dessa discussão — colocando as preocupações aqui apresentadas em seus lugares legítimos. De fato, o que eles chamam de ciberespaço pode se tornar uma tentação para seus usuários fugirem da realidade. Temos muito mais recursos para evitar o mundo "face a face" do que em 1997 ou mesmo em 2009. As rede sociais mencionadas por Groothuis eram rudimentares — e algumas já estão em desuso — em relação às plataformas atuais. O nível de fragmentação e aceleração do Instagram e do TikTok, por exemplo, é muito maior do que do Facebook ou do Twitter.

---

[69] CHALLIES, Tim. "The soul in cyberspace: an interview with Douglas Groothuis". 6 maio 2009. s.p. Disponível em: https://www.challies.com/interviews/the-soul-in-cyberspace-an-interview-with-douglas-groothuis/. Tradução livre.
[70] Ibid., s.p. Tradução livre.

Ademais, simuladores de realidade, como o *SimLife* ou *Second Life*, nem se comparam com as propostas do Earth 2[71] ou o AltspaceVR.[72] Contamos com mais possibilidades para nos entreter na busca compulsiva por diversão e fuga de uma vida que consideramos miserável. Uma vez que os dispositivos e plataformas digitais são mais numerosos e desenvolvidos, as consequências também são mais profundas e sombrias do que Groothuis e Challies articulam. Destaca-se, nesse sentido, a ampla pesquisa da psicóloga Jean M. Twenge a respeito da geração de crianças e adolescentes que nasceram conectados com *smartphones*:

> Eles estão em primeiro plano na pior crise de saúde mental em décadas, com taxas de depressão e suicídio entre adolescentes disparando desde 2011. Ao contrário da ideia corrente de que as crianças estão crescendo mais rapidamente do que as gerações anteriores, a geração *i* está crescendo mais lentamente... Os adolescentes estão mais seguros fisicamente do que nunca, porém são mais vulneráveis mentalmente.[73]

Não obstante concordarmos e até mesmo aprofundarmos nossas preocupações em relação aos pontos mencionados por Groothuis, faz-se necessário questionar a exclusividade que os ecossistemas digitais têm nessas perenes tentações humanas. Apesar de ser necessário lidar com essas novas dinâmicas e processos da realidade digital, o mundo analógico, com seus dispositivos de baixa tecnologia, não estava livre das mesmas lutas. Quanto às tentativas de escapar da miséria da vida, um exemplo dramático foi apresentado por Thaddeus J. Williams em sua obra *Reflita*,[74] que recorta um trecho da autobiografia de Charles Darwin para mostrar o tipo de homem que ele se tornou, empobrecendo e fugindo de sua realidade por meio do trabalho científico:

> Minha mente aparentemente se transformou num tipo de máquina de moer que produz leis gerais a partir das grandes coleções de fatos... a perda desses gostos é uma perda da felicidade, e possivelmente danosa ao intelecto e, ainda mais provavelmente, ao caráter moral, ao enfraquecer a parte emocional de nossa natureza.[75]

Vemos claramente aqui como um ser humano extremamente talentoso, em um mundo analógico, pode empobrecer-se e desumanizar-se, tornando-se "uma máquina de moer" leis científicas. Seu amor pela beleza, poesia e tantos outros modos não lógicos da realidade foi

---

[71]Disponível em: https://earth2.io/.

[72]Disponível em: https://altvr.com/. Aproveito para agradecer publicamente ao Kaiky Fernandez que é meu consultor para assuntos futurísticos de tecnologia e que sempre me ajuda a lembrar desses exemplos mais radicais das discussões a respeito de ecossistemas digitais.

[73]TWENGE, Jean M. *iGen: por que as crianças superconectadas de hoje estão crescendo menos rebeldes, mais tolerantes, menos felizes e completamente despreparadas para a vida adulta* (São Paulo: nVersos Editora, 2018), p. 16-17. Nosso curso *Cultivando os discípulos do futuro* tem a preocupação de fundo de mostrar a estreita ligação entre os altos índices de depressão, imaturidade e insegurança com a exposição prolongada às telas, de computadores ou *smartphones*. Compartilhamos, portanto, das preocupações de Groothuis.

[74]WILLIAMS, Thaddeus J.*Reflita: tornando-se você mesmo ao espelhar a maior pessoa na história* (Brasília: Monergismo, 2017).

[75]DARWIN, Charles. "The Autobiography of Charles Darwin". In: BARLOW, Nora (Org.). *The Works of Charles Darwin*. v. 29 (Nova York: New York University Press, 1989), p. 158.

perdido em uma busca compulsiva por trabalho, que costuma ser uma tentativa de dar sentido a uma vida miserável — conforme Challies e Groothuis sustentam. Darwin era o que chamamos hoje de um *workaholic*, procurando no seu trabalho científico segurança emocional e realização pessoal.[76]

A tentação de perder sua alma em uma fuga desencarnada da realidade não é uma exclusividade dos usuários e habitantes de ecossistemas digitais. Ela sempre esteve à espreita do coração do ser humano, porque não se trata do instrumento tecnológico a sua disposição, mas de sua orientação religiosa fundamental. Um coração apóstata pode transformar um livro ou um *smartphone* em instrumento de busca por realização pessoal, e alienação de Deus e de sua criação. Nossa avaliação seria incompleta se concentrássemos toda a nossa atenção nos malefícios que a exposição prolongada às mídias digitais podem nos trazer. A tendência de "ficar quieto no quarto", de se evitar o mundo "face a face" ou de insistir em uma forma de vida eminentemente desencarnada tem novas e sofisticadas manifestações — mas de forma alguma é exclusiva de nossa contemporaneidade digital.

Diante de tudo isso, a melhor formulação da pergunta de Challies para Groothuis não é: "As coisas melhoraram nos anos que se passaram? As coisas pioraram?". Em vez disso, deveríamos retornar à nossa formulação inicial a respeito da teologia contemporânea e nos perguntar como responderemos com a Palavra de Deus ao atual estado tecnológico em que nos encontramos com os anos que se passaram desde que Groothuis começou a pensar nisso. Não se trata de melhorar ou piorar, mas de se perguntar como a normatividade imutável da Palavra de Deus traz redirecionamento existencial e se aplica à nossa nova situação. Mais uma vez os discípulos de Jesus precisam aprender a confrontar as novas ameaças e tentações com a verdade da Palavra de Deus, tornando-a significativa para o seu momento.

Simplesmente tomar os atuais desenvolvimentos tecnológicos como a raiz de todos os males de nossa época é incorrer no mesmo erro do monasticismo: acreditar que, se virarmos as costas para o mundo e nos encerrarmos com nossos artefatos de baixa tecnologia, estaremos a salvo e livres do mal. Quando cristãos se fecharam entre as quatro paredes de seus monastérios, descobriram rapidamente que levaram consigo o principal problema do ser humano: o seu coração caído.[77] Seja com um tinteiro, com a imprensa de Gutenberg ou com um *smartphone*, o ser humano permanecerá lutando contra suas tentações naquele que tem sido o mesmo campo de batalha desde sua criação: o seu coração. Nas palavras de Derek Schuurman:

> Não acho que o maior perigo da tecnologia virá na forma de uma revolta de robôs ou tendo máquinas descontentes escravizando a humanidade. Acredito que o maior perigo da tecnologia é muito mais sutil: é a forma como algumas destas mudanças arrastam-se em nossas vidas e afetam a forma como nos relacionamos, a maneira como nós gastamos nosso tempo e como definimos nossas prioridades. A tecnologia trouxe alterações à forma como trabalhamos, à nossa educação, à nossa vida pessoal e até mesmo à nossa adoração. Estas práticas formam hábitos, e hábitos têm uma maneira de moldar

---

[76] WILLIAMS, *Reflita*, p. 22-23.
[77] Quem me chamou atenção, pela primeira vez, a esse erro monástico foi o historiador Mark Noll, em seu instrutivo livro *Momentos decisivos da história* (São Paulo: Cultura Cristã, 2003), p. 46.

nossos corações. Talvez não precisemos precaver-nos contra uma possível revolta de robôs, mas precisamos guardar nosso coração, pois é a "fonte da vida" (ver Provérbios 4.23).

Devido à forma como a tecnologia pode efetuar uma mudança, alguns a veem com desespero, como se de alguma forma fosse mais caída do que outras atividades humanas. Mas não há nada inerente à tecnologia que deva levar à rejeição ou ao desespero; embora caída, a tecnologia é outra parte do potencial latente na boa criação de Deus, na qual nós podemos nos deliciar. E, assim como em outros aspectos da criação, somos chamados a ser mordomos fiéis dos recursos, empregando a tecnologia de uma forma responsável, que responde ao chamado de Deus para amarmos nosso próximo e para cuidarmos da terra e de suas criaturas. Em vez de contribuir para o medo ou desespero, a tecnologia deve contribuir para o *Shalom*.

Como então viveremos com a tecnologia? De que forma a tecnologia nos molda? Que lugar a tecnologia ocupa em nossa sociedade e em nossas vidas? Estes são os tipos de perguntas com que cristãos que pensam deveriam se envolver.[78]

Em lugar de um discurso primitivista contra uma possível revolta das máquinas contra nós, deveríamos estar muito mais preocupados em guardar nossos corações. Tudo isso nos leva a uma segunda pressuposição muito problemática na resposta de Groothuis, que gostaríamos de avaliar aqui. Em determinado ponto de sua argumentação, ele diz que baniu das suas aulas, no Seminário de Denver, a utilização de computadores portáteis pelos seus alunos. O argumento é que eles passavam muito tempo fazendo outras tarefas — comprando online, checando *e-mails* — enquanto ele dava aula. Aqueles instrumentos impediam os alunos de permanecer ali, de "corpo e alma", olhando para a face do professor e a dos colegas. Ou seja, não só plataformas de ensino a distância não favoreceriam relacionamento humano genuíno, como também a própria utilização de instrumentos tecnológicos em reuniões presenciais poderiam contribuir para que as pessoas "não estivessem ali". Por isso, agora seus estudantes eram proibidos de usar tais dispositivos em sala.

Não preciso explorar o "erro monástico", já mencionado. Eliminar artefatos tecnológicos não nos livrará das fontes de nossas tentações. Além disso, o ponto de Groothuis mostra-se muito frágil quando levantamos a necessidade de critérios mais objetivos para avaliar porque *laptops* (artefatos tecnológicos de complexidade média) precisam sair da sala enquanto outras tecnologias de baixa complexidade (um livro, uma lapiseira, um pincel atômico e um quadro branco) não têm capacidade também de nos distrair. Tudo isso sinaliza a fragilidade tanto da antropologia quanto da visão de cultura que Groothuis sustenta.[79] Quero deslocar os olhares

---

[78] SCHUURMAN, Derek. Tecnologia, revolta dos robôs e o coração. Disponível em: *https://tuporem.org.br/tecnologia-revolta-de-robos-e-o-coracao/*.

[79] Não se deve desprezar o fato de que, ao ser questionado a respeito de suas fontes de inspiração e de leitura para sua crítica cultural, ele não apresente autores da tradição reformada e reformacional, mas tão somente Jacques Ellul, Neil Postman e Marshall McLuhan — amplamente debatidos e questionados na contemporaneidade por autores como Egbert Schuurman, Derek Schuurman e Marteen Verkerk, dentre outros. Cf. CHALLIES, The soul in cyberspace: an interview with Douglas Groothuis, s.p.

da discussão para um ponto igualmente desconsiderado por ele e que tem muita relevância para a discussão específica dos centros de estudo presenciais e remotos. Trata-se do simples fato de que qualquer um que tenha alguma experiência em sala de aula sabe que presença física e ausência de artefatos tecnológicos não garante, necessariamente, calor relacional e envolvimento intersubjetivo. Mais do que isso, é plenamente possível que, mesmo de maneira remota, possamos experimentar genuínas relações humanas mediadas pelas mais distintas plataformas digitais. A partir da obra de Heidi Campbell e John Gresham, uma vez mais Stephen e Mary Lowe são precisos ao argumentar que:

> A pesquisa de Campbell a levou a concluir que, para muitos, os relacionamentos locais não geram, necessariamente, as conversas profundas, a honestidade e a transparência que os membros buscam, mas "online pode ser mais fácil encontrar outras pessoas que compartilham experiências e crenças em comum e discuti-las em um fórum aberto". Gresham afirmou: "dentro de uma sala de aula física, as condições sociais e ambientais conspiram para limitar o envolvimento total de todos os alunos em uma discussão em sala de aula". Uma das dinâmicas que observamos na sala de aula física é como as barreiras sociais, percebidas ou não, contribuem para a falta de participação. Mary deu um curso de seminário no qual um aluno relatou estranheza social e o desejo de não "parecer estúpido" na frente dos outros. Ele raramente contribuía para a discussão em sala de aula. Esse mesmo aluno fez um curso diferente online com Mary, e ela dificilmente poderia contê-lo. Ele escrevia abundantemente, e outros alunos interagiam vigorosamente com ele e suas ideias. Vimos outros exemplos em que os alunos hesitam iniciar uma discussão em classe porque estão preocupados com que a conversa ultrapasse o tempo da aula, quando estão com pressa para sair. Em alguns casos, o ambiente do *campus* não contribui mais para a expansão do diálogo pessoal em razão das realidades da vida diária. O valor subjacente da comunicação como forma de construir comunidades é sua capacidade de unificar ou reunir componentes individuais em um todo coeso.[80]

De forma mais complexa, Stephen e Mary Lowe abordam questões que parecem ausentes em abordagens sobre tecnologia em relação à educação teológica e formação cristã. Mais uma vez é problematizada a ligação necessária entre interações locais e calor humano, honestidade e transparência. Seja nos argumentos localistas do movimento de centros de estudo, seja no erro monástico de Groothuis, o que de fato é desconsiderado são as barreiras que impedem uma boa comunicação — e, por conseguinte, a formação de uma comunidade. Comunidades de aprendizado e comunicação têm uma relação intrínseca. Compreendemos a preocupação de intérpretes da cultura, como Groothuis, pois os artefatos tecnológicos alteram nossa capacidade de comunicar e, portanto, de formar comunidades. Entretanto, nessa relação não existe um privilégio absoluto da comunicação presencial sobre a mediada por recursos digitais.

---

[80] LOWE; LOWE, *Ecologies of faith in a digital age*, p. 83-84. Tradução livre.

Mesmo em ambientes intencionalmente pensados para receber e cooperar com a formação de estudantes de teologia, teremos de enfrentar obstáculos de comunicação — desde restrições físicas e condições ambientais até mesmo dinâmicas sociais e limites psicológicos de seus envolvidos. Tudo isso faz com que a mera presença física não garanta, por si só, o calor humano e a hospitalidade necessária para a formação cristã. Por outro lado, Stephen e Mary Lowe buscaram mostrar acima que algumas dinâmicas típicas dos ecossistemas online favorecem a comunicação interpessoal e a formação de legítimas comunidades de aprendizado cristão. Algumas distrações, típicas de ambientes presenciais ou até mesmo da vida no *campus*, simplesmente estão ausentes quando você está em um ambiente digital remoto. Tais processos podem favorecer em muito as genuínas interações pessoais.

Precisamos ser honestos o suficiente para admitir que a noção de comunidade de aprendizado — tão cara aos centros de estudo cristãos — não é estática nem está isolada das transformações do tempo. Mesmo as comunidades "face a face" de aprendizado passaram por longas modificações e desenvolvimentos, procurando aprofundar os processos de crescimento. Toda a nossa argumentação visa demonstrar que as comunidades online podem receber a mesma atenção e se desenvolver para contar com o mesmo engajamento que o dos membros de centros de estudo presenciais.

Conforme explicam Stephen e Mary Lowe, o núcleo da questão está menos em ser presencial ou remoto e mais na intencionalidade dos envolvidos: "a formação da comunidade depende em grande parte da reciprocidade dos relacionamentos: 'os relacionamentos, a intimidade, as negociações e o envolvimento dos participantes influenciam a evolução de uma comunidade. O crescimento e a longevidade de uma comunidade estão diretamente relacionados ao encontro da comunidade com as necessidades dos membros'. A socialização online não exclui necessariamente a intimidade".[81] Conscientes de todo os processos de despersonalização e individualismo de nossa cultura que podem ser potencializados pelas mídias digitais, precisamos deliberadamente cultivar ecossistemas digitais em que interesses compartilhados possam ser transformados em portas de entrada para ensino, comunhão e aprendizado teológico legítimo.

Tudo isso nos leva ao terceiro e último ponto da entrevista de Challies e Groothuis que eu gostaria de colocar sob crítica. Trata-se de um primitivismo, que defende o uso de algumas tecnologias em detrimento de outras. A resposta de Groothuis que citamos anteriormente, a respeito dos *laptops*, encaminha-se para o fato de ele estimular seus estudantes a fazerem anotações a mão por ter banido qualquer dispositivo de pesquisa online. Ele até admite que poderia considerar alguns alunos responsáveis para usarem seus artefatos tecnológicos para pesquisas genuínas relacionadas à sua aula. Entretanto, como ele não poderia contar com esse comportamento responsável de todos, preferiu banir os aparelhos.

Uma vez mais, faltam critérios claros e uma filosofia do desenvolvimento cultural para julgar por que um livro e uma lapiseira não são tão perniciosos quanto um *laptop*. No entanto, por trás do tratamento infantil que Groothuis dispensa aos estudantes de teologia de um seminário conhecido, como o de Denver, está algo mais profundo. Existe um primitivismo

---

[81] Ibid., p. 84. Tradução livre.

ingênuo e insustentável, que reaparece em muitos discursos críticos à tecnologia, que não poderia nos levar senão a contradições incontornáveis.

Groothuis manifesta, em outro momento de sua entrevista, as contradições oriundas de tal primitivismo, quando Challies questiona: "Uma citação de seu livro: 'O livro, aquele artefato teimosamente não elétrico, de pura tipografia, possui recursos que conduzem ao florescimento da alma. Uma leitura cuidadosa do texto impresso orienta a pessoa para um mundo de ordem, de significado e de possibilidade de conhecer a verdade'. Há uma maneira, então, pela qual a palavra impressa é inerentemente superior à palavra digital? O que temos a perder na transição para a palavra digital?".[82] Finalmente, aqui a questão da superioridade de um desenvolvimento tecnológico em relação ao outro é colocada por Challies. Não obstante, na resposta de Groothuis uma contraditória visão a respeito da tecnologia torna-se patente:

> A palavra impressa, como meio único, tem pontos fortes (e fracos) não compartilhados pela palavra digitalizada. Apelo a McLuhan: "O meio é a mensagem". Ou, para dilatar um pouco: cada meio de comunicação molda seu conteúdo distintamente e molda o observador necessariamente. Por um lado, perdemos o sentido da história quando passamos dos livros para as telas. Os livros podem ser velhos amigos, tanto o conteúdo (que fica em nossas mentes) quanto os próprios artefatos, que valorizamos. Por exemplo, eu não abriria mão de minha edição de 1976 de *O Deus que intervém*, de Francis Schaeffer, que li logo após minha conversão. Foi esse livro, essas ideias, que despertou minha visão para o ministério cristão. Além disso, adoro a capa dessa edição e gosto de examinar as muitas anotações que fiz no livro em muitas leituras. Ter o mesmo livro em formato digital, embora valha a pena sob muitos aspectos (por exemplo, eu poderia capturar texto e colocá-lo no meu blogue!), não seria o mesmo. Muito se perderia.[83]

Apesar de concordarmos com Groothuis em que a palavra impressa não pode ser confundida com a palavra digitalizada, acreditamos que é uma extrapolação injustificada afirmar que perdemos o sentido da história quando passamos dos livros para as telas. Utilizando os próprios argumentos que por ele apresentados, a começar da célebre frase de McLuhan, "O meio é a mensagem", nós, cristãos, poderíamos ser colocados contra a parede quanto ao fato de não termos mais os manuscritos originais do Antigo e Novo Testamento. Ou, ainda, quem de nós teria coragem de dizer que o meio de compartilhar o Evangelho seria a mensagem do Evangelho?

É claro que podemos dizer muito sobre os meios escolhidos de compartilhar uma mensagem, mas reduzir essa mensagem a seus meios é um empobrecimento perigoso. Com todo o rigor teológico, apenas Cristo Jesus é o meio e a mensagem ao mesmo tempo e sob o mesmo aspecto — fora disso, o que teríamos seriam absolutizações idólatras. No sentimentalismo que Groothuis, portanto, demonstra por sua edição de 1976 da obra de Francis Schaeffer, não se esconde um primitivismo insustentável, inclusive com nossa própria fé?

---

[82] CHALLIES, "The soul in cyberspace: an interview with Douglas Groothuis", s.p. Tradução livre.
[83] Ibid., s.p. Tradução livre.

Seria empobrecedor reduzir uma mensagem ao seu meio de transmissão e vice-versa. Isso porque, uma vez mais, não podemos enxergar nem o conteúdo nem os meios de comunicação isolados e particularizados como Groothuis parece nos sinalizar. Conforme temos insistido aqui, trata-se de todo um ecossistema a que os mais diferentes artefatos se somam e de que passam a fazer parte. Vale citar aqui Stephen e Mary Lowe quando explicam que: "os alunos online, ao contrário de algumas opiniões, não são necessariamente alunos autônomos; em vez disso, eles representam um grupo de conexões, incluindo família, ministério, vizinhança e amigos... Existe uma relação bidirecional na comunidade de aprendizagem; o crescimento ocorre tanto individualmente quanto corporativamente. O próprio aprendiz se relaciona com outros aprendizes e, nessa formação, é estimulado a expandir sua experiência de aprendizagem".[84]

Tão somente essa visão mais complexificada e multiforme é que nos forneceria uma visão das comunidades de aprendizado, as práticas de ensino e até mesmo as posturas de estudantes como elementos no interior de uma ampla teia intersubjetiva. Tanto em uma sala de aula presencial como em uma plataforma de educação a distância, apenas a partir de uma visão pluriforme de participação em um ecossistema cultural e tecnológico que novas ideias, vontades e sentimentos poderiam florescer.

---

[84] LOWE; LOWE, *Ecologies of faith in a digital age*, p. 85. Tradução livre.

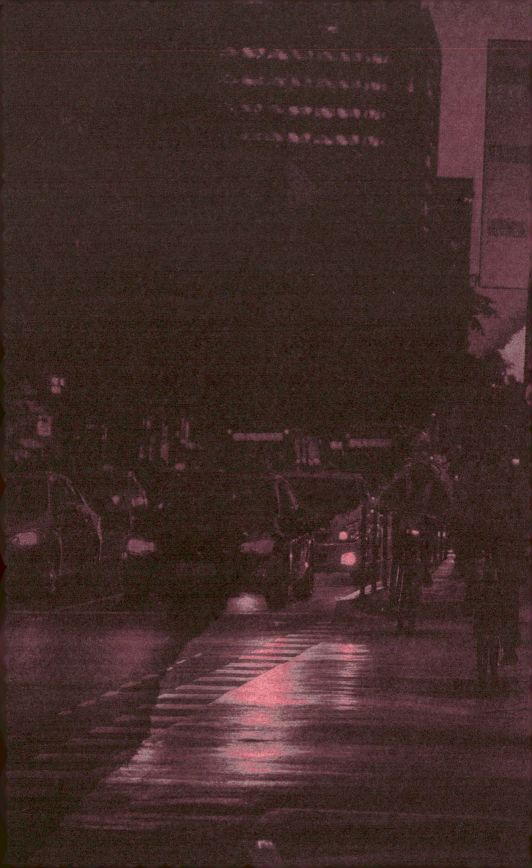

Parte I

O drama da doutrina

A importância da doutrina cristã para a vida

Para muitos ouvidos contemporâneos, o termo "doutrina" é sinônimo de religiosidade e tradicionalismo. Trata-se de um conceito que soa maçante e empoeirado. Não é um daqueles assuntos que ocupam um lugar fundamental em nosso dia a dia e que nos empolgamos para compartilhar. Não existe nenhum verbo mais pejorativo hoje em dia do que "doutrinar". A maioria de nós acha muito difícil formular claramente as doutrinas em que acreditamos — e parece ser mais difícil ainda sustentar "doutrinas" nos ambientes plurais e multifacetados em que transitamos. De forma geral, quando estamos em uma situação em que se torna inevitável a presença da "doutrina", ela necessariamente nos colocará em discórdia com quem está ao nosso redor.

Em um cenário tão hostil à doutrina, o que resta para quem se interessa em estudar a religião e a espiritualidade humana é a repetição acrítica da fórmula subjetivista "eu sinto que Deus para mim é...". O lugar da doutrina passou a ser ocupado majoritariamente por uma série de descrições das afeições religiosas dos indivíduos. E, apesar do caráter provisório e altamente insatisfatório desse tipo de declaração para o discurso teológico, ela traz segurança para os indivíduos em ambientes plurais e multifacetados. Atualmente, ninguém se atreve a julgar nossas experiências espirituais privadas, por mais absurdas que sejam do ponto de vista hermenêutico, teológico ou histórico. A subjetividade que vivenciou determinada experiência espiritual — muito mais que as tradicionais "doutrinas" que não conseguiram resistir ao espírito da era secular — é o reduto mais seguro da afirmação religiosa diante dos corrosivos críticos de nossa época.

Independentemente da religião subjetivista cultivada pelo contemporâneo, o fato é que basta ligar a televisão ou deslizar um *feed* de qualquer rede social para ver o resultado dos anos em que a igreja evangélica negligenciou a doutrina: ela foi levada, junto com sua liderança, por todo tipo de tendência e modismo cultural e ideológico do mundo moderno. Em uma perfeita reversão do imperativo apostólico, nós nos conformamos com o espírito deste mundo, não experimentamos transformação pela renovação de nosso entendimento e, por isso, deixamos de experimentar a vontade de Deus para nossas vidas.

Diante desse contexto, nenhuma respostas simplista será suficiente. Não bastará repetir o mantra primitivista romântico: "Para mim, basta Jesus e a Bíblia". Nenhum desses dois é recebido por nós sem uma série de camadas lógicas, linguísticas, históricas, sociais, econômicas, jurídicas, morais e confessionais. Um olhar honesto e rigoroso para a experiência religiosa revelará que existe muito trabalho envolvido na "simples" comunicação e compreensão do Evangelho. O problema não está na doutrina em si, mas nas concepções que nos têm mantido cativos e polarizados. Falta-nos um tratamento de crítica doutrinária.

Portanto, o primeiro e mais fundamental passo na construção de uma teologia pública é perguntar-se pela natureza e pela importância da doutrina para toda a vida cristã. Nenhuma presença fiel na filosofia, na teologia e nas ciências é possível sem uma ocupação prévia com a doutrina cristã. Quanto a essa investigação específica, destaca-se, de publicações precedentes, o livro *O drama da doutrina* (2005), do teólogo norte-americano Kevin J. Vanhoozer. Da maneira que lhe é própria, Vanhoozer consegue não só percorrer profundamente as discussões mais técnicas em torno da disciplina da crítica doutrinária, mas também comunica sua importância para o dia a dia das comunidades de fé em Jesus. Isso fica nítido já na maneira como ele define doutrina e, em seguida, coloca a pergunta fundamental sobre sua natureza — que será respondida em toda a obra:

> Doutrina diz respeito ao que a fé em busca de entendimento alcança quando a busca é bem-sucedida. Para ser mais exato: *A doutrina cristã é a recompensa que a fé recebe no final da busca pelo sentido do testemunho apostólico acerca do que Deus estava realizando no evento de Jesus Cristo.*[1]

Doutrina, portanto, é o resultado da busca de entendimento daqueles que têm fé. Trata-se de uma conquista do esforço de compreender o que Deus estava realizando em Cristo Jesus. Entretanto, Vanhoozer completa sua definição nos colocando um problema adicional: "O desafio para aqueles que não testemunharam pessoalmente o Verbo ou Palavra de Deus é o desafio do acesso. Onde a revelação divina pode ser encontrada agora?".[2] Para onde nós, habitantes do mundo contemporâneo devemos olhar atentamente para obter uma compreensão melhor do que confessamos? Onde Deus se revela hoje em dia? Cada uma dessas questões constitui o âmago do que será explorado nos próximos capítulos desta primeira seção de nosso livro, a partir de ângulos diversos e procurando relacionar o texto de Vanhoozer com questões bastante contemporâneas.

---

[1] VANHOOZER, Kevin J. *O drama da doutrina: uma abordagem canônico-linguística da teologia cristã* (São Paulo: Vida Nova), 2016, p. 20.
[2] Ibid., p. 20.

Capítulo 1

Mateus de Matos Nunes

O CONCEITO DE ORTODOXIA CRISTÃ NA TEOLOGIA CANÔNICO-LINGUÍSTICA:
uma proposta de superação dos reducionismos interpretativos por Kevin J. Vanhoozer

Neste capítulo, vamos abordar a questão do reducionismo existente na compreensão da ortodoxia cristã presente nas várias tradições teológicas decorrentes da Reforma Protestante. Iremos discutir a proposta, apresentada por Vanhoozer, de uma ortodoxia dramática que permite preservar as diversas teologias confessionais encontradas na Igreja.

A teologia canônico-linguística em seu contexto
Em 2005, Kevin J. Vanhoozer, renomado professor de teologia sistemática na Trinity Evangelical Divinity School, em Chicago, Estados Unidos, publicou a obra *O drama da doutrina*, na qual propõe um debate com a teologia linguístico-cultural e pós-liberal de George Lindbeck, apresentando uma nova abordagem teológica que compartilha a aceitação de muitos dos postulados da virada linguístico-cultural na filosofia, mas que diverge quanto à autoridade final na comunidade cristã, que, para Vanhoozer, estava centrada na ação comunicadora da Trindade no cânon bíblico, e não nas práticas habituais da comunidade, como defende Lindbeck[1].

Embora *O drama da doutrina* seja um texto bastante denso, uma vez que estabelece um amplo diálogo com a filosofia contemporânea e com as teorias literária e da dramaturgia, pode-se afirmar que o tema central dessa obra esteja fundamentado no teodrama de Hans Urs von Balthasar, na teologia linguístico-cultural de Lindbeck e na teoria dos atos de fala, especialmente nos desenvolvimentos conceituais de J. L. Austin e John Searle.

O resultado é um texto profundamente atual que resgata a relevância do lema *Sola Scriptura* para o cristianismo do século 21, assegurando a cada teólogo que o cânon bíblico é o lugar privilegiado da ação comunicadora divina e a autoridade final para o povo de Deus, a comunidade da aliança.

Ortodoxias reducionistas: a teologia dramática em contraposição às teologias épica, lírica e retórica
Embora todas as igrejas resultantes, direta ou indiretamente, da Reforma Protestante afirmem ter na Bíblia as bases de sua teologia, de sua liturgia e de suas práticas, ainda existe uma ampla controvérsia sobre a natureza da doutrina cristã e sobre a forma correta de entender aquilo que as Sagradas Escrituras verdadeiramente propõem.

---

[1]VANHOOZER, Kevin J. *O drama da doutrina*: uma abordagem canônico-linguística da teologia cristã (São Paulo: Vida Nova, 2016), p. 114-5.

Nesse contexto, a natureza da teologia pode ser expressa como doutrina épica, lírica ou retórica, que equivalem, no entendimento de Vanhoozer, àquilo que Lindbeck chamou de teologia propositivo-cognitivista, teologia expressivista-experiencial e teologia linguístico-cultural.

Quanto à doutrina épica, ou teologia propositivo-cognitivista, Vanhoozer diz o seguinte:

> Transposta para a teologia, a épica assume a forma de um sistema monológico que descortina sua história de uma perspectiva absoluta. Teologias sistemáticas assemelham-se à épica por parecerem escritas por narradores oniscientes e impessoais que não se situam em lugar específico algum. Muitas teologias, em seu zelo pela verdade universal, passam por cima da particularidade e diversidade das vozes bíblicas (e dos gêneros literários) que tendem a não se encaixar bem em um sistema escolhido. Isso é especialmente tentador para teólogos sistemáticos que, como Hegel, querem reformular representações bíblicas como conceitos teológicos.[2]

Essa concepção da doutrina cristã é a que parece ter predominado nas igrejas protestantes históricas diretamente originadas do movimento da Reforma, durante o período conhecido como escolasticismo protestante. Vanhoozer argumenta, ainda, que o problema com o propositivismo é sua tendência de desdramatizar a Bíblia e, consequentemente, sua doutrina, pois retira o texto de seu contexto na ação comunicadora divina[3].

A segunda concepção da natureza da doutrina cristã é chamada por Vanhoozer de doutrina lírica, e se refere à abordagem teológica expressivista-experiencial de Lindbeck. Quanto a ela, o teólogo estadunidense ensina:

> As doutrinas na teologia lírica são "símbolos não informativos e não discursivos de sentimentos, posturas ou orientações existenciais". Descrever a experiência com palavras não é tanto uma alegação de verdade, mas a satisfação da necessidade de autoexpressão. Hegel comenta que a lírica procura a "autoexpressão da vida subjetiva" e que "em vez de avançar para a ação, [a subjetividade] fica sozinha consigo mesma como introspecção".[4]

Essa concepção doutrinária é bastante conhecida no Brasil, podendo-se afirmar, com segurança, que se trata da abordagem teológica predominante na igreja evangélica brasileira.

Há também a teologia retórica, que Vanhoozer compara à doutrina linguístico-cultural de Lindbeck. Essa teologia transpõe o significado do cânon bíblico para as práticas eclesiais, em cada contexto histórico-cultural; assim, a autoridade passa a ser a própria Igreja. Como ele argumenta, é nessa abordagem que se nota com maior clareza os sinais da imersão nos postulados da virada linguístico-cultural em filosofia, embora os teólogos e líderes cristãos que a praticam não estejam — pelo menos na maior parte das vezes — conscientes de sua filiação a essa corrente. Nas palavras do próprio autor:

---

[2]Ibid., p. 100.
[3]Ibid., p. 106.
[4]Idem.

Sem que tenham se dado conta disso, muitos evangélicos já fizeram a virada linguístico-cultural, embora as culturas das quais se apropriaram não fossem inteiramente santas. Práticas inspiradas mais em culturas de gestão, de terapia, de consumo e entretenimento caracterizam cada vez mais as Igrejas Evangélicas, tanto que elas correm o perigo de tornar-se a autoridade *de facto*, se não *de jure*, para o estilo de vida Evangélico. O próprio Jesus continua popular, com certeza; seu estilo cruciforme, nem tanto.[5]

A acusação que Vanhoozer faz a esse tipo de teologia retórica é bastante séria, mas o diagnóstico não poderia ser mais preciso. A prática dessa abordagem teológica pode facilmente ser atestada em um mero passeio pelas principais ruas das cidades brasileiras ou pela frequência aos cultos públicos de muitas das igrejas da moda, encontradas no país.

Portanto, cada uma dessas abordagens implica em um tipo de reducionismo, pois o conteúdo do cânon não pode ser resumido a um conjunto de proposições, a um repertório de experiências subjetivas ou a uma gramática das práticas cristãs.

Em contraposição a todos esses reducionismos, Vanhoozer apresenta sua teologia canônico-linguística como uma teologia dramática, uma abordagem que valoriza a diversidade de gêneros textuais encontrados no cânon, com a compreensão de que a Bíblia é a autoridade divina e testemunha da ação dramática de Deus ao longo da história e, principalmente, na Igreja.

A proposta da abordagem canônico-linguística enquanto teologia dramática almeja englobar tanto o saber corretamente quanto o agir corretamente, pautado no conteúdo canônico. A esse respeito, o autor esclarece: "O resultado esperado da teologia canônico-linguística é nada menos do que o elo que faltava entre a crença correta (ortodoxia) e a prática sábia (ortopraxia): juízo correto (*orthokrisis*)".[6]

A importância das tradições teológicas da igreja para a ortodoxia cristã

Em *O drama da doutrina*, Vanhoozer esforçou-se para demonstrar que o foco da compreensão sobre a natureza da doutrina cristã (ortodoxia) deve estar no modo como Deus fala e age no cânon bíblico e como a Igreja deve entender corretamente o significado dessa ação e dela participar.

Longe de implicar em uma desvalorização das tradições interpretativas cristãs, sua proposta, na verdade, reafirma o valor das diversas ênfases encontradas na teologia dos credos históricos e nas teologias confessionais. O autor esclarece como as decisões tomadas nos Concílios de Niceia e da Calcedônia foram importantes para identificar as personagens do teodrama e, assim, possibilitar à Igreja repelir as heresias que ameaçavam sua participação no drama em cena.

Essa valorização das formulações históricas da teologia cristã é explicada pela necessidade de continuidade na encenação do drama canônico e pela crise de certeza da correção das práticas eclesiais, que ocorreria em consequência de seu abandono:

> Nenhuma igreja local é o primeiro grupo a procurar fazer encenações criativas e fiéis de seu roteiro sagrado. Participar do drama da doutrina é envolver-se

---

[5]Ibid., p. 43.
[6]Ibid., p. 47.

em um debate de séculos sobre o sentido das Escrituras e sobre a melhor forma de corporificá-lo. A teologia dos credos proporciona uma "direção católica": direção para compreender o teodrama e dele participar, mas uma direção aceita por "toda" a Igreja.[7]

Contudo, além da necessidade de concordância universal (católica) sobre a identidade das *dramatis personae* que compõem o teodrama do qual toda a comunidade cristã participa, Vanhoozer também sustenta a importância das teologias confessionais, abordagens essas com ênfases diversas, relacionadas aos muitos contextos históricos e culturais nos quais a Igreja encontra pelo mundo.

Nota-se, então, que a abordagem canônico-linguística não identifica as teologias confessionais, desenvolvidas especialmente nos séculos 16 e 17 com a abordagem de tipo propositivo-cognitivista. Pelo contrário, observa-se o grande apreço que o autor tem pelos teólogos da Reforma, especialmente por Calvino, dado o número expressivo de citações do reformador genebrino que são encontradas ao longo da obra aqui analisada.

Nesse sentido, Vanhoozer esclarece que, embora a subscrição de uma teologia confessional seja importante, cabe a nós diferenciar uma confissão de fé específica da posse efetiva da verdade:

> É possível alguém endossar com entusiasmo a teologia reformada, por exemplo, porque está convencido de que a voz dessa tradição precisa ser ouvida e tem algo de importante e diferenciado para dizer à igreja católica, mas, ao mesmo tempo, reconhecer que a teologia reformada é uma confissão, não uma posse, da verdade de Jesus Cristo.[8]

Como vimos, a proposta apresentada pela teologia canônico-linguística tem o mérito de dialogar com as diversas práticas teológicas encontradas nas comunidades cristãs. A partir de uma análise robusta do fazer teológico tradicional, embasado em algumas inovações trazidas pela virada linguístico-cultural, Vanhoozer conseguiu nos apresentar um diagnóstico preciso do estado de coisas existente na igreja evangélica e da necessidade de superação da dicotomia teoria/prática.

A teologia canônico-linguística, como teologia dramática que se propõe a ser, abre espaço para a preservação da pluralidade ortodoxa da Igreja e para a manutenção de sua unidade na diversidade, desde que afastados os reducionismos propositivista, experiencialista e retórico, na compreensão da natureza da doutrina cristã e das práticas eclesiais.

Mateus de Matos Nunes é egresso do Instituto Educacional Invisible College e bacharel em Direito pela Pontifícia Universidade Católica (PUC) de Goiás. Atualmente, é seminarista no Seminário Presbiteriano Brasil Central (SPC) e membro da Igreja Presbiteriana Bereia, em Goiânia/GO.

---

[7] Ibid., p. 464.
[8] Ibid., p. 467.

Capítulo 2

ARTHUR GARCIA FERREIRA MARTINS

USANDO O TEODRAMA PARA CONHECER A DEUS:
a identificação das dramatis personae

"Teodrama" é o termo utilizado por Kevin J. Vanhoozer para fazer referência à metáfora do drama como um paralelo para o evangelho. Primeiramente, quem fez uso de tal metáfora foi Calvino, quando disse que o mundo era o teatro da glória de Deus. No entanto, Vanhoozer se aprofunda nas implicações e aplicações desse termo, direcionando-o para a doutrina e o discipulado da igreja local. Para ele, "um drama é um fazer, uma encenação"[1], e considerando que o teatro contemporâneo recuperou a ideia de que tanto Deus como a plateia fazem parte da ação, essa proposta insiste que Deus e a humanidade alternam entre ator e plateia: "Melhor ainda, a vida é um teatro interativo divino-humano, e a teologia envolve tanto o que Deus disse e fez pelo mundo quanto o que devemos dizer e fazer como resposta de gratidão"[2].

Trabalhando drama como a encenação de falas e atos, imaginamos a autorrevelação de Deus de maneira completa, notando seus atos de fala assim como suas entradas e saídas no enredo das Escrituras. Deus fez muitas coisas e falou muitas coisas. Tudo isso é sua iniciativa para dar-se a conhecer ao homem. Ele fez intervenções na história diversas vezes e depois se despediu diversas vezes. Essa metáfora nos auxilia a elaborar uma visão completa de um Deus trino e uno que apresenta as *dramatis personae* (caráter dos personagens de uma peça de teatro segundo as ações de cada um na trama) nas Escrituras, direcionando o enredo para que o seu povo participe dele correspondendo e dando continuidade à sua dramatização.

Convidando-nos à imitação de Cristo, Deus deseja que o conheçamos. Como? Conhecendo o que ele fez e disse, e imitando-o adequadamente em nosso tempo atual. Dialogando com Balthasar, Vanhoozer valoriza a interação humana: "Deus não representa o drama do mundo completamente sozinho; ele abre espaço para que o homem participe da encenação"[3].

O equívoco epistemológico no conhecimento de Deus
As Escrituras apontam para a revelação de Deus, de maneira especial, através de Jesus Cristo. Lemos a Bíblia para nela encontrarmos Jesus, que é a mais elevada e detalhada revelação de Deus. Tendo como ponto de partida o discurso e a ação de Deus — "não filosofia, a religião, a natureza, a ética, a inteligência, nem mesmo a igreja"[4] —, a teologia pode resolver o problema do abandono da prática *Sola Scriptura* como método interpretativo.

[1]VANHOOZER, Kevin J. *O drama da doutrina*: uma abordagem canônico-linguística da teologia cristã (São Paulo: Vida Nova, 2016), p. 253.
[2]Idem.
[3]Ibid., p. 65.
[4]Idem, p. 43.

Seu abandono no meio protestante hoje é perceptível muitas vezes devido a "práticas inspiradas mais em culturas de gestão, de terapia, de consumo e entretenimento [que] caracterizam cada vez mais as Igreja evangélicas [...] O próprio Jesus continua popular, com certeza; seu estilo cruciforme, nem tanto."[5]

Podemos chamar de infidelidade essa adequação inadequada da igreja. Conhecer a Deus *é* a vida eterna (João 17:3); portanto, se ele não é conhecido partindo do que ele mesmo revelou sobre si, a vida, consequentemente, não acompanha esse conhecimento. Se Deus se revela perfeitamente em Jesus, especialmente no clímax de sua obra — a cruz —, mas a igreja não continua sua obra o imitando na vida cruciforme, é no caminho de outro Jesus que o povo de Deus anda. Vida acompanha verdade, que podemos chamar de Revelação. Verdade que não comunica vida não é Revelação.

Levando em conta a metáfora do drama, o que vemos são os diversos usos que a igreja faz de "outros evangelhos" — ou podemos dizer que ela esteja atuando em outros dramas que não o de Deus. Se o Evangelho que temos pregado produz discípulos cansados e enfermos, sabemos que não é o Evangelho que é "poder de Deus". Basta olhar para o drama da igreja de hoje.

Segundo Vanhoozer, "essa infidelidade decorre de juízos teológicos incorretos, pois a distinção entre a religião verdadeira e falsa depende de uma identificação correta de Deus."[6] John Stott fez considerações semelhantes ao analisar a situação da igreja em nossos dias e expor as variadas concepções de Jesus encontradas. Segundo ele, o cristão sempre terá uma vida coerente com o conceito que ele tem de Jesus, e afirma que nossa maturidade reside no quão verdadeira é a visão que temos dele:

> Atualmente, por exemplo, encontramos o Jesus capitalista competindo com o Jesus socialista. Há também o Jesus ascético se opondo ao Jesus glutão. Sem falar do Jesus palhaço [...]. Porém, todos eram distorcidos e nenhum deles merece nossa adoração e culto. Cada um é o que Paulo chama de "outro Jesus", diferente do Jesus que os apóstolos proclamaram.[7]

O equívoco na "identificação correta de Deus" pode ser notado por meio de abordagens reducionistas à doutrina. A doutrina — fé em busca de compreensão — deve ser desenvolvida de modo que contemple a totalidade do homem, tendo significado informativo, volitivo ou expressivo. Essa é a proposta de Vanhoozer em sua abordagem canônico-linguística. Privilegiar somente significado informativo (propositivo-cognitiva), volitivo (linguístico-cultural) ou expressivo (expressivista-experiencial) certamente acarretará uma compreensão equivocada de Deus e, por decorrência, da prática da igreja. Deus não é só emoção, nem só razão, nem só ação. Ele é Caminho, Verdade e Vida.

A procura da teologia primeira

Refletindo sobre qual deveria ser o ponto de partida em busca de uma teologia que lide com Deus da forma mais fiel possível, o *sensus divinitatis* (intuição geral da divindade) é considerado um critério duvidoso, devido ao pecado. Essa impressão religiosa natural do homem

---

[5] Idem.
[6] Idem, p. 41.
[7] STOTT, John W. R. *O discípulo radical* (Viçosa: Ultimato, 2011), p. 37.

caído tem a função de despertá-lo para a busca do Deus verdadeiro, mas não é confiável para fundamentar o fazer teológico. A. W. Tozer faz uma constatação equivalente ao afirmar que as perguntas que eu faço sobre Deus dizem mais respeito à minha criaturidade do que, certamente, à divindade de Deus.[8]

Já o recurso do *sensus literalis* (sentido literal da Bíblia) pressupõe que sabemos o que significa ser bíblico.[9] A dúvida que fica é: como podemos saber se estamos de fato olhando para o texto e não para esta ou aquela interpretação do leitor do texto?[10]

Embora haja importância real na defesa de Tertuliano, de que "não há interpretação correta fora de certa comunidade"[11], o *sensus fidelium* (equivalente ao consenso da comunidade associado à Regra de Fé) também não merece receber o título de teologia primeira. Isso seria argumentar que o que determina o papel das Escrituras na teologia é a "consciência que o povo de Deus tem da presença divina em seu meio"[12]. Esta certamente é a armadilha que a virada linguístico-cultural propõe, sugerindo que basta a aprovação da maioria em uma comunidade para que a revelação seja identificada; porém, não é certo dizer que a voz do povo é a voz de Deus, ainda que este seja o povo de Deus.

Contudo, o primeiro princípio de que precisamos é o *sensus scripturalis*, ou seja, o senso de que a Bíblia é "de Deus" e, portanto, autoridade para a igreja[13]. Só a partir daí, então, é que pode ser feita uma busca da pessoa de Deus, especialmente em Jesus, nas Escrituras. Isso significa, porém, desafiar os pilares nos quais a igreja hoje se apoia. A pergunta que importa fazer é: estamos comprometidos com quem Deus diz ser? Queremos descobrir quem Deus realmente é e como ele está agindo no mundo? Estamos comprometidos com os meios que ele nos oferece para conhecê-lo e imitá-lo? A igreja está disposta a se conformar com a imagem de Deus e abrir mãos de suas especulações?

O assunto das Escrituras: Deus em um ato de autocomunicação[14]

"Concepções heréticas do teodrama tendem a começar com erros relativos à economia trina e una"[15]. A garantia de que não se esteja seguindo "outro evangelho", ou seja, atuando em outro drama, está em "identificar os principais atores do evangelho, isto é, as *dramatis personae* divinas"[16]. Se pularmos a investigação dos atributos divinos e seu comportamento no cosmos, bem como o seu discurso, o mistério do evangelho será perdido. E se a igreja perder o evangelho, deixará de ser "casa de Deus, que é a igreja do Deus vivo, a coluna e fundamento da verdade"[17]. "O erro na identificação das pessoas divinas conduz a uma concepção errada da ação divina, que por sua vez bloqueia nossa capacidade de participar dessa ação"[18].

---

[8] TOZER, A. W. *O conhecimento do santo* (São Paulo: Impacto Publicações, 2018).
[9] VANHOOZER, *O drama da doutrina*, p. 77.
[10] Idem.
[11] Idem.
[12] Idem, p. 78.
[13] Idem, p. 79.
[14] Idem, p. 38.
[15] Idem, p. 97.
[16] Idem, p. 96.
[17] 1 Timóteo 3:15.
[18] Idem, p. 98.

A teologia patrística afirma que o que de Deus é revelado na história deve corresponder a quem Deus é na eternidade, sendo as missões de Deus correspondentes processões eternas do ser de Deus. Sendo assim, Vanhoozer propõe que seja considerado o drama de Deus nas Escrituras. O drama é um "fazer" de atos e palavras; uma encenação. A abordagem teodramática de Vanhoozer busca a compreensão do ser de Deus de maneira a valorizar tanto o que ele fez quando disse como o que disse quando agiu.

Uma vez que todo o enredo de um drama emana dos personagens principais, identificá-los localizaria o enredo pelo qual a igreja hoje deveria viver. A igreja é o povo de Deus que conta a história do que Deus fez e disse na pessoa de Jesus Cristo, assim como também continua a fazer história, encenando com base nos atributos divinos. Uma vez que os personagens do drama são conhecidos, a igreja tem a quem imitar, dando continuidade ao que Deus iniciou. "Nenhuma religião jamais foi maior do que seu conceito de Deus. A adoração é elevada ou indigna na medida em que o adorador acalenta pensamentos altos ou baixos sobre Deus"[19].

Observando o atual desafio que a igreja evangélica tem tido para se situar, considera-se que o início da resposta necessária esteja na revelação do ser de Deus. O método canônico-linguístico de Vanhoozer nos sugere uma abordagem mais completa de interpretação bíblica que não reduza nem a doutrina (enredo) ou o ser de Deus (*dramatis personae*), mas os considere de forma mais abrangente, valorizando seus atos de fala — o que Deus disse e fez nas Escrituras —, especialmente em Jesus.

A identidade de Deus precisa ser conhecida em seu teodrama para que a igreja recupere os juízos teológicos corretos, fazendo distinção entre a religião verdadeira e a falsa.

Roma, ao tornar o cristianismo sua fé oficial, não se converteu ao drama divino e à revelação do Deus trino e uno, mas continuou edificada sobre um governo autoritário. O que se fez, foi apenas repintar o império externamente. Antes, Roma havia tentado se edificar sob a *polis* e fracassou; apostou nos deuses gregos, que não passavam de uma projeção do próprio caráter humano, e colapsou junto com a queda do império, no século 5. Essas três bases propostas "não podiam fornecer uma base suficiente para a vida, a moral, os valores e as decisões finais"[20].

A pergunta que nos cabe para saber se temos edificado a igreja sobre conceitos humanos a respeito de Deus, ou na sua autorrevelação, é: "O seu sistema de valores é suficientemente forte para fazê-los suportar os desafios da vida, tanto individual quanto político"?[21]

Basta-nos observar seu estado atual, e a qualidade do cristianismo que tem sido evidenciada na igreja, especialmente em tempos de crise mundial, onde tudo o que está edificado sobre outro fundamento está sendo abalado.

> É impossível manter práticas morais sólidas e atitudes corretas enquanto a nossa própria ideia de Deus se mantém errada ou inadequada. Se queremos trazer de volta à nossa vida o poder espiritual, devemos começar a aproximar nossa concepção de Deus daquilo que ele realmente é.[22]

---

[19]TOZER, *O conhecimento do santo*, p. 11.
[20]SCHAEFFER, Francis A. *Como viveremos?* (São Paulo: Cultura Cristã, 2013), p. 9.
[21]Idem.
[22]TOZER, *O conhecimento do santo*, p. 7.

Vanhoozer constata: "Não identificar as *dramatis personae* como o Deus trino e uno é, em última análise, destruir o teodrama"[23], sobrando apenas dramas com personagens principais humanos para serem encenados. A queda dos deuses gregos juntamente com a queda do Império Romano nos prova que fazer dos homens os únicos personagens principais, adotando apenas uma mudança linguístico-cultural, não proporciona uma base suficientemente forte para a sobrevivência da igreja ou da sociedade onde ela deve brilhar sua luz diante dos homens.

A igreja que não se comprometer radicalmente com o drama da doutrina, em todas as épocas, cairá, como Roma, sob um discurso cristão vazio que não revela as *dramatis personae*. "A apatia se tornará sua marca registrada"[24]. Paralelamente, o autoritarismo crescerá para fazer frente à apatia dos crentes,[25] e líderes centralizadores se erguerão, seguindo modelos empresariais e *coach*, a fim de conduzir a igreja de Deus sem revelação de quem ele é. O estado da igreja tenderá a piorar, uma vez que não há poder real, pois "não havendo profecia, o povo perece"[26].

A igreja florescerá ou ruirá sob seu conceito de quem é Deus.

"Esta é a vida eterna: que te conheçam, o único Deus verdadeiro, e a Jesus Cristo, a quem enviaste"[27].

Arthur Garcia Ferreira Martins é apaixonado por oração, casado com Maria Eugênia e pastor titular na Igreja Presbiteriana República, em Curitiba, há 10 anos. É graduado em Teologia pelo Seminário Presbiteriano de Curitiba e pós-graduado em Espiritualidade pela Faculdade Teológica Evangélica.

---

[23]Idem, p. 97.
[24]SCHAEFFER, *Como viveremos?*, p. 13.
[25]Idem.
[26]Provérbios 29:18.
[27]João 17:3.

Capítulo 3

Bruno Mambrim Maroni

PRATICANDO O CÂNON:
oração, teodrama e a espiritualidade cotidiana

> "Nada expressa melhor a relação dos servos da
> aliança com o Senhor da aliança do que a oração."
> — Kevin J. Vanhoozer

> "Depois que tiverem comido até ficarem satisfeitos, louvem
> o Senhor, o seu Deus, pela boa terra que deu a vocês."
> — Deuteronômio 8:10

A história dramática de uma teologia viva

A relação entre teologia e espiritualidade comunitária, concreta e cotidiana, costuma ser vaga, pragmática e até inoperante. A essa interação "sem jeito" subjaz a separação entre teoria e prática. Isso implica em impasses tanto teológicos quanto eclesiásticos, especialmente na cultura do discipulado. Um dilema corriqueiro. O que as Escrituras e a doutrina têm a ver com o ordinário da vida cristã?

Um autor contemporâneo que muito contribui no trato dessa questão é Kevin J. Vanhoozer, particularmente em sua obra paradigmática *O drama da doutrina*. Atualmente professor e pesquisador de teologia sistemática na Trinity Evangelical Divinity School, Vanhoozer tem concentrado seus esforços acadêmicos e literários nas áreas de teologia sistemática, metodologia teológica, hermenêutica e pós-modernismo, além de implicações em eclesiologia e discipulado, que demonstram justamente como o rigor bíblico-teológico interage com a saúde espiritual de modo imprescindível — ou seja, o próprio autor, erudito e versátil, é exemplo da proposta que ele desenvolve.

O drama da doutrina é um livro sobre metodologia teológica, um metadiscurso. Em outras palavras, um livro de teologia sobre como fazer teologia. Nele, Vanhoozer discorre, entre outros tópicos, a respeito do ponto de partida teodramático evangélico para o labor teológico (a proeminência das Escrituras), da vitalidade e necessidade da doutrina, do risco da ocupação de correntes filosóficas, culturais e ideológicas na produção teológica (consequência de um esvaziamento bíblico nos recursos de um teólogo), e da singularidade da mensagem cristã.

Vanhoozer pretende, assim, responder as seguintes questões: qual o princípio primário da teologia? O que a igreja tem a dizer com exclusividade? Onde se encontra a revelação?

Por mais que soem pesadas, penosas e opacas, essas perguntas percorrem, na maioria das vezes silenciosamente, o dia a dia dos teólogos e dos discípulos de Jesus que se encontram na igreja e se empenham em imitá-lo nos diversos contextos da vida. Para aproveitar adequadamente as respostas que a referida obra sugere, é útil, antes, entendermos um pouco do contexto que despertou esse livro.

Sobre a(s) doutrina(s) e o teatro

Vanhoozer publicou *O drama da doutrina* em resposta à obra de George Lindbeck, *A natureza da doutrina*, publicada em 1984. O objetivo de Lindbeck foi analisar três linhas teológicas que explicam onde diferentes grupos encontram a Revelação: teologia propositivo-cognitivista, teologia expressivista-experiencial e teologia linguístico-cultural. Note que cada uma dessas teorias se propõe a dar os contornos daquilo que chamamos de "doutrina". O primeiro grupo se refere às doutrinas como afirmações de verdade, proposições informativas. O segundo grupo enfatiza a doutrina como símbolo dos sentimentos e atitudes interiores de uma pessoa. E o terceiro, o que Lindbeck subscreve, pretende que doutrinas resultam da vivência comunitária/social, de seus usos e seus discursos.

Lindbeck se posiciona no pós-liberalismo, terreno da teologia narrativa, cuja abordagem pressupõe que a análise linguística-narrativa, ou seja, a análise dos discursos e histórias de uma comunidade, é o componente primário das formulações teológicas — daí o nome "linguístico-cultural". Diante disso, a crítica e contraponto de Vanhoozer é que, apesar da validade do aspecto linguístico, a norma da teologia não é cultural, mas canônica. Essa ênfase reaviva o *Sola Scriptura*, lema da Reforma Protestante, não como conceito, mas como prática e atuação. Assim, onde está a Revelação? Está nas Escrituras, nos atos de fala divinos – no teodrama, uma proposta que Vanhoozer desenvolve orientado pela metáfora teatral. O teólogo Wesley Hill explica:

> Quando fala acerca da vida da igreja, Vanhoozer sugere que o pastor é o diretor de palco que assegura que os artistas saibam todas as suas linhas e consigam improvisar quando necessário. Os cristãos individualmente são os atores. A Escritura oferece o roteiro. O teólogo é o "dramaturgo", usando conhecimento especializado sobre atuação e interpretação clássica para orientar a ação do diretor. Existe o teatro de obra-prima (os credos). Existe o teatro local (a congregação), bem como o teatro regional (a denominação ou confissão a que pertence a congregação).[1]

O drama é o curso de ação no teatro. Essa analogia é coerente a um aspecto crucial do evangelho: ele é ação, isto é, palavras e atos de Deus (ou atos por palavras) que convocam respostas de seu povo. Nesse caso, as Escrituras transcrevem os feitos e falas de Deus, entradas e saídas do Senhor que podemos resumir em cinco atos principais: 1) Criação; 2) eleição, rejeição e restauração de Israel; 3) Jesus (o clímax teodramático); 4) Cristo ressurreto, o Espírito e a Igreja; e 5) *eschaton* (consumação). Esse é o enredo canônico, uma abordagem à Bíblia como uma (grande) história completa e total.

---

[1] HILL, Wesley. *Kevin Vanhoozer, o rei do drama*. Disponível em: https://teologiabrasileira.com.br/kevin-vanhoozer-o-rei-do-drama/.

É importante notar que Vanhoozer opta pela metáfora do drama à narrativa porque, de acordo com ele, o drama não só "diz", mas "mostra" uma distinção que rompe com a dicotomia teoria/prática. Além disso, o drama desperta ações/respostas da igreja, como convite à participação.

Disso parte a teologia, que encontra na *revelação autocomunicativa* de Deus seus recursos, afirmações e práticas. Assim, elaborá-la não se dá pelo falar sobre Deus de forma autônoma e independente, mas pelo ouvir com humildade e obediência o que ele fala sobre si mesmo.

Sobre práticas canônicas para os dramas da vida

É admirável que a abordagem canônico-linguística de Vanhoozer não tenha limites informativos, mas chame seus leitores objetivamente à encenação. Se a norma teológica é o cânon, ele é, consequentemente, a autoridade que orienta a encenação: o roteiro — direção à linguagem, pensamentos e ações — para a participação no discurso divino e sua encenação (fiel e criativa) em cenários distintos.

A encenação da igreja acontece por *práticas canônicas*, que nada mais são do que "atividades sociocomunicadoras dirigidas pelo Espírito e regidas por regras, elaboradas com finalidade relativa à aliança"[2]. Em *O drama da doutrina*, livro que tem conduzido nossa reflexão até aqui, Vanhoozer expõe duas práticas canônicas para a igreja/vida cristã: o olhar para Cristo e a oração. Esta última é o foco deste texto. Por que podemos dizer que a oração é uma prática canônica?

O primeiro e mais óbvio motivo é porque ela figura em todo o cânon, do Antigo ao Novo Testamento, e os Salmos são os principais exemplos disso. Segundo, porque Cristo assegurou e encorajou a prática da oração. O Evangelho de Mateus registra as palavras de Jesus em termos imperativos: "*orem* por aqueles que os perseguem"[3]. No ensino de Jesus, podemos discernir três características marcantes da oração: ela identifica a paternidade divina; através dela compartilhamos da filiação e da herança comuns a Jesus; e, por último, as orações de Jesus testemunharam sua identidade como Filho de Deus[4]. Entre os frutos da oração, da prática de orar com Jesus, estão os frutos do reconhecimento e da experiência pelo Espírito, de nossa identidade como filhos de Deus. A oração desperta a segurança da adoção e nos possibilita vivenciar ativamente o que é ser família de Deus e reconhecê-lo como Senhor.

Vanhoozer também propõe para nós o processo que modela a oração como prática canônica singular. Ele faz isso citando a obra *Word and Church* [O mundo e a igreja], do teólogo anglicano John Webster, que diz:

> O leitor é um ator dentro de uma teia maior de eventos e atividades, no meio da qual é suprema a ação de Deus em que ele, por meio do texto da Bíblia, fala a sua palavra para o seu povo [...]. A palavra é *dirigida* no texto ao leitor como participante desse processo histórico.[5]

No cerne do argumento que esse trecho propõe está a afirmação de que o leitor é participante. Sendo assim, no estopim (ponto crítico) teodramático está a questão: nós

---

[2]VANHOOZER, Kevin J. *O drama da doutrina: uma abordagem canônico-linguística da teologia cristã* (São Paulo: Vida Nova, 2016), p. 233.
[3]Mateus 5:44.
[4]VANHOOZER, *O drama da doutrina*, p. 241.
[5]Ibid., p. 77. Grifo do autor.

"responderemos ou não? Reconheceremos a Deus por quem ele é e a nós mesmos por quem somos? Oraremos ou não?"[6]. As respostas que a Bíblia demanda são tão inevitáveis quanto as questões que ela lança. Esse é um aspecto definidor que nos recorda de que as reações performáticas ultrapassam a cognição, as boas ideias e as belas palavras. Tal alerta é recorrente na obra de Vanhoozer. Os atores respondem comunicativa e espiritualmente. A resposta do ator é decisiva.

Orar é imprescindível para a participação dialógica com Deus, que fala e age; é prática que supera a leitura passiva de um espectador frente ao cânon, o registro vivo do drama divino. Em *Encenando o drama da doutrina* (sequência de *O drama da doutrina*) Vanhoozer considera que "a oração é um exemplo de fé que comunica entendimento e ação dialógica divina-humana que impulsiona o drama da redenção. [...] Ao orar, o discípulo não apenas observa o teodrama, mas também assume suas falas"[7]. Trata-se da mesma realidade que Eugene Peterson descreve com clareza e intensidade em *A oração que Deus ouve*:

> Quando nos preparamos para orar em resposta às palavras de Deus endereçadas a nós, aprendemos que todas as palavras divinas possuem essa característica: são *torah* e nós somos o alvo. A palavra de Deus não é um livro guardado em uma biblioteca, que retiramos da estante quando precisamos de alguma informação. Não há nada de passivo ou formal nessas palavras. Palavras de Deus, cada uma delas criativa e salvadora, nos atingem onde estivermos.[8]

Pela oração, reconhecemos que o Eterno é autor do texto, acolhemos seu discurso e, como atores, adequamos nossos desejos aos do dramaturgo, encarnando o evangelho e assumindo nosso papel na grande história que a Bíblia conta e realiza. Porque a oração é um *encontro*: quando oramos, nos adequamos e nos conformamos ao caráter do próprio Deus.

"Gloriem-se no seu santo nome; alegre-se o coração dos que buscam o Senhor. Olhem para o Senhor e para a sua força; busquem sempre a sua face"[9].

A vida prosaica da oração canônica

A proposta teodramática chama atenção para o aspecto todo-abrangente (de proporções cósmicas) da ação de Deus no mundo. Essa metáfora se desdobra com sensibilidade estética e brilhantismo, capturando e comunicando, dentro dos limites humanos intelectuais e comunicativos, a magnitude teodramática. A teologia teodramática, com sua abordagem canônico-linguística, é promissora por sua capacidade de nos resguardar das especulações herméticas, sem contato com a vida que corre. Para Vanhoozer, a teologia se ocupa tanto da nossa existência cotidiana (as coisas da vida diária) quanto da nossa cultura (a forma da vida diária com as pessoas), reconhecendo a importância do elemento "prosaico", ou seja, as práticas corriqueiras de linguagem e vida[10].

---

[6]Ibid., p. 240.
[7]VANHOOZER, Kevin J. *Encenando o drama da doutrina: teologia a serviço da igreja* (São Paulo: Vida Nova, 2016).
[8]PETERSON, Eugene. *A oração que Deus ouve: o livro de Salmos como guia básico de oração* (Curitiba: Palavra, 2007).
[9]1Crônicas 16:10,11.
[10]VANHOOZER, *O drama da doutrina*, p. 325.

Voltamos, assim, ao dilema inicial: O que as Escrituras e a doutrina têm a ver com o ordinário da vida cristã? Considerando o caráter ativo e relacional da revelação divina teodramática, a pergunta deveria ser: No que o ordinário da vida cristã não tem a ver com as Escrituras e a teologia? A resposta é simples: em absolutamente nada. Orando e praticando o cânon, vivenciamos cotidianamente, organicamente, entre as contingências diárias, a beleza, a amplitude e a glória do teodrama. Orando, respondemos e servimos em aliança ao Autor do drama todo-abrangente.

Bruno Mambrim Maroni é casado com Larissa, formado em Teologia e em Jornalismo Cultural. É pastor na ComViver Jundiaí, editor de texto no Ministério Razão Para Viver, colunista de cultura e professor-convidado no Invisible College. Autor do livro *Cristianismo e cultura pop*, é apaixonado por leitura, música, *playlists* do Spotify, café com os amigos, pizzas, séries e tartarugas aquáticas.

Parte II

Uma fé para a vida

A compreensão holística da cosmovisão cristã

Um fenômeno que já não pode ser mais ignorado na pesquisa sociológica é o constante crescimento da igreja evangélica no interior da sociedade brasileira. Seu aumento é contínuo, e os especialistas acreditam que, em alguns anos, os evangélicos poderão ultrapassar, em números absolutos, os cristãos que se identificam como católicos romanos.[1] Esse crescimento é, sem dúvida, uma grande alegria para o evangelicalismo brasileiro. Entretanto, alguns analistas da fé evangélica questionam a qualidade desse progresso a partir da estabilidade ou até mesmo do avanço de outros indicadores sociais que não deveriam acompanhar o crescimento do número de evangélicos no Brasil — como as taxas de violência, corrupção e desigualdade, por exemplo. Em outras palavras, o florescimento das comunidades evangélicas não foi acompanhado por um decréscimo nos níveis de transtornos sociais. Basicamente, estamos colocando uma questão urgente: se o número de evangélicos cresce, por que o país não muda?

Uma das indicações mais claras de onde se encontra o núcleo do problema da igreja brasileira é o estranhamento que a própria pergunta causa em alguns ouvintes. Por que deveria existir uma relação direta entre os domínios da vida pública com aquilo que acontece no recôndito mais íntimo da minha vida espiritual privada? Por que, "ao entregar meu coração para Jesus", as taxas de violência deveriam cair na minha cidade? Que relação existe entre os compromissos do meu coração e os domínios públicos da vida? Em cada uma dessas questões, lê-se uma pressuposição muito difundida em nossa cultura contemporânea, aquela que sustenta que assuntos de fé e religião devem ser mantidos em foro íntimo.

Ou seja, para muitas pessoas, a esfera pública não é o espaço adequado para que conteúdos e práticas religiosas sejam utilizados como fundamento para decisões e posturas importantes. A gestão pública e as responsabilidades civis devem ser deixadas para cientistas políticos e especialistas em administração pública. Uma fragmentação muito rígida foi estabelecida entre o sagrado e o profano, de forma que os evangélicos aprenderam a manter seus compromissos com Jesus reservados a sua vida privada — sem causar grandes impactos em políticas públicas, projetos artísticos e/ou desenvolvimentos tecnológicos.

Podemos dizer, portanto, que não temos uma fé para a vida. Nossa compreensão da fé cristã não é holística, não é uma visão para toda a realidade. Antes, diz respeito apenas às práticas exclusivas do domingo, do templo, do culto e do que aprendemos a chamar de sagrado. Além de muitas pessoas que acolhem essa pressuposição ignorarem os malefícios acoplados a essa forma de se orientar na realidade, estão também fundamentalmente erradas.

---

[1] ZYLBERKAN, Mariana. "Evangélicos devem ultrapassar católicos no Brasil a partir de 2032". *Veja*, 4 fev. 2020. Disponível em: *https://veja.abril.com.br/brasil/evangelicos-devem-ultrapassar-catolicos-no-brasil-a-partir-de-2032/*.

Essa separação entre vida pública e privada, que mantém a fé cristã confinada ao mero espaço da vida íntima e subjetiva, é reducionista e muito distante da maneira adequada de ler as Escrituras. Isso porque, uma vez que Deus é soberano sobre todas as áreas da vida, não pode existir um âmbito da existência, como a esfera pública, que esteja livre de responsabilidades religiosas para com Deus.

Essa foi uma das descobertas mais distintivas das igrejas de tradição teológica reformada, que orienta nossa presença fiel na esfera pública: a de que Jesus Cristo é o Senhor sobre todas as esferas da vida. Não existe um só centímetro, em toda a existência temporal, cujo senhorio Jesus não possa reivindicar dizendo "é meu!" — conforme nos ensinou o teólogo e reformador holandês Abraham Kuyper.[2] Tal convicção alimentou uma nova maneira de enxergar o cristianismo: não mais como um somatório de princípios fragmentados e relacionados apenas às dimensões privadas da vida, mas como uma "cosmovisão".

Quanto ao reconhecimento das conquistas que a concepção do cristianismo como uma cosmovisão obteve, destaca-se o trabalho de David Naugle, em seu livro *Cosmovisão: a história de um conceito*,[3] em que ele reconstrói a genealogia desse conceito, desde a filosofia clássica alemã, de Immanuel Kant, até os nossos dias — mostrando os usos contemporâneos dessa abordagem total da fé para a vida e suas relações com a as ciências humanas e naturais. Ademais, o trabalho de Naugle também destaca-se por se dedicar a uma análise bíblica e teológica do conceito de cosmovisão após este ter sido utilizado por tradições evangélicas, romanas e ortodoxas.

Os próximos capítulos de nossa obra se ocuparão exatamente de como o conceito de cosmovisão nos auxilia a compreender o significado de sustentar a fé cristã como ponto de partida para toda e qualquer atitude pública — como um desdobramento claro da doutrina da soberania de Cristo. Continuando nosso caminho na construção de uma presença fiel na esfera pública, gostaríamos de assumir, de modo harmônico, o que já foi compreendido anteriormente, nas discussões sobre o drama da doutrina, e de pressupor que estamos vivendo, em todas as esferas, diante de Deus. Dentre muitas implicações que dessa doutrina poderiam resultar, os próximos capítulos deixarão claro que não é possível limitar nossa aliança com Deus ao recôndito de nossa subjetividade e centrá-la em nosso ego. Essa atitude, além de uma força propulsora da secularização da sociedade, é uma desobediência explícita ao mandamento bíblico de fazermos tudo para a máxima glória de Cristo Jesus.

---

[2] KUYPER, A. "Sovereignty in its our sphere". In: BRATT, James. *Abraham Kuyper: A Centennial Reader* (Grand Rapids: William B. Eerdmans Publishing Co., 1998), p. 461.
[3] NAUGLE, David. *Cosmovisão: a história de um conceito* (Brasília: Monergismo, 2002).

Capítulo 4

Felipe Barnabé

COSMOVISÃO E SALVAÇÃO:
o papel da Weltanschauung *na salvação e santificação*

O conceito de cosmovisão[1], como discutido por James W. Sire no livro *Dando nome ao elefante*[2], apresenta algumas adições à sua formulação anterior no livro *O universo ao lado*[3]. Essas adições vieram, segundo o próprio Sire, após sua leitura de outros autores, principalmente David Naugle, com sua obra *Cosmovisão: a história de um conceito*[4]; e Brian J. Walsh e J. Richard Middleton, com *A visão transformadora*[5]. As duas obras, influenciadas pelo pensamento de autores reformados holandeses, como Abraham Kuyper e Herman Dooyeweerd, trazem para a discussão sobre cosmovisão a ideia de que ela é essencialmente religiosa, um produto das *fontes do coração*. Dessa forma, é caracterizada por um aspecto subjetivo e pré-teórico que parece concordar com uma antropologia bíblica.

Na Bíblia encontramos a seguinte passagem: "Sobre tudo o que se deve guardar, guarda o coração, porque dele procedem as fontes da vida".[6] Esse trecho do livro de Provérbios nos mostra a importância do coração na antropologia bíblica. Ele, sobre todas as demais coisas, deve ser guardado. Além disso, o texto parece concordar com Sire e Naugle ao colocar a cosmovisão como produto do coração[7]. Ao mesmo tempo, a Bíblia também diz: "Dar-vos-ei coração novo e porei dentro de vós espírito novo; tirarei de vós o coração de pedra e vos darei um coração de carne"[8]. O primeiro texto parece indicar que o *conteúdo* do coração vem de fora e por isso devemos guardá-lo. O segundo texto afirma que é Deus quem dá o novo coração, o que levanta as perguntas a serem discutidas neste capítulo: Que mudança ocorre no coração na conversão? Como o conteúdo do coração pode ser modificado? Qual o papel das cosmovisões na conversão e na santificação?

O conceito bíblico de coração
Uma citação de Sire nos mostra a importância do pensamento de Naugle na sua redefinição de cosmovisão:

---

[1] Chamado de *Weltanschauung*, em alemão. O conceito será apresentado na próxima página.
[2] SIRE, James W. *Dando nome ao elefante*: cosmovisão como um conceito (Brasília: Monergismo, 2012).
[3] SIRE, James W. *O universo ao lado*: um catálogo básico sobre cosmovisão (Brasília: Monergismo, 2018). As edições mais recentes do livro já trazem as alterações propostas em *Dando nome ao elefante*.
[4] NAUGLE, David K. *Cosmovisão*: a história de um conceito (Brasília: Monergismo, 2017).
[5] WALSH, Brian J; MIDDLETON, J. Richard. *A visão transformadora* (São Paulo: Cultura Cristã. 2010).
[6] Provérbios 4:23, ARA
[7] Naugle coloca esse ponto como o terceiro em sua abordagem bíblica de cosmovisão. "Em terceiro lugar, do coração procedem as fontes da vida" (NAUGLE, 2017, p. 347).
[8] Ezequiel 36:26, ARA.

Como David Naugle tão bem aponta, o conceito bíblico de coração é muito mais rico do que é transmitido pelo nosso linguajar comum. Hoje pensamos no coração como a sede das emoções (especialmente das emoções afetuosas, empáticas) e talvez da vontade. Mas isso raramente inclui a mente. O conceito bíblico, no entanto, inclui as noções de sabedoria (Pv 2:10), emoção (Êx 4:14; Jo 14:1), desejo e vontade (1Cr 29:18), espiritualidade (At 8:21) e intelecto (Rm 1:21). Em resumo, e em termos bíblicos, o coração "é o elemento definidor central da pessoa humana".[9]

Longe de ser reducionista como o conceito moderno de coração, o conceito bíblico é abrangente e mostra a complexidade do ser humano. Nosso viver não é guiado apenas pelo intelecto ou pelas afeições. Nosso coração contém todas estas coisas: sabedoria, emoções, desejo, vontade, espiritualidade e intelecto. Reduzir o ser humano a qualquer uma delas é mostrar uma visão falha da complexidade do homem que Deus criou à sua imagem e semelhança.

Essa noção poderia ser ampliada de várias formas. James K. Smith, por exemplo, critica a forma como a antropologia cristã é fortemente influenciada por ideologias cognitivas, que veem o homem como um ser essencialmente intelectual[10]. Outras formas de reducionismo podem ser vistas em visões sentimentalistas da religião, como a de algumas igrejas pentecostais e neopentecostais do cenário brasileiro.

Uma antropologia que pretende fazer jus à visão bíblica do homem deve levar em consideração toda a complexidade e todos os aspectos que fazem parte da imagem e semelhança de Deus.

O conceito de cosmovisão

Voltando ao conceito de cosmovisão, na história do conceito tratada por Naugle em sua obra *Cosmovisão*, percebe-se a dificuldade de obter uma formulação que faça jus à complexidade do ser humano e que demonstre a amplitude que uma visão de mundo abarca[11].

Uma definição que abarque todas as nuances e todos os aspectos do conceito de cosmovisão é difícil de se encontrar, mas creio que a explicação de Sire em *Dando nome ao elefante* chega próximo desse ideal e é bastante útil para nossos propósitos.

> Cosmovisão é um compromisso, uma orientação fundamental do coração, que pode ser expresso como uma estória ou num conjunto de pressuposições (suposições que podem ser verdadeiras, parcialmente verdadeiras ou totalmente falsas) que sustentamos (consciente ou subconscientemente, consistente ou inconsistentemente) sobre a constituição básica da realidade, e que fornece o fundamento no qual vivemos, nos movemos e existimos.[12]

---

[9]SIRE, *O universo ao lado*, p.181.
[10]Para mais, ver: SMITH, James K. A. *Desejando o Reino*: culto, cosmovisão e formação cultural (São Paulo: Vida Nova, 2018).
[11]Naugle segue a história do conceito de cosmovisão desde Kant até autores mais contemporâneos, como Thomas Kuhn, Michael Kearney e Peter Berger, passando por autores cristãos de tradição reformada, como James Orr, Abraham Kuyper e Herman Dooyeweerd. Cada um dos autores tratados em seu livro aborda o mesmo conceito de formas diferentes. Alguns afirmam um aspecto mais racionalista; outros, um aspecto mais subjetivo. Por vezes, Naugle mostra o conceito sendo tratado de forma sociológica ou, até mesmo, sendo comparado com ideologias de um período histórico.
[12]SIRE, *O universo ao lado*, p. 179.

Essa formulação começa com um aspecto crucial para a nossa discussão: "Cosmovisão é um compromisso do coração". Sire segue o caminho traçado por Herman Dooyeweerd, que aponta que o coração humano possui um aspecto transcendental que o direciona para uma Origem, seja ela o Deus trino e pessoal da Bíblia ou alguma absolutização que toma o lugar de Deus[13]. Dessa Origem surgem os motivos-base, que, nas palavras de Sire, são "uma orientação espiritual, resultado de um compromisso ou com o Deus vivo da Bíblia ou com o seu arqui-inimigo. Dooyeweerd vê esses motivos-base como prévios a qualquer cosmovisão"[14]. Portanto, as cosmovisões seriam, para Dooyeweerd, derivações dos motivos-base que, por sua vez, são produtos da orientação do coração em direção a uma origem divina. Se a orientação do coração é para Deus, o motivo-base será moldado por ela, e a cosmovisão será, por sua vez, moldada por esse motivo-base. Em última instância, as cosmovisões dependem do compromisso do coração.

Sire parece concordar com Dooyeweerd, mas diz que "em vez disso, estou incorporando seu [Dooyeweerd] conceito de motivo-base em minha definição de cosmovisão"[15]. Em outras palavras, para Sire, a cosmovisão começa com um compromisso do coração (religioso) — o que, para Dooyeweerd, seria o motivo-base — e se expressa em vários outros aspectos. Alguns desses aspectos são pré-teóricos, como as narrativas e pressuposições, enquanto outros são teóricos e até práticos. "Pode ser expresso como uma estória ou num conjunto de pressuposições (suposições que podem ser verdadeiras, parcialmente verdadeiras ou totalmente falsas)".[16]

Não iremos abordar aqui toda a definição de Sire. Para nossa discussão, o que foi mostrado acima já é o suficiente. Devemos, agora, ver como se dá a conversão e a santificação.

O fato de termos nosso coração comprometido com o Deus verdadeiro nos isenta de erros na expressão de nossa cosmovisão? Em outras palavras: nossa orientação fundamental do coração garante a integridade de toda a nossa cosmovisão? Creio que não, pois, como o próprio Sire afirma, podemos ter pressuposições parcialmente ou totalmente falsas. O que, então, acontece na conversão?

Conversão

Voltamos à pergunta da introdução: Que mudança ocorre no coração na conversão? De acordo com o que foi exposto nos tópicos anteriores, pode-se afirmar, segundo Dooyeweerd, que a conversão é uma mudança na orientação do coração para uma nova Origem, o Deus bíblico, ou pode-se utilizar a linguagem de Sire e dizer que ela é uma mudança no compromisso do coração. Devemos, portanto, distinguir entre orientação e conteúdo do coração.

Dessa forma, é possível responder também a segunda pergunta: Como o conteúdo do coração pode ser modificado? Parte dele pode ser alterado pela exposição a cosmovisões falsas; por isso temos inconsistências em nossas cosmovisões e também temos pressupostos falsos, mesmo sendo cristãos verdadeiros. Nas palavras de David Naugle: "De fato, o que entra no coração a partir do mundo externo molda, em última análise, as disposições fundamentais

---

[13] Veja DOOYEWEERD, Herman. *No crepúsculo do pensamento ocidental*: estudo sobre a pretensa autonomia do pensamento filosófico (Brasília: Monergismo, 2018).

[14] SIRE, *O universo ao lado*, p. 182.

[15] Ibid.

[16] Ibid., p. 179.

do coração e determina o que procede dele como fontes da vida"[17]. É preciso proteger o coração das influências externas, que podem vir de forma teórica, com argumentos e ideias; ou de forma pré-teórica, com liturgias, estruturas de plausibilidade, imaginários sociais ou ideologias, que são todas formas sociais derivadas dos compromissos dos corações de uma comunidade com algum elemento comum de "adoração". Estamos constantemente em uma guerra de cosmovisões.

Ao mesmo tempo, a orientação básica do coração é alterada somente por Deus, o que traz tranquilidade em saber que essa parte fundamental está protegida das influências externas.

Em suma, a mudança de orientação do coração não garante a integridade de toda a cosmovisão. O que parece ocorrer é: Deus dá um novo coração (conversão), ou seja, uma nova orientação fundamental que permite ver a realidade de uma nova forma, ao mesmo tempo que dá a salvação. Isso, no entanto, não implica que todo o restante da cosmovisão se torne correto a partir de então. A conversão não traz perfeição de cosmovisão. Continuamos aprendendo e consertando falhas em nossas pressuposições e continuaremos a fazer isso pelo resto da vida. Nosso coração continua a ser atacado pelo que vem de fora e seguimos lutando contra o nosso próprio pecado. Entra, então, a santificação.

Santificação

O processo de continuar a crescer no conhecimento de Deus e de sua Palavra se chama santificação. A conversão reorienta o coração, mas a santificação ajusta o conteúdo do coração.

Na Bíblia, lemos o seguinte: "Porque a palavra de Deus é viva e eficaz, e mais cortante do que qualquer espada de dois gumes, e penetra até ao ponto de dividir alma e espírito, juntas e medulas, e é apta para discernir os pensamentos e propósitos do coração"[18]. A revelação de Deus tem esse poder de adentrar no mais íntimo do nosso coração e mudar nossos pressupostos; além disso, ela também é eficaz em outras partes da cosmovisão, sejam elas pré-teóricas ou teóricas. A mudança de orientação fundamental é feita por Deus diretamente, mas a mudança dos outros aspectos da cosmovisão é feita pela nossa exposição à Palavra, junto ao agir do Espírito Santo. Nosso papel é proteger nosso coração das ameaças externas, buscando conhecimento, práticas saudáveis[19] e, principalmente, vivendo a Palavra de Deus. O processo de santificação é uma ação conjunta entre nós e Deus, diferente da conversão, e serve para que moldemos nossa cosmovisão e a tornemos consistente com o que a Palavra nos ensina.

O coração é a fonte de unidade do ser humano; é de onde procedem os caminhos da vida. A orientação dele — que só pode ser mudada por Deus, na conversão — define a direção do restante da cosmovisão pessoal. A santificação busca a coerência de nossa cosmovisão, através da atuação da Palavra de Deus nos auxiliando a filtrar o que vem de fora. Ambas as duas, conversão e santificação, operam em conjunto na peregrinação cristã. A primeira é fundamental para a segunda, e a segunda é o desdobramento da primeira, de modo que a

---

[17]NAUGLE, *Cosmovisão*, p. 348.
[18]Hebreus 4:12, ARA.
[19]Interessante como essa abordagem abre portas para ideias de construção da cosmovisão que não são apenas cognitivas. Pode-se moldar o conteúdo do coração com hábitos saudáveis, como James K. A. Smith trabalha muito bem em sua trilogia *Liturgias Culturais*.

Weltanschauung cristã jamais pode existir sem uma vida de santificação[20]. Podemos ficar seguros de nossa salvação, mas não devemos nos eximir da responsabilidade de proteger nossos corações e de progredir em conhecer a Deus através de sua revelação, seja na Palavra ou na criação. Assim, cresceremos em maturidade e santidade, enxergando e interpretando o mundo de forma coerente e cristã.

Felipe Barnabé é mestre em Divindade (MDiv) pelo Centro Presbiteriano de Pós-Graduação Andrew Jumper, instituição onde também está cursando o *Sacrae Theologiae Magister* (STM), com ênfase em Apologética e Imaginação. Foi aluno do programa de tutoria Avançada do Invisible College e é colaborador do Mimeógrafo.lab. Frequenta a Igreja Presbiteriana Semear, em Brasília, juntamente com sua esposa Juliana.

---

[20] Essa última frase veio por sugestão do Douglas Quintiliano, a quem sou muito grato.

Capítulo 5

João Luiz Uliana Filho

COSMOVISÃO CRISTÃ:
um antídoto para si mesma

Stanley Grenz, pastor, teólogo e escritor protestante, afirma, em sua conhecida obra *Pós-Modernismo: um guia para entender a filosofia do nosso tempo*, que na pós-modernidade[1] "o mundo não tem apenas um significado, ele não tem nenhum centro transcendente para a realidade como um todo"[2]. Apoiado em Richard Rorty, filósofo pragmático americano, Grenz diz, ainda, que a concepção última da verdade deve ser abandonada, seja ela de natureza da mente ou da linguagem. Segundo Rorty, devemos nos contentar apenas com a interpretação, com o objetivo de "dar prosseguimento ao diálogo, e não à descoberta da verdade"[3].

Dando sequência ao projeto iluminista, a "era pós-moderna marca o fim do *universo* — o fim da cosmovisão que tudo abrange"[4]. Além disso, ela se contenta em "falar de muitas visões e, consequentemente, de muitos mundos"[5]. Estamos diante de uma multiplicidade de possibilidades igualmente válidas, a gosto de cada um de nós.

Dito isso, surge a pergunta: é possível falar de cosmovisão inerentemente cristã, abrangente e total da cultura e da realidade, e relevante para uma sociedade secularizada que reduziu o cristianismo meramente "a uma questão íntima e privada"?[6]

Iniciando a questão: o relativismo pós-moderno
Em seu livro *Cosmovisão: a história de um conceito,* David Naugle, referência no assunto, aponta que a expressão alemã *Weltanschauung* [cosmovisão] foi cunhada pelo destacado filósofo prussiano Immanuel Kant, em sua célebre obra *Crítica do juízo*, publicada em 1790. Citando o próprio Kant, Naugle aponta que "várias frases no contexto [da] citação, como 'mera aparência' e o 'mundo dos sentidos', sugerem que para Kant a palavra *Weltanschauung* significava simplesmente a percepção do mundo pelos sentidos"[7]. A partir dessa concepção kantiana, o conceito se expande e percorre toda a filosofia posterior, desde o idealismo alemão, o

---

[1] Grenz destaca a publicação do ensaio *The postmodern condition: a report on knowledge,* do filósofo francês Jean-François Lyotard, em 1979, como um marco descritivo das características culturais da época que ficou então conhecida como pós-modernidade.

[2] GRENZ, Stanley J. *Pós-modernismo: um guia para entender a filosofia do nosso tempo* (São Paulo: Vida Nova, 2008), p. 18.

[3] Idem.

[4] Ibid., p. 64.

[5] Idem.

[6] NAUGLE, David K. *Cosmovisão: a história de um conceito* (Brasília: Monergismo, 2017). A questão é apresentada nesses termos por Arthur F. Holmes na Apresentação da obra (p. 14).

[7] Ibid., p. 94.

existencialismo de Kierkegaard, filósofos de peso como Hegel, e também sociólogos, psicólogos e linguistas, todos dando considerado valor ao conceito, que chega na pós-modernidade com grande força, moldando e sendo moldado pelas características de cada época.

Por conseguinte, desde Kant, inúmeras possibilidades revelaram-se historicamente válidas para o desenvolvimento e a cristalização de uma visão de mundo abrangente, que fornecesse sentido e direção para a realidade, afinal, responder às questões últimas da existência é, e sempre foi, além de um exercício rigorosamente filosófico, um desejo no mais íntimo do coração humano.

Karl Jaspers, influente filósofo alemão nascido no final do século 19, tem uma frase que auxilia na compreensão do estado da questão: "O mundo livre é, sob este ângulo, um espetáculo de ambiguidades".[8] Ao falar criticamente de políticos "carentes de vocação", que se submetem "a qualquer força que lhes ofereça aparente segurança", Jaspers aponta, com um exemplo bastante claro e prático, a confusão fundamental dos nossos dias: homens incoerentes, comprometidos apenas consigo mesmos sendo moldados pelas circunstâncias. "O espírito perde densidade", ele afirma, e "o que se tem por cultura não passa de bolhas de sabão num salão literário"[9].

O pensamento psicológico de Jaspers elucida o ponto a que chegamos no conceito de cosmovisão, a saber, em um emaranhado de respostas, de possibilidades por vezes contraditórias, mas razoáveis, visto que "os pós-modernos adotaram uma visão pluralista do conhecimento [...] um desejo de permitir que existam, lado a lado, construções concorrentes e aparentemente conflitantes"[10]. Tudo está justificado. Ao analisar o pensamento de Jaspers, Naugle afirma:

> Assim, o encontro com as situações últimas na vida faz com que os diferentes tipos de espírito respondam de diferentes formas, e as várias respostas dos diversos tipos de espírito geram uma variedade de concepções de mundo. Esse é o aspecto objetivo da *Weltanschauung*.[11]

James W. Sire, teólogo protestante e notável articulador do tema da cosmovisão, autor de *O universo ao lado*, expõe a questão dizendo que na pós-modernidade, "o próprio saber se encontra sob fogo cruzado, em especial a noção de que há verdades de correspondência. O relativismo conceitual [...] atende agora não apenas à experiência religiosa, mas a todos os aspectos da realidade"[12].

Desse modo, com o desenvolvimento de inúmeras possibilidades de cosmovisão, todas com o *status* de serem racionalmente válidas, restava à fé recolher-se à mera opinião pessoal. Na melhor das hipóteses, mais uma cosmovisão possível entre tantas outras. E não somente a fé, mas toda a compreensão do cosmo está sob a tutela do relativismo pós-moderno.

Cosmovisão: uma questão teológica

De fato, o conceito de cosmovisão traduz uma ideia filosófica, e isso levanta algumas suspeitas para aqueles que desejam explorar o conceito a partir de um ponto de vista cristão. Karl Barth,

---

[8] JASPERS, Karl. *Introdução ao pensamento filosófico* (São Paulo: Cultrix, 2011), p. 81.
[9] Ibid., p. 81.
[10] GRENZ, *Pós-modernismo*.
[11] NAUGLE, *Cosmovisão*.
[12] SIRE, James W. *O universo ao lado: um catálogo básico de cosmovisão* (Brasília: Monergismo, 2018).

importante teólogo suíço, apontou essa dificuldade e recusou-se a aceitar um modelo de cosmovisão para a fé cristã. Para o teólogo de Basileia, uma cosmovisão não passava de uma mera opinião[13], diferente de uma construção teológica biblicamente fundamentada.

A preocupação — legítima — de Barth pairava sobre a "importância da Bíblia como a Palavra de Deus e de sua centralidade na experiência e pensamentos cristãos"[14]. Lembrando da proposta de Kevin J. Vanhoozer em *O drama da doutrina*, para a teologia cristã, o cânon das Escrituras é questão de primeira ordem, e jamais a filosofia deve usurpar dele tal primazia. Uma cosmovisão não pode ser um molde segundo o qual a fé deve se adaptar, na qual sua sobrevivência será enclausurada, reduzida a questões de foro íntimo; a Revelação da Palavra de Deus deve conduzir a experiência da realidade, e conduzi-la sob todos os aspectos da soberania divina.

Barth tinha razão, e seguindo seu argumento podemos compreender, ainda que ligeiramente, o surgimento de ideologias e cosmovisões que diluem o Evangelho em um mar de filosofias pautadas em humanos e alienadas à Revelação bíblica. Chega a ser irônico perceber, contudo, que ainda que Barth faça sua crítica ao conceito de cosmovisão, ele próprio está inserido numa outra cosmovisão, cujos interesses e referenciais diferem dos primeiros. Os compromissos do seu coração, como veremos adiante, eram outros, e ele estava agindo de acordo com eles.

Aqui certamente chegamos num divisor de águas para um conceito realmente relevante, abrangente e necessário de cosmovisão cristã. Tendo a Escritura como autoridade última sobre qualquer assunto, uma cosmovisão cristã não será uma entre tantas outras, mas a única capaz de superar o relativismo cultural em favor da Verdade, com uma proposta abrangente que resulta não em um projeto da especulação humana, mas na soberana vontade de Deus. Eis o compromisso canônico da *Weltanschauung* cristã.

Atravessando a trincheira

Sire traz, então, uma definição bastante rigorosa e contemporânea do conceito de cosmovisão, que nos ajudará a atravessar esse mar revolto da cultura pós-moderna. Conforme articulado em *Dando nome ao elefante*, cosmovisão é um comprometimento, uma orientação fundamental do coração[15].

A partir da definição de Sire, encontramos um princípio fundamental para a cosmovisão, que higieniza o conceito de uma corrupção meramente filosófica. Ao refletir sobre a natureza teológica da cosmovisão, Naugle aponta para a natureza do pecado no coração humano, e nisso ele é bastante claro: "a diversidade e relatividade das cosmovisões devem ser rastreadas até a idolatria e os efeitos noéticos do pecado sobre o coração humano"[16]. O que está exposto até aqui é que toda a contingência e relativização circunstancial é fruto de um coração não regenerado, marcado pela realidade do pecado, afastado de Deus. Alheio à verdade da fé cristã, torna-se incapaz de, por si só, reencontrar qualquer valor absoluto.

---

[13]NAUGLE, *Cosmovisão*, p. 421.
[14]Ibid., p. 423.
[15]O conceito é amplamente apresentado e discutido em SIRE, James W. *Dando nome ao elefante: cosmovisão como um conceito* (Brasília: Monergismo, 2012).
[16]NAUGLE, *Cosmovisão*, p. 352.

Não obstante, a cosmovisão pode ser, como dissemos, higienizada, limpa de suas mazelas, através da regeneração do coração, que, uma vez restaurado, torna-se apto para enxergar com clareza a autenticidade e o centro transcendente de significado que foi abandonado pela pós-modernidade. Essa é a verdade fundamental do cristianismo, que Abraham Kuyper, teólogo e estadista holandês, compreendeu muito bem, conforme apresentado na obra de Naugle. Para ele, "a experiência de *palingenesis*[17], que altera radicalmente o conteúdo da consciência humana e remodela a cosmovisão, faz uma diferença decisiva na forma como o cosmo é interpretado e a ciência realizada"[18].

A regeneração do coração, centro integral da vida humana, é, nesse sentido, imprescindível para o desenvolvimento humano. E não somente por tratar-se de uma linguagem religiosa, mas, como Herman Dooyeweerd, legatário de Kuyper, irá apontar de forma bem-sucedida, todo compromisso do coração é, em si mesmo, religioso; ou seja, a razão — como a teologia e até mesmo a filosofia têm demonstrado — não é autônoma, mas depende dos fundamentos religiosos do coração. "A religião não está mais incluída nos limites da razão, mas a razão está incluída nos limites da religião, como tudo na vida"[19]; "a religião do coração é a causa; as filosofias e as cosmovisões são o efeito cognitivo"[20]. Podemos, agora, afirmar que a mudança de uma cosmovisão será sempre precedida por uma mudança dos compromissos do coração.

A tradição neocalvinista de Kuyper e Dooyeweerd busca compreender a cosmovisão dentro das Escrituras, onde consta todo o roteiro canônico — Criação, Queda e Redenção — capaz de resolver a questão do relativismo patente na pós-modernidade. É do coração que procedem as fontes da vida[21], onde estão os motivos e pressupostos que dirigem e orientam nossas ações e pensamentos. A relativização da vida não é superada com mais especulação ou filosofia construída sobre filosofia, mas apenas indo à fonte, de onde emana todo o resto; a partir daí é que seremos capazes de enxergar o mundo à nossa volta como ele é de fato. Como escreve G. K. Chesterton:

> O cristianismo veio ao mundo acima de tudo para afirmar com veemência que o homem não só não devia olhar para dentro, mas devia olhar para fora, contemplar com assombro e entusiasmo uma companhia divina e um capitão divino. O único prazer de ser cristão era que o homem não ficava sozinho com a Luz Interior, mas definitivamente reconhecia uma luz exterior, bela como o sol, clara como a lua, formidável como um exército com bandeiras.[22]

Se admitimos que o coração — o centro vital do ser humano — direciona nossa cosmovisão, só uma mudança verdadeiramente profunda poderá assinalar um sentido e uma direção para a Verdade. Só o Evangelho de Jesus Cristo tem condições de operar tamanha transformação.

---

[17] *Palingênese*: regeneração espiritual.
[18] Ibid., p. 49.
[19] Ibid., p. 56.
[20] Ibid., p. 57.
[21] Cf. Provérbios 4:23.
[22] CHESTERTON, G. K. *Ortodoxia* (São Paulo: Mundo Cristão, 2008), p. 126.

O professor e teólogo Alister MacGrath já dizia que "a fé, portanto, [...] não é um salto no escuro, mas a jubilosa descoberta de um quadro mais abrangente das coisas, do qual fazemos parte"[23].

As cosmovisões podem se tornar um *salto no escuro*, como consequência de um coração ainda idólatra que, por si mesmo, produz formas e tipos diferentes de idolatria.

A cosmovisão cristã, abrangente e verdadeira, é coerente com um coração regenerado, que adora e se submete ao Deus Revelado nas Escrituras, e expande sua compreensão para a realidade do universo. Ela não é um ingênuo artigo da vida privada, tampouco irracional, mas uma força coerente e abrangente da realidade, além de culturalmente relevante, politicamente necessária e cientificamente sólida. Se não podemos nos privar de uma cosmovisão, o antídoto para as cosmovisões idólatras, frutos de corações dispersos, é uma cosmovisão cujo fundamento se encontra nas Escrituras, na Revelação do próprio Deus.

A cosmovisão cristã assume, desse modo, uma fé para a vida, abrangente o suficiente para alcançar todas as esferas da realidade.

João Luiz Uliana Filho é casado com Raquel e pai de João Otávio e Alice. É bacharel em Teologia e especialista em Ciências da Religião pela Pontifícia Universidade Católica de São Paulo (PUC-SP). Atualmente, é mestrando em Divindade (MDiv) pelo Centro Presbiteriano de Pós-Graduação Andrew Jumper e estudante do programa de tutoria do Invisible College. Atua como pastor auxiliar na Igreja Batista da Graça, em Laranjal Paulista, e é também colaborador do Mimeógrafo.lab.

---

[23] MCGRATH, Alister E. *Surpreendido pelo sentido: ciência, fé e o sentido das coisas* (São Paulo: Hagnos, 2015).

Capítulo 6

DAVID NUNES BALOTIN

O IMPACTO DA COSMOVISÃO NA PRODUÇÃO CULTURAL

O que faz de uma história um sucesso? O que traz brilho aos olhos quando lemos uma narrativa? Até a mídia e a publicidade têm exaustivamente utilizado ferramentas como o monomito[1] para criar suas tramas e obter êxito em campanhas de impulsionamento de marcas e produtos. Por que esse fascínio por narrativas? E, ainda, por que, em um meio tão plural e imerso em pós-verdade, até mesmo os ateus buscam a verdade?

Cosmovisão e cultura

David K. Naugle define cosmovisão como um sistema semiótico de sinais narrativos que influenciam significativamente as atividades humanas fundamentais do raciocínio, da interpretação e do conhecimento[2]. Mesmo mentalidades como a da era dourada do Iluminismo, que visava esterilizar qualquer empreendimento teórico de tudo o que não fosse objetivamente racional e científico, ainda têm sua cosmovisão. As bases racionais e epistemológicas de uma pessoa estarão presentes, mesmo que consistam na negação. De igual modo, a cultura também é um traço inseparável e irremediavelmente ligado à humanidade.

Karol Józef Wojtyła, também conhecido como Papa João Paulo II, sabia não só da inescapável presença da cultura como da sua extrema importância. Ele nos lembra que a cultura nasce de compromissos filosóficos e religiosos particulares, e nos alerta para o fato de que ela é produto do culto[3]; logo, além de ter uma presença absoluta, a cultura também está intimamente ligada à nossa cosmovisão.

Origem das narrativas babilônicas e bíblicas

Merril F. Unger traça alguns paralelos entre narrativas babilônicas e bíblicas. Por exemplo, existem muitos pontos em comum entre a narrativa de origem da Terra e a do dilúvio, mas as narrativas babilônicas foram documentadas cerca de quatro séculos antes das bíblicas[4]. Tendo em vista essas semelhanças, Unger traz algumas justificativas possivelmente coerentes; dentre elas, uma merece atenção: a de que ambos os relatos surgem de uma fonte em comum, mas enquanto um foi conduzido por Deus por anos, através da tradição oral, até efetivamente ser

---

[1]Termo criado por Joseph Campbell, professor de literatura e especialista em mitologia, no livro *O herói de mil faces* (1989), para caracterizar o arquétipo presente em vários contos mitológicos, religiosos ou obras literárias. (N. do E.)
[2]NAUGLE, David K. *Cosmovisão: a história de um conceito* (Brasília: Monergismo, 2017), p. 69.
[3]Ibid., p. 14.
[4]UNGER, Merril F. *Arqueologia do Velho Testamento* (São Paulo: Editora Batista Regular, 2004), p. 24.

documentado por meio da escrita, o outro foi assimilado culturalmente e adaptado às religiões que foram se desdobrando com o passar do tempo.

Não obstante a escrita tardia da narrativa bíblica, nossa cosmovisão traz em si a fé em um Deus que tem por interesse se revelar à sua criação; se não for assim, o homem jamais seria capaz de vislumbrar nada além da revelação natural. Podemos crer, então, que Deus não só escolheu se revelar e como se revelar, mas que o fez de uma forma que nos possibilitasse entender da melhor maneira possível: por meio de narrativas.

O apelo de uma narrativa

Um antropólogo chamado Joseph Campbell, em sua obra *O herói de mil faces*, "desenvolve"[5] o conceito do monomito a fim de demonstrar como uma mesma estrutura narrativa está presente tanto em narrativas mitológicas, como as histórias de Prometeu, Osíris e Buda, quanto em inúmeras outras histórias, filmes e livros que consumimos.

Em seu livro *Cosmovisão: a história de um conceito*, Naugle nos apresenta uma fala muito interessante de Søren Kierkegaard, um acadêmico e poeta que disse que um romance tem que ter uma visão de vida, pois ela tornará a história crível[6]. Quando Kierkegaard fala de visão de mundo, fica claro que ele se refere a uma cosmovisão. Portanto, para ele, um romance precisa ter cosmovisão, senão será desinteressante, e Joseph Campbell nos demonstra que diversas histórias têm praticamente a mesma base. A verdade é que, assim como o Papa João Paulo II nos disse, os seres humanos são caracterizados por um desejo de respostas às questões últimas da vida, e as grandes histórias da humanidade tendem, em geral, a ressoar a maior história de todos os tempos: a história da nossa redenção através do sacrifício heroico de Jesus. Isso se dá na figura do Super-Homem, um visitante que vem de um lugar muito distante e, mesmo capaz de realizar feitos incríveis, se preocupa com os pequenos humanos; ou, ainda, em inúmeras outras obras que fazem questão de esfregar na cara dos seus consumidores o simbolismo óbvio, como é o caso do personagem Neo, o escolhido de *Matrix*, cujas alusões são fartas e extremamente evidentes.

Assim como no caso das semelhanças entre os mitos babilônicos e as narrativas bíblicas, há sempre a alegação de que a história de Cristo naturalmente teve inspirações prévias; ou, ainda, que essa seria a maneira mais simples de se contar uma história, e por isso o mesmo formato é identificado em tantas outras narrativas. Trata-se de uma resposta clássica, uma vez que o menor caminho entre A e B é sempre uma linha reta, mas o problema é que o monomito não é uma linha reta, e sim um círculo com diversos passos; logo, o caminho nunca seria o mais simples.

Polanyi e sua analogia do *iceberg*[7] são perfeitos para essa colocação, pois a parte do nosso conhecimento que vemos é muito pequena, comparada à que está submersa; sendo assim, ainda há muito conhecimento não visível, que Polanyi vai chamar de conhecimento tácito, a ser explorado. Polanyi questiona, ainda, o seguinte: se todo conhecimento tem como ponto de partida a fé e a crença, como poderia toda a humanidade, em tempos tão distintos, em tempos

---

[5] As aspas aqui são intencionais, uma vez que, de modo geral, esse "desenvolvimento" está mais próximo de um "descobrimento". Cf. CAMPBELL, Joseph. *O herói de mil faces*.
[6] NAUGLE, *Cosmovisão*, p. 23.
[7] Ibid., p. 53.

e locais tão esparsos, seguir a mesma estrutura? A verdade é que, mesmo negando, há algo impresso em toda cosmovisão.

Calvino desenvolveu um conceito muito interessante a respeito da origem das crenças humanas. Ele acreditava que todo ser humano seria dotado de um sentido específico para desenvolver suas crenças. Tal sentido foi chamado por ele de *sensus divinitatis*. Assim como nossos olhos obtêm o conhecimento visual, o nosso *sensus divinitatis*, em seu funcionamento adequado, irá obter o conhecimento de nossas crenças; portanto, mesmo que uma pessoa o rejeite, haveria, a partir desse pressuposto, algo que busca e obtém conhecimento acerca de suas crenças, e esse conhecimento irá impactar as bases da cosmovisão dessa pessoa.

Se toda a verdade é a verdade de Deus, por que um cientista ateu sempre é dirigido por uma busca pela verdade? Por que a verdade importa em uma era onde a pós-verdade reina? Isso se dá porque o homem não consegue não buscar a verdade, e é por isso que o que ele produz, enquanto cultura, por mais depravado, deturpado e caído que seja, sempre acaba gerando uma impressão de clamor da própria cosmovisão, uma vez que, como já foi dito, a cultura, em última instância, é produto do culto. Como Naugle nos diz, é impossível uma pessoa abordar qualquer tópico à parte da presença condicionante da cosmovisão do pensador.

Talvez seja um clamor silencioso da alma humana; talvez seja o modo como Deus escolheu ampliar a proclamação da maior história de todos os tempos; talvez seja apenas um modo pedagógico — tendo em vista que Cristo ensinava por parábolas, faria muito sentido —; ou, ainda, talvez sejam as pedras clamando, como em Lucas 19:40. O fato é que as narrativas tendem, inconscientemente, a seguir um padrão. Ora, se há um Cristo, morto antes da fundação do mundo, como nos diz João em Apocalipse 13:8, logo, o raciocínio mais lógico é que essa história moldou toda a produção da humanidade — essa seria a conclusão mais óbvia, "o caminho mais curto entre A e B".

Uma máquina avariada ainda pode cumprir seu propósito, mesmo que não de maneira total. Plantinga nos alerta que o impacto do pecado na humanidade teve suas raízes inclusive no *sensus divinitatis*[8], mas, ainda assim, mesmo com nossas produções contaminadas pelo pecado, a humanidade segue não conseguindo não contar a maior história de todos os tempos: a do Deus que desistiu de sua glória para ser morto, humilhado, e salvar um bando de miseráveis pecadores que mereciam apenas a condenação, para, depois, ser coroado como o maior rei da história e seguir seu reinado eterno.

David Nunes Balotin tem 34 anos e é o feliz esposo de Michelle dos Anjos Balotin e, por ora, pai apenas de muitos boletos. Filho de Moacir Antonio Balotin e Eliana Maria Camargo Nunes Balotin, foi membro da Igreja Evangélica Assembleia de Deus por muitos anos e atualmente é membro da Igreja Doca Doze. David trabalha na indústria gráfica há cerca de 17 anos e leciona na área de teologia há 4. É formado em design gráfico pela Escola Panamericana de Artes, com MBA em Marketing Digital pela FGV. Bacharel em teologia pelo instituto FATEM e UMESP, atualmente cursando uma pós-graduação da ABC² referente à interação entre ciência e religião.

---

[8]PLANTINGA, Alvin. *Crença cristã avalizada* (São Paulo: Vida Nova, 2018), p. 190.

Parte III

Filosofia cristã

A possibilidade dela e a impossibilidade de qualquer outra

Usamos a palavra "filosofia" diariamente, nos mais diversos contextos. Falamos sobre filosofia de vida, perguntamos qual é a filosofia de uma empresa e até mesmo criticamos a filosofia por trás de determinado governo. Ou seja, o conceito "filosofia" está em nosso vocabulário cotidiano, mas sem muito rigor. No entanto, apesar do uso recorrente, poucos de nós realmente sabem o lugar e o significado do termo "filosofia" como prática organizadora de todo o saber e experiência humana. Ademais, imediatamente após a compreensão do lugar da doutrina e dos compromissos que formam nossa cosmovisão cristã, a filosofia é o que se segue no projeto de desenvolver uma presença pública fiel ao senhorio de Cristo em todos os domínios da vida. Portanto, manter um uso superficial do conceito de filosofia não só afastará os cristãos da prática filosófica, como também comprometerá sua formação cristã. Muito mais do que uma curiosidade histórica ou erudição, a filosofia é parte integrante do florescimento dos discípulos de Jesus.

Mas por que os cristãos precisam tanto da filosofia? De acordo com o que já foi dito nos capítulos anteriores, assim como a cosmovisão, a filosofia ocupa-se com questões fundamentais da vida humana. Por trás do trabalho de um biólogo, de um matemático, de um administrador e de um professor existem questões filosóficas importantíssimas, respectivamente: O que é a vida? O que é um número? O que é gerir? Como as pessoas aprendem?

Um importante intelectual cristão contemporâneo que nos ajuda a entender mais sobre filosofia é o holandês Willem J. Ouweneel. Com uma ilustração excelente, ele explica que:

> Câmeras conseguem fazer fotos do que está ao seu redor, mas com uma câmera você não consegue fazer uma foto do seu interior, você precisará de outra câmera para isso. Da mesma forma, a psicologia consegue explicar certos fenômenos psicológicos, mas não consegue explicar sua própria natureza. Você precisa de outra ciência para isso... Cada ciência, da matemática até a teologia, tem que lidar com essas questões básicas. Essas questões são manuseadas por uma parte da filosofia que pertence a elas.[1]

Segundo essa compreensão, fica mais claro por que sempre utilizamos o conceito de filosofia para nos referir a algo geral — como filosofia de vida, do governo ou da empresa. Justamente porque a filosofia responde a perguntas fundamentais, ela determinará a visão do todo de algum empreendimento humano. Isso faz da filosofia o que os intelectuais reformados chamam de "rainha das ciências". Ela é a disciplina que reflete sobre todas as disciplinas

---

[1] OUWENEEL, Willem J. *Wisdom for Thinkers* (Grand Rapids: Paideia Press, 2014), p. 24. Tradução livre.

— ela é a disciplina das disciplinas.[2] Onde termina o alcance teórico da matemática, da física, da biologia, da psicologia e da economia, começa o da filosofia. *Contrario sensu*, também é verdade: antes de começar qualquer extensão teórica das ciências naturais e humanas, será necessário estabelecer os marcos filosóficos fundamentais para, só então, prosseguir no trabalho científico. É justamente por isso que *A vida do lado de fora* é um esforço de desenvolver uma presença fiel na *filosofia, teologia e ciências*. A ordem dos temas apresentados não é randômica.

Diante de tudo isso, filosofia não é só bom para o cristão; ela é necessária! Trata-se da atividade que Deus nos deu para pensarmos na forma como vamos conduzir nossos feitos no jardim em que ele nos colocou para cuidar. Quem concorda plenamente com isso é outro importante intelectual tradição holandesa de filosofia, o historiador da arte Hans Rookmaaker (1922-1977): "O que é a filosofia? É o desejo humano de ser sábio, isto é, de ter uma intelecção verdadeira e significativa da realidade, compreender 'o que está está acontecendo sob o sol' e, deste modo, conhecer o que devemos fazer a fim de assumir nosso lugar entre todas as outras criaturas e coisas, e determinar nossa atitude perante elas. Filosofia é a tentativa das pessoas de orientar-se nesta criação".[3] Filosofia aqui é entendida como busca de orientação na criação de Deus.

Os capítulos que constituem esta seção da obra estão dedicados, justamente, ao modo de filosofar que se orienta pela fé cristã. Essa não só é a mais promissora maneira de encarar a relação entre fé cristã e filosofia, como também é o modo característico de toda uma tradição filosófica inaugurada pelo trabalho de Herman Dooyeweerd (1894-1977), da qual Ouweneell e Rookmaaker fazem parte. Nossa predileção por essa tradição se dá, para além dos seus próprios méritos filosóficos, em razão de que nela toda a produção teórica do filósofo e da filósofa deve ser alimentado pela visão de mundo bíblica ou da narrativa escriturística, que enche nosso coração e dirige nossa maneira de pensar — seguindo harmonicamente o caminho já pavimentado entre doutrina, cosmovisão e filosofia.

---

[2]STRAUSS, D. F. M. *Philosophy: discipline of disciplines* (Grand Rapids: Paideia Press, 2015).
[3]ROOKMAAKER, Hans R. "A filosofia dos descrentes". In: ROOKMAAKER, Hans R. *Filosofia e Estética* (Brasília: Monergismo, 2018), p. 31.

Capítulo 7

Leonardo Ribeiro de Aragão

PRINCÍPIOS DE UMA EPISTEMOLOGIA CRISTÃ A PARTIR DA FILOSOFIA REFORMACIONAL DE HERMAN DOOYEWEERD

Teologia e filosofia têm estado em conflito desde os primórdios da igreja, mas é no pensamento de Herman Dooyeweerd que encontramos uma das melhores harmonias entre essas duas ciências. Faremos aqui um breve panorama da história da relação entre filosofia e teologia e uma breve análise da influência do pensamento do holandês para uma epistemologia cristã.

O que Atenas tem a ver com Jerusalém?

O homem sempre esteve preocupado com as questões últimas da vida. Mesmo antes do nascimento de um pensamento "filosófico-científico", os mitos já existiam e tentavam explicar a realidade. Os próprios escritos hebreus da criação do mundo pelo Deus supremo datam de antes do surgimento desse pensamento propriamente dito[1].

O pensamento filosófico-científico surge, então, na tentativa de romper com o mito, numa tentativa de explicação imanente, e não transcendente, conforme sugere Danilo Marcondes[2].

Nessa perspectiva do surgimento da filosofia como ciência, esta já nasce em conflito com a teologia *lato sensu*. Com o passar dos séculos, e especialmente com o desenvolvimento do cristianismo, a discussão de qual o papel e o lugar que a filosofia tomava e deveria tomar foi como a maré se movimentando entre dois polos: de um lado a rejeição e, do outro, a aceitação total, com algumas posições intermediárias.

Os primeiros pais da igreja já tiveram de lidar com esse dilema. Diante do surgimento das heresias, Tertuliano bradou: "O que Atenas e Jerusalém têm em comum?", num movimento de completa rejeição à filosofia grega. Por outro lado, porém, foram Clemente e Orígenes que apresentaram grande apreço e bom uso dessa mesma filosofia, utilizando-a como porta para a desconstrução do pensamento e para a salvação das almas[3].

Embora existam milhares de cristãos influentes sobre os quais poderíamos falar, nosso espaço só permite uma menção especial para Agostinho de Hipona com sua constante luta de afirmação do cristianismo em um mundo de intenso diálogo com a filosofia médioplatonica e neoplatônica, que buscava o tempo todo uma síntese entre filosofia e teologia. Destaque também para Tomás de Aquino e seu posicionamento de teologia como a rainha das ciências,

---

[1]MARCONDES, Danilo. *Iniciação à história da filosofia: dos pré-socráticos a Wittgenstein*, 13.ed. (Rio de Janeiro: Zahar, 2010), p. 19.
[2]Ibid., p. 21.
[3]Ibid., p. 101.

sabidamente influenciado pelo pensamento de Aristóteles interpretado pela filosofia árabe e escolástica nascente, outra grande influência para o pensamento cristão. Há de se ressaltar também as reconhecidas contribuições de João Calvino, especialmente a epistemologia.

Entretanto, é nos pensadores mais recentes do neocalvinismo holandês que encontramos algumas das melhores ideias sobre a harmonização e o posicionamento da filosofia dentro do cristianismo. Tanto Abraham Kuyper quanto Herman Dooyeweerd aparecem como pensadores influenciados diretamente por Santo Agostinho e João Calvino, seguindo uma tradição de valorização da filosofia.

Com sua filosofia da ideia cosmonômica, um desenvolvimento filosófico da ideia de esferas de soberania de Kuyper, Dooyeweerd contraria a ideia de Aquino, que influenciou o pensamento católico romano e o escolasticismo protestante: o holandês tira a primazia da teologia sobre as outras ciências e define a primazia daquilo que chama de religião[4].

A ideia de Dooyeweerd é que o pensamento de Aquino foi diretamente influenciado por um fundamento estranho ao cristianismo e filosoficamente insustentável, a saber: a ideia de que o intelecto humano possa ser, em algum grau, autônomo[5]. O que ele propõe, então, em linhas gerais, é que os compromissos religiosos do coração definem as pressuposições do pensamento, e que, se dessa maneira a religião assume a primazia do coração humano, a filosofia, então, assume a primazia dentre as ciências. Sua ontologia modal, com os diferentes aspectos da existência que dividem, mas unificam a realidade, tem a filosofia como pedra angular do pensamento teórico, uma vez que ela é entendida como inevitável e permeia todos os aspectos modais[6].

A necessidade de pensar a epistemologia

Com a filosofia devidamente posicionada, e entendendo que esta permeia todos os aspectos da existência, faz-se necessário pensar a epistemologia. É indispensável pensar uma teoria do conhecimento que transcenda o aspecto pístico e se aplique a todos os aspectos da realidade, a fim de que seja possível ao cristão executar toda e qualquer atividade do pensamento teórico realmente *coram Deo*[7]. Faz-se ainda mais urgente realizá-lo em tempos de pós-modernidade e pós-estruturalismo, especialmente porque, como Johannes Hessen bem definiu, a epistemologia "com todo o direito [...] chamada de *philosophia fundamentalis*, ciência filosófica fundamental"[8] (ênfase minha).

A epistemologia como preocupação com a relação entre sujeito e objeto teria, a partir do pensamento de Dooyeweerd, que se apresentar no cristianismo de maneira diferente, especialmente porque o caminho para o conhecimento, como este mesmo aponta em concordância com Kant, é por meio do ego pensante, assumindo, assim, um caráter concêntrico[9]. A grande diferença do pensamento do holandês para o prussiano, porém, é que aquele defende que o conhecimento verdadeiro do eu só é atingido por meio do conhecimento e do encontro

---

[4]DOOYEWEERD, Herman. *No crepúsculo do pensamento ocidental*: estudo sobre a pretensa autonomia do pensamento filosófico (Brasília: Monergismo, 2018), p. 161, 194-5.
[5]Ibid., p. 87.
[6]Ibid., p. 200-1.
[7]*Coram Deo*: expressão em latim que significa "na presença de Deus". (N. do E.)
[8]HESSEN, Johannes. *Teoria do conhecimento* (São Paulo: Martins Fontes, 1999), p. 14.
[9]DOOYEWEERD, *No crepúsculo do pensamento ocidental*, p. 64.

do ser com a sua Origem[10]. Dooyeweerd, então, parece estabelecer um caminho diferente para o conhecimento verdadeiro, a saber: Deus > Eu > Conhecimento. Assim sendo, a filosofia da ideia cosmonômica redireciona a epistemologia cristã com alguns novos princípios.

Princípios para uma epistemologia cristã

Uma epistemologia cristã precisa, em primeiro lugar, ser não reducionista, ou seja, compreender a complexidade da realidade em que estamos envolvidos. Partindo da filosofia de Dooyeweerd, a epistemologia necessita da compreensão de que a realidade é multifacetada, composta por diferentes aspectos da existência e ligada pelo tempo.

Por essa razão, a epistemologia cristã se preocupa não só com o choque entre os aspectos lógicos e não lógicos — ou seja, o pensamento teórico —, mas também com a experiência ordinária e comum. Tanto ela quanto a filosofia cristã, de maneira mais geral, devem compreender que a experiência comum é não teórica, um lugar onde "as coisas sempre são concebidas na coerência integral de todos os seus aspectos modais"[11].

Como Dooyeweerd articula:

> A experiência ordinária não é uma teoria que possa ser refutada por argumentos científicos e epistemológicos [...] A experiência ordinária é, contrariamente a esta concepção, um dado pré-teórico, correspondendo à estrutura integral de nosso horizonte de experiência na ordem temporal. Qualquer teoria filosófica da experiência humana que não dê conta deste dado de forma satisfatória estará errada em seus fundamentos.[12]

Portanto, para a epistemologia cristã, ser não reducionista implica em romper com um movimento que trata a experiência ordinária como algo a ser refutado, como uma teoria acrítica. Implica em entender que a vida e a experiência humana não podem ser reduzidas a conceitos do pensamento abstrato e em excluir a ideia de que o pensamento teórico é capaz de desvendar a realidade como ela realmente é, como se houvesse fatos brutos que podem ser acessados sem qualquer forma de interpretação[13].

Tal fato implica também em um afastamento de qualquer "ismo" da filosofia. Como os sujeitos se relacionam com os objetos experimentando, ao mesmo tempo, todos os diferentes aspectos da realidade, a tentativa de absolutizar qualquer modo da existência — característica comum a todos os "ismos" (historicismo, biologismo, matematismo, entre outros)[14] — e entender o pensamento teórico a partir dele é, inevitavelmente, reducionista e incompleta.

Em segundo lugar, em aproximação com os filósofos pós-modernos, a epistemologia cristã se preocupa com as pressuposições.

Assim como Dooyeweerd afirma a natureza supratórica dos motivos-bases religiosos, ele também afirma que esse motivo básico "governa um pensador mesmo quando este [...] não está consciente de sua verdadeira natureza"[15]. Uma teoria do conhecimento genuinamente

---

[10] Ibid., p. 73.
[11] Ibid., p. 57.
[12] Ibid., p. 60.
[13] Ibid., p. 54-5.
[14] Ibid., p. 62.
[15] Ibid., p. 76.

cristã compreende que o motivo básico religioso, seja ele apóstata ou verdadeiro, molda as pressuposições e, assim, permite ou impede que certas convicções sejam transformadas. Dessa forma, para que essa transformação seja possível, é necessária uma mudança do motivo básico, uma mudança genuinamente espiritual. O "pensar" de uma perspectiva cristã se torna diferente porque as pressuposições e os compromissos do coração também são diferentes.

Em último lugar, uma epistemologia verdadeiramente cristã entende que as consequências da queda são também noéticas, ou seja, bebem da herança calvinista e agostiniana. Por essa razão, compreende as limitações do pensamento teórico, que embora possa se achegar à verdade através do conhecimento da sua verdadeira Origem, permanece limitado, nunca chegando ao pleno domínio da verdade enquanto não estiver completamente redimido, no momento da consumação. Uma teoria do conhecimento cristão pressupõe a condição de inteligência humilhada.

Conclui-se, assim, que a filosofia fundamenta não só a teologia, mas todas as ciências dentro do pensamento de Dooyeweerd, com a religião sendo o compromisso do coração ainda anterior ao labor filosófico. Da filosofia cristã do holandês podemos extrair alguns princípios para a nossa epistemologia cristã, que são: o não reducionismo advindo da sua ontologia modal; a preocupação com as pressuposições, fruto da ideia do motivo-base religioso; e, finalmente, a condição de humilhação do pensamento teórico, como herança do pensamento agostiniano.

Leonardo Ribeiro de Aragão é estudante do curso de licenciatura em Ciências Humanas da Universidade Federal do ABC (UFABC) e formado no programa de tutoria Avançada de Teologia pelo Invisible College. Nascido e crescido no meio batista, hoje atua ministerialmente no meio carismático/pentecostal.

Capítulo 8

MATEUS DE MATOS NUNES

PARA ALÉM DO CATIVEIRO BABILÔNICO:
uma crítica do dualismo natureza e graça na prática reflexiva evangélica a partir da filosofia reformacional

Esse capítulo busca abordar o cativeiro babilônico em que se encontra a cultura produzida pela comunidade evangélica brasileira. A partir da crítica a respeito das forças motrizes subjacentes ao pensamento teórico, encontrada na filosofia reformacional, será feita uma análise de como o dualismo natureza e graça mostra-se empobrecedor para as práticas culturais cristãs e infiel à revelação divina contida no cânon bíblico.

Filosofia, atitude teórica e força motriz religiosa
Embora pareça prevalecer na historiografia a noção de que o nascimento do pensamento filosófico deu-se a partir da ruptura com o mito em direção à razão, a partir do século 5 a.C., não há, entre os estudiosos do tema, um consenso a esse respeito.

Em artigo publicado sobre as origens da filosofia, Regina Silva discorre sobre como alguns helenistas — a exemplo de R. G. Cornford, J. P. Vernant e R. Mondolfo — rejeitam a tese da ruptura (do mito ao *logos*) e advogam a continuidade dos elementos míticos, em maior ou menor grau, em toda a filosofia grega[1].

Também nesse sentido, Herman Dooyeweerd demonstra, em sua obra *No crepúsculo do pensamento ocidental*, que todo ego conhecedor parte de um impulso religioso que é sempre pré-teórico, mas no qual o próprio ego encontra sua raiz, o que afasta por completo a neutralidade religiosa da atividade reflexiva.

No caso da filosofia grega, seu impulso religioso subjacente originou-se do encontro entre elementos da religião pré-homérica, em seu culto das forças da vida e da morte, com elementos da religião dos deuses olímpicos, cultora da medida e da harmonia. Dessa tensão dialética nasce o motivo matéria e forma, que dominou a razão helênica[2].

Na história do pensamento ocidental, surge, com o advento do cristianismo, um segundo ímpeto pré-teórico, o motivo radical bíblico, expresso na tríade criação divina, queda no pecado e redenção por Jesus Cristo, a partir da qual seria possível o desenvolvimento de uma filosofia cristã autêntica. Como preleciona Pedro Dulci, o motivo básico bíblico nasceu puramente da revelação divina registrada nas escrituras cristãs canônicas, cujo curso inicia-se com Moisés e segue até os apóstolos de Jesus, na Palestina do século primeiro

---

[1]SILVA, Regina C. B. P. "Rodolfo Mondolfo e o início da filosofia grega", *Revista Trans/Form/Ação* (São Paulo: Unesp, 1981), p. 51-9.

[2]DOOYEWEERD, Herman. *No crepúsculo do pensamento ocidental*: estudo sobre a pretensa autonomia do pensamento filosófico (Brasília: Monergismo, 2018), p. 81-2.

desta era. Trata-se de um motivo radical, já que não surgiu da acomodação entre elementos religiosos antagônicos[3].

Todavia, a realização de um pensamento cristão puro, isento de ímpetos religiosos incompatíveis com ele, acabou sendo impedida pela influência dominante da filosofia grega, nos séculos seguintes. Ocorre, então, a tentativa de uma acomodação do motivo básico religioso grego com o bíblico. Desse movimento dialético deriva a força motriz natureza e graça, que tantos efeitos deletérios ainda exerce sobre a atitude teórica cristã brasileira. Segundo Dooyeweerd:

> Este foi o motivo natureza e graça, que desde então tem sido o ponto de partida da filosofia escolástica, conforme se desenvolveu tanto nos círculos católico-romanos quanto nos protestantes. Este motivo originalmente buscava uma acomodação mútua do motivo básico religioso grego com o bíblico. Porém, desde a Renascença, ele também esteve a serviço de uma acomodação mútua dos pontos de partida bíblico e humanista moderno. Isto implicou a distinção entre uma esfera natural e outra sobrenatural de pensamento e ação. Dentro da esfera natural, uma autonomia relativa foi atribuída à razão humana, que supostamente seria capaz de descobrir as verdades naturais por sua própria luz. Dentro da esfera sobrenatural da graça, pelo contrário, o pensamento humano era considerado dependente da autorrevelação divina. A filosofia era considerada pertencente à esfera natural enquanto a teologia dogmática, por outro lado, à esfera sobrenatural.[4]

Essa forma dicotômica de compreender o conhecimento, separando-o em dois troncos distintos, um fundamentado na revelação divina e o outro na razão humana, marcou fortemente a maneira como os homens medievais produziram cultura e influencia, ainda hoje, a teologia e as práticas eclesiais. A respeito dessa forma de entender a realidade, o filósofo brasileiro Mário Ferreira dos Santos esclarece o seguinte:

> Na chamada Idade Média, continua predominando esse sentido, mas a ideia central de Deus polariza a filosofia. Dessa forma, é ela a totalidade dos conhecimentos adquiridos pela luz natural ou pela *revelação divina*. Os conhecimentos acerca de Deus e do divino separam-se dos outros e vão formar a teologia. Esta encerrava a soma dos conhecimentos sobre o divino; a filosofia, por sua vez, encerrava os conhecimentos humanos acerca das coisas da natureza. Este conceito de filosofia vai predominar por séculos e até hoje é apresentado assim.[5]

O cativeiro babilônico do pensamento evangélico brasileiro
Em 1520, Martinho Lutero publicou sua obra *Do cativeiro babilônico da Igreja*, texto seminal do protestantismo, que buscava denunciar o fosso que separava as práticas da igreja ocidental medieval da revelação divina contida no cânon bíblico.

---

[3]DULCI, Pedro Lucas, Videoaulas do módulo 3 de Tutoria Avançada, *Invisible College*, 2020. Videoaula 5.
[4]DOOYEWEERD, *No crepúsculo do pensamento ocidental*, p. 86-7.
[5]SANTOS, Mário F. *Filosofia e cosmovisão* (São Paulo: É Realizações, 2018), p. 28-9.

Nesse opúsculo, o reformador alemão comparou a situação do cristianismo de sua época à desolação religiosa e social vivida pelos hebreus em exílio na região mesopotâmica, na Antiguidade.

Contudo, apesar da denúncia do mestre de Wittemberg, passados mais de quinhentos anos desde o início da Reforma Protestante, ainda encontramos a igreja evangélica presa a um cativeiro babilônico — nesse caso, à tentativa de realizar uma síntese entre motivos antagônicos oriundos da religião grega e da religião bíblica. Apesar de todos os desenvolvimentos posteriores ocorridos no pensamento ocidental, ainda prevalece, na reflexão e na prática dos evangélicos brasileiros, a influência do motivo natureza e graça.

Cornelius Van Til, outro importante pensador cristão, estava de acordo com Dooyeweerd — nesse ponto — a respeito da importância da revelação bíblica para o desenvolvimento adequado tanto da ciência teológica quanto das ciências em geral. Ambos os pensadores mantinham oposição ao pensamento de origem católico-romana medieval que separa o pensamento teórico em dois domínios distintos de "fé" e "razão"[6].

A teologia e a prática eclesiástica encontram-se cativas desse dualismo mítico que separa duas esferas distintas de pensamento: uma sobre a influência da revelação divina sobrenatural e outra sobre a afluência da razão natural. O pensamento evangélico brasileiro, herdeiro desse dualismo que distingue fé e razão/natureza e graça, opera sob essa falsa dicotomia que cega o ego para a compreensão da coerência existente na "universalidade modal da realidade", que, sob a influência desse motivo básico, sempre é vista de modo fragmentado e incoerente.

Para além do cativeiro babilônico: submissão ao motivo radical bíblico

Uma vez reconhecida a natureza do problema fundamental da atitude teórica, que é sua dependência de motivos básicos religiosos, torna-se necessária a aceitação de um novo paradigma para o pensamento.

A superação desse cativeiro do pensamento evangélico ao motivo básico natureza e graça, cuja síntese nunca poderá ser adequadamente realizada à luz da revelação divina, somente se dará com a submissão do pensamento teórico à força motriz radical bíblica, como fonte pré-teórica do pensamento e raiz do ego (também denominado coração, na antropologia hebraica).

Dooyeweerd formula esse axioma de sua filosofia a partir de uma "crítica transcendental da atitude teórica do pensamento", oferecendo ferramentas excepcionais para o estudo e a descrição da realidade, como alternativa à dicotomia fé e razão. A leitura da obra de Kant, em particular sua *Crítica da razão pura*, nos permite perceber a grandiosidade do empreendimento de Dooyeweerd. Lamentavelmente, sua obra ainda permanece desconhecida por parte significativa do público evangélico brasileiro.

Essa crítica defendida pelo pensador neerlandês deve lidar com alguns problemas transcendentais identificados por ele e chamados de ideias transcendentais. Sobre elas, vale conferir a definição dada por Albert Wolters, no apêndice da edição brasileira da obra *No crepúsculo do pensamento ocidental*:

> Dooyeweerd identificou três problemas transcendentais básicos em sua crítica do pensamento teórico. Esses problemas que Kant já havia apontado

---
[6]VAN TIL, Cornelius. *Apologética cristã* (São Paulo: Cultura Cristã, 2010).

anteriormente (os problemas da cosmologia, da antropologia e da teologia metafísica) sem compreender sua importância, indicariam as três condições necessárias e incontornáveis de todo pensamento teórico. São elas: (1) a ideia de totalidade do sentido cósmico (2) a ideia de PONTO ARQUIMEDIANO do pensamento teórico; (3) a ideia de ARCHÉ ou da Origem do sentido cósmico. Essas três ideias juntas (mundo, homem, Deus) compõem a IDEIA COSMONÔMICA de qualquer filosofia. Segundo Dooyeweerd, as três ideias têm caráter hipotético: não são sempre as mesmas, variando conforme o MOTIVO BÁSICO religioso que domina certa filosofia. No caso do pensamento cristão, a partir do motivo básico Criação-Queda-Redenção, a ideia cosmonômica da filosofia é (1) a noção de unidade na diversidade do sentido cósmico, (2) o coração como o ponto arquimediano do pensamento e (3) Deus como origem absoluta do sentido cósmico. Essas "três" ideias são interdependentes, compondo uma única ideia básica transcendental.[7]

Como demonstra Guilherme de Carvalho, essa filosofia cosmonômica com sua teoria dos aspectos modais é uma ontologia desenvolvida a partir da força motriz bíblica — cuja categoria fundamental é o conceito de "significado", definido como "ser de tudo o que é criado" —, estando, assim, em clara oposição à metafísica grega, que sempre dominou o pensamento ocidental[8].

A teoria dos aspectos modais insiste na unidade entre natureza e graça, apela ao antirreducionismo científico e declara a origem supratemporal do sentido cósmico do universo[9].

Atualmente, existe uma verdadeira escola de pensadores, em várias partes do mundo, que aplica a teoria heurística de Dooyeweerd às mais distintas áreas do saber, tais como: filosofia, direito, teologia, psiquiatria, engenharia, politicologia, sociologia, economia, artes etc.

Vemos, assim, que a filosofia reformacional ou neocalvinista encarou com seriedade o desafio de desenvolver todo o pensamento teórico com fundamento no motivo básico bíblico Criação, Queda e Redenção, e já produziu frutos abundantes que podem ser exibidos aos céticos quanto à fertilidade que esse motivo básico tem a oferecer para a ciência em geral.

Uma maior apropriação da obra dooyeweerdiana, ainda relativamente desconhecida fora dos círculos teológicos reformados, por pensadores e líderes evangélicos, seria de grande benefício para a prática cultural cristã.

Certamente os efeitos salutares do pensamento reformacional serão melhor sentidos no futuro, conforme novas gerações de pensadores acolham o legado de Dooyeweerd e de seus sucessores, e passem também a produzir pensamento e prática cultural cristãos para o bem comum.

Como vimos, o pensamento teórico e as práticas sociais evangélicas encontram-se presas ao cativeiro do dualismo natureza e graça. Somente uma crítica transcendental da atitude teórica e a sujeição à força motriz radical bíblica, em toda sua extensão, poderá abrir novas possibilidades à reflexão cristã e a uma compreensão adequada da universalidade modal da realidade para o desenvolvimento das práticas culturais evangélicas.

---

[7]DOOYEWEERD, *No crepúsculo do pensamento ocidental*, p. 259.
[8]CARVALHO, Guilherme de. "A fé e a inteligibilidade do mundo: aproximando A. McGrath e H. Dooyeweerd". Disponível em: https://www.youtube.com/watch?v=N2IrhGeRs74.
[9]Idem.

Muitos dos problemas enfrentados nos gabinetes pastorais, nas sessões de aconselhamento, nos debates das reuniões de mocidade cristã e nos grupos de estudo compostos por jovens universitários cristãos poderão ser resolvidos a partir de uma perspectiva não dicotômica da realidade. Quando a comunidade evangélica tomar consciência da unidade entre natureza e graça, então, a cultura produzida pelos cristãos poderá ser mais fiel à sua vocação bíblica de refletir de maneira coerente a realidade do mundo criado por Deus.

Capítulo 9

GABRIEL MAIA PETER DO NASCIMENTO

SOBRE SER E ESTAR NO MUNDO

> *Portanto, se já ressuscitastes com Cristo, buscai as coisas que são de cima, onde Cristo está assentado à destra de Deus. Pensai nas coisas que são de cima, e não nas que são da terra.*
> — Colossenses 3:1-2

Muitos ao lerem o trecho acima rapidamente entenderão a assertiva como uma chamada asceta ou alienadora. Pensar nas coisas do alto não parece ser uma boa alternativa para quem vive em um mundo cheio de perigos e prazeres. É privar-se de viver e de sobreviver; é viver em um conto de fadas, e não na realidade concreta da vida. Quem adere a esse julgamento pode ficar ainda mais confuso, pois, por meio da carta aos colossenses, Paulo combatia uma crença que colocava em dúvida o senhorio de Cristo, uma vez que ela dizia ser Jesus não o *Logos* divino, mas uma espécie de demiurgo. Ou seja, mesmo Paulo dizendo para pensarmos nas coisas de cima, ele está defendendo que o próprio Deus se fez carne e esteve na terra para reconciliar não só o homem todo (corpo e alma), mas toda a criação consigo mesmo[1]. Como isso se dá? Como o apóstolo pode defender a encarnação divina e, ao mesmo tempo, nos chamar para olharmos para fora do mundo?

Nas entrelinhas da questão levantada repousa a reflexão sobre o que é ser e estar no mundo. Quem questiona o imperativo de Paulo, a princípio, parece assumir que, para de fato estar no mundo e interpretá-lo, é necessário olhar para dentro dele, e não para fora. De certa forma, isso quer dizer que a essência da realidade é apreendida de um ponto de partida puramente temporal, ou seja, de algo que está confinado na nossa existência temporal — incluindo a nós mesmos. Entretanto, no presente texto, pretendemos defender que a assertiva de Paulo não é contraditória, mas um paradoxo essencial para que se esteja inteiramente no mundo e ciente da totalidade da realidade, e não de fragmentos dela.

Interpretando a partir de quem?
Um mundo inventado ou um mundo dado?

No mundo contemporâneo há uma grande desconfiança com o significado do texto — e por texto queremos nos referir não somente aos registros escritos, mas a qualquer evento da vida que exija de nós algum tipo de interpretação. A realidade — ou seja, o mundo em que vivemos —

---
[1] Cf. Colossenses 1:20.

é um grande texto que precisa ser interpretado. A desconfiança, havendo significado ou não, se dá pela descrença de que há, no mundo, alguma referência a partir da qual se possa afirmar o sentido real de alguma coisa. Em outras palavras, não há um ponto de partida seguro do qual podemos reconhecer o real significado da realidade. Contudo, sabemos que, mesmo que muitos se apropriem desse discurso, as pessoas — ouso dizer que todas —, mesmo os acadêmicos, não se portam — e não vivem — como se não houvesse um, por assim dizer, "chão para caminhar". No fim, dizer não ser possível apreender um significado é, também, uma crença. É assumir um ponto de partida — estável — para "ler" a realidade.

De certa forma, o relato da Queda nos ajuda a entender essa condição do pensamento contemporâneo. Na narrativa bíblica, o pecado original, afastando-se de uma leitura superficial, ainda que não seja completa, não se resume à mordida no fruto proibido; é mais profundo, é algo anterior a isso. Ao tentar a mulher, a serpente afirma que, se ela experimentasse do fruto, seria como Deus, e nisso, primariamente, consiste o pecado: em querer ser igual a Deus. Querer ser o que não se pode é esquecer-se da sua real identidade, buscando, em um mundo com significado — criado com intencionalidade por Deus —, imprimir o seu próprio sentido a ele. Logo, partindo da narrativa bíblica — mas longe de resumir a questão somente a um ponto —, reconhecer o sentido ou significado no mundo está intimamente ligado à nossa identidade, ou seja, a quem eu sou.

Da questão identitária desvela-se outro ponto importante sobre interpretar a realidade (isto é, viver no mundo): o ser humano é incapaz de viver sem um absoluto. Mesmo que no relato da Queda o homem tenha se rebelado contra seu Absoluto (O Criador), ele não o faz para que se elimine a existência de toda e qualquer referência, mas sim para que ele mesmo se torne seu absoluto, isto é, seu ponto de partida do qual se lê e vive a realidade. Em outras palavras, ainda que o ser humano "elimine" Deus e se centre em si mesmo, ele está fadado a "procurar" um ponto de estabilidade exterior, devido à sua própria natureza de ser finito que foi criado para se relacionar com um ser infinito, com alguém maior do que ele próprio. A pergunta que fica é: há algo, ou alguém, em nosso horizonte temporal (ou seja, no mundo) capaz de ocupar a posição de Deus nessa relação?

O eu *e suas relações*

Como discutido anteriormente, uma das formas de investigar a questão sobre estar no mundo — vivê-lo em sua totalidade —, a partir do relato bíblico da Queda, é se nortear por aquilo que determina o eu humano, e assim o faremos.

Herman Dooyeweerd (1894-1977), tratando sobre o problema do dogma da autonomia da razão dentro do pensamento teórico, traz uma contribuição valiosa para a nossa questão norteadora: o eu (ego humano) é, em si mesmo, vazio, e só pode ser percebido (ter substância) a partir de três relações centrais, a saber: com as coisas no nosso horizonte temporal (a natureza), a relação eu-tu e, por fim, a relação do eu com sua Origem (O Criador).

Segundo Dooyeweerd, a realidade — nossa existência no horizonte temporal — é uma unidade inquebrantável da diversidade de aspectos modais que a constitui, o que significa que em nossa experiência ordinária sentimos e nos relacionamos não somente com o aspecto econômico ou histórico de um objeto, mas com o objeto em toda sua completude. Essa abstração — de se olhar apenas um aspecto, em detrimento dos outros — é apenas um movimento artificial, dentro do pensamento teórico, para se compreender melhor determinado modo de ser (aspecto modal) de um objeto. Dooyeweerd, todavia, assumindo a estrutura religiosa do ser humano, reconheceu um vício na maneira de o homem interpretar essa separação analítica artificial, a saber, a absolutização de um dos aspectos constitutivos da realidade, tornando todos os outros submissos a ele.

Esse movimento de absolutizar o relativo se deve a um impulso religioso do ser humano que é mascarado pelo dogma da autonomia da razão. Essa busca por um objeto de devoção é inerente ao homem e se dá dentro do próprio horizonte temporal, no qual todos os aspectos, na experiência pré-teórica, são coerentemente unidos. O homem absolutizará o que só pode ser entendido de forma dependente, e não como algo em si mesmo. Em outras palavras, ao absolutizar o relativo e reduzir todos os outros aspectos a esse "absoluto", a realidade passa a ser vista de forma fragmentada, e não mais em sua totalidade.

Da mesma forma, a relação eu-tu se dá dentro da temporalidade. Apesar de necessária para compreender o ego humano, ela está limitada aos próprios limites desse conjunto de aspectos modais, o que significa que ela, em si mesma, também não pode ser suficiente para trazer substância ao eu humano. Nas palavras de Dooyeweerd, "a razão é que o ego de nosso semelhante confronta-nos com o mesmo mistério de nosso próprio ego"[2], ou seja, se absolutizarmos essa relação com o outro, encontraremos um vazio tão grande quanto o nosso que seremos incapazes de, a partir dessa relação, olhar para o mundo em toda sua completude.

Isso posto, a assertiva de Paulo ganha novos contornos. Olhando para dentro do mundo, para dentro dessa realidade inquebrantável de aspectos perpassados pelo tempo, o homem se encontra fadado a um fracasso: olha-se para o relativo como absoluto e tem sua visão de mundo — e sua interpretação dele — deturpada. É como se, ao deitar-se sobre o chão, este desaparecesse. Eis o paradoxo: quanto mais o coração se direciona ao que é perceptível aos nossos sentidos (o mundo material) ou para si mesmo, mais a realidade parece ser reduzida, perdendo o seu sentido.

O mundo como sentido
A terceira relação do eu

Se a realidade (o mundo) em que vivemos é um grande texto, então, como foi visto anteriormente, nem o leitor (nós) e o próprio texto (o mundo) pode nos fornecer um ponto estável para reconhecermos a totalidade da realidade (seu significado). Para reconhecer a realidade em sua plenitude, devemos admitir que ela é intencional, ou seja, que só tem significado porque alguém a criou e a dotou de sentido. Logo, a terceira relação que define o eu — a relação do ego humano com sua Origem — se mostra, na verdade, como a primeira, pois é a que dá substância ao ego humano e que direciona as outras duas relações.

Explicando o movimento subjacente ao universo pré-teórico e teórico que o ser humano faz na busca de um absoluto, Dooyeweerd diz:

> Pois é somente nessa relação religiosa central com a sua Origem divina que o ego pensante pode colocar a si mesmo e a diversidade modal de seu mundo temporal na direção do absoluto [...] como o ponto de concentração de todo

---

[2]DOOYEWEERD, Herman. *No crepúsculo do pensamento ocidental*: estudo sobre a pretensa autonomia do pensamento filosófico (Brasília: Monergismo, 2018), p. 71.

significado, que ele encontra disperso na diversidade modal de seu horizonte de experiência temporal, o ego humano aponta, acima de si mesmo, para a *Origem de todo o significado, cuja absolutilidade reflete-se no ego humano como o assento central da imagem de Deus*.[3]

Isso significa dizer que o ser humano só é capaz de reconhecer a realidade, com toda sua unidade de diversidade de aspecto modais, a partir do momento que reconhece, por meio da obra de Jesus Cristo e da ação do Espírito Santo, um movimento de Deus ao homem — o verdadeiro Absoluto, a Origem, o Criador de todas as coisas.

Olhando para fora do mundo e conhecendo o sentido

Voltando à objeção inicial, levantada na introdução deste capítulo, quem assume a assertiva de Paulo como um contrassenso está assumindo que a realidade dentro do espaço temporal — incluindo nós mesmos, o ego humano — é capaz de fornecer uma referência interpretativa para o mundo, a partir da qual nossa forma de agir será determinada. Contudo, como mostramos até aqui, até mesmo para os céticos a respeito de um princípio hermenêutico para a realidade: (1) é inerente ao ser humano o movimento religioso de voltar-se a um absoluto; e (2) nada, dentro do horizonte temporal da nossa existência, é capaz de ser esse absoluto; pelo contrário, curvar-se ao que é relativo é ser escravo de um totalitarismo, um reducionismo da diversidade modal. Nesse contexto, mesmo um cético — seja de qual nível for — mantém crenças. Entretanto, enquanto crer, para eles, subjaz uma afirmação de autonomia; crer, na narrativa bíblica, é sinônimo de confiar no outro, e não na minha capacidade de discernir. Confiar é crer no testemunho (nas palavras) de outro que não seja você mesmo; é enxergar além do que se sente ou vê por meio dos sentidos, e isso vai ao encontro daquela relação norteadora do eu com sua Origem.

Ao contrário do *logos* grego, que era um princípio racional, abstrato e ordenador do cosmos, João coloca, no início de seu evangelho, o *Logos* como uma pessoa — Jesus Cristo. O princípio que dá sentido e coesão ao cosmos deixou de ser abstrato para se tornar pessoal. A palavra de Deus se fez carne. Essa afirmação joanina, mas, acima de tudo, revelação de Deus, conecta tudo o que temos defendido até aqui. Relacionar-se com Deus — alguém para além da nossa capacidade sensorial, isto é, transcendente — não é apenas acreditar em sua existência, assumindo-a apenas como um pressuposto necessário para interpretar o mundo, mas é confiar no que ele diz. É cultivar um relacionamento com o Senhor, ter um relacionamento com o próprio Cristo, a Palavra encarnada que nos revela o significado da realidade, imprimido pelo seu Autor.

Olhar para o mundo — e, portanto, viver nele — a partir de si mesmo ou de qualquer coisa confinada na temporalidade faz-nos olhar para a realidade não como ela de fato é, mas de forma reduzida. É como se as pessoas, em uma cultura distante do desenvolvimento científico e tecnológico moderno, ao pegarem um artefato *high-tech*, como um notebook, por exemplo, o usassem como tampo de mesa, ou seja, elas têm o contato material com o notebook, mas não com o real significado dele. O notebook é mais do que sua estrutura material, ele é o que é, pelo sentido que foi dado a ele. Engenheiros e designers o desenvolveram e o materializaram

---

[3]Ibid., p. 74. Grifo do autor.

com um sentido diretivo, que atrela a matéria a uma estância superior a ela. Logo, as pessoas hipotéticas da nossa metáfora só podem ter real contato com o que é, de fato, um notebook, conhecendo o seu significado. Da mesma forma é a relação do homem com a realidade.

Olhar para fora do mundo, pensar nas coisas do alto, é assumir que a realidade não se resume somente à matéria, mas que esta, sem o conhecimento do seu real sentido, se torna um objeto estranho a nós, podendo ser tratada de forma indevida. Olhar para Cristo, ter o coração direcionado ao Senhor de todas as coisas, é curvar-se ao Deus que imputa sentido à realidade, arrependidos da nossa ânsia por autonomia. Olhar para Jesus é ouvir e confiar nas palavras do próprio Criador, apreendendo não só o significado do mundo, mas aprendendo a viver o presente confiante nas promessas do Senhor para o futuro e que já começam a se cumprir agora. olhar para Jesus é olhar para fora do mundo, mas pisando nele.

O imperativo de Paulo na Carta aos Colossenses não é, portanto, um chamado asceta ou alienador. Pelo contrário, é um chamado para bem dentro do mundo, mas um mundo com significado. A chamativa de Paulo é libertadora, e não escravizante. Como foi discutido ao longo do texto, o contrário é verdadeiro: voltar-se para si — como ponto de partida (princípio) para a interpretação do mundo — ou para qualquer aspecto constitutivo da realidade é tornar-se escravo de uma mentira que deturpa e nos impede de reconhecer a nós mesmos, o outro, a realidade e, acima de tudo, o próprio Criador. Voltar-se para Cristo é encontrar-se com a verdade, é relacionar-se com a própria Palavra de Deus. É lançar-se naquele em que todas as coisas são sustentadas. Eis um paradoxo: pensar nas coisas da terra nos faz mais distantes dela, mas voltar-se para as coisas do alto nos faz viver o que realmente é ser e estar no mundo.

Gabriel Maia Peter do Nascimento é técnico em eletrônica pelo Centro Federal de Educação Tecnológica de Minas Gerais (CEFET-MG) e graduando em Filosofia pela Universidade Federal de Minas Gerais (UFMG). É ex-aluno da tutoria avançada em Teologia, aluno do programa de tutoria Filosófica do Invisible College e membro da Oitava Igreja Presbiteriana de Belo Horizonte.

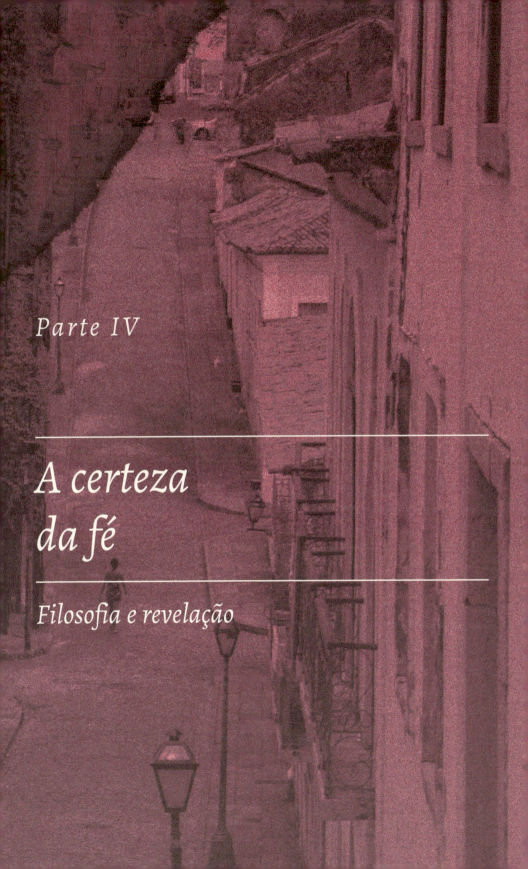

Parte IV

A certeza da fé

Filosofia e revelação

O lugar que a religião cristã ocupa no ensino e na pesquisa da filosofia está mudando. Após um obscurecimento do entusiasmo em torno de temas teológicos nos círculos filosóficos durante os séculos 18 e 19, a segunda metade do século 20 assistiu a um renovado interesse pelas discussões de natureza religiosa, ocupando os departamentos de filosofia dos Estados Unidos e da Europa. Todo um campo de estudo filosófico, que havia sido reprimido pela influência dos valores iluministas e pelo positivismo cientificista, testemunhou um renascimento por meio de publicações que reacenderam o debate de questões que pareciam já estar resolvidas há décadas. Por tudo isso, o século 21 mostrou-se bem mais amistoso às pesquisas em filosofia da religião e teologia filosófica do que outrora.[1] Nos últimos 150 anos, nenhum momento poderia ser melhor para aqueles que se interessam pela relação entre fé cristã, filosofia e teologia.

À revelia das diferentes temáticas, dos países de origem e até mesmo de compromissos pessoais, existia um fator que perpassava, como uma corrente elétrica, essa renovação filosófica: os acadêmicos em questão estavam vinculados à grande tradição da chamada filosofia analítica. Apesar de ser um amplo movimento,[2] e quase nenhuma tendência filosófica ser de fácil redução a traços simples, podemos dizer que essa forma de fazer filosofia tem como diferença específica o emprego de métodos de análise da linguagem como meio de eliminar as incorreções expressas na comunicação comum e, assim, esclarecer problemas filosóficos. Esse uso da análise da linguagem pode ou não se valer de recursos da lógica formal, levando muitos a associarem todo lógico a um filósofo analítico — o que não é necessário.[3]

Ainda que a própria filosofia analítica seja uma tradição intelectual muito heterogênea, com autores muito distintos, pesquisando temas dos mais variados, nos últimos anos os tópicos da teologia e da crença religiosa assumiram proeminência entre as suas discussões. Ou seja, no interior do processo descrito anteriormente, de boas-vindas às temáticas religiosas na discussão filosófica, começou a tomar corpo uma série de iniciativas em filosofia analítica da religião. Os instrumentos de análise lógica agora seriam colocados a serviço do tratamento de questões clássicas da experiência religiosa e da teologia cristã.[4]

Esse renascimento de uma nova forma de se perguntar pelos fundamentos da crença teísta e da teologia natural, bem como da análise de predicados divinos e da formação de crença

---

[1] Phillips, D. Z.; Tessin, T. (Ed.). *Philosophy of Religion in the Twenty-First Century* (Nova York: Palgrave Macmillan, 2001).
[2] GLOCK, Hans-Johann. *What is Analytic Philosophy?* (Cambridge: Cambridge University Press, 2008), p. 16.
[3] Cf. MORA, J. Ferrater. *Dicionário de Filosofia*. Tomo II (São Paulo: Edições Loyola, 2005), p. 1.062.
[4] Wolterstorff, Nicholas. "Analytic philosophy of religion: Retrospect and prospect". In: CUNEO, T. (Ed.). *Inquiring about God* (Cambridge: Cambridge University Press, 2010), p. 17-34.

cristã, só foi possível com o afastamento de um conjunto de pressupostos empiristas e esquemas conceituais naturalistas.[5] Em outras palavras, tornou-se proeminente na filosofia da religião a utilização de um estilo argumentativo em que o esclarecimento conceitual e a coerência lógica são características distintivas — sem pressuposições cientificistas ou naturalistas.

Tudo isso nos transportou para um novo período de investigações teológicas e religiosas na pesquisa filosófica. A forma tipicamente analítica de lidar com questões filosóficas, antes limitada aos temas do conhecimento, ciência, lógica e matemática, agora era articulado no campo das experiências e problematizações religiosas. Essa nova movimentação deu lugar a iniciativas pioneiras, das quais se destaca a do filósofo norte-americano Alvin Plantinga, um dos maiores filósofos cristãos ainda vivos. Desde a publicação de seus primeiros trabalhos, como *God and Other minds* (1967), Plantinga procurou deixar evidente ao universo acadêmico o tipo de renovação pela qual passariam os esforços de justificação da crença cristã.

Em suas obras mais maduras, seu projeto intelectual se evidencia, quando ele mesmo nos diz qual é o problema que está sendo enfrentado: "A nossa questão é esta: acaso uma crença desse gênero é intelectualmente aceitável? Em particular, é intelectualmente aceitável para nós, hoje? Para pessoas instruídas e inteligentes que vivem no século 21, com tudo o que aconteceu nos últimos quatro ou cinco séculos?"[6] Em outras palavras, Plantinga sustentará que professar a fé cristã no século 21 diz respeito, dentre outras coisas, a responder a um estilo de objeção muito específico: "argumentos que concluem que a crença cristã, seja verdadeira, seja falsa, é de qualquer modo injustificável, ou não tem justificativa racional, ou é irracional, ou não é intelectualmente respeitável, ou é contrária a uma moralidade saudável, ou não tem evidências suficientes ao seu favor, ou é, de algum outro modo, inaceitável para a razão, não sendo adequada da perspectiva intelectual".[7]

Para muitos habitantes do mundo contemporâneo, a crença cristã era aceitável e até apropriada para nossos antepassados. Isso porque eles não tinham testemunhado o que nós vimos em termos de pluralismo religioso, desenvolvimento científico, fragmentação moral e desconstrução filosófica. No entanto, essa crença perdeu qualquer razoabilidade inerente diante da atualidade. Portanto, se algum cristão deseja compartilhar sua fé no espaço público, vivendo-a do lado de fora de sua intimidade, terá que assumir o trabalho de explicitar suas garantias e enfrentar questionamentos. Os textos da próxima seção procurarão mostrar como o trabalho de Plantinga é efetivo para nos ajudar a lidar com tais objeções às garantias da crença cristã.

---

[5]PLANTINGA, Alvin. *Ciência, religião e naturalismo: onde está o conflito?* (São Paulo: Vida Nova), 2018, p. 14.
[6]PLANTINGA, Alvin. *Crença cristã avalizada* (São Paulo: Vida Nova: 2018), p. 17.
[7]Ibid., p. 18.

Capítulo 10

LUIZA CRISTINA ZAGONEL

COM A MENTE E O CORAÇÃO

> *"Não é verdade que o coração nos ardia no peito, quando ele nos falava pelo caminho, quando nos explicava as Escrituras?"*
>
> — Lucas 24:32

Alvin Plantinga, filósofo norte-americano, tem se dedicado a mostrar que, ao contrário do que afirmam os novos ateístas, a fé cristã pode ser considerada racional, razoável e justificada. Para isso, ele se vale do conceito de *warrant* — traduzido como "aval" em *Crença cristã avalizada*, ou "garantia" em *Conhecimento e crença cristã* — e desenvolve aquilo que chama de "modelo Aquino/Calvino estendido". Ele também demonstra que a fé cristã transforma mais do que o intelecto, envolvendo da mesma forma os afetos, o coração. O trabalho de Plantinga se destaca, também, por ser uma demonstração de que é possível ao cristão desenvolver seus estudos com rigor acadêmico sem comprometer sua fé na Palavra de Deus.

Aval e o "Modelo Aquino/Calvino Estendido"

O argumento de Plantinga visa demonstrar que a crença cristã pode ter *aval* (ou *garantia*), termo que ele define como "a propriedade que em grau suficiente consiste na distinção entre o conhecimento e a mera crença verdadeira"[1]. Se assim o for, então o cristão não precisa sentir-se constrangido por manter suas crenças a respeito de Deus frente aos ataques que sofre, pois, se for possível que elas tenham aval, não poderá ser acusada de ser irracional ou injustificada. O que, então, é necessário para que uma crença tenha aval? Segundo Plantinga,

> Uma crença tem garantia [aval] para a pessoa S apenas se essa crença for produzida em S mediante faculdades cognitivas em pleno funcionamento (não sujeitas a disfunções) no ambiente cognitivo adequado para as faculdades cognitivas de S, de acordo com o projeto de *design* que visa com sucesso à verdade.[2]

Partindo desse conceito, ele apresenta um modelo por meio do qual a crença cristã pode ter aval, com base nas afirmações de Tomás de Aquino (1225-1274) e João Calvino (1509-1564) a respeito do conhecimento de Deus. Plantinga estende esse modelo para incluir as crenças especificamente cristãs, como a Trindade, o pecado e a salvação por meio da morte e

---

[1] PLANTINGA, Alvin. *Conhecimento e crença cristã* (Brasília: Monergismo, 2016), p. 72.
[2] Ibid., p. 77.

ressurreição de Cristo; por isso a nomenclatura "modelo Aquino/Calvino (A/C) estendido". Ele esclarece que esse modelo implica a veracidade do cristianismo; logo, para demonstrar a falsidade do modelo, seria necessário demonstrar a falsidade do cristianismo.

O modelo A/C estendido consiste, primeiramente, em "uma espécie de faculdade ou mecanismo cognitivo, a que Calvino chama *sensus divinitatis* ou sentido do divino"[3], que produz, em diversas circunstâncias, crenças a respeito de Deus. Isso não significa que o ser humano tenha um conhecimento inato de Deus, mas sim que ele tem uma capacidade inata para formar crenças teístas. As circunstâncias não são, entretanto, a causa da crença, mas meramente sua ocasião. Além disso, ela também não é formada a partir de outras proposições ou argumentos, e sim de maneira imediata; nesse sentido, a crença em Deus pode ser considerada *básica*, à semelhança das crenças formadas pela percepção e pela memória.

Dada a existência do *sensus divinitatis*, cujo propósito é "permitir crenças verdadeiras a respeito de Deus; e quando funciona propriamente, ele as produz"[4], por que, então, algumas pessoas não formam tais crenças?

De acordo com o modelo A/C, esse conhecimento natural sobre Deus foi, em muitos casos — ou na maioria deles—, comprometido, enfraquecido, reduzido, suavizado, coberto e impedido pelo pecado e suas consequências[5].

Segundo o modelo, é o *descrente* que, na verdade, mostra uma disfunção epistêmica, pois não acreditar em Deus resulta de uma disfunção qualquer do *sensus divinitatis*[6].

O pecado, portanto, leva o indivíduo a resistir ao *sensus divinitatis*, tornando-o incapaz de, por si mesmo, acreditar no cristianismo; em outras palavras, o *sensus divinitatis* não funciona de maneira apropriada em função do pecado que atinge a todos. É aqui que Plantinga estende o modelo A/C para incluir as Escrituras, o testemunho interno do Espírito Santo e a fé, caracterizando-o como um modelo para o aval não de crenças teístas em geral, mas especificamente da crença cristã.

Plantinga acredita que a Bíblia é a revelação de Deus, o modo que ele escolheu "para informar aos seres humanos de muitas eras e lugares o esquema da salvação por ele disponibilizado de forma graciosa"[7]. Nela, encontramos o remédio para o problema do pecado: a salvação baseada na vida, morte e ressurreição de Jesus Cristo. As Escrituras cumprem seu papel no modelo A/C estendido ao tornarem as verdades do Evangelho conhecidas pelos seres humanos.

Entretanto, devido às devastações provocadas pelo pecado, o simples conhecimento dessas verdades não é suficiente para gerar a crença; é necessária também a ação do Espírito Santo no coração, reparando os danos causados pelo pecado, inclusive o dano cognitivo. "É pela obra do Espírito Santo que os cristãos passam a aprender, acreditar, aceitar, defender e regozijar-se na verdade das coisas grandiosas do evangelho"[8].

Também a produção da fé (o terceiro elemento do modelo A/C estendido) é obra do Espírito Santo. "Segundo o modelo, consequentemente, a fé é uma crença nas coisas grandiosas

---

[3]PLANTINGA, Alvin. *Crença cristã avaliada* (São Paulo: Vida Nova, 2018), p. 189-90.
[4]PLANTINGA, op cit., p. 89.
[5]Idem.
[6]PLANTINGA, *Crença cristã avaliada*, p. 201. Grifo do autor.
[7]PLANTINGA, op. cit., p. 106.
[8]PLANTINGA, op. cit., p. 257.

do evangelho que resulta da instigação interna do Espírito Santo"[9]. Para Plantinga, a fé envolve tanto um elemento cognitivo — ela é revelada à nossa mente e é o "conhecimento da disponibilidade da redenção e salvação por meio da pessoa e obra de Jesus Cristo"[10] — quanto os afetos e a vontade, sendo "selada" em nosso coração.

A importância dos afetos

O modelo A/C estendido, portanto, indica que a crença cristã é mais do que simplesmente considerar a doutrina cristã como sendo verdadeira, pois envolve também uma mudança nos afetos. O cristão não tem apenas conhecimento do esquema da salvação, mas também "está agradecido de todo coração ao Senhor por essa salvação, e o ama por isso"[11].

O pecado não afeta apenas o intelecto, impedindo a pessoa de perceber a verdade e a beleza do Evangelho, mas causa um impacto extremamente profundo, afetando o coração, provocando em nós repulsa, desprezo e até mesmo ódio por Deus. Ele é, "antes de tudo, um distúrbio ou disfunção das *afeições*. As nossas afeições se distorcem, passando a se dirigir aos objetos errados"[12]. Amamos aquilo que deveríamos odiar e odiamos Aquele a quem deveríamos amar com todo o nosso ser.

Da mesma forma, a ação do Espírito Santo não apenas restaura o funcionamento do *sensus divinitatis* para que possamos crer em Deus, como também redireciona o coração, corrigindo nossos afetos. Plantinga aborda a questão da seguinte forma:

> A pessoa de fé, contudo, não acredita apenas nas afirmações centrais da fé cristã; também considera (paradigmaticamente) o esquema da salvação, no seu todo, imensamente atraente, encantador, uma fonte de reverente maravilhamento. Ela é profundamente agradecida ao Senhor pela sua imensa bondade e responde com o próprio amor ao amor sacrificial que ele manifestou. A diferença entre o crente e o demônio, portanto, está na área das *afeições*: do amor e do ódio, da atração e da repulsa, do desejo e da aversão. [...] E o crente, a pessoa de fé, tem não somente as crenças corretas, mas também as afeições corretas. A conversão e a regeneração alteram as afeições tal como alteram a crença.[13]

A crença em Deus, portanto, possui um aspecto prático, afetivo, e não meramente cognitivo; a própria doutrina cristã é mais do que teórica, estando diretamente relacionada à prática da vida cristã. É a mudança nos afetos, no coração, que possibilita que o crente não apenas compreenda que o pecado deve ser odiado, mas passe a efetivamente odiá-lo. Também, sem a obra do Espírito Santo no coração, seria impossível amar a Deus, por mais convencido que o intelecto estivesse a respeito disso. Segundo Plantinga,

> O Espírito Santo produz um conhecimento no crente; ao selar esse conhecimento nos nossos corações, produz também as afeições corretas. A principal delas é o amor a Deus — desejar Deus, desejar conhecê-lo, ter uma relação

---
[9]Ibid., p. 264.
[10]PLANTINGA, *Conhecimento e crença cristã*, p. 116.
[11]PLANTINGA, op. cit., p. 258.
[12]Ibid., p. 222. Grifo do autor.
[13]Ibid., p. 302. Grifo do autor.

pessoal com ele, desejar atingir determinado tipo de união com ele, assim como sentir deleite nele, desfrutar da sua beleza, grandiosidade, santidade etc. Há também confiança, aprovação, gratidão, intenção de agradar, esperança por coisas boas e muito mais. A fé, portanto, não é apenas uma questão de acreditar em certas proposições — nem sequer nas proposições momentosas do evangelho. A fé é mais do que a crença; ao produzir a fé, o Espírito Santo faz mais do que gerar em nós a crença de que esta ou aquela proposição é realmente verdadeira. Como Tomás de Aquino repete quatro vezes em cinco páginas, "o Espírito Santo torna-nos amantes de Deus".[14]

Qual seria, então, a relação entre o intelecto e o coração, entre a crença e os afetos? Qual deles tem prioridade? Plantinga acredita que não há como dizer; parece-lhe que estão tão inter-relacionados, um influenciando e sendo influenciado pelo outro, que não é possível saber qual vem primeiro. Assim como o pecado afeta tanto o intelecto quanto a vontade, da mesma forma a regeneração cura tanto os nossos distúrbios intelectuais quanto os afetivos. Para ele, "a estrutura da vontade e do intelecto é aqui talvez uma espiral, um processo dialético"[15], de forma que tanto as afeições corretas nos permitem perceber a verdade, a beleza e a glória de Deus, quanto o nosso conhecimento dessas coisas aumenta nosso amor e devoção.

Há certas coisas que não conheceremos a menos que amemos, a menos que tenhamos as afeições adequadas; há certas afeições que não teremos sem percepcionar algumas das qualidades morais de Deus; não se pode afirmar nem que a percepção tem prioridade e nem que a afeição a tem. A regeneração consiste em curar a vontade para finalmente começarmos a amar e odiar as coisas dignas de serem amadas e odiadas; e isso inclui também a renovação cognitiva, de modo que começamos a percepcionar a beleza, a santidade e o encanto do Senhor e do esquema da salvação que ele concebeu[16].

Plantinga, portanto, nos ajuda a lidar com as críticas que o cristianismo recebe, mostrando que, para provar que a crença cristã é irracional, o acusador deveria primeiro provar a sua falsidade. Se a crença cristã for verdadeira — e ele acredita que ela de fato o é —, pode ter aval. Entretanto, ele não se limita a analisar apenas as questões relativas ao intelecto, mas nos lembra da importância da transformação que o Espírito Santo provoca em nosso coração.

Em suma, de acordo com o modelo A/C, a fé é questão de conhecimento firme e certo, revelado à mente e selado no coração. A pessoa tem o coração selado, conforme o modelo, caso existam os tipos corretos de afetos; em essência, ela ama a Deus acima de tudo e o próximo assim como a si mesma[17].

Luiza Cristina Zagonel é formada em Teologia, com ênfase em Educação Cristã, pelo Seminário Bíblico Palavra da Vida, com revalidação pela Faculdade Batista Pioneira. Atualmente cursa Letras Inglês/Português e é membro da Primeira Igreja Batista de Lajeado/RS.

---

[14] Ibid., p. 303.
[15] Ibid., p. 313.
[16] Idem.
[17] PLANTINGA, *Conhecimento e crença cristã*, p. 150.

Capítulo 11

João Luiz Uliana Filho

CONHECIMENTO RACIONAL E CRENÇA CRISTÃ

Em *O Drama da Doutrina*[1], Kevin Vanhoozer aponta para o que chama de "ambição sistematizadora do teólogo". Sua crítica parte do pensamento do filósofo alemão G.W.F. Hegel (1770 - 1831) – para quem "a tarefa da razão está incompleta enquanto o filósofo não traduz a realidade e suas diversas representações em um esquema conceitual coerente e abrangente".[2]

Neste texto pretendemos tratar da questão da racionalidade, da crítica que esta faz ao conhecimento e à fé cristã, bem como da presença ativa da própria teologia dentro dos limites da razoabilidade. Hegel estaria certo em seu projeto conceitual que cooptava a fé para dentro dos limites da razão, sistematizando-a como um conceito e exigindo dela os fundamentos propostos pela racionalidade? Além dele, esta foi a proposta de algumas correntes filosóficas, conforme discutiremos neste ensaio.

Dando asas à razão: as origens do racionalismo ocidental

Desde os dias de Kant (1724 – 1804) e da chamada *revolução copernicana*, a razão tem se cristalizado como um bem imprescindível para a humanidade – possivelmente o maior de todos, afinal de contas "conhecimento é poder!". Aquilo que os filósofos iluministas chamaram de *autonomia da razão* desenvolveu-se em diversas correntes na história do pensamento ocidental e continua em desenvolvimento até os dias de hoje. Alvin Plantinga, filósofo analítico contemporâneo de renome internacional, na obra intitulada *Crença cristã avalizada*[3], investiga as principais críticas e contribuições da racionalidade à crença cristã.

O pensamento dominante é que a crença religiosa é irracional, que carece de justificação, algo que só a racionalidade pode oferecer. Na melhor das hipóteses, crenças religiosas devem ser deixadas exclusivamente na privacidade de cada indivíduo sem jamais serem expressas publicamente, uma vez que carecem da corroboração da razão. Além da irracionalidade, as crenças religiosas, quando expostas publicamente, soam arrogantes, preconceituosas e imperialistas. Tratemos da suposta irracionalidade.

Plantinga, ao analisar as críticas impostas à crença religiosa, pergunta-se pela *metaquestão*. O que de fato está por trás da questão que define a irracionalidade, e que torna a crença irracional? Qual a fraqueza, não da crença em si, mas daquilo que a fundamenta?

---

[1]VANHOOZER, Kevin J. *O drama da doutrina*: uma abordagem canônico-linguística da teologia cristã (São Paulo: Vida Nova, 2016).
[2]Ibid., p. 99.
[3]PLANTINGA, Alvin. *Crença cristã avalizada* (São Paulo Vida Nova, 2018).

Recorrendo ao filósofo inglês John Locke (1632 – 1704), Plantinga identificará dois componentes que justificam qualquer crença: primeiro, a evidência (*evidencialismo*), e segundo, o dever (*deontologismo*). A razão, portanto, pode ser equacionada da seguinte forma: é "dever relevante acreditar só nas proposições para as quais existem boas evidências".[4]. Parece razoável.

Contudo, toda evidência precisa ser proposicional, ou seja, baseada em enunciados anteriores que as justificam. Entretanto, como se formam as primeiras proposições, isto é, aquelas que não possuem fundamentação prévia? Essa é uma questão de fato importante, pois, se não houver uma crença chamada *básica*, ou seja, que não seja fundamentada em outras proposições, o processo retroagiria ao infinito, ficando sem solução. Bem, Locke sabia disso e formulou as formas próprias da crença básica. Uma crença básica deve ser estruturada num tripé elementar, constituído dessa forma:

(i) deve ser incorrigível;
(ii) também deve ser autoevidente;
(iii) e por último, deve ser evidente aos sentidos.

Assim se completa o pacote conhecido como *fundacionalismo clássico*, o qual "sustenta que as únicas proposições que são apropriadamente básicas para mim são as que me dão certeza".[5] E *certeza* aqui, portanto, refere-se às crenças/proposições que são incorrigíveis, autoevidentes e dadas aos sentidos. Proposições como 2+2=4, ou quando digo que estou com dor de cabeça, são afirmações que se encaixam na definição de crenças básicas justificadas. Dessa forma, é a razão que orienta todo o processo de aquisição de crenças justificadas, uma vez que essa é a faculdade que "nos distingue dos animais, e nos permite discernir as relações lógicas, amplas, dedutivas e probabilísticas entre proposições".[6]

Orientados pela razão autônoma, nossa herança iluminista, temos o conjunto do fundacionalismo clássico que, segundo seu desenvolvimento posterior, apontará para a irracionalidade da crença cristã argumentando que sua proposição básica não contempla a demanda exigida pela imagem clássica (IC) do fundacionalismo, sendo, portanto, irracional e deslegitimada. A crença cristã não seria então incorrigível, nem autoevidente, tampouco dada aos sentidos. Quanto às questões deontológicas exigidas, é possível que o crente esteja justificado. No uso de suas faculdades funcionando perfeitamente, o crente avalia as críticas e opta pela crença, porém, quanto às evidências que a sustenta, faltam-lhe proposições básicas justificadas.

Uma resposta de Alvin Plantinga
Após abordar o desenvolvimento da racionalidade sobre a proposição da crença teísta, Plantinga desenvolve a sua crítica ao sistema de justificação de crenças fundacionais. Apesar de a resposta ser suficientemente conclusiva, antes de a expormos, é preciso constatar algo que Plantinga reconhece efetivamente. Diz ele:

---
[4] Ibid., p. 54.
[5] Ibid., p. 107.
[6] Ibid., p. 101.

O fundacionalismo clássico, como afirmei, tem sido muitíssimo influente do Iluminismo até o presente. [...] Ele tem sido como que um pressuposto que não se põe em questão, pois não é visto com clareza suficiente que permita ao menos reconhecê-lo como um pressuposto. As perspectivas de Locke nesse caso, em particular com respeito à religião, atingiram o status de ortodoxia, e a maior parte das discussões da justificação racional da crença religiosa foi e ainda é conduzida aceitando-se acriticamente esse quadro de referência".[7]

O fundacionalismo, como se nota, é incisivo na tentativa de desqualificar a crença, por isso, uma análise cuidadosa precisa ser empenhada, e Plantinga faz isso com maestria; suas asserções são, nas suas próprias palavras, *fatais*.

Quando aderimos ao fundacionalismo, aceitando seus termos e pressuposições, uma condição que se faz importante é que ele mesmo se enquadre naquilo que propõe. Porém, não é o que acontece com a justificativa fundacionalista. Quando este assume-se também como uma proposição básica - o que de fato é, ou, deveria ser – ele não se enquadra nas questões de incorrigibilidade, por exemplo, uma vez que há inúmeros desdobramentos e correções posteriores, feitos a partir dele. Ele também não é autoevidente, dado que carece de um largo desenvolvimento filosófico para sua elaboração e compreensão; e tampouco é evidente aos sentidos, posto que não o experimentamos pela visão ou quando respiramos, por exemplo. Dessa forma, Plantinga conclui que o "fundacionalismo clássico parece autorreferencialmente incoerente: estabelece um padrão da crença justificada que ele mesmo não obedece".[8]

O que isso quer dizer? Conforme Plantinga aponta, citando as controvérsias entre David Hume e Thomas Reid no século 18, este já apontava que "a vasta maioria das nossas crenças não se conformam aparentemente à *IC*[9]: pelo menos no que concerne à justificação, isso não as torna piores".[10] Ainda que alguém, oposto à fé cristã, a julgue pelos moldes do evidencialismo, segundo o qual a fé cristã é dependente de alguma outra crença básica, anterior, que a justifique, fugindo da primeira objeção (a da *incoerência autorreferencial*), facilmente apontamos que nem toda crença pressupõe uma proposição básica. O argumento *da memória* elucida a questão. Vejamos - eu me recordo de tomar uma xícara de café preto no café da manhã, porém, que argumentos eu teria para justificar se de fato tomei café preto pela manhã? Não há nenhum argumento razoável que justifique a afirmação, a não ser uma lembrança, uma sensação ou uma vaga impressão interior de que o fiz. Algumas crenças, como a de que o mundo não começou a existir há cinco minutos, surgem, sem que haja um controle específico sobre elas.

A totalidade das propostas fundacionalistas dadas pelos supostos racionalistas mostra-se por si mesmas insuficientes para invalidar a crença cristã, ou mesmo para encará-la como injustificável. Alvin Plantinga, em seu trabalho já citado em *Crença Cristã Avalizada*, e também em *Conhecimento e crença cristã*[11], que, condensa o pensamento da primeira e mais volumosa obra, deixa claro que tais críticas do fundacionalismo clássico não se sustentam; antes, caem, como vítimas de si mesmas.

---

[7]Ibid., p. 108.
[8]Ibid., p. 115.
[9]Imagem Clássica – referindo-se aqui ao pacote fundacionalista.
[10]PLANTINGA, *Crença cristã avalizada*, p. 119.
[11]Brasília: Monergismo, 2016.

Kevin Vanhoozer e a teologia perante o racionalismo
De todo modo, os desenvolvimentos da razão desvelaram uma imensidão de possibilidades para o ser humano, e suas raízes, profundas, espalharam-se por todo o terreno da filosofia, da teologia e de todo campo do conhecimento humano. Mesmo dentro da teologia, onde as afirmações da razão tendem a invalidar a crença, o uso, exacerbado ou não, da razão, encontrou o seu espaço. Quem nos ajuda com isso é Kevin Vanhoozer, citado no começo desse texto.

Podemos tratar da crítica à crença cristã através da epistemologia, da metafísica, do historicismo, entre outros vieses. Contudo, ele será sempre, e principalmente, um problema teológico. E o caminho para a questão teológica recairá sobre a verdade da revelação bíblica. O próprio Locke reconheceu isso e sujeitou a Revelação ao escrutínio da razão,[12] como também Kant e Hegel após ele. Vanhoozer percebeu como isso afetou internamente o desenvolvimento da teologia cristã, naquilo que ele chamou de abordagem *propositiva-cognitiva*, abordando a Revelação bíblica através da racionalidade.

Pelo olhar de Vanhoozer, a crença cristã, diríamos, não deve ficar sujeita à busca de proposições lógicas e conceitualmente distantes das *ações* de Deus. Uma teologia escrita assim parece "escrita por narradores oniscientes e impessoais que não se situam em lugar específico algum".[13] Trata-se de uma teologia racional, "'cognitiva' em sua ênfase no vir a conhecer a verdade pelas realidades objetivas e 'propositiva' em sua ênfase na linguagem como principal meio informativo portador da verdade".[14] Tal teologia, que afirma ser bíblica, também epistemologicamente moderna pois aceita a redução do conhecimento à informação, bem como o mito moderno da razão universal autônoma.[15] Muita teologia foi produzida assim.

Simplificando o pensamento de Plantinga nesse sentido, tal abordagem implica em utilizar-se das armas do adversário na tentativa de combatê-lo. Ao fazermos isso, assumimos compromissos desnecessários e prejudiciais a fé. Vanhoozer, em *O drama da doutrina*, sabe que tais propostas são insuficientes, e busca uma abordagem capaz de dar conta tanto teológica quanto filosoficamente da crença cristã. Sem desconsiderar as críticas racionalistas, mas utilizando-se delas para enxergar na Revelação de Deus os parâmetros da sua própria abordagem canônica. A abordagem *canônico-linguística* da teologia cristã constitui um caminho autêntico da doutrina e verdades cristãs capaz de resgatar o valor inerente das proposições racionais na ação comunicadora dos atos e falas de Deus, sem, contudo, fazer da racionalidade fundacionalista seu referencial teórico.

É nesse sentido que Plantinga retoma as formulações do conhecimento de Deus de João Calvino. Segundo a leitura de Plantinga, "não se chega [ao] conhecimento natural de Deus por inferência ou argumento (por exemplo, as famosas provas teístas da teologia natural), mas de forma muito mais direta", semelhante "às faculdades da percepção, memória e conhecimento *à priori*".[16] O movimento do conhecimento se dá não a partir da argumentação, mas da pressuposição básica da fé, da qual todos os seres participam.

Foi assim que Anselmo, bispo de Cantuária no século 11, desenvolveu seu argumento sobre a existência de Deus na obra conhecida como *Proslogion* que, por influência de Kant,

---
[12]PLANTINGA, *Crença cristã avalizada*, p. 103.
[13]VANHOOZER, *O drama da doutrina*, p. 100.
[14]Ibid., p. 101.
[15]Ibid., p. 102.
[16]PLANTINGA, Alvin. *Conhecimento e crença cristã* (Brasília: Monergismo, 2016), p. 86-7.

ficou conhecida como *Argumento ontológico* da existência de Deus. Sem partir dos fundamentos da razão ou de evidências *a posteriori*, mas a partir do pressuposto da fé e da ação do Espírito Santo, Anselmo elabora as razões da crença cristã. Numa das mais belas passagens da obra ele diz: "Ensina-me a buscar-te, mostra-te a quem te busca, porque não posso buscar-te se não me ensinas o caminho. Não posso encontrar-te se não te mostras a mim".[17]

Reconhecer, portanto, a legitimidade da crença, no mesmo passo em que se reconhece as deficiências das crenças do fundacionalismo clássico, mostra que a fé não está sujeita aos limites da racionalidade, seja para teólogos ou filósofos, e que, além disso, não devemos nos prender de modo algum à *ambição sistematizadora*.

Os argumentos do fundacionalismo clássico, e tudo aquilo que ele reivindica, especialmente quando critica os pressupostos da fé cristã, são expostos na obra de Plantinga até não fazerem mais qualquer sentido. Ainda que hoje, séculos depois das suas primeiras formulações, deparemos com seus desenvolvimentos, não é necessário adotá-los. Nossos dias sugerem que a crítica às crenças religiosas e ao cristianismo soa erudita e madura, enquanto a crença permanece na esfera das ingenuidades. Plantinga mostra que nada pode estar mais equivocado. A fé cristã está avalizada sim, e é necessária numa sociedade que está afastada do seu Criador, o único capaz de dar verdadeiro significado a tudo o que existe. No confronto entre crença e evidência, a crença não é a parte mais fraca.

Lembrando de Alister McGrath em *Teologia Pura e Simples*[18], reconhecer a crença cristã como crença básica, válida e justificada, não implica em suicídio intelectual.

---

[17]ANSELMO. *Proslogion: a fé em busca de entendimento* (Porto Alegre: Concreta, 2016), Edição digital Kindle, pos. 45.
[18]MCGRATH, Alister. *Teologia pura e simples: o lugar da mente na vida cristã* (Viçosa: Ultimato, 2012).

Capítulo 12

Mateus de Matos Nunes

RAZOABILIDADE DAS CRENÇAS CRISTÃS TRADICIONAIS EM FACE DAS ABORDAGENS HISTÓRICO-CRÍTICAS:
uma discussão a partir da epistemologia de Alvin Plantinga

Esse texto tentará discutir se as interpretações desenvolvidas a partir de pesquisas baseadas em abordagens teológicas histórico-críticas tornam as doutrinas cristãs clássicas irracionais. Assim, será abordada a proposta desenvolvida na epistemologia de Alvin Plantinga como alternativa para uma sustentação plausível das doutrinas tradicionais.

As objeções apresentadas pelo método histórico-crítico à razoabilidade das doutrinas cristãs

A questão que aqui se coloca é saber se as pesquisas do texto bíblico, desenvolvidas a partir do método histórico-crítico, já mostraram resultados que tornam irracionais as doutrinas tradicionais cristãs contidas nos credos e confissões do cristianismo histórico.

Embora haja atualmente uma pluralidade de abordagens críticas usadas nessas pesquisas, o método histórico-crítico é praticado principalmente nas críticas das fontes, das formas e da redação. Sobre esse método valem as asserções de Alvin Plantinga, em sua *magnum opus*:

> A CHB [*crítica histórico-bíblica*] é fundamentalmente um projeto do Iluminismo, é um esforço para olhar para os livros bíblicos e para os compreender de um ponto de vista que se apoia exclusivamente na razão, ou seja, é um esforço para determinar, do ponto de vista apenas da razão, o que são as doutrinas escriturísticas e se são verdadeiras. Assim, a CHB desconsidera a autoridade e a instrução da tradição, do magistério, do credo, e de qualquer tipo de autoridade epistêmica eclesiástica ou "externa". A ideia é ver o que se pode estabelecer (ou pelo menos tornar plausível) usando somente a luz daquilo que podemos chamar "razão empírica, natural".[1]

O método histórico-crítico (crítica histórica-bíblica) deve ser contrastado com seu antecessor, o método histórico-gramatical, o qual serviu à Igreja de Jesus Cristo por muitos séculos. A respeito dessa abordagem teológica tradicional, segue a explicação de Augustus Nicodemus Lopes:

> Esse método partia de convicções de caráter religioso na análise bíblica. Seus princípios podem ser percebidos desde o início da história da interpretação

---
[1] PLANTINGA, Alvin. *Crença cristã avaliada* (São Paulo: Vida Nova, 2018), p. 389.

da Bíblia. A Escola de Antioquia da Síria, alguns Pais Latinos e alguns estudiosos medievais podem ser considerados como precursores do método gramático-histórico. Ele leva em consideração o caráter divino e humano das Escrituras, sua inspiração e infalibilidade, a historicidade dos relatos bíblicos e a intencionalidade dos textos em comunicar sentido de maneira proposicional. É importante notar aqui que o método gramático-histórico deu atenção ao caráter histórico das Escrituras. Entendeu perfeitamente o seu condicionamento histórico, linguístico, cultural e temporal e as examinou como tal. Contudo, fez tudo isto a partir do pressuposto fundamental da sua inspiração e infalibilidade.[2]

O método histórico-crítico apresenta severas críticas à racionalidade das doutrinas cristãs clássicas, já que, para os adeptos desse método, somente crenças formadas a partir de algumas fontes ou faculdades podem ser consideradas adequadas. Para esses pesquisadores, somente percepção, testemunho, razão tomada no sentido de intuição *a priori*, raciocínio dedutivo e probabilístico e a empatia podem ser faculdades seguras de conhecimento, ficam rejeitadas *tout court* outras possíveis fontes, como a fé ou a autoridade da Igreja.

Embora o método histórico-crítico pretenda ser uma abordagem científica neutra, produzindo pesquisas aceitáveis a qualquer pessoa que possua escolaridade adequada, os teólogos e filósofos que se opõem a esse sistema, ou pelo menos a alguns de seus resultados, enfatizam a existência de problemas quanto aos pressupostos aceitos e também a fragilidade das conclusões das pesquisas desenvolvidas sob a égide do método histórico-crítico.

As pesquisas desenvolvidas por autores que se utilizam do método histórico-crítico chegam a conclusões que, em alguns casos, beiram o hilariante. Como aponta Plantinga:

> Quem segue esses métodos cria, às vezes, explicações verdadeiramente fantásticas e extraordinariamente diferentes do entendimento cristão tradicional. Segundo Barbara Thiering em *Jesus and the riddle of the Dead Sea Scrolls*, por exemplo, Jesus foi sepultado em uma caverna; não morreu realmente e foi reanimado pelo feiticeiro Simão Mago; depois, casou-se com Maria Madalena, arranjou onde morar, teve três filhos, divorciou-se e acabou por morrer em Roma. Conforme Morton Smith, Jesus era homossexual e ilusionista. Para o estudioso alemão da Escritura Gerd Lüdemann, a ressureição é "uma fórmula vazia que deve ser rejeitada por qualquer pessoa que tenha uma cosmovisão científica". [...] John Allegro aparentemente pensa que a pessoa de Jesus de Nazaré jamais existiu; o cristianismo começou como um embute concebido para enganar os romanos e preservar o culto de certo cogumelo alucinógeno (*Amanita muscaria*). Apesar disso, o nome "Cristo" não é vazio: é, na verdade, um dos nomes desse cogumelo. Uma afirmação igualmente sedutora é que Jesus, apesar de não ser meramente lendário nem ser efetivamente um cogumelo, foi, de fato, um ateu, o primeiro ateu cristão.[3]

---

[2] NICODEMUS, Augustus. "O dilema do método histórico-crítico na interpretação da Bíblia". *Revista Fides Reformata* X, n° 1, São Paulo: 2005, p. 115-38.
[3] PLANTINGA, *Crença cristã avalizada*, p. 402-3.

Apesar de que algumas dessas conclusões mais parecem pertencer ao gênero da ficção literária, alguns autores consideram os resultados da crítica histórico-bíblica como interpretações mais razoáveis que aquelas contidas nos comentários bíblicos produzidos pelo método gramático-histórico ou mesmo que as afirmações dogmáticas dos credos cristãos. A tal ponto de opinarem, como afirma Augustus Nicodemus Lopes:

> Críticos como Frederic Farrar estão dispostos a dizer que a Igreja só passou a enxergar a Bíblia corretamente com o advento do método histórico-crítico, e que toda a exegese feita antes dele foi infantil, supersticiosa, superficial, ingênua e, portanto, equivocada. O método histórico-crítico tinha chegado para esclarecer, mediante o uso metódico da razão, a confusão reinante entre Palavra de Deus e Escritura, para separar a verdade do erro, a fé da superstição.[4]

Nicodemus alude ao importante trabalho de estudiosos que demonstraram o quanto muitas obras críticas são subjetivistas e inconclusivas, plantando a dúvida no coração do próprio criticismo bíblico. Autores como Gerhard Maier, Eta Linneman e Peter Stuhlmacher demonstram a necessidade de uma leitura bastante cautelosa dos resultados obtidos pela crítica histórico-bíblica.

Apesar da opinião negativa de Augustus Nicodemus Lopes quanto aos resultados do método histórico-crítico, para Alvin Plantinga, a crítica histórico-bíblica trouxe importantes contribuições para o conhecimento das circunstâncias e condições da redação dos textos bíblicos. Em suas palavras, o método: "proporcionou novas alternativas de entendimento dos autores humanos, e isso nos deu também ideias novas sobre como entender o Autor divino".[5]

O modelo epistemológico de Alvin Pantinga para as crenças cristãs

Em *Crença cristã avalizada*, Plantinga desenvolveu um modelo teórico que busca demonstrar o aval epistemológico das crenças cristãs clássicas. As crenças cristãs clássicas são aquelas definidas nos credos históricos do cristianismo e aceitas, até pelo menos o Iluminismo, por todas as comunidades cristãs. Nesse corpo doutrinário incluem-se a realidade dos milagres, da ressureição corpórea de Cristo, a historicidade das narrativas bíblicas etc.

Ao longo de sua obra, Plantinga avaliou as principais objeções apresentadas na história das ideias ocidentais, desde a Era Moderna, à razoabilidade da fé cristã. Após enfrentar as objeções mais comuns aceitas pela comunidade intelectual, o filósofo conclui que a crença cristã possui justificação, racionalidade interna e externa e aval.[6]

Seu modelo epistemológico é denominado por ele mesmo de "Modelo Aquino/Calvino Estendido" por incorporar ideias da filosofia de Tomás de Aquino e do pensamento de João Calvino, acrescidas de elementos desenvolvidos pelo próprio Plantinga:

> Defendi o argumento de que a crença cristã (a panóplia completa da crença cristã, incluindo a Trindade, a encarnação, a expiação, a ressurreição) pode, se for verdadeira, ter aval, pode mesmo ter aval suficiente para constituir

---

[4]NICODEMUS, "O dilema do método histórico-crítico na interpretação da Bíblia", p. 120.
[5]PLANTINGA, *Crença cristã avalizada*, p. 404.
[6]Ibid., p. 255.

conhecimento e pode ter esse aval da maneira básica. Não há objeções filosóficas cogentes à noção de que essas crenças possam ter aval desse modo. É possível e muito fácil estabelecer uma explicação — por exemplo, o modelo Aquino/Calvino (A/C) estendido — de como esses tipos de crença têm realmente aval e o têm não por meio de argumentos que partam de outras crenças. Em vez disso, a ideia fundamental é que Deus nos deu faculdades ou processos de produção de crenças que originam essas crenças que visam com êxito à verdade; quando trabalham do modo pelo qual foram concebidos para trabalhar no gênero de ambiente para o qual foram desenvolvidos, o resultado é a crença avalizada. Na verdade, se essas crenças forem verdadeiras e o grau do seu aval for suficientemente elevado, elas constituem conhecimento.[7]

Como ele demonstra em sua obra, as crenças cristãs clássicas não parecem estar ameaçadas por um déficit de aval ou garantia epistêmica, ao contrário do que muitos críticos cientificistas querem fazer crer.

Razoabilidade das crenças cristãs clássicas segundo o modelo epistemológico de Plantinga

Apesar da popularidade da crítica histórico-bíblica nos círculos acadêmicos, Alvin Plantinga investiga o porquê do desprestígio dado, nas práticas eclesiais, aos resultados mais céticos das pesquisas críticas em relação aos dogmas tradicionais.

Para ele, apesar do entusiasmo dos céticos, os crentes clássicos não estão em desvantagem por continuarem a acreditar nas doutrinas cristãs tradicionais, como a ocorrência de milagres, o nascimento virginal de Cristo ou sua ressurreição corpórea. Isto porque, como o "Modelo Aquino/Calvino Estendido" pretende demonstrar, tais crenças podem possuir aval epistêmico.

Plantinga discute três correntes distintas de pesquisas críticas que classifica como: crítica histórico-bíblica troeltschiana, crítica histórico-bíblica duhemiana e crítica histórico-bíblica espinosista. O autor analisa os resultados alcançados por cada uma delas e conclui que elas são incapazes de anular o aval das crenças cristãs tradicionais. Ele explica:

> Muitas pessoas bens instruídas (incluindo alguns teólogos) entendem a ciência e a história de um modo totalmente compatível tanto com a possibilidade dos milagres como com a sua efetiva ocorrência. [...] Há um grande número de contemporâneos instruídos (alguns dos quais até com doutorado!) que acreditam que Jesus ressuscitou literal e realmente dos mortos, que Deus faz milagres no mundo atual e até que há demônios e espíritos ativos no mundo contemporâneo. Quanto ao fato histórico, vários contemporâneos, mesmo intelectuais, têm um bom conhecimento da ciência, não veem qualquer problema em fazer ciência e também acreditam em milagres, nos anjos, na ressurreição de Cristo, em tudo isso. [...] Não existem quaisquer resultados assegurados (ou mesmo resultados razoavelmente bem atestados) que entrem em conflito com a crença tradicional cristã, de modo que só possamos

[7] Ibid., p. 363.

continuar aceitando esta última a um custo considerável; nada disso jamais aconteceu na história da CHB.[8]

Como vimos, o modelo epistemológico apresentado por Alvin Plantinga (Modelo A/C Estendido) oferece uma alternativa razoável para a sustentação das crenças clássicas cristãs, já que é capaz de explicar em quais circunstâncias essas crenças podem ter aval. Apesar dos desafios trazidos pelos pesquisadores bíblicos mais céticos, a crítica histórico-bíblica não foi capaz de apresentar verdadeiros anuladores da garantia epistêmica obtida pelas doutrinas cristãs tradicionais.

---

[8] Ibid., 406, 407, 421.

Parte V

A Trindade contra as tretas

Apologética trinitária

Em *O Deus que intervém*, Francis A. Schaeffer (1912-1984) operou uma inversão na ordem dos fatores teológicos de seus ouvintes digna do título de grande apologeta e evangelista que ele carregava. Ele chamou nossa atenção para o fato de que: "o Cristianismo não começa com a ordem 'aceite a Cristo como o seu salvador'. O Cristianismo começa por 'No princípio criou Deus os céus (a totalidade do cosmos) e a terra'. Essa é a resposta ao século 20 e à sua perdição".[1] Com a maneira que lhe era característica, o fundador do *L'Abri* estava discutindo uma forma nova de perdição dos habitantes do século 20 — que ainda hoje é uma condição em que muitos se encontram. Em vez do trabalho evangelístico concentrar-se em alcançar os perdidos "no mundo", Schaeffer esforçava-se em trabalhar com aqueles que tinham perdido "o mundo".

Essa segunda forma de perdição refere-se às pessoas que experimentam a realidade de maneira muito pobre e dessubstancializada. Aqueles que perderam o mundo mantêm sua existência sem qualquer propósito, sem enxergarem sentido na realidade, sem serem surpreendidos pela beleza de cada detalhe de suas vidas. O mundo lhes aparece opaco, sem nenhum princípio ou parâmetro eterno que dê brilho à vida. É difícil não concordar com Schaeffer que: "toda nossa geração tem essa segunda sensação de estar perdida".[2] Por isso o esforço evangelístico não deve ser reduzido a uma mensagem de salvação descontextualizada de toda a história da redenção — algo como "aceite o Senhor Jesus e será salvo". Hoje, em nossa sociedade cientificista e tecnocrata, mais do que nunca, é necessário reafirmar a realidade do Criador e sua relação de sustentação e redenção de toda a realidade pelo pacto mediado por Cristo Jesus.

Uma das maiores urgências para a Igreja no presente século, portanto, é a capacidade de articular todas as áreas da vida com o ensino bíblico de que Deus criou, sustenta e redimirá toda a realidade em Cristo Jesus. E, quando nos ocupamos de pensar na forma de Deus se relacionar com a existência, automaticamente nos colocamos em um exercício teórico de grande proveito espiritual. Trata-se da tarefa de encontrar a melhor explicação para os fenômenos na criação. Os leitores podem achar estranho como esse trabalho, típico de um cientista, pode ser proveitoso para a formação de todo e qualquer discípulo de Cristo. Mas, no esforço de formular uma teoria que estabelça a relação de todas as coisas, esconde-se o caminho que libertará nossa geração justamente daquele segundo tipo de perdição, já mencionado.

Quando falamos de teorias para explicar a realidade, existem algumas possibilidades, que se multiplicam em milhares de detalhes e *insights* específicos. Não temos tempo de nos ocupar com cada um deles aqui, mas o próprio Schaeffer fez um ótimo trabalho no livro

---

[1] SCHAEFFER, Francis. *O Deus que intervém* (São Paulo: Cultura Cristã, 2003), p. 253.
[2] Ibid., p. 253.

O Deus que se revela.[3] O núcleo de sentido dos próximos capítulos encontra-se na defesa de que somente uma explicação da realidade que encontre seus fundamentos na Trindade pode devolver a beleza, a verdade e a justiça para a vida das pessoas. Isso porque a complexidade de nosso mundo não pode ser captada por teorias "cartesianas", cheias de abstrações reducionistas. Existem muitos fenômenos e experiências cotidianas que não são passíveis de esclarecimento por definições frias, que só enxergam linhas e ângulos retos onde existem curvas, redemoinhos e turbilhões. Precisamos de um paradigma mais dinâmico, que consiga captar os sinuosos contornos do significado criacional da realidade.

Nesse sentido, a Trindade cristã cumpre um papel singular na história das ideias. Em nenhum outro lugar conseguimos encontrar uma lente para a realidade que, ao mesmo tempo, consegue explicar a origem da pessoalidade no mundo, bem como a multiplicidade de encontros entre os elementos criados. Isso significa dizer que precisamos de um Deus criador que seja pessoal para esclarecer como da natureza impessoal surgiram seres como nós, pessoais. Por outro lado, precisamos de um Deus criador que, em sua unidade, subsista em três pessoas de mesma natureza — ainda que com atuações diferentes. Somente assim conseguiremos parâmetros para entender como é possível não só nossa existência humana, mas uma contínua interpenetração das coisas e das pessoas em nós.

Quanto a isso, o pastor e teólogo presbiteriano Peter J. Leithart escreveu um belíssimo livro chamado *Vestígios da Trindade*, no qual ele resume essa visão de mundo: "Busco estender as categorias e padrões de pensamento trinitários para a criação. Este é um exercício em 'cosmovisão' trinitária... Tento discernir como a teologia trinitária ilumina o mundo em que vivemos".[4] É como se fôssemos chamados a participar da dança eterna da Trindade. Da mesma forma que o Filho está no Pai, e o Pai, o Filho e o Espírito são um, interpenetrando-se e habitando um no outro sem mistura, confusão ou indiferença (João 17.21-22), também só compreenderemos a realidade assim. Uma realidade em que a mãe amamenta o filho, mas também é transformada por ele; em que o artista transforma um ambiente, ao mesmo tempo que é afetado pelas cores que usa; em que o leitor pensa com o mesmo texto que habitou e modificou a mente do autor.

Quem procurou desenvolver uma abordagem apologética que levasse em conta esse pormenor foi o teólogo brasileiro Guilherme Braun Jr. em sua obra *Um método trinitário neocalvinista de apologética*.[5] Nela explora-se exaustivamente a interação crítica entre Herman Dooyeweerd, Cornelius Van Til e Hendrik Stoker em torno das suas diferentes visões sobre apologética. O resultado da interação dos três autores, somado a outras referências mais contemporâneas, é uma abordagem que tem a Trindade como fundamento de um novo procedimento apologético, mais abrangente, da filosofia cristã tradicional. Acreditamos que tal abordagem tem grandes contribuições para o projeto de uma presença fiel na filosofia, teologia e prática científica cristã e, portanto, servirá de orientação para os próximos três capítulos.

---

[3]SCHAEFFER, Francis. *O Deus que se revela* (São Paulo: Cultura Cristã, 2020).
[4]LEITHART, Peter J. *Vestígios da Trindade: sinais de Deus na criação e na experiência humana* (Brasília: Monergismo, 2017), p. 10.
[5]BRAUN JR., Guilherme. *Um método trinitário neocalvinista de apologética* (Brasília: Monergismo, 2019).

Capítulo 13

VALÉRIA CAIXETA FIGUEIREDO

UMA APOLOGÉTICA QUE TOQUE O CORAÇÃO

Onde tocar
Quando pensamos em algumas práticas profissionais baseadas na escuta das narrativas/discursos, pensamos que seja proveitoso àquele que escuta que esteja sempre atento ao fato de estar envolvido em uma combinação peculiar entre a multiplicidade e a singularidade da pessoa que fala.

De tal maneira isso precisa ser levado em conta que, na práxis profissional, apesar de lançar mão de ferramentas de todo um instrumental teórico o profissional precisa ter sempre em mente que ele mesmo é uma pessoa (múltipla e singular) escutando outra pessoa, que (em muitos casos) fala de tantas outras. E assim o "proveito" se dá para ambos.

A frase popularizada pelas redes sociais "conheça todas as teorias, domine todas as técnicas, mas ao tocar uma alma humana, seja apenas outra alma humana" atribuída a Jung, expressa a potencialidade de uma intervenção que venha a "tocar" o outro, exatamente onde esse "toque" possa fazer diferença. Para além do que Jung chama de "alma"[1], em sua linha prático/teórica da Psicologia Analítica, ao utilizar aqui a expressão "alma", nosso interesse é enfatizar a potencialidade transformadora a partir desse "toque", no "ponto de concentração da existência humana", o qual entendemos que, de acordo com a filosofia reformacional[2], seja o coração.

> O ponto de concentração da existência humana; o foco supratemporal de todas as suas funções temporais; a raiz religiosa unificada do homem. [...] As Escrituras também falam desse ponto focal usando termos como 'alma', 'espírito' e 'homem interior'. Termos equivalentes seriam EGO, 'eu', e os termos em língua inglesa: *self, I-ness* e *selfhood*."[3]

---

[1] Carl Gustav Jung (1875-1961) nasceu na Suíça em 1875. Foi psiquiatra e criador da escola da Psicologia Analítica. Em relação à citação referenciada no corpo deste texto, utilizamos a expressão "atribuída", por ser de consenso admitir que esta seja, de fato, uma citação de Jung, entretanto a fonte bibliográfica não foi encontrada em nenhum artigo que a tenha citado, ainda que fizesse referências diretas ao trabalho dele. Ainda assim, ela corrobora a práxis humanista/holística de Jung, ao perceber os pacientes na totalidade da pessoa, e não somente como um conjunto de sintomas a serem tratados.

Em relação ao conceito de "alma", para Jung, gostaríamos de esclarecer que não está ligado à religião, uma vez que ele percebe "alma" como sendo da ordem da experiência no mundo, ou seja, existir em si mesmo, no seu relacionamento com o mundo.

[2] Para um melhor entendimento a esse respeito, ver DOOYEWEERD, Herman. *No crepúsculo do pensamento ocidental: estudo sobre a pretensa autonomia do pensamento filosófico* (Brasília: Monergismo, 2018).

[3] WOLTERS, Albert. "Glossário", in: DOOYEWEERD, Herman. *No crepúsculo do pensamento ocidental*, p. 250-1.

"Tocar" o coração, portanto, faz toda a diferença em relação à possibilidade de produzir o ambiente favorável a transformações, a partir de uma postura relacional que contemple habilidades socioemocionais, como, por exemplo, a compaixão, a escuta, ou a empatia, em dinâmicas interacionais/relacionais que possam ser observadas não somente em contextos profissionais, mas também, e — sobretudo — em relacionamentos que sejam estabelecidos pela rotina do dia a dia, e por que não dizer, na comunicação e defesa da fé cristã, nosso objeto de interesse nesse texto.

Por uma apologética do "toque" e não do "empurrão"

Na busca por um caminho que viabilize esse contato, na base do "toque" pela empatia e não pelo distanciamento produzido pelo confronto hostil, é que utilizaremos como guia o "Método Trinitário Neocalvinista de Apologética", brilhantemente explorado por Guilherme Braun Junior em sua obra de mesmo nome.[4]

Em seu livro, Braun Junior procura abrir caminho para uma apologética que leve em conta a autorrevelação de Deus como triúno, como proposta do estabelecimento de um diálogo piedoso, por parte dos cristãos, ao observarem que o conhecimento e a visão de mundo dos não cristãos são construídos a partir de motivos bases não religiosos enraizados no coração. Dessa forma, aqueles que não professam a fé cristã dependem da operação do Espírito Santo para a compreensão da obra de Cristo e da revelação de Deus, como origem absoluta.

De modo eficaz, Braun Junior empreende uma distinção entre a filosofia e a teologia, utilizando-se de aproximações entre o filósofo reformacional Herman Dooyeweerd (1874-1977) e o teólogo reformado Cornelius Van Til (1895-1987), mediadas por Hendrik Gerhardus Stoker (1899-1993), enfatizando a importância e a correlação entre as duas disciplinas no desenvolvimento de uma apologética que contemple o coração como ponto central da natureza humana, e elenque o conceito de Trindade[5] como raiz transcendental, em sua metodologia.

Assim, a Trindade é base para a experiência relacional no desenvolvimento de uma apologética "do toque", em detrimento de uma apologética hostil, que tenha dificuldades com pensamentos e opiniões diferentes, e que opere pelo movimento, não de "tocar" o outro pelo compartilhamento piedoso da fé, mas de "empurrar pela goela abaixo"[6] todo um arcabouço de artigos de fé (e até mesmo — em certos casos- alguns dogmas), sem o estabelecimento de pontos de contato, baseados na experiência temporal da realidade desse "outro".

Esse tipo de atitude hostil, com comportamento defensivo/reativo pode, por vezes, empurrar seu interlocutor para longe, em vez de "entrelaçá-lo" no amor cristão - o qual é baseado nas relações de entrelaçamento da Trindade.

De tal modo, a partir da leitura de Braun Junior, gostaríamos de refletir a respeito da fundamental importância de uma apologética que seja robusta teologicamente e ao mesmo tempo sensível ao coração. Lançando mão do método trinitário proposto pelo autor, e partindo de um uma ponte entre a concepção junguiana de alma e seu correspondente na filosofia reformacional,

---

[4]BRAUN JR., Guilherme. *Um método trinitário neocalvinista de apologética: reconciliando a apologética de Van Til com a filosofia reformacional* (Brasília: Academia Monergista, 2019).

[5]Sobre a Trindade e sua importância na teologia cristã, ver: REEVES, Michael. *Deleitando-se na Trindade* (Brasília: Monergismo, 2014).

[6]Expressão do senso comum, que tem o sentido de "imposição de determinado conteúdo". Neste capítulo gostaríamos de pensar a apologética, na medida em que se relacione a um compartilhamento, e não à imposição da fé.

esse texto se propõe a funcionar como um convite à reflexão a todos que se dispõe a serem bons apologistas cristãos, comprometidos com a verdade e (por isso mesmo) com as pessoas[7].

A questão do "como"

Segundo Herman Dooyeweerd, "o pensamento teórico precisa de um ponto de partida central que transcenda a diversidade modal de nosso horizonte temporal empírico e, como consequência tenha um caráter suprateórico",[8] o que nos leva a concluir que "o pensamento teórico é controlado pela direção do coração, por um motivo-base religioso".[9]

Diante disso, compreendemos que as motivações de um coração não regenerado são, portanto, apóstatas, e um método apologético que se pretenda ser piedosamente eficiente em seu objetivo de "tocar" o outro onde seja possível a transformação, e não somente empreender o confronto de cosmovisões diferentes, precisa observar que o fenômeno da Queda alterou todas as estruturas humanas a partir do coração.[10]

Desconsiderar isso compromete toda uma aproximação com finalidades apologéticas, uma vez que a compreensão da diferença[11] operada pela Regeneração na compreensão do mundo é fundamentalmente importante no processo de encontrar pontos de contato com aqueles que não professam a mesma fé.

Entretanto, por mais que essa compreensão aponte para essa diferença de interpretação/compreensão de mundo, a constatação dela não deve colaborar para que o compartilhar da fé cristã seja atravessado por afetos tristes — como raiva, ira, impaciência ou rancor — podendo, pelo contrário, cooperar para a produção de diálogos que se deem em sintonia com a importante missão de apresentar o verdadeiro Deus autorrevelado como triúno, em detrimento de tantas percepções errôneas, produzidas por discursos diversos.[12]

Assim, percebemos que a apologética deve enfatizar todos os aspectos modais da experiência temporal, em uma experiência pactual de entrelaçamento com Deus, conquanto

---

[7] Gostaríamos de afirmar a noção de uma apologética que "toca o coração", ainda que em um contexto em que a ênfase na defesa da fé seja geralmente dada em termos racionais. Consideramos aqui a primeira parte do conhecido texto de 1Pe 3.15: "Antes santificai Cristo, como Senhor, em vosso coração." Lembrando J. C. Ryle, segundo qual, "a união com Cristo é a raiz da santidade" – Conforme: RYLE, John C. Santidade: sem a qual ninguém verá o Senhor (São José dos Campos: Fiel, 2016), p. 13.

[8] BRAUN JR., Um método trinitário neocalvinista de apologética, p. 42.

[9] BRAUN JR., Guilherme. Um método trinitário neocalvinista de apologética, p. 39. Interessante notar a influência de Agostinho (354-430), no pensamento de Dooyeweerd, o qual estabelece "de início que o verdadeiro conhecimento de Deus e de nós mesmos (Deum et animam scire, no sentido agostiniano) ultrapassa todo o pensamento teórico. Esse conhecimento não pode ser objeto teórico [...] O pensamento teórico não é uma substância independente [...] está sempre relacionado ao eu, ao ego humano; e este ego, como centro e unidade radical de toda a nossa existência e experiência é de natureza religiosa" (DOOYEWEERD, 2018, p.166-7).

[10] Acreditamos ser digno de nota pontuar a respeito da importância de boas categorias teológicas na compreensão da profundidade dos danos do pecado no coração humano.

[11] Apesar de todo ser humano ser criado, tendo em si a imagem e semelhança de Deus, o ato da Regeneração por intermédio do Espírito Santo opera diferença na maneira de perceber e interpretar o mundo. É interessante que o apologeta cristão não perca de vista essa diferença, meramente refutando as argumentações de uma pessoa não cristã, permanecendo somente na esfera racional, sem apresentar-lhe a razão de sua fé, com disposição emocional de mansidão e amor.

[12] O apóstolo Paulo, em carta aos cristãos da cidade de Éfeso, orienta a seguir a verdade em amor (conforme Ef 4.15). Isso nos leva à compreensão de que isso deve, necessariamente, ser evidenciado na maneira como nos relacionamos com o próximo. De tal modo, concluímos que uma atitude beligerante na defesa da fé, sob a justificativa de um profundo zelo pela verdade, pode esconder uma má compreensão do que seja, de fato, expor a razão da nossa esperança a todo aquele que nos pedir (1Pe 3:15).

afirme que "o cosmo (incluindo os homens) depende, em última instância, da obra do Deus triúno e que a única maneira pela qual os homens podem encontrar a verdade decorre do evangelho, em resposta à obra redentora de Deus em Cristo, pela atuação do Espírito Santo, que abre os corações e os regenera".[13]

Por conta disso é que entendemos que, na tarefa de empreender o "tocar" o coração daquelas pessoas que ainda não possuem essa fé (aqui entendida como fator fundamental para o conhecimento da revelação divina, sendo determinada pelo coração), é preciso que se esteja atento a "como" isso será feito, ou seja, de que forma serão agenciados os relacionamentos para a efetivação do toque potente, sendo que os agenciamentos se dão no encontro. Para isso nos asseguramos em uma metodologia trinitária neocalvinista de apologética.

Entrelaçamento: a maneira trinitária de se agenciar, no encontro com o outro

Até aqui percebemos que o coração é o ponto central que deve ser alcançado pelo "toque" de um apologeta cristão sinceramente disposto a se lançar na bela tarefa de compartilhar sua fé com as pessoas que ainda não conhecem o Deus que se autorrevelou como Trindade e que "só pode se tornar conhecido como se revela em Cristo, anunciado nas Sagradas Escrituras".[14] Essa dinâmica demonstra a maneira relacional comunitária das Pessoas da Trindade: o entrelaçamento.

Assim, a Trindade pode nos fornecer um modelo relacional comunitário, uma vez que, tendo sido feita à imagem e semelhança do Deus triúno, a natureza humana possui uma raiz transcendente que é trinitária. O que resulta do não estabelecimento de uma ligação efetiva entre o ser humano e essa raiz transcendente é a produção de ídolos.[15]

Ocorre que o coração é essencialmente religioso, e uma vez que — como anteriormente citado — "o pensamento teórico é controlado pela direção do coração, por um motivo base religioso",[16] quando este motivo-base não é bíblico, a força propulsora que governará a existência será apóstata, o que se estabelece por intermédio da absolutização de um dos aspectos modais através dos quais a realidade é experienciada. A possibilidade de elucidação desse processo pode funcionar positivamente para o apologeta cristão observar o nível de comprometimento da pessoa a qual deseja que seja alcançada com "o toque" da revelação do Deus triúno, como possibilidade de total mudança da atitude religiosa do coração.

> ... é notável o desmascaramento da natureza autodestrutiva dos motivos básicos não bíblicos ao denunciar as absolutizações do que é temporal e abrir novas possibilidades de engajamento na apologética, i.e., para que a apologética cristã possa lidar de forma positiva com os não cristãos, identificando-se com suas diferentes lutas (de ordem modal) 'periféricas', bem como com questões centrais da vida [...] Os encontros com não cristãos não são apenas confrontos

---

[13]BRAUN JR., *Um método trinitário neocalvinista de apologética*, p. 127.
[14]BRAUN JR., *Um método trinitário neocalvinista de apologética*, p. 79.
[15]Segundo Braun Junior, o que se dá aqui é que "toda autorreflexão é dirigida por um motivo básico religioso e pela natureza absolutizante da filosofia apóstata", e ele continua, citando Dooyeweerd: "Assim, a autorreflexão filosófica não dirigida à reação religiosa central será obrigada a buscar o ego no horizonte temporal da experiência a fim de evitar esse resultado niilista. Desse modo, abandona a atitude crítica e concebe o ego central como um ídolo ao absolutizar um dos aspectos modais da nossa consciência temporal." (2019, p.108-9).
[16]BRAUN JR., *Um método trinitário neocalvinista de apologética*, p. 39.

entre os motivos bíblicos e não bíblicos. Eles devem também ser vistos como o encontro de duas criaturas feitas à imagem de Deus e que compartilham o mesmo horizonte existencial da experiência, dependentes do Deus triúno."[17]

E aqui retornamos à nossa questão inicial: uma pessoa que "toca" o coração de outra pessoa. Essa é a beleza da apologética do "toque", o qual se despe de preconceitos ao contemplar outro ser que também carrega em si mesmo a imagem e semelhança de Deus, mas que, por conta de motivos base, que ele próprio não percebe como sendo norteadores de sua conduta, o mantém distante da raiz transcendental de sua existência como fonte propulsora de vida abundante.

Por conta desse entendimento a respeito das consequências operadas pelo afastamento da Trindade como raiz transcendental da existência humana em pessoas não cristãs, é que a apologética deve levar em consideração a autorrevelação divina trinitária, na observação de sua tarefa interacional/relacional em compartilhar a fé cristã (conhecimento) pela via do amor e da empatia, e não da intolerância ou da hostilidade raivosa e rancorosa.

Diante de tal compreensão, o apologeta não pode apresentar uma atitude que não seja a de compaixão pela vida dessa pessoa que ainda apresenta em sua existência o comprometimento com motivos distantes da comunhão relacional efetiva da Trindade, o que certamente provoca dificuldades em suas maneiras de ser e estar no mundo, as quais só podem ser redimidas pela regeneração.

Por conta de nosso breve caminhar em direção a uma apologética que, em sua construção metodológica se dirija à potencialidade do encontro e do diálogo, privilegiando o "toque" no coração daqueles que ainda se encontram longe do relacionamento entrelaçado, em amor, com o Deus triúno, é que compreendemos que Braun Junior nos apresenta um caminho de possibilidades para tal encontro, pela via da comunhão relacional positiva - não hostil e não impositiva. Ele nos demonstra, de maneira eficaz, a possibilidade de desenvolvimento de um método de apologética que perceba o coração como ponto central da imagem de Deus no ser humano, mas que contemple também que a natureza humana possui uma raiz transcendente trinitária.

De tal modo, esta metodologia defende "o evangelho de Cristo, de acordo com as Sagradas Escrituras [...] (e sua aplicação) pelo Espírito Santo ao abrir e regenerar o coração humano, a fim de cumprir o decreto eterno do Pai e redimir todo o cosmo".[18]

Gostaríamos de finalizar citando ainda o renomado apologista cristão norte-americano, William Lane Craig, o qual ressalta em seu livro, *Em guarda*, a importância da mansidão e do respeito quando os cristãos dialogam acerca de sua fé com pessoas que ainda não creem. Craig se baseia no texto de 1Pedro 3:15, no qual o apóstolo incentiva os irmãos a estarem sempre preparados para responder a respeito da razão daquilo no qual creem, com mansidão e temor. Segundo Craig:

> A passagem de 1Pedro 3.15 diz: "Estai sempre preparados para responder a todo o que vos pedir a razão da esperança que há em vós. Mas fazei isso com mansidão e temor". Note bem a atitude que devemos assumir quando

---

[17]BRAUN JR., *Um método trinitário neocalvinista de apologética*, p. 109-10.
[18]BRAUN JR., *Um método trinitário neocalvinista de apologética*, p. 79.

estivermos fazendo a nossa defesa: Devemos ser mansos e respeitosos. A apologética também é a arte de não fazer o outro lamentar o fato de você ser cristão! Podemos apresentar uma defesa da fé cristã sem nos tornamos defensivos. Podemos apresentar argumentos em favor do cristianismo sem nos tornarmos argumentativos, ou seja, briguentos."[19]

Por meio dessa citação, é possível perceber o quão grande são os danos de uma apologética defensivo/reativa, em que aquele que nos ouve venha a lamentar o fato de sermos cristãos. Por conta de tal compreensão é que afirmamos ser necessário, pois, responder a todos que nos pedirem a razão da esperança que há em nós com mansidão e temor, de tal modo que lhes "toquemos no lugar fundamental", no "ponto de concentração da existência humana": o coração.

Valéria Caixeta Figueiredo — que prefere ser chamada de LÉLA — é aluna do Invisible College, psicóloga clínica com especialização em Clínica Transdisciplinar e mestre em Produção de Subjetividade e Políticas Públicas, sendo ambos os cursos fornecidos pela Universidade Federal Fluminense (UFF). Atualmente, é pós-graduanda em Neurociências aplicadas, pela Universidade Federal do Rio de Janeiro (UFRJ), e congrega, desde 2010, na REDE Igreja em Niterói- RJ, onde contribui na construção de conhecimento, junto aos membros, no departamento de ensino.

---

[19]CRAIG, William L. *Em guarda: defenda a fé com razão e precisão* (São Paulo, Vida Nova, 2011), p. 14.

Capítulo 14

Felipe Barnabé

VESTÍGIOS DA TRINDADE:
explicação última da realidade e fundamento apologético

Em *Vestígios da Trindade*[1], Peter J. Leithart apresenta evidências da Trindade na experiência humana e na criação. O objetivo do autor é mostrar que o Deus trinitário se revela de maneiras diferentes, não como um "deus" qualquer ou uma ideia de divindade, mas como o Deus trino da Bíblia. Um Deus em três pessoas, unidade e multiplicidade.

Diante disso, uma ontologia bíblica deve partir do Deus trino como fundamento. Leithart interpreta bem o que Van Til quer dizer quando afirma que devemos "começar com" a Trindade. Nas palavras de Scott Oliphint, na introdução ao livro de Van Til, "começar com a Trindade ontológica significa, pelo menos, que a realidade de Deus como Deus deve ser o pressuposto e a realidade controladora por trás de tudo que é dito"[2].

Cabe ressaltar que a Trindade é um mistério, assim como outras importantes doutrinas cristãs. Isso não significa que elas sejam irracionais, mas que não podem ser conhecidas em sentido científico. Nas palavras de Herman Bavinck:

> O termo "mistério" na Escritura não significa uma verdade abstrata sobrenatural no sentido Católico Romano. No entanto, a Escritura está igualmente muito longe da ideia de que os crentes podem compreender os mistérios revelados em um sentido científico. Na verdade, o conhecimento que Deus revelou de si mesmo na natureza e na Escritura ultrapassa a imaginação e o entendimento humanos.[3]

O objetivo desse capítulo é apresentar alguns aspectos desse *mistério* que é a Trindade e como ela pode funcionar como ponto central de coerência da realidade. Ela deve ser a base para o desenvolvimento de toda cultura humana e para a interpretação do cosmo. Além disso, apresentar como uma apologética cristã deve pressupor a Trindade como ponto de partida e levar em conta unidade e multiplicidade.

Criação

Partir de uma ontologia trinitária permite resolver um problema recorrente da filosofia: a relação entre os universais e os particulares, ou entre o uno e o múltiplo. Se todas as coisas têm

---

[1] LEITHART, Peter J. *Vestígios da Trindade: sinais de Deus na criação e na experiência humana* (Brasília: Monergismo, 2018).
[2] VAN TIL, Cornelius. *Graça comum e o evangelho* (São Paulo: Cultura Cristã, 2018).
[3] BAVINCK, Herman. *Dogmática reformada: Deus e a criação* (São Paulo: Cultura Cristã, 2012).

uma origem comum, como se explica a multiplicidade? Ou, se existem só os particulares, de onde vem a unidade? Oliphint nos ajuda mais uma vez:

> E não somente isso, mas, como Deus, o único ser que é independente, é trino, a singularidade de Deus, que confessamos como cristãos, deve ser afirmada, também em sua diversidade trina. Isto é, Deus é três em um, não simplesmente um. *Sua singularidade tripla é o fundamento para a interação, na criação, do um (categorias universais) com os muitos (coisas particulares).* A triunidade de Deus é, de fato, um mistério, e esse mistério tem análogos em toda a criação, quando as suas criaturas reconhecem unidade e diversidade no mundo que Deus criou.[4]

As alternativas sobre o universo, em geral, caem ou em uma visão materialista — o universo é autoexistente e eterno — ou em uma visão criacional, seja por acidente, por necessidade ou por vontade. Em alguns casos, a criação ainda é sustentada por essa divindade (teísmo); em outros, ela é autônoma (deísmo e naturalismo) ou parte da própria divindade (panteísmo e panenteísmo). David Koyzis, em seu prefácio ao livro de Guilherme Braun Junior[5], aponta quatro *insights* da filosofia reformacional de Herman Dooyeweerd que formam um resumo da posição cristã sobre o assunto:

> Primeiramente, o cosmo não é um agregado fortuito de matéria e energia, mas a criação de Deus, dotada de sentido e ordenada. Em segundo lugar, esta criação é irredutivelmente complexa, sendo a realidade constituída de múltiplos aspectos, ou modos, pelos quais podemos compreender as diferenças entre as várias entidades, incluindo as formações sociais humanas. Em terceiro lugar, todo pensamento teórico tem fundamentos, mesmo aqueles que afirmam neutralidade em relação à religião e Deus. Assim sendo, mesmo ateus e agnósticos professores estão longe de ser "não religiosos". Eles simplesmente redirecionaram sua fidelidade para algo dentro da criação, o qual efetivamente divinizam. Em quarto e último lugar, é possível traçar as grandes diferenças entre as várias abordagens ao universo de Deus a uma forma ou outra de reducionismo, isto é, a tendência de interpretar a totalidade da realidade por meio de um dos seus aspectos ou modos, como o biológico, o histórico ou o econômico.[6]

A única forma de ter uma visão não reducionista da realidade é aceitar a revelação especial de Deus: a Bíblia. Temos vestígios da Trindade na realidade, mas ela só é conhecida de fato pela revelação escrita de Deus.

A Trindade é independente do mundo criado, pois Deus não necessitava criar o cosmos e este não é uma manifestação dele. A multiplicidade, assim como a unidade, ou coerência, só podem ser devidamente entendidas à luz do mistério trinitário. O Deus trino, que tem em seu próprio ser a unidade e a multiplicidade, é o fundamento necessário para o entendimento da

---

[4]VAN TIL, *Graça comum e o evangelho*, p. 11. Grifo do autor.
[5]BRAUN JR., Guilherme. *Um método trinitário neocalvinista de apologética*: reconciliando a apologética de Van Til com a filosofia reformacional (Brasília: Monergismo, 2019).
[6]Ibid., p.12. Grifo do autor.

realidade, que é criada. Jeremy Ive ilustra bem esse ponto em dois gigantes da teologia contemporânea, Kuyper e Van Til:

> Van Til desenvolve os *insights* de Kuyper e argumenta que a Trindade é a única base para entender a unidade e a pluralidade do mundo. Ele afirma que relacionalidade só é possível e inteligível à luz da unidade e diversidade da Trindade. Na Trindade, a unidade e a diversidade são igualmente definitivas. É apenas através de Cristo, e iluminado pelo Espírito Santo que as relações são possíveis, e de fato conhecidas.[7]

Além disso, os *insights* de Dooyeweerd trazidos por Koyzis apresentam essa multiplicidade manifesta na própria estrutura da realidade. Nas palavras do próprio Dooyeweerd:

> Na ordem do tempo, a existência e a experiência humanas apresentam grande diversidade de aspectos modais, mas essa diversidade está relacionada à unidade central do ego humano que, como tal, ultrapassa toda a diversidade modal de nossa existência temporal. Na ordem do tempo, a lei divina para a criação apresenta grande diversidade de modalidades. Mas toda essa diversidade modal de leis está relacionada à unidade central da lei divina, ou seja, o mandamento de amar a Deus e ao nosso próximo.[8]

A lei divina para a criação manifesta a multiplicidade da Trindade na constituição da realidade. Toda essa diversidade está em relação direta com a lei divina de amar a Deus e ao próximo — lei essa que deriva do relacionamento de amor interno da própria Trindade.

Relacionamento pactual

Esse pacto de amor interno da Trindade se estende para a criação. A Trindade é um relacionamento pactual interno, indissolúvel e independente. Ive cita Van Til em seu artigo *The Trinitarian Alternative to the Scholastic Dilemma*:

> As relações imanentes dentro das três Pessoas da santíssima Trindade são a base das relações que o Deus trino sustenta ao mundo. É, claro, verdade que não sabemos nada sobre as relações imanentes dentro das Pessoas da Trindade, exceto através da revelação desta trindade através de Cristo nas Escrituras. Mas desde que o próprio Deus nos disse que ele é trino em seu ser, é este ser trino que está na base da criação e redenção.[9]

Ive segue interpretando a citação, com a ajuda de Lane Tipton, que afirma:

> a posição de Van Til como definindo o "princípio representacional": internamente ("imanentemente") nas relações de amor entre as três Pessoas e

---
[7]IVE, Jeremy. *The Trinitarian alternative to the Scholastic dilemma*. Disponível em: https://pt.scribd.com/document/59111813/The-Trinitarian-Alternative-to-the-Scholastic-Dilemma.
[8]DOOYEWEERD, Herman. *No crepúsculo do pensamento ocidental*: estudo sobre a pretensa autonomia do pensamento filosófico (Brasília: Monergismo, 2018), p. 50.
[9]Idem.

externamente ("economicamente") no pacto decorrente dessas relações, segundo o qual o mundo é criado e redimido. Para Van Til, o pacto afirma o princípio da personalidade no coração do universo e coloca a humanidade em uma relação pessoa-pessoa com Deus[10].

Essa citação reafirma a asseidade[11] de Deus. Ele não precisa da criação. As personalidades dentro da Trindade estão em um relacionamento com o cosmos por escolha. A criação, a sustentação do mundo, assim como sua redenção, são manifestações desse relacionamento pactual de Deus com a realidade criada.

Dela, também, se segue que todos os homens estão em um relacionamento pactual com Deus. Como se viu no tópico anterior, o relacionamento pactual da Trindade se estende para o cosmos e toca os seres humanos. Esse pacto exige uma resposta pessoal, o que nos leva ao último ponto deste capítulo: a defesa da fé cristã depende da pressuposição da Trindade como fundamento da realidade criada e da apresentação de Deus como parte necessária do pacto com a criação.

Apologética

Romanos 1:20[12] diz que os atributos invisíveis de Deus e sua própria divindade são reconhecidos claramente na criação desde o princípio do mundo. Como se viu até agora, a Trindade revelada pelas Escrituras é o mistério[13] da tradição cristã que serve como fundamento para a interpretação da realidade. Também a realidade se apresenta de formas diversas, e os atributos de Deus se apresentam nos vários aspectos da realidade de forma diferente. Parte desse conhecimento vem somente através da revelação, mas parte vem dos vestígios da Trindade na realidade.

A apologética, a defesa da fé cristã, deve levar em conta tanto a pessoalidade de Deus (revelação) quanto a multiplicidade e unidade do cosmo (realidade). A teoria de Van Til apresenta uma visão apologética mais próxima à pregação direta do evangelho, em que a rebelião contra o Deus trino deve ser enfatizada (revelação). A visão de Dooyeweerd, por sua vez, propõe uma filosofia cristã não reducionista da realidade como ponto de diálogo com o não cristão e crítica à racionalidade autônoma (realidade). As duas ideias devem ser afirmadas em conjunto.

Guilherme Braun Junior, em seu livro citado anteriormente, apresenta um método apologético que integra a filosofia reformacional não reducionista de Dooyeweerd com a apologética pressuposicional de Van Til, na tentativa de uma síntese que mantenha a Trindade como fundamento da defesa da fé, ao mesmo tempo em que não perca de vista as diferentes modalidades em que a realidade temporal se apresenta a nós.

---

[10] Idem.
[11] Qualidade fundamental de Deus que o distingue de todos os demais seres do universo, pela qual ele tem em si mesmo a causa ou o princípio de sua própria existência, sendo, portanto, incriado, além de absolutamente autônomo, livre e incondicionado.
[12] "Porque os atributos invisíveis de Deus, assim o seu eterno poder, como também a sua própria divindade, claramente se reconhecem, desde o princípio do mundo, sendo percebidos por meio das coisas que foram criadas."
[13] "As coisas encobertas pertencem ao Senhor, o nosso Deus, mas as reveladas pertencem a nós e a nossos filhos para sempre, para que cumpramos todas as palavras desta lei" (Deuteronômio 29:29).

Na abordagem de Braun Junior, o fundamento da realidade criada é a Trindade ontológica, o que faz com que os dois pensadores, Dooyeweerd e Van Til, dialoguem, uma vez que suas bases estão amparadas pela Palavra de Deus, seja em sua manifestação revelacional ou criacional. Como Braun afirma, "a doutrina da Trindade ontológica deve ser considerada uma ideia limitante, por meio da qual se pode conceber uma unidade radical da diversidade da realidade criada"[14] e "o cosmo é, em última análise, dependente do Deus triúno".[15] A unidade da multiplicidade está em Deus.

Em outras palavras, "a Santíssima Trindade também fornece a base da compreensão integral da Palavra-Revelação de Deus (Palavra da criação, Palavra encarnada e Palavra inspirada de Deus), que engloba as relações modais-esféricas diversas e coesas da ordem criada e sua relação de pacto com a humanidade"[16].

Lembrando-se do relacionamento pactual da Trindade com o cosmos, Van Til argumenta que "parte da tarefa apologética cristã consiste em tornar os homens autoconscientes — guardiões ou violadores do pacto"[17]. Braun argumentaria que esse pacto se manifesta de formas diferentes na realidade, fazendo referência aos aspectos modais de Dooyeweerd, e que a apologética cristã deve encontrar o *timing* correto para apresentar a Trindade em cada um desses aspectos. A realidade também é revelação de Deus. A resposta ao pacto trinitário deve ser exigida em todas as esferas da realidade:

> A fé é a finalidade principal do ser humano, embora seja apenas uma dentre outras que juntas formam o horizonte da experiência humana. O discurso apologético verdadeiramente neocalvinista deveria falar ao homem integral, isto é, aproximar a realidade das muitas facetas (aspectos, funções) da existência humana. Essa visão de toda a realidade é fornecida pela ontologia não reducionista da filosofia reformacional. A teologia reformada, por sua vez, fala da inevitável autorrevelação do soberano Deus trino e do chamado humano para responder a revelação. O método apologético consoante ao espírito da reforma deve combinar os dois aspectos: considerar a fé cristã e chamar os incrédulos à crença no evangelho — o único modo de viver e de encontrar unidade na diversidade da realidade criada.[18]

Encontrar o *timing* correto é saber o momento e a forma adequada de apresentar relacionamento pactual para o não cristão em cada aspecto da realidade. Em outras palavras, a defesa da fé cristã deve fazer jus à Trindade, apresentando o Deus trino em todas as formas como ele se revela a nós, nunca nos esquecendo de que esse mistério, a Trindade, deve ser pressuposto pelo apologista e é mais bem conhecido pela Palavra em sua forma integral (Palavra da criação, Palavra encarnada e Palavra inspirada de Deus). Os vestígios ampliam o conhecimento da revelação bíblica, mas os dois são necessários.

---

[14] BRAUN JR., Guilherme. *Um método trinitário neocalvinista de apologética*, p. 88.
[15] Ibid., p. 89.
[16] Ibid., p. 90.
[17] Ibid., p. 32.
[18] Ibid., p. 136.

A Trindade deve ser o fundamento de toda interpretação cristã da realidade. O relacionamento pactual intratrinitário se manifesta a nós na revelação bíblica, assim como na multiplicidade de aspectos da realidade criada.

O apologista cristão deve ser sábio para reconhecer os vestígios da Trindade em todas as áreas da realidade e encontrar o *timing* para apresentar ao não cristão a revelação de Deus que demanda uma resposta pactual do ser humano: continuar em rebelião ou selar a paz através da fé em Cristo.

Capítulo 15

André Pereira

A EXALTAÇÃO DE CRISTO (*LOGOS*) CONTRA AS TRETAS:
por uma apologética doxológica e não reducionista

Este capítulo tem como objetivo fazer apologia — celebração, incentivo, louvor — a Jesus, *Logos* de Deus, defendendo uma apologética não reducionista ao aspecto teológico. Nesse sentido, está estruturado em três partes. As duas primeiras abordam parte do conteúdo do livro *Um método trinitário neocalvinista de apologética*, de Guilherme Braun Junior, comentando a tensão entre os métodos de Dooyeweerd e Van Til e apresentando a reconciliação a partir da obra de Stoker e Olthius. A terceira parte conclui o capítulo e aponta conexões dessa postura com a apreciação da Criação, a abordagem e a oração do Pai Nosso.

A tensão entre apologética pressuposicional e filosofia reformacional

Em seu livro, Braun Junior visa reconciliar duas correntes de pensamento aparentemente conflitantes: a apologética pressuposicional de Cornelius Van Til (1895-1987) e a filosofia reformacional de Herman Dooyeweerd (1894-1977)[1]. Para compreender os conflitos entre essas abordagens, apontamos que suas preocupações, seu contexto e, consequentemente, seus objetivos, eram diferentes.

O contexto da filosofia reformacional de Dooyeweerd, continuando o trabalho de Abraham Kuyper (1837-1920), é uma resposta à ampla secularização europeia[2], demonstrando o conflito entre posturas ou sistemas de vida apóstatas ou cristãos, através de uma perspectiva abrangente (cosmovisão).[3] Ele almeja compreender as ordens criacionais de cada aspecto da realidade, interpretando toda as categorias (modos) da existência à luz dos motivos Criação, Queda e Redenção. Nessa perspectiva, Dooyeweerd propõe e possibilita um encontro crítico com toda e qualquer disciplina ou postura acadêmica, independente de considerarem a Bíblia como verdade. Ele pode fazer isso porque confia que todo e qualquer "aspecto do horizonte temporal da experiência humana" está debaixo das leis criacionais.

---

[1] Como claramente apontado no subtítulo da obra. Cf. BRAUN JR., Guilherme. *Um método trinitário neocalvinista de apologética*: reconciliando a apologética de Van Til com a filosofia reformacional (Brasília: Monergismo, 2019).

[2] Simplificando bem, considere o impacto *abrangente* das obras posteriores a Darwin (1809-1882), Marx (1818-1883), Nietzsche (1844-1990) e Freud (1856-1939).

[3] Cf. NAUGLE, David K. *Cosmovisão: a história de um conceito* (Brasília: Monergismo, 2017), p. 43-59; SIRE, James W. *Dando nome ao elefante*: cosmovisão como um conceito (Brasília: Monergismo, 2012).

O contexto da apologética pressuposicional de Van Til é distinto. Ele mudou-se da Holanda para os EUA ainda jovem, onde estudou no Calvin Seminary e no Seminário de Princeton[4] em um momento de conflito do protestantismo americano:

> Van Til chegou à Princeton no meio da controvérsia teológica entre fundamentalistas e modernistas, na qual os liberais na PCUSA estavam tentando eliminar o padrão ortodoxo no Seminário de Princeton. O ensino de [John Gresham] Machen aguçava a tensão entre os dois partidos, conforme apontado no título de seu importante livro *Cristianismo e liberalismo*. Van Til desenvolveu uma apologética que focava nas antíteses entre crentes e descrentes.[5]

Van Til está reagindo ao liberalismo teológico americano, que afetava diretamente sua denominação e seminário — problemas internos ao campo da teologia, por isso enfatiza a autoridade bíblica e doutrinária. Em seu método, isso implica em "uma recusa na aceitação de que qualquer área ou aspecto da realidade, e qualquer fato ou lei da natureza ou da história, possa ser corretamente interpretado, exceto se for visto à luz das principais doutrinas do cristianismo"[6].

Assim, Van Til recusa um diálogo que não reconheça as pressuposições bíblicas, que desconsidere a Bíblia como revelação. Essa postura faz sentido à luz de seu contexto sob ataques constantes de um liberalismo que relativizava as Escrituras, e é frequente no protestantismo americano e brasileiro. Infelizmente, ela acaba por privar um diálogo que poderia ser frutífero.

Assim, em um cenário onde diferentes teorias acadêmicas colaboravam na secularização da vida como um todo, Dooyeweerd continuou com os esforços por uma cosmovisão cristã, propondo a crítica transcendental como uma ferramenta da filosofia reformacional para interagir com qualquer sistema de pensamento. Ao sondar os motivos-base do coração, a ênfase e o poder da abordagem residem justamente na capacidade de diálogo crítico com toda e qualquer filosofia e/ou cosmovisão.

Em um cenário de liberalismo teológico que relativizava a Bíblia, Van Til propõe a crítica transcendente, na qual o interlocutor assume de imediato a transcendência última de Deus e da Bíblia. A ênfase faz sentido no ambiente teológico e eclesiástico, apelando à autoridade da Palavra, mas pode se mostrar estreita no diálogo com outras disciplinas, sendo direta ou dura demais no contato imediato com não cristãos.

A exaltação do *logos*
Reconciliação teórica através de um conceito elevado de Cristo

Buscando a possibilidade de as abordagens se complementarem, Braun Junior faz uso dos escritos de Hendrik G. Stoker (1899-1993) e James H. Olthius (1938-) sobre a tríplice forma da Palavra de Deus. Em sua demonstração, propõe que na complementariedade poderíamos perceber um método trinitário neocalvinista de apologética (Figura 1)[7].

---

[4]No Calvin e em Princeton, Van Til estudou com nomes com Louis Berkhof (1873-1957), John Gresham Machen (1881-1937), Geerhardus Voos (1862-1949), C. W. Hodge Jr. (1870-1937), ainda debaixo da influência de B.B. Warfield (1851-1921). Todos esses grandes teólogos sistemáticos e/ou biblistas influenciaram diretamente Van Til. Cf. FRAME, John M. *A history of western philosophy and theology* (Phillipsburg: P&R Publishing, 2015).

[5]Ibid., p. 529, tradução livre.

[6]VAN TIL, Cornelius. *Apologética cristã* (São Paulo: Cultura Cristã, 2010), p. 95.

[7]Todas as figuras e diagramas apresentados neste capítulo foram desenvolvidos e cedidos pelo autor deste capítulo. (N. do E.)

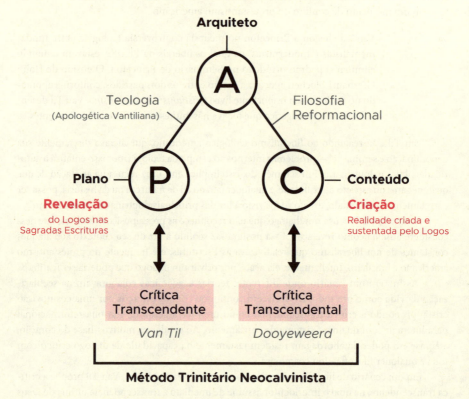

Figura 1 - Reconciliação teórica a partir do Logos

Stoker aponta que o aparente conflito surge das ênfases de cada autor. À luz de uma metáfora arquitetônica, sugere uma interação P-A-C: a Trindade como Arquiteto (A) e as pressuposições bíblicas como o Plano (P), que evidenciam o propósito do edifício construído (Conteúdo, C). Para ele, a abordagem de Van Til enfatiza a relação P-A, enquanto às de Dooyeweerd enfatizam a relação P-C. Braun aponta que o problema é que "o contexto P-A pode ser facilmente encontrado nas Sagradas Escrituras, mas o P-C não pode ser derivado delas".[8] O conflito de Van Til surge de não compreender a distinção das funções da teologia e da filosofia — e, poderíamos afirmar, também das demais ciências —, o que nos leva a acrescentar a contribuição de Olthius à interação P-A-C.

Comentando a interação entre a Bíblia e a ciência, Olthius destaca a necessidade de não reduzirmos a Palavra de Deus à Escritura. Precisamos de uma apreciação elevada de Jesus como a Palavra de Deus em suas diferentes expressões (formas, "*gestanten*") na Encarnação,

---

[8]BRAUN JR., Guilherme. *Um método trinitário neocalvinista de apologética*, p. 67.

na Revelação (Escrituras) e na Criação.[9] Essa multiplicidade da forma da Palavra de Deus pode ser percebida no texto de Hebreus 1:1-3:

> Há muito tempo Deus falou muitas vezes e de várias maneiras aos nossos antepassados por meio dos profetas, mas nestes últimos dias falou-nos por meio do Filho, a quem constituiu herdeiro de todas as coisas e por meio de quem fez o universo. O Filho é o resplendor da glória de Deus e a expressão exata do seu ser, sustentando todas as coisas por sua palavra poderosa.

Toda Escritura é inspirada por Deus[10]: Deus falou [...] por meio dos profetas[11], por meio do "Espírito de Cristo que neles estava"[12]. Assim, a Revelação do Antigo e do Novo Testamento são expressões de Cristo, o *Logos* de Deus. Aqui reside a relação A-P, enfatizada pela apologética pressuposicional de Van Til, que representa a autoridade com que a Escritura nos direciona a Cristo:

> Nosso apelo às Escrituras toma a forma de Confissão. Confessamos que é nelas que chegamos a conhecer a Cristo. Na fé, nos curvamos diante dela como palavra de Deus. [...] Se houvesse alguma autoridade superior pela qual corroborar as Escrituras, elas não seriam a Palavra ou o cânon para a nova Criação.[13]

Contudo, não podemos cair "na trágica redução da Palavra de Deus", pois "qualquer discussão da Palavra não se pode se limitar às Escrituras ou a Cristo"[14]. Deus criou o mundo a partir da sua Palavra[15]. Jesus Cristo é o *Logos* Encarnado[16]: princípio de coerência do universo (A). Toda Criação (C) é expressão do *Logos*, pois foi feita por meio dele[17], que sustenta todas as coisas por sua palavra[18]. Isto dá base à seguinte relação enfatizada na filosofia reformacional (A-C): o *Logos* criou e sustenta todas as coisas.

Assim, percebemos que tanto Escritura (P) quanto Ordem Criacional ("C") são expressões do mesmo *Logos*, encarnado em Jesus (A). Compreendemos, então, que as Escrituras são uma republicação confessional da Palavra, mas não de forma teórica. Elas não são, em nenhum sentido, livros-textos científicos. Os cientistas, movidos pelos motivos das Escrituras, recebem o mandato de investigar as realidades da Criação e, assim, traçar as *estruturas-para* dessas realidades[19].

---

[9]OLTHIUS, James. H. *The Word of God and science* (Toronto: Institute for Christian Studies/Association for the advanced of Christian Scholarship, 1968). Disponível em: http://www.reformationalpublishingproject.com/pdf_books/Scanned_Books_PDF/WordofGodandScience.pdf.
[10]Cf. 2Timóteo 3:16.
[11]Cf. Hebreus 1:1.
[12]Cf. 1Pedro 1:11-12.
[13]OLTHIUS, *The Word of God and science*. Tradução livre do segundo parágrafo.
[14]Ibid., parágrafo 3. Tradução livre.
[15]Cf. Gênesis 1; Salmo 33:6-9.
[16]Cf. João 1:14.
[17]Cf. João 1:3.
[18]Cf. Hebreus 1:3.
[19]Idem nota 171, parágrafo 9. Tradução livre.

Dessa forma, tanto o teólogo quanto o cientista ou o filósofo interagem com expressões/formas da Palavra de Deus, buscando traçar como elas apontam para Cristo, sua fonte e sustentação. Nessa convicção, afirmamos os *pressupostos bíblicos*, porém estando abertos a uma apologética mais abrangente, que considera cada aspecto (modo/esfera) da realidade fundamentada em Cristo, a Palavra.

Celebrando e desejando o governo da Trindade
Apreciação sacramental e oração
Refletindo na proposta de Olthuis, encontraremos mais do que reconciliação teórica. Veremos também uma apreciação sacramental da Criação, e um significado mais profundo na oração "seja feita a tua vontade, assim na terra como no céu".

Celebrar a realidade como criada e sustentada pelo *Logos* tem uma dimensão sacramental.[20] Alexander Schmemann (1921-1983) aborda que, na narrativa bíblica, a Criação é dada como presente de Deus ao homem, para sua alimentação:

> [Todo] o alimento que o homem come, o mundo do qual ele deve participar [literalmente] para sobreviver, é dado por Deus, e é dado como uma comunhão com Deus. O mundo como comida do homem não algo "material" e limitado a funções materiais, portanto diferentes das (e opostas às) funções especificamente "espirituais" pelas quais o homem se relaciona com Deus. [...] Tudo o que existe é dádiva de Deus ao homem, e tudo existe para fazer Deus conhecido pelo homem, para estabelecer comunhão da vida do homem com Deus. É um amor divino tornado em alimento, tornado em vida para o homem. Deus abençoa tudo o que cria, e em linguagem bíblica isso significa que ele torna a criação o sinal e o meio de sua presença e sabedoria, amor e revelação: "Provem, e vejam como o Senhor é bom!" (Sl 34:8)[21]

Aqui não há distinção entre natural e sobrenatural. A graça precede e reveste o natural: a Criação material é um meio de comunhão com Deus. A humanidade desfruta da Criação, reconhecendo-a como um presente, provisão amorosa de Deus. Ao desfrutar dela, assume seu papel sacerdotal de jardineiro (teólogo, filósofo, cientista, marceneiro, gari etc.), sinalizando o governo amoroso de Deus ao desenvolver e oferecer a Criação (em cultivo, arte, tecnologia, linguagem) de volta a Deus. Tanto no desfrutar como no desenvolver há eucaristia ("ação de graças") no relacionamento com Deus. Essa condição nos convida a uma apreciação sacramental da realidade, entendendo a Criação como um presente que nos revela Deus (Figura 2).

---

[20] Uma percepção comum à grande tradição cristã pré-moderna (patrística e medieval) e à ortodoxia oriental, perdida na racionalização excessiva ocorrida com a modernidade. cf. BOERSMA, Hans. *Heavenly participation: the weaving of a sacramental tapestry* (Cambridge: Eerdmans, 2011).

[21] SCHMEMANN, Alexander. *For the life of the world* (New York: St Vladimir's Seminary Press, 2018), p. 21. Tradução livre.

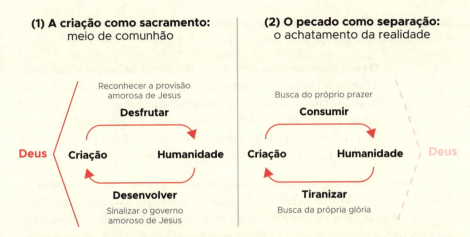

Figura 2 – Relação com a Criação em (1) harmonia com Deus e (2) separada de Deus

A realidade do pecado, no entanto, nos separa de Deus[22], achatando a realidade. Distantes de Deus, privados da face do Senhor e da árvore da vida, buscamos preencher nossa inquietação com realidades criadas[23]. Agora, há sentido em falar de "natural" e "sobrenatural", "espiritual" em contraposição à "material", pois há separação. Consumimos a Criação buscando satisfação nela mesma, não em Deus. Como em Babel, buscamos tiranizá-la em busca de nossa própria glória[24], e não mais sinalizar o governo amoroso de Deus.

Se Deus nos abandonasse, este estado seria nosso fim, mas ele intervém em nosso favor e nos salva. Na Escritura (*Logos* Revelado) e em Jesus (*Logos* Encarnado), a Trindade sinaliza esperança. Cristo treina o olhar sacramental dos discípulos: olha para as flores e os pássaros e não vê apenas flores e pássaros, mas o cuidado do Pai[25]. Cristo é o verdadeiro sacramento do mundo: perfeita ação de graça, e obediência oferecidos ao Pai: "o pão de Deus é aquele que desceu do céu e dá vida ao mundo"[26],[27]. Cristo é o único mediador da realidade[28], no passado, presente e futuro. Ele não apenas criou e sustenta todas as coisas como também as reconcilia por meio do seu sangue derramado na cruz[29].

O sacramento[30] revelado da vontade de Deus é "fazer convergir em Cristo todas as coisas, celestiais ou terrenas"[31]. Tudo, não apenas teologia e Escritura, será consumado por meio

---

[22] Cf. Isaías 59:2.
[23] Cf. SCHMEMANN, op. cit.; KELLER, Timothy. *Deuses Falsos: eles prometem sexo, pode e dinheiro, mas é disso que você precisa?* (Rio de Janeiro: Thomas Nelson Brasil, 2010).
[24] Cf. Gênesis 11.
[25] Cf. Mateus 6:25-34.
[26] Cf. João 6:33.
[27] SCHMEMANN, *For the life of the world*.
[28] Cf. 1Timóteo 2:5-6.
[29] Cf. Colossenses 1:16-22.
[30] Boersma explora como, na Grande Tradição pré-moderna, os termos "mistério" e "sacramento" são utilizados como sinônimos. Cf. BOERSMA, *Heavenly participation*, p. 21-3, 68-76.
[31] Cf. Efésios 1:10.

do *Logos*, Cristo. É aqui que, como última contribuição deste capítulo, retomamos James Olthius, comentando a interação entre as três expressões da Palavra:

> O mistério das Escrituras e de Cristo [...] é o fato de nas Escrituras e em Cristo a Palavra de Deus assume a forma de uma realidade que está sujeita à Palavra. Assim, as Escrituras e Cristo são completamente humanas (criaturas) e, ao mesmo tempo, completamente a Palavra (divina). [...] São "guias" pelos quais uma Criação caída pode novamente ver e obedecer à Palavra. O Verbo se fez carne; foi Escrito e Encarnado para nossa salvação.[32]

Como a Escritura (*Logos* revelado) e Jesus (*Logos* encarnado) estão alinhados no aspecto criacional e divino e são "o cânon para a nova Criação",[33] oramos por nós e pela Criação: "*seja feita a sua vontade, assim na terra como no céu*". Pedimos que Deus conclua o alinhamento das expressões do *Logos*. Consuma a Criação, aspecto por aspecto, a começar em nós, seu povo! (Figura 3).

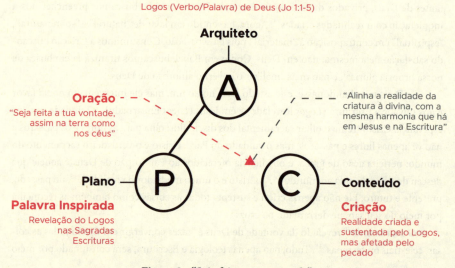

Figura 3 - "Seja feita a tua vontade"

Buscamos enxergar nossa mente das Escrituras, pois nelas encontramos Cristo. Buscamos viver a partir dessa realidade e sermos embaixadores dela. Como tudo está fundamentado em Cristo, e o *eschaton* foi inaugurado nele, com todas as coisas convergindo para serem julgadas ou reconciliadas nele, oramos para que isso seja cada vez mais expresso e, assim, nossa apreciação sacramental da realidade vá aumentando. Sim, venha o teu Reino, assim na

---
[32]OLTHIUS, James. H. *The Word of God and science*. Tradução livre do quinto parágrafo.
[33]Ibid., parágrafo 2. Tradução livre.

terra como nos céus! Por favor, Senhor: "Consolida, para nós, a obra de nossas mãos; consolida a obra de nossas mãos!"[34]

André Pereira é casado com Anna Flor e pai do Timóteo. É formado em Arquitetura e Urbanismo pela Faculdade de Arquitetura e Urbanismo da Universidade Presbiteriana Mackenzie e em Teologia pelo Seminário Presbiteriano do Sul, cursando mestrado em Divindade (MDiv) no Centro Presbiteriano de Pós-Graduação Andrew Jumper. Atua no Centro Cristão de Estudos nos programas do Emaús (formação espiritual) e Vocatio (integração da fé, trabalho e cultura). É pastor auxiliar na Igreja Presbiteriana do Lago Norte (DF).

---

[34] Cf. Salmo 90:17.

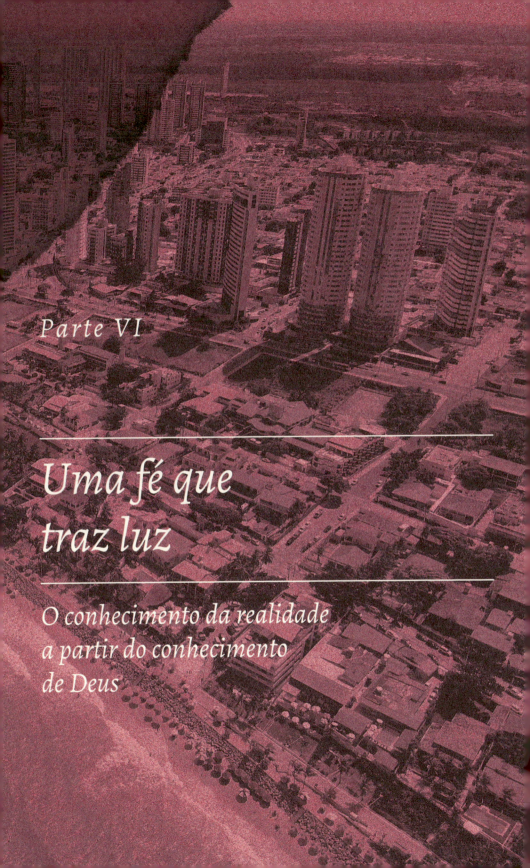

Parte VI

Uma fé que traz luz

O conhecimento da realidade
a partir do conhecimento
de Deus

Das poucas concordâncias que existem entre filósofos, uma delas é a de que a filosofia lida com um tipo muito específico de questões. Seja o reformado Herman Dooyeweerd, seja o católico romano Josef Pieper,[1] existe um acordo de que a filosofia ocupa-se com as dúvidas que não podem ser respondidas pelas outras ciências — naturais ou humanas. Mais do que isso, até mesmo o britânico ateu Bertrand Russell defendeu a ideia de que: "quando se chega às regiões limítrofes e se vai além, passa-se da ciência para o campo da especulação. Essa atividade especulativa é uma espécie de exploração, e nisso, entre outras coisas, consiste a filosofia".[2]

Mas não se engane com essa ampla concordância sobre a natureza das questões de que um filósofo trata quando está trabalhando. Ela, na verdade, é um dos poucos assuntos com os quais diferentes filósofos concordam. Inclusive, a filosofia pode ser caracterizada como uma histórica briga de gigantes em torno de algumas poucas perguntas fundamentais. Ainda que o tópico seja o mesmo — O que é o ser? O que é o belo? Como conhecemos o que conhecemos? O que é uma ação justa? — as respostas e os tratamentos à questão serão tão variados quanto o número de filósofos ocupados com eles. Toda a diversão do trabalho filosófico está em reconhecer os melhores argumentos, e tomar partido deles, para responder a tais perguntas.

Quando somamos essas duas características da filosofia, chegamos a um problema desconfortável. Se a maioria esmagadora dos filósofos ocidentais concorda que a filosofia é uma atividade de ocupar-se com problemas que não podem ser tratados de outra forma, que não seja a própria racionalidade conduzida com precisão, então, por que existe tanta discordância entre eles? Não são todos igualmente racionais? A inteligência de todos não está sendo conduzida com a mesma precisão? Esses filósofos não estão lindando com as mesmas questões? A pergunta incomoda é: por que tantos resultados diferentes?

O grande erro, que faz infrutíferas algumas discussões filosóficas, é a pretensa autonomia do pensamento humano. Vários intelectuais, ao longo da história, se comportaram como se sua racionalidade fosse neutra, ou seja, livre de qualquer tipo de interferência alheia à própria razão. Grande parte da história do pensamento ocidental (incluindo a teologia) é marcada por pensadores que abordaram problemas especulativos de uma maneira ingênua.

Mais do que isso, foram dogmáticos em pensar que sua inteligência poderia ser conduzida de maneira autônoma em relação a qualquer compromisso pessoal ou até mesmo às crenças religiosas. O próprio Russell sustentou esse mito da neutralidade religiosa quando continuou sua definição de filosofia com as seguintes palavras: "ao mesmo tempo, devemos distinguir a filosofia de outros tipos de especulação. Em si, a filosofia não pretende resolver nossas dificuldades nem salvar as nossas almas... Portanto, em princípio, não há nenhuma questão de dogma, nem de ritos, nem de entidades sagradas de qualquer tipo".[3]

---

[1] PIEPER, Josef. *Que é filosofia?* (São Paulo: Edições Loyola, 2008), p. 13.
[2] RUSSELL, Bertrand. *História da filosofia ocidental* (Rio de Janeiro: Nova Fronteira, 2016), p. 10.
[3] Ibid., p. 10.

Claramente, um dos maiores dogmas que os intelectuais sustentam diz respeito às capacidades de sua própria inteligência. Justamente aqueles que alegaram não ter nenhum dogma ou rito sagrado, como Russell, foram os que caíram em um racionalismo reducionista e insustentável. Não é necessário ser um grande pensador para concluir que esse dogma é falso. Se todos os filósofos são neutros em sua forma de conduzir a razão e lidam com as mesmas questões fundamentais, por que não concordam entre si? O problema não pode estar na pergunta filosófica, pois essas são apenas questões de que sempre nos ocuparemos. Logo, a maior causa dos desacordos entre os filósofos não é de ordem filosófica — é anterior.

Nesse ponto, os discípulos de Jesus têm uma responsabilidade paradigmática. Se a crença de que nossa inteligência é autônoma não conseguiu estabelecer bases adequadas para o diálogo entre as pessoas, só podemos concluir que existem fatores anteriores responsáveis pela divergência. Dooyeweerd foi preciso em identificar esses fatores, ao explicar que: "um debate entre tendências filosóficas que sejam fundamentalmente opostas entre si comumente resulta em um raciocínio de propósitos conflitantes, pois elas não são capazes de penetrar até os verdadeiros pontos de partida de seus pares".[4]

A filosofia não ajuda a ganhar discussões, porque nossos argumentos, raciocínios, desejos de conhecer e até mesmo a vontade de entrar em um diálogo são determinados por causas mais profundas. Se não nos esforçarmos para eliminar essa crença no ponto de partida exclusivamente racional e procurarmos atingir aquilo que esta pressuposto em um debate, nunca conseguiremos ser frutíferos em nossos debates. É impossível resolver as questões teóricas por elas mesmas, sem se perguntar por aquilo que nelas está implícito.

Aqui encontra-se o trabalho de um intelectual cristão. Os discípulos de Jesus estão em uma posição de vantagem intelectual, justamente porque têm a Revelação de Deus a seu favor. É somente essa Palavra, pelo poder do Espírito Santo, que tem condições de atingir o mais profundo no ser humano, distinguindo as intenções e os pensamentos do coração (Hebreus 4:12). Se quisermos que nossas conversas filosóficas sejam verdadeiros diálogos, e não monólogos, precisamos fazer o trabalho de explicitar o que está tácito. Ou seja, trazer à luz os compromissos do coração de um filósofo antes de lidar com seus argumentos.

Faz toda a diferença saber que Russell estava comprometido até o mais profundo do seu ser com as capacidades autônomas da razão. Isso explica toda sua filosofia humanista. O mesmo vale para cada debate político, científico, artístico e, principalmente, teológico em que entrarmos. Somente aquele que estiver munido desse discernimento conseguirá trazer à tona o que está nas profundezas dos corações filosóficos (Provérbios 20:5).

Quem foi capaz de transformar todas essas pressuposição em uma abordagem coerente e unificada para a teoria do conhecimento de Deus, de nós mesmos e da própria realidade foi o o teólogo norte-americano John M. Frame. Em sua obra *A Doutrina do Conhecimento de Deus* (1987), ele inaugura uma série de livros que serão conhecidos como a Teologia do Senhorio, nos quais se reapresentará o conhecimento de todas as coisas a partir do conhecimento de Deus — e do seu relacionamento pactual conosco.

Além de obras muito agradáveis de serem estudadas, pelo seu tom eminentemente pastoral, também são completas em levar às últimas consequências a crítica teológica à autonomia do pensamento humano, perspectivando nossos limites racionais frente à revelação de Deus na sua Palavra, na criação e em nossa própria experiência pessoal. Os textos que compõem esta próxima seção do livro articulam a análise que Frame faz de assuntos teológicos, apologéticos e epistemológicos por meio da sua linguagem extremamente prática para a vida no conhecimento de Deus.

---

[4]DOOYEWEERD, Herman. *Raízes do pensamento ocidental* (São Paulo: Cultura Cristã, 2015), p. 18.

Capítulo 16

Daniel Ponick Botke

O DEUS QUE FERE PARA SALVAR:
a regeneração com um olhar triperspectivo e trinitário

"Feriste-me o coração com a Tua Palavra e eu te amei."
— Agostinho

Como reconstruir o edifício do saber, depois de tê-lo destruído? "Fundacionando-o" sobre um solo insondável? Na tentativa de fazê-lo, o homem ignorou e se esqueceu da rocha que sustenta todo conhecimento, abandonando sua faculdade *sensus divinitatis*. O resultado disso? Um belo edifício caiado, pronto a colapsar a qualquer momento, construído sobre um cadáver que está podre e fede. Somente Deus é o fundamento seguro de todo o conhecimento, pois em Cristo "estão ocultos todos os tesouros da sabedoria e da ciência"[1]. Só ele sonda e conhece o nosso coração. Mesmo o homem mais prepotente não terá sucesso nessa empreitada, pois somente aquele que arquitetou e construiu todo o cosmo e o mais íntimo da nossa mente e coração pode nos levar ao conhecimento de todas essas coisas. Como disse John Frame, "um atrevido plano de construção autônoma do edifício do conhecimento termina em total ignorância"[2], uma verdadeira torre de Babel epistêmica.

Doutrina da regeneração

A doutrina da regeneração é bastante conhecida e ensinada, principalmente no meio reformado. Ela nos ensina que aqueles a quem o Pai escolheu para si, e deu ao Filho, são regenerados pelo Espírito Santo para que possam ver as verdades eternas de Deus em sua palavra e, crendo por meio da fé recebida pelo mesmo Espírito, tenham a vida eterna. Mas por que precisaríamos de tal regeneração para vermos as verdades eternas? Não bastaria ler a Bíblia? O apóstolo Paulo nos deixa muito claro que não, na sua primeira carta aos coríntios:

> Pois a palavra da cruz é insensatez para os que estão perecendo, mas para nós, que estamos sendo salvos, é o poder de Deus. Visto que, na sabedoria de Deus, o mundo por sua própria sabedoria não o conheceu, foi do agrado de Deus salvar os que creem por meio do absurdo da pregação.[3]

Além disso, na sua Carta aos Romanos, ele deixa ainda mais claro porque é necessário que sejamos regenerados pelo Santo Espírito:

---

[1]Cf. Colossenses 2:3.
[2]FRAME, John M. *A doutrina do conhecimento de Deus* (São Paulo: Cultura Cristã, 2010), p. 235.
[3]1Coríntios 1:18, 21.

Tanto judeus como gregos estão todos debaixo do pecado; como está escrito: Não há justo, nem um sequer. Não há quem entenda; não há quem busque a Deus. Todos se desviaram; juntos se tornaram inúteis. Não há quem faça o bem, nem um sequer.[4]

O pecado deturpou o homem criado à imagem e semelhança de Deus. O homem agora está totalmente depravado, sem saber como chegar a Deus, pois está cego em seus pecados. Por isso, ele necessita que o Espírito Santo de Deus regenere seu coração, para que tendo olhos para ver e ouvidos para ouvir, atenda ao chamado de seu pastor, que é Cristo.

Por esse motivo, podemos dizer que a natureza da regeneração é da ordem espiritual. Deus alertou o homem que se ele comesse do fruto da árvore do conhecimento do bem e do mal, ele *certamente* morreria[5]. E por comer do fruto que lhe era proibido, logo, ele certamente morreu, pois a palavra de Deus não falha. Seu corpo, porém, continuou de pé e vivo. Eu e você estamos aqui, hoje, respirando. Então, em que sentido o homem morreu? Ao pecar, Adão se tornou inimigo de Deus, pois Deus é santo, e por ser santo não pode tolerar pecado algum. Ao pecar, Adão se tornou morto para Deus em seus delitos e pecados[6], e juntamente com ele toda a humanidade, incluindo eu e você. Estamos, originalmente, mortos para Deus e vivos para o pecado; odiamos a luz porque amamos as trevas[7].

Nossa situação, portanto, é de total inimizade com Deus, com o criador de todas as coisas, com a fonte de todo conhecimento. Dessa forma, a regeneração não pode ser de natureza material, pois não há nada em nossos corpos que possa nos levar de volta para Deus. "Quem subirá ao céu? (isto é, para fazer Cristo descer)"[8]; essa opção já foi fracassada na torre de Babel. Da mesma forma, a regeneração não pode ser da ordem dos sentimentos, uma vez que nossas paixões estão postas neste mundo, e não em Deus. Por fim, ela não pode ser de natureza epistêmica, uma vez que não temos mais acesso a Cristo, onde está oculto toda a ciência e conhecimento[9]. Dessa forma, toda tentativa autônoma do homem de construir o saber, com o intuito de regenerar sua alma e alcançar alguma espécie de salvação, tem levado a humanidade a uma nova torre de Babel, mas desta vez uma torre de Babel epistêmica, onde todos tentam construir uma torre que leve ao supremo conhecimento, ao conhecimento de Deus, mas no final cada um fala uma língua diferente, acredita em uma teoria diferente, pois não conhecem o caminho que leva a Deus.

Dito isso, podemos entender a urgência e a natureza mui superior de regeneração. Nossa relação com Deus precisa ser restaurada, nosso contato com Cristo deve ser reestabelecido para que possamos ser justificados por ele e a ele conhecer. Mas como chegar a Cristo? Ninguém pode ir a ele, se o Pai que o enviou não o levar[10]. Somente Deus pode reestabelecer a ponte que nosso pecado derrubou; somente Deus pode regenerar nosso *sensus divinitatis* para que possamos novamente nos achegar a ele confiadamente; somente Deus pode substituir

---

[4]Romanos 3:9b-12.
[5]Cf. Gênesis 2:17. Grifo do autor.
[6]Cf. Efésios 2:1
[7]Cf. João 3:20.
[8]Cf. Romanos 10.6.
[9]Cf. Colossenses 2:3.
[10]Cf. João 6:44.

nossos corações mortos. Em outras palavras, precisamos de uma obra divina em nossas vidas, operada pelo Espírito Santo, para que possamos nos achegar a Deus. Não há ação, obra, ou esforço algum nosso que seja suficiente e capaz de fazê-lo.

Metáfora do coração de pedra

Uma metáfora bíblica bastante conhecida e utilizada para ensinar a doutrina da regeneração, e que facilita nosso entendimento desta, encontra-se em Ezequiel 36:26-29a, que diz:

> Também vos darei um coração novo e porei um espírito novo dentro de vós; tirarei de vós o coração de pedra e vos darei um coração de carne. Também porei o meu Espírito dentro de vós e farei com que andeis nos meus estatutos; e obedecereis aos meus mandamentos e os praticareis. Então habitareis na terra que eu dei a vossos pais, e sereis o meu povo, e eu serei o vosso Deus. Pois eu vos livrarei de todas as vossas impurezas.

A narrativa em questão se passa durante o exílio do povo de Israel na Babilônia, um tempo de castigo de Deus sobre seu povo por este ter se afastado dos seus mandamentos. Os israelitas estão vivendo em uma terra estrangeira, como servos, sem direitos, sem terra, sem templo, longe de Jerusalém. Essa passagem, porém, faz parte da promessa de Deus de restaurar a sorte do seu povo, de levá-los de volta ao lar, de lhes restaurar suas propriedades, de lhes fazer novamente povo santo de Deus.

É sabido, porém, que essa história não está "solta" nas Escrituras. Sabemos que toda a Palavra de Deus, de Gênesis a Apocalipse, nos comunica uma única mensagem, que é o cumprimento do plano da maravilhosa salvação de Deus para seu povo. No Antigo Testamento, víamos como que por um espelho o que agora, no Novo Testamento, vemos claramente. Nesse sentido, a história do povo de Israel é tanto o início da história do povo de Deus como um prelúdio do que acontecerá com esse povo. Nós, o povo de Deus, vivemos hoje em nosso exílio, longe do nosso verdadeiro reino, exilados, como forasteiros, em um mundo dominado pelo inimigo das nossas almas; estamos como quem chora, aguardando o dia em que seremos levados para a nova Jerusalém.

Mas qual a relação da transformação do coração do povo de Israel com a doutrina da regeneração? Ora, o povo de Israel desviou-se dos caminhos do Senhor, e persistentemente fazia o que era mal aos olhos de Deus. Sabemos que o faziam motivados pela maldade de seus corações, pois assim como o salmista nos fala, em pecado foram concebidos[11] e careciam do agir de Deus para que pudessem agradá-lo. O seu coração persistente em errar deveria ser trocado por outro. O seu coração insensível para as coisas de Deus deveria ser trocado por um coração no qual as leis do Senhor pudessem ser gravadas. De igual modo, nós também não sabemos como chegar até Deus; nós, por nós mesmos, não escolhemos o caminho da paz, mas apenas nos apressamos para derramar sangue[12], por isso precisamos que Deus intervenha em nosso favor para que possamos agradá-lo.

---

[11] Cf. Salmos 51:5.
[12] Cf. Romanos 3.

O homem com coração de pedra nega e se distancia da revelação de Deus no mundo, e por isso é condenado ao maior de todos os castigos: ele é entregue a si mesmo[13], aos seus próprios desejos, ao seu coração de pedra. Nós vemos o resultado disso em diversas formas, lugares e tempos neste mundo; um exemplo mais próximo de nós foi a tentativa do homem de se apoiar na própria razão como se esta fosse neutra e pudesse explicar toda a verdade. O homem racionalmente maduro seria aquele que, livre do embaraço da religião e de dogmas, chega ao conhecimento da verdade por seu próprio intelecto.[14] Essa tentativa, no entanto, já se mostrou falível. O homem jamais será livre de alguma fé, seja a fé em um ser transcendente, seja a fé na razão, a devoção e a esperança de que por meio de uma razão supostamente livre alcançaremos a verdade, depositando nela sua confiança, sua fé.

Ora, além da crença da razão autônoma mostrar-se contraditória por implicar nela mesma uma fé, esta implica uma fé cega, pois se não há Deus e este mundo é fruto do acaso e de evoluções não controladas, por que podemos supor que nossa cabeça nos dirá algo confiável sobre o mundo? Não é a nossa mente fruto de um processo aleatório de evolução? Alvin Plantinga já dizia que se o homem é fruto do acaso ou de um processo evolutivo cego, suas faculdades cognitivas não podem ser confiáveis.[15] A única explicação para essa crença é um salto cego de fé que abraça a razão e a ciência no escuro. Como disse Chesterton, "um louco é um homem que perdeu tudo, menos a razão".[16]

Talvez você possa estar pensando: "Ok, mas essa falácia [a da autonomia da razão] já foi desmascarada a tempo. Há muito se sabe que a razão não é capaz de nos dar a verdade". Sim, de fato, o mundo percebeu isso a tempo e rapidamente tem removido a razão como salvadora do seu ser, mas com a mesma rapidez que teve essa percepção, ele substituiu essa ideia por outro ídolo: suas vontades, seus desejos, aquilo que traz satisfação pessoal e que cada qual considera verdadeiro. Bem-vindo à pós-modernidade, que nada tem de novo: o homem continua buscando a resposta dentro de si e destruindo a si mesmo com seu coração de pedra. "Estas são as duas únicas possibilidades, se for rejeitado o Deus da Escritura: idolatria ou nihilismo".[17] Nas palavras de Pedro Dulci, "a crença religiosa é o motor mais íntimo da existência humana e, incontornavelmente, nos tornaremos semelhantes ao que adoramos".[18]

O conhecimento que fere

Como pode, então, o homem ser salvo de si mesmo? Como vimos, só há uma forma e uma chance: ter seu coração regenerado pelo Espírito Santo de Deus; ter seu coração de pedra, que anda agarrado às coisas deste mundo, substituído por um coração de carne, sensível à Palavra de Deus. O coração agora sensível à Palavra de Deus pode ser afetado pela sua maravilhosa verdade. Esse processo, no entanto, causa, na maioria das vezes — senão em todas —, alguma espécie de sofrimento, seja ele espanto, dor ou perda. No caso do povo de Israel, eles tiveram

---

[13] Cf. Romanos 1.
[14] Cf. KANT, Immanuel. *Resposta à questão: o que é o Iluminismo?* (Lusosofia, 2008), p. 7.
[15] PLANTIGA, Alvin. *Ciência, religião e naturalismo: onde está o conflito?* (São Paulo: Vida Nova, 2018), p. 61.
[16] CHESTERTON, G. K. *Ortodoxia* (São Paulo: Mundo Cristão, 2007), p. 19.
[17] FRAME, *A doutrina do conhecimento de Deus*, p. 376.
[18] Cf. Salmos 135:18. DULCI, Pedro Lucas. "Olhando para fora", curso ministrado no Invisible College em 2020. Capítulo 7: "Qual é a raiz das diferenças políticas?".

de abandonar seus maus costumes, se desfazer dos seus deuses e reconstruir o templo. Em nosso caso, devemos renunciar nossos ídolos, nosso suposto controle da verdade e tantas outras coisas. Somos semelhantes ao homem do conto da caverna de Platão, que depois de viver toda sua vida preso em uma caverna, vendo apenas as sombras refletidas na parede à sua frente, é liberto; mas quando sai, a primeira coisa que lhe acontece é sentir dor em seus olhos, causada pela luz, e uma cegueira instantânea, porém momentânea. De forma semelhante, o Espírito Santo nos encontra em nosso caminho de pecado, sua luz brilha aos nossos olhos, somos feridos por ele, questionamos "Quem tu és, Senhor?", e ele nos responde: "Sou o Cristo, a quem tens negado e condenado"[19].

O conhecimento das verdades eternas escandaliza o mundo; escandaliza o nosso intelecto. Como dizia Francis Schaeffer, o conhecimento de Deus "tira o telhado" do edifício do saber do incrédulo[20]. Como a luz transpassa o filme de uma máquina fotográfica, assim a luz de Deus transpassa nosso coração para se revelar a nós. Assim, podemos agora não "apenas" conhecer a Deus e sua Palavra, mas, por o conhecermos, também podemos conhecer a verdade sobre o mundo, pois agora nos apoiamos na fonte de todas as coisas e de toda a verdade: Deus, o criador, organizador e controlador de tudo. Somente o cristão regenerado, com todas as suas faculdades regeneradas e em funcionamento, pode chegar ao pleno conhecimento da verdade[21].

O conhecimento que salva

Em seu livro *A doutrina do conhecimento de Deus*, Frame defende que o conhecimento e a obediência estão intimamente ligados, a ponto de não conseguirmos distinguir onde um começa e o outro termina, pois para obedecermos a lei do Senhor devemos conhecê-la, e conhecendo-a obedecemos, sendo que um de seus mandamentos é que conheçamos cada vez mais a sua Palavra, a qual nos demanda obediência, e assim sucessivamente[22].

> Estes são os mandamentos, os estatutos e os preceitos que o Senhor, teu Deus, mandou *ensinar-te*, a fim de que os *cumprisses* na terra à qual estás indo para possuir, para que *temas* o Senhor, teu Deus, e *guardes* todos os seus estatutos e mandamentos que eu te ordeno, tu, teu filho e o filho de teu filho, todos os dias da tua vida, e para que os teus dias se prolonguem.[23]

Salvação operada por um Deus trino
Esse conhecimento que salva é operado em nós por toda a Trindade. Deus Pai nos amou, planejou e executou o seu plano de salvar o seu povo. O Pai enviou o Filho que tomou o nosso lugar, e por meio do seu sangue é que podemos ter paz com Deus, e por isso podemos ter

---

[19]MADUREIRA, Jonas. "Jesus, Nietzsche e Dostoiévski" Disponível em: https://www.youtube.com/watch?v=IDi-PzCEUR7Y.
[20]CARVALHO, Guilherme De. "O chão que me sustenta". Ultimato, 2013. Disponível em: <https://ultimato.com.br/sites/guilhermedecarvalho/2013/02/04/o-chao-que-me-sustenta/>.
[21]Cf. 1Timóteo 2:4.
[22]FRAME, John M. *A doutrina do conhecimento de Deus*, p. 59.
[23]Deuteronômio 6:1-2. Grifos do autor.

acesso às verdades eternas reveladas por ele a nós pelo Espírito Santo, que nos regenera, nos dá a fé, nos sustenta e nos guia pelo caminho em que devemos andar.

Salvação revelada por meio de sua Palavra "trina"
Essas verdades maravilhosas reveladas pelo Espírito Santo de Deus são expressas a nós de três maneiras diferentes.

A primeira e principal, por isso muitas vezes chamada de revelação especial, as Sagradas Escrituras inspiradas pelo Espírito santo, a nossa regra final e fundamental de fé e prática, através dela conhecemos a Deus e as suas verdades.

Além da revelação especial, temos a revelação natural, natureza criada por Deus e que testemunha sua existência a todos os homens, justos e injustos, tornando imperdoáveis todos aqueles que o negam[24].

Também temos o próprio Cristo, Palavra de Deus encarnada, que habitou e viveu entre nós, nos lembrando que a história da redenção é realizada e contada na história deste mundo e na história de nossas vidas[25].

Salvação que abrange as três perspectivas da realidade
De acordo com Frame, nosso entendimento da realidade pode ser dividido em três perspectivas inseparáveis, porém distinguíveis. Cada uma delas cobrirá o mesmo terreno com ênfase diferente. Esses três modos de entendimento são conhecidos como: perspectiva normativa (lei), que focaliza a autoridade de Deus como ela é expressa por meio da sua lei; perspectiva situacional (os fatos, o mundo), que focaliza a lei como esta é revelada tanto nas Escrituras como na criação em geral; perspectiva existencial (a pessoa), que focaliza a lei como esta é revelada no homem como imagem de Deus. Frame vai nos mostrar que na regeneração, nosso intelecto também é regenerado e feito servo de Deus, e agora regenerados conhecemos o mundo, nessas três perspectivas, com as lentes da fé[26].

Regeneração das nossas relações
De forma semelhante, Dooyeweerd irá retratar nossa existência com base nas três relações estabelecidas pelo homem em suas experiências diárias e no relacionamento com Deus, com o próximo e consigo mesmo. De forma semelhante, essas relações são diretamente afetadas pelo coração do homem, seja este endurecido para a condenação ou regenerado para a salvação[27].

Faço das palavras do apóstolo Paulo as minhas, as quais melhor resumem e concluem este tema:

> Ó profundidade da riqueza, da sabedoria e do conhecimento de Deus! Quão insondáveis são os seus juízos, e quão inescrutáveis, os seus caminhos! Pois,

---

[24]Cf. Romanos 1.
[25]BRAUN JR., Guilherme. *Um método trinitário neocalvinista de apologética: reconciliando a apologética de Van Til com a filosofia reformacional* (Brasília: Monergismo, 2019), p. 82.
[26]FRAME, John M. *A doutrina do conhecimento de Deus.*
[27]DOOYEWEERD, Herman. *No crepúsculo do pensamento ocidental: Estudo sobre a pretensa autonomia do pensamento filosófico* (Brasília: Monergismo, 2018).

quem conheceu a mente do Senhor? Quem se tornou seu conselheiro? Quem primeiro lhe deu alguma coisa, para que lhe seja recompensado? Porque todas as coisas são dele, por ele e para ele. A ele seja a glória eternamente! Amém.[28]

Que Deus nos ajude, amém.

Daniel Ponick Botke é casado com Giovana e pai do Benjamin. Presbítero da Igreja Reformada Vertical de Blumenau (SC), é bacharel em Sistemas de Informação, formado no curso básico de teologia do Centro Presbiteriano de Pós-Graduação Andrew Jumper e no programa de tutoria Avançada do Invisible College.

[28]Romanos 11:33-36.

Capítulo 17

José Bruno Pereira dos Santos (Zé Bruno)

O CONHECIMENTO DE DEUS E A SABEDORIA PARA VIDA:
um chamado ao teatro participativo

Neste capítulo, iremos falar sobre a epistemologia do senhorio e porque o conhecimento de Deus não é uma ciência, mas uma sabedoria para a vida, pondo um fim à dicotomia teoria e prática, ou sentido e aplicação, e apresentando o drama bíblico como um chamado ao teatro participativo que nos leva à obediência e ao deleite de Deus.

A epistemologia do senhorio

Em seu livro *Doutrina do conhecimento de Deus*, John Frame[1] afirma que só podemos conhecer corretamente qualquer coisa se conhecermos corretamente Deus. Segundo ele, "a epistemologia teísta, a doutrina do conhecimento de Deus, implica uma epistemologia geral, uma doutrina do conhecimento de todas as coisas"[2]. A afirmação de Frame ecoa aquilo que Calvino disse no início de sua obra magna, *As Institutas*: "O homem jamais chega a um conhecimento puro de si sem que, antes, contemple a face de Deus, e, dessa visão, desça para a inspeção de si mesmo"[3]. Mas que tipo de conhecimento é esse?

A resposta pra essa pergunta depende de uma anterior: "Quem é esse Deus que buscamos conhecer?". Como cristãos, a resposta repousa no Deus revelado em Jesus Cristo, o qual traz consigo o testemunho das Escrituras, a nossa única regra de fé e prática. Logo, não se trata de conhecimento como sendo apenas informações sobre alguma coisa, mas algo mais profundo, pois o Deus que as Escrituras revelam é uma Trindade, ou seja, uma comunidade de pessoas que se amam, uma divindade pessoal, e a melhor forma de se conhecer uma pessoa é se relacionando com ela. Por essa razão, o conhecimento de Deus é um conhecimento relacional, ou seja, somente numa relação com ele, pela mediação de Jesus, segundo o testemunho da sua Palavra, é que podemos, de fato, conhecê-lo.

De acordo com Frame[4], todas as relações de Deus com sua criação se dão por meio de alianças as quais não são entre partes iguais, mas distintas: Criador-criatura ou Senhor-servo. Essa alteridade como elemento da aliança divina perpassa toda a Escritura e revela um Deus transcendente, que não se confunde com sua criação, e imanente, pois está presente nela. Na aliança, Deus é o suserano, e o povo da aliança, os seus vassalos, a quem é dirigido seus mandamentos, suas promessas e em quem ele habita.

---

[1] John M. Frame, nascido em 8 de abril de 1939 em Pittsburgh, Pensilvânia, foi um filósofo cristão e teólogo calvinista, especialmente notado por seu trabalho em epistemologia e apologética pressuposicional, teologia sistemática e ética.
[2] FRAME, John M. *A doutrina do conhecimento de Deus* (São Paulo: Cultura Cristã, 2010), p. 25.
[3] CALVINO, João. *As Institutas da religião cristã*, Tomo I (São Paulo: Unesp, 2007), p. 38.
[4] FRAME, *A doutrina do conhecimento de Deus*, p. 28.

Dessa forma, o conhecimento correto sobre Deus se dá nessa relação pactual, onde "o Senhor, e não nós, é quem nos faz povo seu"[5], e nos diz como viver, e vive conosco. Nessa dinâmica estão os três atributos do senhorio: controle, autoridade e presença. Nessa perspectiva, o conhecimento correto sobre Deus se dá em conhecê-lo como Senhor, pois este é o nome que ele dá a si mesmo tanto na aliança mosaica quanto na nova aliança, e conhecê-lo como Senhor é, segundo Frame[6], conhecer seu controle, autoridade e presença.

Os múltiplos conhecimentos de Deus

O verbo *conhecer* é usado em muitos textos bíblicos como uma referência ao ato sexual; quando usado em relação a Deus, porém, conhecer alguém geralmente significa que ele "amou" ou "agiu como amigo"[7]. Este é o cerne do conhecimento de Deus para o povo da aliança, pois é algo que só existe numa relação entre amigos. Contudo, ao falar em relacionamento como meio de conhecimento de Deus, não se trata de um subjetivismo ou de uma questão de mera experiência. De acordo com Frame[8], esta amizade pressupõe conhecimentos em outros sentidos — conhecimento de fatos a respeito de Deus, conhecimento de habilidades para uma vida reta, e assim por diante. Envolve, portanto, uma resposta pactual da pessoa integral a Deus, em todas as áreas da vida, quer em obediência ou em desobediência.

O conhecimento de Deus não é uno, mas múltiplo, e esses conhecimentos se encontram na amizade com ele. É o que envolve a relação do crente com a Bíblia e o que ela tem a dizer sobre o Senhor (a doutrina de Deus, de Cristo, do Espírito Santo), sobre nós (a doutrina do homem, da igreja, do pecado, ética etc.) e sobre a realidade que nos cerca (a doutrina dos anjos etc.).

Esses múltiplos conhecimentos podem ser compreendidos como doutrinas, que segundo Vanhoozer[9] "dizem respeito ao que a fé em busca de entendimento alcança quando a busca é bem-sucedida". As doutrinas são como peças de um mosaico que juntas formam o conhecimento de Deus na vida do cristão: quanto mais as conhecemos, mais conheceremos a Deus. Não obstante, é preciso compreender que a doutrina cristã não se limita a um conjunto de crenças ou teorias da vida cristã que não contemplam a vida e a prática. De acordo com Vanhoozer, essa dicotomia "é nociva para a fé cristã e para o projeto de fé em busca de entendimento"[10]. Por isso, a melhor maneira de entendermos a doutrina cristã — ou o conhecimento de Deus — é como sabedoria:

> O conhecimento teológico não é meramente teórico nem instrumental; ele está relacionado mais com sapientia do que scientia. "A sapiência inclui informações corretas sobre Deus, mas enfatiza o vínculo com esse conhecimento. A sapiência é o conhecimento com vínculo emocional que liga o conhecedor ao conhecido". A teologia envolve tanto a teoria (conhecimento) quanto

---

[5] Salmos 100:3
[6] FRAME, *A doutrina do conhecimento de Deus*, p. 34.
[7] Ibid., p. 63.
[8] Ibid., p. 64.
[9] VANHOOZER, Kevin J. *O drama da doutrina*: uma abordagem canônico-linguística da teologia cristã (São Paulo: Vida Nova, 2016), p. 20.
[10] Ibid., p. 30.

prática (vida) em virtude de sua função pastoral: ajudar as pessoas a deleitar-se em Deus e glorificá-lo.[11]

O teste do conhecimento de Deus

Até o momento, foi falado sobre o conhecimento correto sobre Deus, que se dá na relação pactual com ele. Contudo, não se deve pensar que apenas os seus servos detêm algum conhecimento sobre ele. Afinal, como disse Calvino:

> É inerente a mente humana, certamente por instinto natural, algum sentimento da divindade [...] E a idolatria é um grande exemplo dessa concepção. Sabemos como o homem não se rebaixa de bom grado de modo que coloque outras criaturas à sua frente. Por conseguinte, como o homem prefere antes cultuar um pedaço de pau e uma pedra a considerar que não há nenhum Deus, vê-se muito bem a que grau ele se deixa impressionar a respeito da divindade.[12]

Aqueles que não fazem parte do povo da aliança detêm algum conhecimento de Deus devido ao *sensu divinitatis* que ele implantou no coração humano; porém, por viverem fora da aliança, na rebelião de seus pecados, em desobediência, os tais possuem um conhecimento corrompido sobre Deus. Por não conhecerem bem a Deus, não conhecem bem a si mesmos e nem a realidade que os cercam. Logo, suas vidas são uma prova viva de que vivem em um mundo alheio ao Deus e Pai de nosso Senhor e Salvador Jesus Cristo.

Essa é a prova de que alguém conhece a Deus. Não tem a ver com um exame escrito, mas com um exame da vida, pois o ateísmo não se trata tanto de uma posição teórica, mas de uma posição prática. A negação de Deus se vê na corrupção da vida da pessoa da mesma forma que o conhecimento de Deus (da doutrina cristã) conduz a uma vida santa[13]. Por isso, a doutrina (ou o conhecimento de Deus) só está presente na vida de alguém "quando a história de Jesus Cristo tem o controle significativo sobre o caminho, a verdade e a vida"[14] dela.

Kevin J. Vanhoozer[15] esclarece que *caminho* diz respeito à conduta do cristão ou seu estilo de vida, que nesse caso não é mais seu, e sim de Cristo. Isso implica em viver a vida sob o controle de Deus; não como títeres, e sim como servos, como quem por amor abriu mão de sua vontade para fazer a de Deus. A *verdade* trata da confiança em Cristo, de que ele é a imagem visível do Deus invisível. Isso tem a ver com sua autoridade, pois só sendo quem ele disse ser para ter a autoridade que tem. Por último e não menos importante, a *vida* fala da vida vivida na graciosa presença de Deus. Tem a ver com o relacionamento com ele, em ser incluído em sua vida, no seio da Trindade.

Nesse ponto, percebe-se o entrelaçamento daquilo que Frame chamou de atributos do senhorio com a tripla finalidade da doutrina, de acordo com Vanhoozer. Disto percebe-se que

---
[11]Idem.
[12]CALVINO, *As Institutas*, Tomo I, p. 43.
[13]FRAME, *A doutrina do conhecimento de Deus*, p. 60.
[14]VANHOOZER, *O drama da doutrina*, p. 30.
[15]Ibid., p. 31-2.

o controle garante o caminho que agrada a Deus, a autoridade garante a certeza do que Deus diz e a presença garante a vida e a comunhão com Deus.

A Bíblia e o teatro participativo

A natureza do conhecimento de Deus não é meramente informativa. Sua natureza é, antes, sapiencial, uma sabedoria para vida, e é por conta disto que quando se fala em conhecimento de Deus não há como pensar na dicotomia teoria e prática, pois o conhecimento de Deus está intrinsecamente relacionado ao conhecimento de sua Palavra, e não há como conhecê-la sem conhecê-lo.

Podemos afirmar que a Bíblia é um livro divino, e isso não significa que ela tem a mesma substância de Deus, como se fosse uma quarta pessoa da Trindade. Significa, porém, que ela é a autoridade da revelação de Deus, pois uma vez que só podemos conhecê-lo se ele se deixar conhecer, e o seu conhecimento é possível, então a Bíblia é fruto de uma ação trinitária comunicadora, na qual cada pessoa exerce um papel nesta autocomunicação (autorrevelação): o Pai é o agente da comunicação, o Filho é o conteúdo da comunicação e o Espírito Santo é a eficácia da comunicação[16]. O interessante é que até aqui encontramos uma relação entre a ação comunicadora da Trindade e os atributos do senhorio, pois o agente exerce controle; o conteúdo, a autoridade; e a eficácia só é possível pela presença divina.

Uma vez que a Bíblia é um livro divino, ela diz respeito ao conhecimento de Deus. Logo, para conhecermos a Deus, precisamos conhecê-la e obedecê-la, pois se o conhecimento de Deus se dá numa relação pactual de alteridade, Senhor-senhor, a única forma de conhecê-lo é obedientemente como ele quer ser conhecido[17]. Nesse caso, o conhecimento de Deus é dramático, no sentido teatral, uma vez que não somos meros espectadores, mas também atores, pois é isso o que acontece quando lemos e estudamos a Bíblia: somos chamados a obedecê-la, a vivenciá-la em nosso dia a dia, a desempenhar nosso papel no drama divino. Eis o ensino de Vanhoozer:

> Conhecer a Deus é uma forma de teatro participativo, e a doutrina é o que ajuda os atores. Conhecer a Deus significa participar não apenas de qualquer drama, mas do drama certo — aquele cujo clímax é Jesus Cristo —, e por isso a Igreja passou da proclamação do evangelho à formulação das doutrinas da Trindade e da encarnação.[18]

O que Vanhoozer leciona é que o conhecimento de Deus não é teórico, mas sapiencial. Pois quando lemos a Bíblia, encontramos nela ensinos (doutrinas) sobre Deus, o que envolve as nossas vidas em todas as dimensões. No entanto, Vanhoozer[19] afirma que "não é suficiente professar Cristo e continuar praticando a cultura secular. A assimilação intelectual é uma condição necessária, mas não suficiente para a compreensão do evangelho". Daí que não há como conhecer a Deus sem participarmos do que Deus é e do ele está fazendo, e ambos envolvem a nossa obediência.

---

[16]Ibid., p. 81.
[17]FRAME, *A doutrina do conhecimento de Deus*, p. 80.
[18]VANHOOZER, *O drama da doutrina*, p. 95.
[19]Ibid., p. 75.

Obediência como encenação

O conhecimento de Deus é fruto da ação comunicadora da Trindade, e essa ação envolve a nossa ação no mundo — uma ação mimética, pois como filhos amados somos exortados a imitarmos o Pai[20], e o fazemos porque parte da ação trinitária envolve a ação do Espírito em efetivar o que Deus nos diz em nós.

Nossa ação no mundo tem a ver com o que somos e o que fazemos. Não há como desassociar essas duas coisas, pois ambas dizem respeito ao discipulado e à missão cristã. Ser um discípulo e fazer missão são os dois lados de uma mesma moeda, que é a vida cristã sendo vivida. A tarefa da teologia (ou doutrina) bíblica é nos ajudar a aplicar o evangelho a situações concretas das nossas vidas[21]. Por "aplicação", devemos entender a compreensão da doutrina bíblica e sua prática. Em outras palavras, aplicação deve ser entendida como encenação, pois o ator só pode encenar um papel se entendê-lo, e sua compreensão o leva a desempenhá-lo. Ora, o que seria isto senão interpretação artística? Interpretar, aqui, une teoria e prática, entendimento e ação. Nisso consiste a sabedoria fruto do conhecimento de Deus, ou, como disse Frame:

> a pessoa não entende a Escritura, diz-nos a Escritura, a não ser que a aplique a novas situações, a situações nem sequer visualizadas no texto original (Mt 16:3; 22:29; Lc 24:25; Jo 5:39s.; Rm 15:4; 2Tm 3:16s.; 2Pe 1:19-21 – no contexto). Diz a Escritura que o seu propósito geral é aplicar a verdade à nossa vida (Jo 20:31; Rm 15:4; 2Tm 3:16s.).[22]

O conhecimento de Deus está relacionado ao nosso florescimento como ser humano, pois ele é sabedoria para a vida. À medida que crescemos no conhecimento de Deus, nossa vida muda simultaneamente, afetando tanto quem somos quanto o que fazemos. Por isso, a forma como vivemos é o que de fato denunciará se conhecemos a Deus ou não.

Tiago, irmão de Jesus, disse, em sua carta, que os demônios creem em Deus e estremecem[23]. Porém, diferente deles, a fé bíblica se manifesta na obediência. Logo, pessoas de fé não são aquelas que discursam sobre Deus e suas crenças, mas aquelas que vivem uma vida sábia, uma vida de obediência. Aquelas cuja compreensão leva à ação. Pessoas de fé são pessoas sábias. Pessoas de fé conhecem a Deus, e por isso fazem mais do que temê-lo: elas o desfrutam e o imitam nas mais diversas situações da vida. Isso acontece porque a obediência é a manifestação pública da fé.

Esse fato demonstra que o conhecimento de Deus implica no conhecimento da Palavra de Deus, de onde provém a fé, e que ele não pode ser pensado sem que se tenha Deus em mente e sem que se tenha sua Palavra em mente. É da Palavra, que é fruto da ação comunicadora da Trindade, que extraímos a doutrina, a qual, conforme Vanhoozer, visa "garantir que aqueles que levam o nome de Cristo andem no caminho de Cristo. Assim, longe de ser irrelevante para a 'vida', a doutrina dá forma à vida 'em Cristo'"[24].

---

[20]Efésios 5:1
[21]VANHOOZER, *O drama da doutrina*, p. 75.
[22]FRAME. *A doutrina do conhecimento de Deus*, p. 100-1.
[23]Cf. Tiago 2:19.
[24]VANHOOZER. *O drama da doutrina*, p. 32.

O conhecimento de Deus é em si um chamado ao teatro participativo, onde nos voltamos para as Escrituras com a intenção de obter sabedoria para vivermos nossas vidas sendo e fazendo aquilo que aqueles que conhecem a Deus são e fazem: o obedecem e desfrutam de sua comunhão.

José Bruno Pereira dos Santos, mais conhecido como Zé Bruno, é um cristão pentecostal que ama aprender com outras tradições. É membro da Igreja Assembleia de Deus, formado em Relações Internacionais, graduando em Direito e servidor público. Também é o idealizador do Clube Stott, uma mentoria sobre a vida e obra do Reverendo John Stott e das *lives* "Entre Amigos", nas quais recebe pastores, teólogos, artistas e profissionais cristãos para um diálogo sobre fé e todas as áreas da vida. Foi aluno da primeira turma avançada em teologia do Invisible College, e atualmente faz parte do programa de tutoria Filosófica do Invisible College.

Capítulo 18

VALÉRIA CAIXETA FIGUEIREDO

ENCONTRAR E CONHECER:
injeções de vida em pequenas rachaduras

O filósofo francês Gilles Deleuze (1925-1995) e seu compatriota (também filósofo e psicanalista) Félix Guattari (1930-1992) criaram o conceito de "agenciamento"[1], o qual, segundo eles, é a liga do desejo na produção de mundo.

Deleuze e Guattari não entendem o desejo como falta, à moda do filósofo grego Platão, que o percebia como desejo daquilo que nunca teremos neste mundo — percebido por ele como imperfeito —, haja vista a perfeição existir somente no mundo das ideias; ou, ainda, segundo o médico e psicanalista austríaco Sigmund Freud (1856-1939), que o liga à castração e, consequentemente, também à falta[2].

Para Deleuze e Guattari, o desejo é produção, que está sempre "maquinando", por isso é fluxo contínuo, sempre se agenciando no real.

Questões que se colocam a partir disso nos fazem pensar em como esse desejo se agencia, ou seja, como se põe em movimento para a produção dos diferentes modos de ser e estar no mundo.

Nos agenciamos nos encontros e ampliamos conexões, portanto, é "no encontro" que algo é produzido. A vida é repleta de encontros e agenciamentos potentes para ampliarmos a maneira como percebemos e experimentamos no mundo, fazendo com que potências disruptivas possam irromper e desfazer as cristalizações que nos mantém em modos de ser e estar endurecidos. Encontros não só com pessoas, mas com situações, com as artes, a cultura, a natureza; com novas comidas, novos sabores, novos lugares, novos saberes, novos contextos; enfim, com toda a infinidade da criação, mas também com Deus, o criador de tudo isso.

Bons encontros são aqueles que aumentam nossa potência de existir afirmativamente, e pensamos que o encontro com Deus é o "melhor" de todos, por ser o que mais vem a contribuir para esse aumento de potência.

O encontro com o Deus transcendente — mas não totalmente outro, a ponto de não ser possível que seja conhecido, mas também imanente —, pessoalmente envolvido com toda a

---

[1] A esse respeito, ver: DELEUZE, Gilles; GUATTARI, Félix. *O anti-Édipo* (São Paulo: Editora 34, 2011).
[2] A vertente clínica da teoria do desejo desenvolvida por Deleuze e Guattari é a esquizoanálise, que enfatiza a natureza produtiva e criativa do desejo, em relação ao campo social. O livro *O anti-Édipo* de 1972, escrito pelos dois autores, é uma reação à psicanálise freudiana, que conceitua o inconsciente como uma parte arcaica do aparelho psíquico humano, o qual somente pode ser acessado na consciência de maneira distorcida, sendo o repositório dos desejos, que são, portanto, percebidos como falta. Deleuze e Guattari propõem a ideia de um inconsciente maquínico do desejo, como se fosse uma usina de produção de realidade. Assim sendo, a clínica esquizoanalítica possui uma dimensão política — ou, ainda, micropolítica — e, portanto, não trabalha com perguntas do tipo "o que isso significa?" (interpretação), mas sim "para que isso serve?" (retomada de produção da realidade).

criação, mas não a ponto de não ser distinguível nela. O Deus autorrevelado nas Sagradas Escrituras como Senhor. O Deus cristão que se revela a partir da Escritura, e a partir das relações que ela apresenta, sendo a principal delas o pacto que ele tem consigo mesmo, com sua criação e com as pessoas.

Agenciando-nos no encontro com esse Deus, autorrevelado Senhor — de maneira que venhamos a conhecê-lo e (re)conhecer a realidade de sua criação —, nossa potência de existir positivamente é afirmada, e nossos modos de ser e estar no mundo são transformados[3].

Estar "disponível" para esse encontro, entretanto, pode não ser tão "fácil" quanto intensamente é necessário, do ponto de vista do (re)conhecimento acerca da verdade; entretanto, algumas vias podem ser acionadas para que isso seja, em alguma medida, possível.

Para nos auxiliar nessa tarefa de conhecimento acerca dessa possibilidade, nos apoiaremos no filósofo e teólogo norte-americano John M. Frame (1939-), em sua obra *A doutrina do conhecimento de Deus*, na qual ele nos fornece uma valiosa pista para esse empreendimento: a visão em perspectiva como um caminho metodológico para o conhecimento, ou seja, um posicionamento sobre a maneira como conhecemos a realidade, partindo da premissa de que qualquer objeto/realidade pode ser tanto mais conhecido quanto mais analisado/observado for a partir de diferentes ângulos.

Assim, por intermédio de um "ajuste fino" a respeito da possibilidade do conhecimento de Deus, por intermédio do conhecimento de sua criação, nas mais diversas situações às quais nos envolvemos, experimentamos o mundo e, consequentemente, nos conhecemos, Frame vai demonstrando a realidade do senhorio de Deus em toda a criação, por intermédio de seu controle, de sua autoridade e de sua presença:

> ... e, como veremos, todo conhecimento é um reconhecimento das normas divinas para a verdade; é um reconhecimento da autoridade de Deus. Daí, conhecer alguma coisa, qualquer coisa, é conhecer Deus.[4]

A maneira de conhecer que faz toda a diferença

Compreendemos que o conhecimento de Deus se dá por intermédio do conhecimento de suas normas, para uma perfeita ordenação da realidade criada e da maneira como operamos nessa realidade a partir do cumprimento ou descumprimento dessas leis em cada situação, de modo que conhecemos a Deus, o mundo e a nós mesmos enquanto nos relacionamos — com Deus, com as outras pessoas e com nós mesmos —nas mais diversas situações, ou seja, nos agenciamentos que se dão nos encontros.

Assim, a maneira como nos agenciamos e conhecemos faz toda a diferença na maneira como percebemos, interpretamos e (re)conhecemos toda a realidade. Faz toda a diferença também na maneira como respondemos às demandas de cuidado e zelo em relação a toda a criação, incluindo aqueles a quem chamamos nosso "próximo"; na maneira como desenvolvemos nossas práticas, sejam elas profissionais, culturais, sociais ou de lazer; na maneira como conhecemos a nós mesmos e a Deus.

---

[3] O que nos faz lembrar Romanos 12:2.
[4] FRAME, John M. *A doutrina do conhecimento de Deus* (São Paulo: Cultura Cristã, 2010), p. 34. Essa noção de que o conhecer é também reconhecer é explorada por Mário Ferreira dos Santos em *Filosofia e cosmovisão* (São Paulo: É Realizações, 2018).

O deus supostamente conhecido por pessoas não cristãs é produto de metodologias humanas de produção de conhecimento acerca de um objeto, as quais se dão por intermédio do racionalismo científico/filosófico ou por meio de intuições místicas. Em contrapartida, o Deus conhecido pelos cristãos não é conhecido por intermédio de deduções teórico-racionais, mas por meio de envolvimento pessoal.

Pessoas não cristãs podem até mesmo acreditar em divindades pessoais, mas estas não serão seres absolutos, como o é o Deus cristão, o qual, ainda que absoluto, não é abstrato, pois possui pessoalidade, que é o atributo que pressupõe o envolvimento pessoal.

Deus, portanto, é um ser absoluto, o que quer dizer que está acima de qualquer possibilidade de desafio ou confronto a seus atributos, sendo que, além de ter poder e controle total (inclusive para abençoar ou amaldiçoar), autoridade (o que significa que pode fazer exigências, como obediência, por exemplo) e sabedoria, também é um ser pessoal (envolvido presencialmente com a criação).

O reconhecimento desses atributos não parece ser tarefa fácil para pessoas não cristãs, uma vez que se percebe certa negação na questão do senhorio de Deus, haja vista que o conceito de "senhor" parece ir de encontro a toda uma construção humana a respeito do que seja liberdade e autonomia.

Uma vez que o entendimento a respeito do senhorio de Deus seja fundamental para o (re) conhecimento eficaz e verdadeiro da realidade, quando se nega esse senhorio, nega-se também que Deus possa se tornar conhecido. Entretanto, como sua presença na criação é pactual, ou seja, ele está presencialmente envolvido com toda ela, esse conhecimento é, de fato, *inevitável*[5].

Desse modo, conclui-se que, quando alguém conhece alguma coisa, essa pessoa está de fato, reconhecendo as normas divinas para a verdade e a autoridade de Deus sobre a criação. Em outras palavras, todo o (re)conhecimento que o ser humano pode empreender está envolvido em uma tríade divina do senhorio de Deus, que envolve seu controle, sua autoridade e presença na criação, atributos que se relacionam diretamente com perspectivas situacionais, normativas e existenciais, e com a maneira como nos relacionamos com o próximo, com Deus e com nós mesmos nas mais diversas situações e experiências no mundo, de modo que todo conhecimento é conhecimento de Deus.

Frame denomina essa maneira de conhecer a Deus e a realidade por intermédio dessas três perspectivas, que se relacionam com esses três atributos e com a maneira como nos relacionamos no mundo de Triperspectivismo.

A dificuldade

Como já foi dito, Deus está presencialmente envolvido na criação, de modo que todo conhecimento que o ser humano possa ter é um reconhecimento de suas normas e leis para ela.

Ocorre que, pela ocorrência de um evento de amplitudes cósmicas, denominado Queda, não só o cosmos foi afetado, mas também a humanidade, que passou a apresentar dificuldades para empreender esse (re)conhecimento; dificuldades estas que se dão pelo fato de esse evento cataclísmico ter operado efeitos negativos em toda a criação, inclusive nas faculdades intelectuais e cognitivas humanas, dentre as quais o *sensus divinitatis* [6], a faculdade cognitiva

---

[5] Ibid., p. 34.
[6] A esse respeito, ver PLANTINGA, Alvin. *Crença cristã avalizada* (São Paulo: Vida Nova, 2018), p. 196.

que faz parte da imagem de Deus no homem, a qual possibilitaria, em estado de perfeita funcionabilidade, uma maior facilidade nesse (re)conhecimento, ainda que gradual, tanto de Deus quanto de sua criação.

Com essa distorção operada nas faculdades intelectuais, cognitivas e no *sensus divinitatis,* ocorreu ao ser humano uma espécie de obstrução do conhecimento de Deus e da realidade, de tal modo que, a partir de então, suas construções — racionais ou não — passaram a produzir uma interpretação, também distorcida dessa realidade.

Isso pode ser explicado pelo fato de que para conhecer — perceber, interpretar, analisar, experimentar — a realidade de modo eficazmente verdadeiro, seria necessário usar o conhecimento de Deus como paradigma de interpretação, de modo que esse (re)conhecimento — percepções, interpretações, análises e experiências — das normas de Deus, de seu controle e de sua presença na criação, se daria à luz desse mesmo conhecimento, de tal modo que não haveria de ser falseado ou, ainda, negado.

Portanto, o fato de Deus estar, em uma perspectiva trina, pactualmente envolvido com a realidade é o que possibilita esse (re)conhecimento de maneira efetiva e não mais distorcida, uma vez que isso não se daria somente a partir da apreensão de categorias de interpretação humanas, mas a partir do conhecimento de Deus em perspectiva.

Contudo, como essa apreensão não se dá dessa forma, ocorre toda uma inversão, na qual aspectos da criação passam a ocupar o lugar do Criador, por conta das inclinações religiosas do coração[7], e então observamos a absolutização do que seria relativo e o surgimento de idolatrias.

Essa inversão na maneira como conhecemos a realidade faz toda a diferença na maneira como nos agenciamos e produzimos nela.

O desdobramento

Como já foi dito na introdução deste capítulo, onde foi feito um breve excurso ao pensamento dos filósofos Deleuze e Guattari, pontualmente em sua concepção de desejo como produção e agenciamento como liga dessa produção na maquinação do mundo, percebemos que a partir do não (re)conhecimento de Deus como estando pactual e presencialmente envolvido na criação — o que pressupõe, dentre outras coisas, um relacionamento pessoal com o ser humano —, aqueles que assim não o percebem/conhecem/experimentam e (re)conhecem a realidade de modo distorcido, o que faz com que os agenciamentos efetuados por essas pessoas na produção de mundo se estabeleçam a partir de encontros com elementos da criação que não são percebidos como estando sob o senhorio de Deus, e o desdobramento natural desse tipo de agenciamento é a produção de visões de mundo relativistas e de subjetividades supostamente autônomas, que dele se distanciam.

Se pensarmos que essa produção de mundo se dá a partir dos próprios agenciamentos de pessoas que possuem crenças ligadas a diversos tipos de saberes e construídas em direção oposta ao senhorio pactual de Deus — e que, por isso mesmo, acabam por "sufocar" ainda mais um *senso divinitatis* já tão agonizante (mas não extinto!) —, pensamos que "o sublime

---

[7] A respeito dos aspectos da realidade e do coração como centro religioso da existência humana, ver DOOYEWEERD, Herman. *No crepúsculo do pensamento ocidental: estudo sobre a pretensa autonomia do pensamento filosófico* (Brasília: Monergismo, 2018).

encontro" é uma condição de possibilidade para todos os demais encontros, os quais venham a ser potentes para operar certa "injeção de vida" nessa faculdade, sendo eficazes para sensibilizar a imagem divina que ali se encontra. Ora, quando pensamos em possibilidades para essas "injeções de vida", nada nos vem à mente, em melhor conta, do que compartilhar aquele que é a Vida.

Ainda que essa não seja a percepção de um interlocutor que, por estar agenciado com/em aspectos da criação, e não com Deus, que é Senhor do todo, e que, por conta disso, em sua produção subjetiva se perceba como intelectualmente autônomo, acreditamos que essas pequenas "injeções" possam ser potentes para operar como disruptoras dos modos cristalizados de interpretação da realidade, que os mantêm em distanciamento da possibilidade do relacionamento intenso e pessoal com Deus.

Dessa forma, a partir do encontro com essas potentes "injeções de Vida"[8] e da sensibilização paulatina do *sensus divinitatis,* é possível que haja a produção de subjetividades não totalmente capturadas pelo endurecimento, mas, por conta do desejo de construção de uma vida, em dimensões éticas e estéticas, a desconstrução da percepção da "norma" divina como opressão, em contraponto a uma percepção da mesma como princípio de liberdade pode ser a condição de possibilidade para o início de um processo daquilo que possa vir a ser, quem sabe, um dia, uma subjetividade cristã.

Acreditamos nisso como acreditamos quando vemos florezinhas que crescem em pequenas rachaduras de muros.

Acreditamos que assim podem funcionar as "injeções de Vida" em subjetividades endurecidas.

Acreditamos.

---

[8] Chamamos, aqui, de "injeções de Vida" o compartilhar (em momentos apropriados, nas mais diversas situações) da perspectiva do senhorio do Deus Trino, em seus aspectos normativo, situacional e existencial, estando pessoalmente envolvido em aliança pactual com toda a Criação.

Parte VII

A vida do lado de fora

Capital moral cristão
na esfera pública

Quando ensinamos aos nossos filhos, ovelhas e alunos que o discípulo de Cristo tem o desafio cultural de ser uma presença pública fiel, necessariamente tocamos em um grande perigo na vida de todo cristão, que nem sempre é lembrado em tratados de teologia política: manter uma presença pública infiel. Parece estranho falar de fidelidade e infidelidade pública, pois são dois conceitos habitualmente utilizados para descrever nossa obediência privada a Deus. Dizemos que fomos infiéis a Deus quando cometemos pecados muito íntimos — que, inclusive, não gostaríamos que viessem a público. No entanto, nessa falta de costume de pensar em nossas infidelidades públicas, escondem-se dois fatores importantíssimos para a nossa vida cristã do lado de fora.

Em primeiro lugar, não podemos perder de vista que vícios privados têm consequências públicas. Ou seja, por mais que acreditemos que determinadas infidelidades a Deus são vividas somente em nossa experiência pessoal mais íntima, elas necessariamente terão reflexos públicos. De maneira muito simples, espera-se que quem fale a verdade faça isso em casa e na rua. *Contrario sensu*, também é verdade. Quem habitua-se a mentir nas circunstâncias mais privadas da sua vida cotidiana, se sentirá à vontade para fazer o mesmo em meio à comunidade. Esse é o poder espiritual do hábito, das rotinas e do discipulado.[1] Ademais, soma-se a esse fato que, mesmo que o pecado seja cometido em âmbitos distintos da vida, o pecador continua sendo a mesma pessoa — que transita nesses âmbitos cotidianamente, saindo do seu espaço privado e ocupando esferas públicas. Sendo assim, começa a ficar claro como a infidelidade privada tem custos públicos altos.

Em segundo lugar, também devemos nos lembrar de que Jesus não nos deu mandamentos e leis para serem praticados de modo privado e intimista. Por todas as páginas da história da revelação, os cristãos são desafios a obedecerem ao Senhorio de Cristo em todos os âmbitos de suas vidas. A fidelidade ao Senhor da aliança não era compreendida como algo limitado aos assuntos "religiosos" da vida do povo da aliança. Já no Éden, recebemos uma ordenança criacional de sujeitarmos a terra e dominarmos sobre a natureza. Isso é vivido na ciência, na política, nas artes e na cultura de forma geral. A experiência de vida temporal do povo de Deus foi moldada a partir da compreensão de que devíamos obediência a Deus em cada área da nossa vida. E a infidelidade era uma possibilidade terrível sempre à espreita. Ela aconteceria também publicamente, ao desconsiderarmos essas ordens e desobedecermos ao nosso Senhor.

---

[1] SMITH, James K. A. *Você é aquilo que ama: o poder espiritual do hábito* (São Paulo: Vida Nova, 2017), p. 24.

Por tudo isso, formação teológica e espiritual em Cristo não é uma tarefa relacionada apenas ao que fazemos no domingo, dentro das igrejas. É claro que o culto ao Senhor é um dos elementos centrais nesse processo, mas ele nos prepara justamente para o envio subsequente: a presença fiel em toda a vida vivida do lado de fora! Esse é o significado de um chamado para uma existência totalmente diante de Deus. Por tudo isso, nossa postura pública precisa refletir aquilo que Cristo começou a fazer em nossos corações, para que, como foi dito dos primeiros cristãos de Atos dos Apóstolos, também possamos crescer em número e ganhar a simpatia de todo o povo.

Um trabalho que conseguiu estabelecer, em termos sociofilosóficos, essa visão de presença social guiada pela transformação pessoal foi o livro *Capital moral* (2009), do ex-senador holandês Roel Kuiper. Nele conta-se a história de como o pensamento moderno se estabeleceu até chegar às dinâmicas mais características de nossa cultura contemporânea — especialmente o estado de desconexão moral da sociedade ocidental. Em seguida, a partir do solo fértil da tradição da filosofia reformacional, ele argumenta que a mera noção de "contrato" social não será suficiente para enfrentar o esfacelamento das relações e a crescente suspeita e indiferença moral que enfrentamos em nossas sociedades.

Será necessário recuperar não só a ideia, mas toda a prática de vida em torno do "pacto" e "aliança" que Deus tem com seu povo como o instrumento privilegiado na produção de capital moral para as famílias, comunidades civis, instituições sociais e políticas. Os textos desta seção exploram aspectos da obra de Roel Kuiper e como sua análise sociofilosófica é frutífera para cultivarmos as virtudes morais necessárias para fazer florescer comunidades não apenas saudáveis, mas fiéis ao Senhor!

Capítulo 19

Marlon Girardello

CAPITAL MORAL:
a corrupção como efeito de uma cultura individualizada

> *Nada, em toda a criação, está oculto aos olhos de Deus. Tudo está descoberto e exposto diante dos olhos daquele a quem havemos de prestar contas.*
> — Hebreus 4:13

A sociedade pós-moderna de fato vive um processo de desenraizamento, afinal, aquilo que deveria se conectar já não encontra mais coesão. O desprendimento passou a ser generalizado e, com isso, houve o desaparecimento das atitudes fundamentais morais. A individualização das pessoas trouxe consigo possibilidades condutoras que favorecem o surgimento de atitudes corruptas, já que cada qual busca escrever sua própria biografia, independente do outro.

Nessa esteira, há uma série de fatores que são gerados. A perda dos laços de confiança e a necessidade de contratos, em vez de pactos, tem um custo financeiro para toda a sociedade, tendo os menos favorecidos como os mais impactados devido à dinâmica da cadeia de produção e valores. A corrupção, portanto, é um dos catalisadores do aumento do custo financeiro de produção.

A origem da individualização

A individualização não aconteceu naturalmente, já que houve uma narrativa histórica que a incentivou. Ela foi ajudada tanto por legislações como por políticas sociais. Os indivíduos são levados a escrever suas biografias e buscar o bem-estar apenas para si em detrimento do outro (autorrealização). As relações se tornaram líquidas, desenraizadas e com base na troca, firmadas, sobretudo, por contratos, e não por pactos, devido à perda dos valores relacionados à confiança. Relações densas e duradouras foram substituídas por relações frágeis e curtas, que não mais visavam a lealdade e o compromisso de cuidar. Segundo Kuiper, "a transição da modernidade para a pós-modernidade pode ser vista como o movimento de uma sociedade inclusiva para um exclusiva"[1]. E continua: "O cerne do problema é o fato de que num mundo que está se desenvolvendo segundo um padrão *modernístico*, o capital moral não consegue ser suficientemente expressado"[2]. Em outras palavras, em uma sociedade individualizada, o capital moral que está ligado à proliferação de valores não permeia toda a sociedade, pois

---
[1] KUIPER, Roel. *Capital moral: o poder de conexão da sociedade* (Brasília: Monergismo, 2019), p. 46 in: YOUNG, Jock. *The exclusive society: social exclusion, crime and difference in late modernity* (Londres: Sage Publications, 1999), p. 7.
[2] Ibid., p. 51. Grifo do autor.

não há um mecanismo de reciprocidade eficaz nesse contexto de desenraizamento, no qual os vínculos na relação "1-1" e "1-n" não visam o bem-estar público e, portanto, não geram a satisfação e cooperação mútua.

Os ideais de Thomas Hobbes marcaram fortemente o pensamento político moderno, invocando a necessidade "natural" individualista e tendo como ponto de partida a atuação do poder. É esse desejo de poder que leva o homem a se apropriar do mundo. Portanto, nesse sentido, segundo Hobbes, o homem é capaz de fazer guerra contra os seus por sua vida e propriedade. O hobbesianismo se adaptou melhor às ideias utópicas do pensamento revolucionário do iluminismo e do individualismo[3]. Assim, deixou as ideias do seu contemporâneo Johannes Althusius relegadas em segundo plano, pois Althusius invocava as estruturas de autorresponsabilidade. Para ele, o homem, por si só, não está suficientemente equipado para uma vida completa. Desde seu nascimento depende de alguém e, durante sua vida, necessita de talentos e dons dos outros devido à distribuição desigual desses fatores, ou seja, só há uma completude de vida quando há uma simbiose entre as partes.

O processo de individualização gera uma resistência na própria tentativa de criar relações mais densas, em razão do desenraizamento. Cada vez mais as relações não vingam e criam uma profunda sensação de descarte e isolamento social. Kuiper afirma que "a solidão do homem moderno consiste nisso, no fato de ele saber que está abandonado e é impotente para estabelecer relações reais com outros"[4]. O autor ainda complementa: "Nunca haverá uma sociedade ideal na terra, pois o homem é fraco demais para isso; vamos organizar a sociedade de tal forma, que ela satisfaça ao homem, que para seu bem-estar e proteção dependa de outros"[5].

O custo de capital na falta de capital moral

Kuiper afirma que "o foco em seu próprio rendimento, em seu próprio bem-estar e seu próprio provimento só faz reforçar os mecanismos de exclusão na sociedade"[6]. O desenraizamento tem seu preço. Quando se perde a confiança do outro, é necessário criar mecanismos que garantam que o outro vai cumprir o que foi acordado. O que antes era firmado por meios de pactos é, hoje, estabelecido por contratos em decorrência da fragilidade das relações. O pacto, nesse sentido, são indivíduos que trabalham para o florescimento humano. Os acordos já não eram mais confiáveis, pois as pessoas, em busca do seu próprio bem-estar, abriram mão do cumprimento das promessas e da cooperação geradas, o que forçou a criação dos contratos, que nada mais são do que versões secularizadas dos pactos.

Em seu livro *O livro que fez o mundo: como a Bíblia criou a alma da civilização ocidental*, Vishal Mangalwadi conta uma história que ilustra bem o quanto a falta do capital moral na individualização cria estruturas que favorecem a corrupção do indivíduo. Em uma visita à Inglaterra, em 1982, para participar de uma conferência sobre desenvolvimento econômico, Mangalwadi foi à Holanda, depois de ocorrida a conferência, e foi, então, convidado pelo sr. Jan van Barneveld a tomar um leite em uma fazenda de laticínios. Os dois entraram na sala onde o leite estava armazenado e Jan encheu seu caneco, foi até uma caixa de dinheiro na sala,

---

[3]Ibid., p. 70.
[4]Ibid., p. 93.
[5]Ibid., p. 65.
[6]Ibid., p. 50.

pagou e pegou o seu troco. Mangalwadi, sendo indiano, achou curioso aquele método, pois em seu país as pessoas sairiam com o leite, com o dinheiro e, se bobear, até levariam as vacas. Ele, então, entendeu que na Índia, para obter esse mesmo processo, seria necessário, primeiro, ter um atendente no caixa. E quem pagaria isso? O consumidor, é claro. Com isso, o preço subiria. Então, se o consumidor é corrupto, por que o dono do laticínio teria que ser honesto? Já que o produtor seria roubado, ele poderia adicionar água ao leite para fazer render e ganhar mais dinheiro. Haveria, provavelmente, uma reclamação pelo fato de o leite ser adulterado e uma solicitação seria feita ao governo para nomear fiscais. Quem iria pagar por eles? O consumidor. Mas se o consumidor, o produtor e o fornecedor são corruptos, por que os fiscais seriam honestos? Eles, então, aceitariam subornos dos fornecedores, que seriam por quem? Mais uma vez, o consumidor. Diante disso, Mangalwadi afirma:

> Tendo gastado dinheiro a mais no leite, eu não teria condições de levar meus filhos para tomar um sorvete. O funcionário do caixa, a água, o suborno e o fiscal não agregam valor ao leite. A indústria de sorvete, sim. Minha corrupção me impede de incentivar um serviço que agrega valor. Isso reduz a capacidade da nossa economia de gerar empregos.[7]

A falta de capital moral em toda a cadeia de valor gera, para o consumidor final, um preço muito mais elevado do que de fato seria necessário. Como se não bastasse, ainda geram empregos com baixas remunerações porque não agregam valor ao produto final. Alguns países corruptos são grandes exportadores primários justamente porque a industrialização da matéria-prima se torna inviável para o mercado interno, muito motivado pelos altos impostos que financiam os desvios financeiros. Não é por acaso que as nações mais corruptas são as mais pobres[8]. A Índia, país de Mangalwadi, figurou, em 2019, na 80ª posição no *ranking* que mede a confiança de uma nação. O Brasil, por sua vez, aparece na 106ª posição, atrás de países até mais pobres, como a Etiópia (96ª) e o Timor Leste (93ª). Contudo, um importante ponto a se observar é que nações que foram expostas ao protestantismo estão mais bem colocadas nesse *ranking*; nações secularizadas cujas culturas foram decisivamente modeladas pela Bíblia. A Dinamarca (1ª) e os demais países nórdicos figuram nas primeiras posições, juntamente com a Nova Zelândia (2ª), a Holanda (8ª) e a Alemanha (9ª). Por mais que esses países, em sua maioria, passem, atualmente, por um processo de secularização profundo, eles têm em sua base um alicerce determinantemente vinculado ao protestantismo.

Capital moral e as Escrituras

O Deus supremo distribuiu dons de modo diversificado entre os homens. Ele não deu tudo a um só, mas repartiu entre nós, para que eu precisasse dos seus dons, e você, dos meus. O outro não é apenas desejável, mas obrigatório. A sociedade pós-moderna, porém, tem dificuldade de se entregar ao outro, de abrir mão dos planos individuais para compartilhá-los com o próximo.

---

[7]MANGALWADI, Vishal. *O livro que fez o seu mundo*: como a Bíblia criou a alma da civilização ocidental (São Paulo: Vida, 2012), p. 293.

[8]"Índice de percepção da corrupção 2019". Tradução de Vicente Melo. Disponível em: https://comunidade.transparenciainternacional.org.br/asset/67:indice-de-percepcao-da-corrupcao-2019?stream=1.

Em Deus, vemos o conceito de promessa e pacto bem estabelecidos. Por mais que o povo se afastasse de Deus e sofresse sanções por sua desobediência, ele não os abandonava. O amor e a fidelidade comunitários, porém, são líquidos na sociedade pós-moderna. Os laços tênues rapidamente se transformam em abandono, impossibilitando a criação em um ambiente seguro e saudável para o florescimento humano. Uma instabilidade que gera a solidão antes mesmo de ela, de fato, ocorrer.

No conhecido Sermão do Monte, Jesus institui uma base para o desenvolvimento do capital moral: "Como vocês querem que os outros lhes façam, façam também vocês a eles"[9]. Kuiper chama essa formulação de "regra de ouro" e complementa: "trata-se de amar o inimigo, fazer o bem a todas as pessoas, dar sem receber nada em troca"[10].

Como, então, pessoas simples da Holanda de Sr. Jan, citado anteriormente, se tornaram tão diferentes do povo indiano de Mangalwadi? O autor diz que a resposta é simples: "A Bíblia ensinou ao povo da Holanda que, mesmo que ninguém esteja observando na fazenda de laticínios, Deus, nosso juiz definitivo, observa-nos para ver se vamos ou não obedecer aos mandamentos de não cobiçar e não roubar"[11]. Tendo o Catecismo de Heidelberg como uma importante ferramenta para a formação da cultura holandesa e propulsora de capital moral no período que remonta à Reforma Protestante, em meados do século 16.

Ao citar Jonathan Chaplin, Kuiper afirma que "uma sociedade civil saudável, justa, livre e estável requer uma multiplicidade de associações, comunidades, instituições e outros corpos sociais relativamente independentes e qualitativamente distintos"[12]. A graça comum está intimamente relacionada à possibilidade de o capital moral florescer em toda e qualquer pessoa, pela *imago dei*. Contudo, o ápice está intimamente relacionado ao cumprimento e à percepção de uma visão que encontra nas Escrituras e no relacionamento com Deus seu ponto de partida. Herman Dooyeweerd afirma que "o homem perdeu o verdadeiro autoconhecimento desde que perdeu o verdadeiro conhecimento de Deus"[13], não sendo esse conhecimento teórico e abstrato, mas advindo do verdadeiro encontro com as Escrituras aplicadas ao coração pela operação do Espírito Santo. Os cristãos entendem, conforme o apóstolo Paulo expôs, que "tudo o que fizerem, façam de todo o coração, como para o Senhor, e não para os homens"[14]. Mais forte do que o pacto do homem com o homem, é o pacto do homem com Deus, pois o próprio Deus trabalha para que essa aliança seja mantida e o capital moral seja gerado. Ao cumprirmos o pacto com Deus e com o outro, nos doando, abrimos espaços para a inclusão e o relacionamento. Incluímos pessoas e resistimos à lógica das civilizações modernas, que têm como natural a exclusão. O cristão recebeu uma vocação nesse sentido, e precisa aceitar que nossos relacionamentos irão modificar nosso mundo, desordenar nossas ordens, perturbar nossa identidade e nos negar o controle. Ao mesmo tempo que Deus nos convoca, ele também se demonstra doador desse bem. Não há uma autonomia pura. O Deus que se relaciona entre

---

[9] Lucas 6:31.
[10] KUIPER, *Capital moral*, p. 278.
[11] MANGALWADI, *O livro que fez o seu mundo*, p. 296.
[12] KUIPER, op. cit., p. 250 apud CHAPLIN, Jonathan. *Civil society and state: a neo-Calvinist perspective*. In: SCHINDLER, Jeane Hefernan. *Christianity and civil society: Catholic and neo-Calvinist perspectives* (Lanham: Lexington Books, 2008), p. 70.
[13] DOOYEWEERD, Herman. *No crepúsculo do pensamento ocidental* (Brasília: Monergismo, 2018), p. 244.
[14] Colossenses 3:23.

si chama aqueles que são semelhança dele para encenar, na realidade temporal, a dinâmica trinitária de um relacionamento coeso.

A partir do momento que nos sujeitamos a estar em uma posição vulnerável por causa do outro, o processo de individualização é combatido e, com ele, o que move as engrenagens da corrupção. Se nem Deus, nem o próximo têm valor em si, tudo é passível de ser realizado, independente dos impactos, inclusive no que tange à corrupção.

Contudo, percebe-se que a preocupação de Jerome Binde, diretor do projeto da UNESCO, relatada por Kuiper[15], se refere ao mundo cada vez mais dominado por motivos de interesses econômicos ligados à sociedade pós-moderna. Ele enfatiza que encontra-se um caminho mais profundo onde a individualização não apenas dissolve os valores primeiros de uma comunidade, mas também custa caro monetariamente às sociedades e nações, por intermédio de uma corrupção sistêmica onde as elites políticas continuam a ganhar propinas, aliando-se a empresários desonestos e prendendo, assim, nações inteiras na pobreza, afastando-os de um desenvolvimento sustentável.

A sociedade pós-moderna não consegue fornecer capital moral suficiente para a manutenção de uma sociedade mais solidária, enraizada e estável. Há no homem um desejo inato de conectividade, mas é necessária a criação intencional de um ambiente para que esse desejo floresça e se torne, de fato, um local onde o capital moral é desenvolvido em sua plenitude.

Marlon Girardello é tecnólogo em Sistemas de Informação pela Universidade do Estado de Santa Catarina (UDESC) e especialista em Engenharia de Software (Centro Universitário/Católica — SC). Iniciou seus estudos em teologia no Seminário Martin Bucer e atualmente é estudante do programa de tutoria do Invisible College. Atua como analista de sistemas, mas foi capturado pelos livros e estudos em teologia e áreas relacionadas. É membro da Igreja Bíblica Resgatte, em Joinville, juntamente com sua esposa Amábile.

---

[15]KUIPER. *Capital moral*, p. 281.

Capítulo 20

Bruno Mambrim Maroni

VIDA EM REDE:
capital moral para a sociedade da solidão conectada

> *Estamos tão conectados, mas somos mesmo amigos?*
> — Arcade Fire (Reflektor)

> *Estar sozinho vem se tornando uma pre-condição para estar conectado.*
> — Sherry Turckle

> *Agora, pois, vemos apenas um reflexo obscuro, como em espelho; mas, então, veremos face a face.*
> — 1Coríntios 13:12

Onde estamos? O cenário da solidão conectada

No rumo dos avanços nas mídias de comunicação de massa (mídias analógicas), em direção ao advento da internet a partir do final dos anos 1990 (mídias digitais), a tecnologia encontrou seu lugar no dia a dia dos nossos vínculos sociais. Hoje, parece fazer mais sentido dizer que a vida faz parte dos circuitos tecnológicos em vez de afirmar que são eles que estão inseridos na vivência cotidiana.

Considerando isso, uma série de pesquisas têm sido feitas com o objetivo de mapear os números da vida em rede. O DataReport identificou — até o momento em que escrevo este capítulo — que existe cerca de 4,48 bilhões de usuários nas redes sociais, sendo que 99% dos acessos são feitos via *smartphone*. O WhatsApp, por exemplo, é uma rede social que comporta cerca de 2 bilhões de usuários mensalmente[1]. No Brasil, esse é o canal mais utilizado pela população, que costuma gastar mais de 3 horas diárias online[2]. As mídias digitais cobrem nossas atividades mais triviais, como marcar um encontro para um café, até as mais intrincadas, como articulações políticas e transações econômicas. Ativismo, comunicação, entretenimento e vínculos afetivos se entremeiam nas redes.

O que persegue, porém, desde os teóricos de diferentes disciplinas ao usuário comum desses meios, é a seguinte questão: o quanto as mídias digitais são eficientes para o

---

[1] "Global Social Media Stats". Disponível em: https://datareportal.com/social-media-users.
[2] KEMP, Simon. "Digital 2019: Global internet use accelerates". Disponível em: https://wearesocial.com/blog/2019/01/digital-2019-global-internet-use-accelerates.

desenvolvimento da sociedade? Elas viabilizam a conexão ou atenuam a desconexão social? O brilho das telas ilumina o caminho para relações frutíferas ou o obscurece, causando alienação? Aqui, um pressuposto já se faz necessário para a nossa reflexão: apostar na informação, na tecnologia e na conectividade para o florescimento humano é arriscado.

A pesquisadora Tracy Dennis-Tiwary apontou que as telas incitam o desvio do olhar, fundamental para os vínculos humanos. Também indicou que essa ruptura visual interfere nos processos colaborativos[3]. Já Bhaskar Chakravorti observou que tem crescido a desconfiança digital a níveis de mercado e política, e que essa insegurança figura como o principal desafio da internet[4]. Investigando as interações cotidianas contemporâneas, a estudiosa da comunicação Sherry Turkle propôs a intrigante — e certeira — teoria da "solidão conectada", trabalhada no livro *Alone Together* [Juntos Separados]. Para Turkle, a fim de contornar a sensação de deslocamento, não pertencimento e solidão, as pessoas se conectam virtualmente. Como uma fuga, essa é uma tentativa de omitir nossas vulnerabilidades.

A autora sugere, ainda, que "estamos sozinhos, mas com medo da intimidade. As conexões digitais e o 'robô sociável' podem oferecer a ilusão da companhia sem as exigências da amizade. Nossa vida em rede permite esconder-se mesmo quando agarrados aos outros"[5]. Sobre esse conceito, o professor de teoria da comunicação Luís Mauro Sá explica:

> Basicamente, explica Turkle, as tecnologias conseguem suprir algumas de nossas maiores vulnerabilidades e ajuda a lidar com medos contemporâneos – o medo da solidão, mas também o medo de criar vínculos muito próximos com outras pessoas. [...] A vida em rede, define Turkle, permite que nos mantenhamos ao mesmo tempo escondidos e ligados uns aos outros, em uma proximidade sem intimidade.[6]

Há uma contínua ambivalência em nossos modos de comunicação diários, por isso transitamos por vias tênues entre vínculos online. A expectativa de que essas plataformas de interação supram as demandas para manter a coesão social tem se mostrado cada vez mais plástica e enganosa. Que processos, porém, nos conduziram a esse quadro social agora percebido? O que tem despertado críticas tão agudas à tecnologia, do tipo das que ouvimos no aclamado documentário "O dilema das redes", da *Netflix*? A tecnologia deixou de ter o papel de ferramenta para se tornar um vício e um meio de manipulação? Que percurso se deu até a configuração da sociedade atual, com seus múltiplos desajustes, tão reparados, por exemplo, na literatura de ficção científica e nas séries televisivas sobre distopias?

A mecânica das relações: por que estamos desconectados

Podemos dizer que o desregulamento social vigente é desencadeado pelo decrescimento moral nas relações — e sua transmissão concreta — que, opostamente, encontram crescentes

---

[3]DENNIS-TIWARY, Tracy. "Por que as telas ainda prejudicam as relações humanas?" *Nexo*. Disponível em: https://www.nexojornal.com.br/externo/2020/04/17/Por-que-as-telas-ainda-prejudicam-as-rela%C3%A7%C3%B5es-humanas.

[4]CHAKRAVORTI, Bhaskar. "Confiança em tecnologia digital será a próxima fronteira da internet, em 2018 e além". *Nexo*. Disponível em: https://www.nexojornal.com.br/externo/2018/01/06/Confian%C3%A7a-em-tecnologia-digital-ser%C3%A1-a-pr%C3%B3xima-fronteira-da-internet-em-2018-e-al%C3%A9m.

[5]TURKLE, Sherry. *Alone together: why we expect more from technology and less from each other* (Arizona: Basic Books, 2011), posição 424, edição Kindle.

[6]MARTINO, Luis Mauro Sá. *Teoria das mídias digitais*: linguagens, ambientes e redes (Petrópolis: Vozes, 2015), p. 124.

possibilidades de articulação por vias tecnológicas. Contudo, muitas opções de interatividade não resultam necessariamente em vínculos estáveis, longevos, vigorosos e promissores para a comunidade, para os micros e macrossistemas. Um autor que explora esse movimento de desconexão é o filósofo e político holandês Roel Kuiper, particularmente em seu livro *Capital moral: o poder de conexão da sociedade*. Nessa obra, o autor define previamente "sociedade" e "capital moral", traçando os pressupostos para entendermos a transformação social que move a época em que vivemos. É muito importante reconhecermos essa mesma terminologia para seguir refletindo sobre as características — virtudes e problemas — da nossa sociedade.

De modo geral, é comum entendermos "sociedade" como uma organização abrangente, uma montagem de partes que compõem um todo que se sobressai. Segundo Kuiper, essa é uma concepção organicista de sociedade que não corresponde à "natureza e independência dos laços e estruturas sociais"[7]. Então, que definição capta mais adequadamente essa realidade de interdependência que o autor indica? Para Kuiper, o que há na sociedade é uma rede de relacionamentos tecida entre pessoas e estruturas sociais, que dialogicamente ampliam-se entre si[8].

Essa concepção reconhece aspectos definidores para a formação de uma sociedade, tais como heterogeneidade, dinâmica, cooperação, doação e confiança mútuas. No entanto, quando a interdependência pessoas-estrutura se torna disfuncional, a rede relacional se rompe, desencadeando a retirada de atitudes de acolhimento, preocupação e segurança, indispensáveis para a constituição da identidade pessoal e coletiva. Segundo Kuiper, "fragmentação e desprendimento ameaçam não só uma existência de conexão social, mas atingem concomitantemente valores e garantias que fazem da nossa vida o que ela é"[9]. É o capital moral que garante essa conexão social.

Se sociedade é "uma rede de relacionamentos em interação dialógica", o capital moral, por sua vez, consiste na capacidade que uma sociedade tem de articular e transmitir valores morais que conferem coesão às relações que funcionam socialmente. O autor entende capital moral como "a capacidade (individual e coletiva) de estar junto ao próximo e ao mundo de uma forma preocupada. [...] Os mais cardinais são os valores morais, amor e lealdade, que considero os lastros da moralidade"[10].

Quando uma das esferas entre a pluralidade das demais é absolutizada, ou seja, quando o capital de coesão se concentra em um único aspecto da realidade, a sociedade é desregulada. Pensando, por exemplo, na ampliação da esfera econômica vigente no mercado capitalista, as relações interpessoais — do casamento à amizade — são reduzidas às dinâmicas do consumo. Isso, que Kuiper explica acompanhando a teoria da soberania das esferas, de Herman Dooyeweerd[11], aproxima-se do que Sherry Turkle, autora da ideia da "solidão conectada", fala sobre os vínculos antropomórficos que tendemos a estabelecer com os dispositivos tecnológicos, em que a afetividade se desloca do humano ao mecânico[12]. É sobre esse deslocamento que vamos pensar agora.

---

[7] KUIPER, Roel. *Capital moral: o poder de conexão da sociedade* (Brasília: Monergismo, 2019).
[8] Ibid., p. 19.
[9] Ibid., p. 21.
[10] Ibid., p. 24-5.
[11] Ibid., p. 30.
[12] MARTINO, *Teoria das mídias digitais*, p. 125.

Chegando até aqui: informação, consumo e reflexividade

Já vimos que os desequilíbrios sociais decorrentes da sobreposição da tecnologia e mídia digitais às redes de relacionamento pessoais e estruturais têm forte potencial para desregular a sociedade, tornando escasso o capital moral, o que dá conexão autêntica à sociedade. Kuiper, no princípio de sua argumentação, explica que olhando para trás é possível identificar três expressivas transformações responsáveis por configurar as práticas sociais atuais: a informatização, a globalização e a individualização. Embora Roel não aborde substancialmente a temática da sociedade em rede, tema explorado majoritariamente por teóricos da comunicação, vale assumir que essas transições subjazem ao movimento de deslocamento relacional consequente do avanço das mídias digitais. Quais os contornos de cada um desses processos? O autor esclarece:

> Informatização (ou melhor: a revolução da informação) é responsável por uma disponibilidade inimaginável de conhecimento e confronta a população mundial com infinitas possibilidades de escolha em praticamente todos os campos. Globalização significa a valorização definitiva do espaço global, para a economia, a tecnologia, o setor industrial, as agências de viagens, e, portanto, também para o cidadão. Individualização significa, entre outros, fazer uso para si mesmo de todas as escolhas disponíveis, também. E não menos, no domínio das relações sociais.[13]

No decorrer desses processos, visualizamos uma reconfiguração todo-abrangente da sociedade. Isso é notável na difusão das mídias digitais; sendo assim, faz sentido considerarmos a cibercultura — "a expressão que serve à consciência mais ilustrada para designar o conjunto dos fenômenos cotidianos agenciado ou promovido com o progresso das telemáticas e seus mecanismos"[14] — não somente como uma extensão da realidade, mas sim uma transformação das relações sociais. O que muda é a maneira pela qual experimentamos comunidade; e se o que muda é a maneira de experimentarmos a comunidade, logo, tudo muda.

Essa modificação, catalisada primordialmente pela internet, é tão contundente que chegamos às distinções entre "estar conectado" e "ser conectado". A diferença é incisiva. A autora Martha Gabriel a explica dizendo que "ser conectado significa que parte de você está na rede — você vive em simbiose com ela"[15], como se a conexão online passasse de ocasional e opcional para necessária e inevitável.

Com isso, que traços (e direções) os relacionamentos tomam? Levados pela sobrecarga de possibilidades e fluxo de produtos, nós, cidadãos, assumimos o papel de hiperconsumidores, enquanto a cidade, por exemplo, se converte em mercado. Porém, com a dissolução dos limites de espaço e tempo, o contexto virtual se torna, para o indivíduo, espaço para aquisição do que para ele for mais apropriado, a fim de coordenar seu próprio projeto de vida. Por isso, o utilitarismo tecnológico atende precisamente ao egocentrismo individualista[16],

---

[13] KUIPER, *Capital moral*, p. 39.
[14] MARCONDES FILHO, Ciro. *Dicionário de comunicação* (São Paulo: Paulus, 2014), p. 137.
[15] GABRIEL, Martha. *Você, eu e os robôs: pequeno manual do mundo digital* (São Paulo: Atlas, 2020), p. 17.
[16] KUIPER, *Capital moral*, p. 41.

desencadeando o desprendimento social local e virtual. As relações se estreitam e a consciência coletiva se esgota.

Qual o nosso lugar como indivíduos enredados entre o excesso de possibilidades, produtos e promessas midiáticas? A autorrealização, em vez de liberdade, passa a ser necessidade e responsabilidade. Para Kuiper, "a pressão da liberdade, a pressão em fazer a melhor escolha entre todos os mundos possíveis, tudo isso recai nos ombros do homem que precisa moldar a sua vida individual"[17]. O excesso informativo motiva a "subjetivação reflexiva", conceito que remonta aos sociólogos Ulrich Beck e Anthony Giddens, para quem, segundo Kuiper, "a autorreflexão do indivíduo caracteriza-se pela formação desse futuro ideal e legitima um uso instrumental do outro"[18]. Ou, na voz de Win Butler e do Arcade Fire, em "Reflektor": "Eu pensei ter encontrado o conector/É apenas um refletor (é apenas um refletor)"[19].

Esse é um diagnóstico da nossa sociedade desregulada que se entremeia às mídias digitais, apresentando novas configurações sociais e práticas relacionais — relações mecânicas — que devem ser consideradas e respondidas propositivamente, visando a promoção de capital moral para uma existência compartilhada significativa.

O que há do lado de fora? Amando o próximo nas redes do mundo digital

Há uma alternativa capaz de reverter os processos sociais que comprometem o bem-estar público? Sim. É necessário um padrão de pensamento distinto e atitudes ressignificadas por ele.

Em primeiro lugar, precisamos passar de uma atitude de exclusiva compreensão do outro para uma atitude de preocupação com o outro. São as relações preocupadas-responsivas que fornecem os laços morais indispensáveis para a coesão social. Essa disposição ultrapassa os contratos condicionais e a solidariedade pontual e, como um pacto, pressupõe o empenho incondicional e o cuidado abrangente. Para Kuiper, "trata-se de uma atitude moral que pede ao homem que deixe de olhar para si e estenda a mão com amor para o outro e para o diferente. Ser humano é: assumir para si a missão de preocupar-se com o mundo"[20]. E onde se dá esse empenho relacional responsável pelo cultivo do capital moral? Mais uma vez, de acordo com o autor, "o capital moral é formado em contextos sociais concretos. Ali, onde as pessoas assumem a preocupação umas com as outras"[21].

Contudo, segue uma questão — um dilema insistente — que persegue qualquer pessoa e, especialmente, todo discípulo de Jesus: como amar o próximo nas redes do mundo digital? Esse é o segundo aspecto da alternativa em favor de processos sociais que favoreçam o florescimento humano. Antes, devemos reconhecer que deslocar todos os problemas da sociedade para o progresso tecnológico é um equívoco. Não é nada produtivo reduzir os defeitos do mundo à tecnologia. Afinal, como qualquer componente cultural, a tecnologia, mesmo que tenha sido desorientada pela Queda, mantém em sua estrutura a bondade criacional. O desenvolvimento tecnológico, das mídias digitais, especialmente, é dádiva para o cotidiano das relações. Essa é a perspectiva que a professora de comunicação Heidi Campbell e o teólogo

---

[17] Ibid., p. 105.
[18] Idem.
[19] Arcade Fire, "Reflektor", *Reflektor*. © 2013 Universal Music.
[20] KUIPER, *Capital moral*, p. 134.
[21] Ibid., p. 147.

Stephen Garner articulam no livro *Networked Theology: Negotiating Faith in Digital Culture* [Teologia em rede: negociando a fé na cultura digital].

Duas convicções escriturísticas movem essa proposta: a relação trinitária e a soberania de Deus sobre toda esfera da realidade. Primeiro, à luz da relacionalidade da Trindade, eles afirmam que a figura bíblica do "próximo"[22] implica uma relação que supre o outro e promove bem-estar. Reconhecer o outro como pessoa "significa reconhecermos seu valor inerente, e esse reconhecimento é algo que devemos buscar em todos os nossos relacionamentos"[23]. Em segundo lugar, precisamos participar do ambiente virtual admitindo e testemunhando do senhorio de Cristo sobre o ambiente digital, porque "se não vemos lugar para Deus em nossa atividade e vida online, também o mundo online perde sua capacidade como local para encontros com Deus" e, naturalmente, com as pessoas[24]. Campbell e Garner concluem:

> se nosso mundo agora inclui novos lugares e representações não-físicas da vida humana, não devemos nos surpreender ao encontrar Deus, que é o Senhor de todos, presente em nossos espaços digitais e em nossos encontros humanos por lá.[25]

Na sociedade em rede, nenhum contexto é mais concreto que o digital. Graças, principalmente, à superação dos limites geográficos por parte da internet, o lado de fora (o outro lado) passou a estar bem em frente a nós, ou logo em nossas mãos. Nesse cenário, a igreja, como comunidade moral, é comissionada a perceber e participar das relações tecidas nas mídias digitais, fazendo isso biblicamente, suprida para desempenhar uma teologia pública que comprometidamente — portanto, amorosamente — favoreça o bem comum, promova reconciliação, plenitude (*shalom*) e conexão autêntica entre as pessoas.

---

[22] Cf. Mateus 22:37-40.
[23] CAMPBELL, Heidi A; GARNER, Stephen. *Networked theology: negotiating faith in digital culture* (Grand Rapids: Baker Academic, 2016), p. 86.
[24] Ibid., p. 91.
[25] Ibid., p. 91-2.

Capítulo 21

Daniel Ponick Botke

O PACTO DE MEMBRESIA EM UMA SOCIEDADE CONTRATUALISTA

Em sua Carta aos Efésios, o apóstolo Paulo compara a Igreja de Cristo a um corpo bem ajustado, no qual cada órgão faz a sua parte[1]. Cristo compara a si mesmo a uma videira da qual os seus servos são os ramos[2]. No livro de Romanos, vemos Cristo sendo chamado de primogênito dentre muitos irmãos[3], e Cristo chama seus discípulos de filhinhos[4]. No decorrer de todo o Novo Testamento, vemos diversas vezes os escritores chamarem seus companheiros de fé de "irmãos". Este, portanto, é o nível de ligação e comprometimento que foi projetado e que é esperado daqueles que são chamados para participar do corpo de Cristo. No entanto, o que temos visto em nossas igrejas muitas vezes é uma apatia, ou uma busca por autossatisfação, uma inquietude e uma expectativa errônea dos membros para com suas igrejas. Neste capítulo, busco mostrar que isso se dá em decorrência da aceitação e assimilação do espírito consumista e contratualista do presente século em nossas vidas e em nossas igrejas.

A busca por satisfação

Em seu livro *Capital moral*, Roel Kuiper faz uma arqueologia sociológica da moralidade desde os tempos pré-modernos até os nossos tempos pós-modernos. Segundo ele, até o século 18, o pensar do homem era a prática de se ajustar a uma ordem pré-existente das coisas, ordem essa que não poderia ser modificada pelo pensamento do indivíduo. Dessa forma o pensamento não era visto como um instrumento de inteligência que o indivíduo poderia utilizar totalmente para si. Já no renascimento pré-moderno, o homem, como pessoa, passou a importar. Ele deveria estudar a natureza para entender sua lógica de funcionamento, para que, assim, pudesse extrair todo o seu potencial para seu proveito. Na modernidade alta, o homem passou a ser visto como um ser independente, capaz de buscar sua realização por si só, capaz de se apropriar do mundo, de ser proprietário do momento e de seu semelhante; um verdadeiro lobo[5]. Tal perfil não deixa de nos recordar a máxima de Protágoras: "O homem é a medida de todas as coisas"[6].

Esse homem racional, o homem autorresponsável de Kant, projetou para si um futuro melhor, uma realidade na qual o Estado bem governaria e ajustaria todas as coisas, fazendo

---

[1] Cf. Efésios 4:16.
[2] Cf. João 15:15.
[3] Cf. Romanos 8:29.
[4] Cf. João 13:33.
[5] KUIPER, Roel. *Capital moral: o poder de conexão da sociedade* (Brasília: Monergismo, 2019), p. 310.
[6] Platão, *Teeteto*.

com que o homem vivesse em harmonia e tivesse o seu bem-estar garantido. Na busca por essa utopia, todos os atos eram justificáveis, até mesmo a violência, uma vez que se estava atuando em nome de um bem maior. No entanto, as revoluções, a morte, os governos totalitários e as ditaduras colocaram um fim à busca utópica coletiva, gerando um ceticismo para com esse ideal. Contudo, a utopia continuou presente e atuante na mente e no coração do homem pós-moderno, mas uma vez que a realização utópica de uma comunidade foi desacreditada, ele, agora, busca uma realização particular e privada.[7]

Nessa busca, os fins continuam a justificar os meios. A relação com o outro visa apenas o benefício próprio, para que o indivíduo possa alcançar sua autorrealização. Os relacionamentos passaram a ser autorreflexivos, nos quais o outro é visto apenas como alguém que irá suprir sua própria necessidade ou carência, e é isso que irá determinar a aproximação ou o distanciamento. Como se isso não bastasse, a sociedade consumista apenas facilita e retroalimenta nossa necessidade de autoafirmação e autossatisfação. Da mesma forma, o mundo globalizado piora o quadro, gerando um desenraizamento das pessoas de suas comunidades locais, uma vez que espaço e tempo não são mais medidos pelo local onde se coloca as plantas dos pés, posto que cada um pode fazer para si um espaço, um tempo e uma comunidade da forma que melhor lhe aprouver, agradar e beneficiar.[8]

Bom, isso tudo provavelmente não é novidade para muitos de nós, que vemos situações como essas acontecerem diariamente ao nosso redor, seja nas redes sociais, na rua, no trabalho, nas amizades, ou, infelizmente, até nos próprios lares. Por mais que haja muito a falar de cada uma dessas esferas da sociedade, que são afetadas pela cultura pós-moderna, quero apresentar os seus efeitos na Igreja de Cristo, pois, infelizmente, muitos cristãos, inclusive líderes, não fizeram uma necessária exegese cultural de seu tempo, seja lá pelo motivo que for; com isso, eles, sem perceber, acabaram abraçando toda a cultura que deveriam questionar. Na ânsia de dialogar com essa cultura, ou de ser relevante, como é a palavra do momento, muitos cristãos e muitos líderes apenas dialogaram sem fazer qualquer questionamento, sem apresentar qualquer antítese. Abraçaram sem questionar toda mentalidade individualista, consumista e contratualista pós-moderna, trocando apenas a sua aparência e vocabulário para se adaptar ao "meio cristão". Coaram o mosquito, mas engoliram o camelo[9].

O resultado disso nas igrejas, nós já sabemos: as pessoas buscam mestres para si que possam lhes falar coisas agradáveis e que lhes façam se sentir bem, que façam com que se sintam encorajadas e incentivadas a buscar aquilo que tanto sonham, que lhes façam acordar na segunda de manhã, após ouvir a mensagem de domingo, mais preparadas para produzir e prosperar. Ou, ainda, buscam as igrejas e os templos atrás de milagres, curas, riqueza instantânea ou qualquer outro tipo de "macumba gospel" que as façam melhores, mais felizes e mais realizadas. Elas não suportam a sã doutrina, não suportam a Palavra de Deus pregada, não suportam o pecado escancarado e fétido sendo apresentado à sua frente. Uma atitude consumista, individualista, autocentrada na autorrealização e na autossatisfação, em afeições narcisistas e no amor egoísta.

---

[7]KUIPER, *Capital moral*, p. 42.
[8]KUIPER, *Capital moral*, p. 42.
[9]Cf. Mateus 23:24.

É por isso que Charles Finney e suas experiências sensoriais particulares e individualizadas de fé lhe renderam tanto sucesso, pois ele tinha à sua frente o público perfeito para suas peripécias, um público que buscava mestres como ele. Homens como Finney, dentre tantos outros, reforçaram o caminhar da igreja na direção da secularização e privatização da sua fé, bem como do "consumismo cristão", aumentando a demanda para mercadores da fé. Homens assim só chegaram onde chegaram e fizeram o que fizeram porque tiveram, e ainda hoje têm, grandes plateias que os aplaudem[10]. É o mesmo problema que podemos ver hoje com os "pregadores *coaching*".

O fácil rompimento

Esse tipo de membresia e de comunhão gera laços e relações demasiadamente frágeis, baseados em contrato de troca de benefícios, no qual o membro de uma determinada igreja ali está pelos benefícios que ela pode lhe proporcionar. Da mesma forma, a liderança se relaciona com seus membros visando usufruir de algum benefício. Esse relacionamento contratual, individualista e consumista é tênue e raso, o que o torna fácil de ser quebrado. No momento em que uma determinada igreja não mais nos satisfaça, ou que não mais nos proporcione as coisas boas que buscamos para a nossa vida, não temos a menor dificuldade de trocá-la. Ou, ainda, quando uma liderança percebe que não poderá se beneficiar muito de um determinado membro, pelo fato de que ele não está comprando muito de suas mercadorias da fé, ela deixa de se interessar pela vida dele.

Repare que o grande problema está no objetivo (*telos*) do homem ir à igreja, ou de liderá-la, e todas essas situações são geradas quando o fim desses homens são eles mesmos, quando seu coração não está comprometido com Cristo, mas com seu próprio eu.

A busca pelo evangelho

Na exortação ao seu discípulo Timóteo, Paulo, em sua segunda carta, parece escrever algo sobre os tempos que estamos vivendo, e é nele que encontramos o antídoto para a nossa situação:

> Eu te exorto diante de Deus e de Cristo Jesus, que há de julgar os vivos e os mortos, pela sua vinda e pelo seu reino, prega a palavra, insiste a tempo e fora de tempo, aconselha, repreende e exorta com toda paciência e ensino. Porque chegará o tempo em que não suportarão a sã doutrina; mas, desejando muito ouvir coisas agradáveis, ajuntarão para si mestres segundo seus próprios desejos; e não só desviarão os ouvidos da verdade, mas se voltarão para as fábulas. Tu, porém, sê equilibrado em tudo, sofre as aflições, faze a obra de um evangelista e cumpre teu ministério.[11]

Paulo parece descrever a realidade que acabamos de ver: um povo que busca mestres que sejam agradáveis para seus ouvidos, uma busca autocentrada e individualista. Contudo, a origem desse problema é encontrada no terceiro verso, onde o apóstolo claramente nos mostra o diagnóstico: "Chegará o tempo em que não suportarão a sã doutrina". Os que assim

---

[10] KELLER, Timothy. *Igreja centrada: desenvolvendo em sua cidade um ministério equilibrado e centrado no evangelho* (São Paulo: Vida Nova, 2014), p. 464.
[11] 2Timóteo 4.1-5. Almeida Século 21.

vivem e congregam não suportam a Santa Palavra de Deus, e seus mestres, aceitando e atendendo ao pedido desse povo, não mais pregam a sã doutrina. Com isso, esses mestres se abstêm do dever de pregar a sã doutrina.

Mas com a mesma precisão com que o apóstolo diagnostica a doença daquele povo, ele mostra o tratamento e o remédio: "Tu porém prega a palavra, insiste a tempo e fora de tempo, aconselha, repreende e exorta com toda paciência e ensino, sê equilibrado em tudo, sofre as aflições, faze a obra de um evangelista e cumpre teu ministério". Paulo nos mostra que os líderes e pregadores da Palavra não devem aceitar as demandas e exigências seculares daqueles que não suportam a sã doutrina. Pelo contrário, eles devem insistentemente pregar a verdadeira Palavra de Deus, seja em tempo ou fora de tempo. Tal alerta nos traz à memória, também, a passagem de Romanos 12.2: "E não vos conformeis com este mundo, mas transformai-vos pela renovação do vosso entendimento, para que experimenteis qual seja a boa, agradável e perfeita vontade de Deus". O pregador, portanto, deve ter como alvo a vontade de Deus nas Escrituras, e não a coceira nos ouvidos dos homens.

Paulo nos conclama a sermos fiéis em nossa tarefa de pregar o evangelho, em nosso trabalho de evangelista, pois somente por meio da pregação do evangelho puro e verdadeiro; somente por meio da luz da Palavra de Cristo que os homens perceberão que jamais poderão se satisfazer com a lavagem que tem recebido em seu consumismo gospel. Somente ao serem confrontados com a verdadeira Palavra; somente quando experimentarem do verdadeiro pão vivo que desceu do céu; somente assim se saciarão e perceberão que nada nem ninguém — nem eles mesmos —, em sua alta capacidade racional, pode satisfazê-los, apenas o evangelho verdadeiro.

Em seu livro *A treliça e a videira*, Colin Marshall demonstra como a pregação do evangelho é vital para a igreja, ou, ainda, é a pregação do evangelho que caracteriza uma comunidade como igreja. Comentando sobre o Salmo 80, Colin demonstra que o clamor de Israel a Deus foi atendido, pois a resposta do Senhor veio prometendo a restauração deles. Contudo, essa restauração passaria pela dor; o caminho da glória seria pela morte do Cristo de Deus. Além disso, os apóstolos cheios do Espírito Santo passaram a pregar as boas-novas, pessoas passaram a seguir a Cristo e ao evangelho, tendo suas vidas transformadas. Isso é o que Deus está fazendo no mundo agora, pregando a palavra através de seus servos; pregando Cristo, e este crucificado[12]. O evangelho plantado e enraizado no coração das pessoas cresce e produz frutos na vida do crente. É por essa razão que o Novo Testamento pouco fala sobre o crescimento da igreja em número de pessoas, mas sim sobre o crescimento do evangelho[13].

O pacto de membresia em uma comunidade normatizada

Por meio dessa pregação, o nosso eu, nosso ego, nosso orgulho, é morto. O amor egoísta é destruído, a cidade do homem rui e os amores do nosso coração são refeitos. É só através dessa pregação, que escandaliza a mim e ao mundo, que encontraremos o sumo bem, o Deus eterno que pode devidamente fundamentar meu ser e sustentar minha alma. E não apenas isso, mas nele encontramos a nós mesmos, a natureza e o outro. Como diria Agostinho em suas *Confissões*: "Feriste-me o coração com a tua Palavra, desde então te amei"[14].

---

[12]Cf. 1Coríntios 1:23.

[13]MARSHALL, Colin. *A treliça e a videira: a mentalidade de discipulado que muda tudo* (São José dos Campos: Fiel, 2015).

[14]AGOSTINHO. *Confissões* (Rio de Janeiro: Petra, 2020), p 19, 131-2, 155.

Através de Deus e de sua Palavra, eu entendo que fui criado à sua imagem e semelhança; que fui amado por seu Filho e fui salvo por ele; que sou chamado de filho, irmão, ramo e parte; e que, juntamente comigo, outros são chamados para serem filhos, irmãos, ramos e partes. Através da sua Palavra, aprendemos, portanto, que somos chamados a participar de sua Igreja não como se fosse uma associação que visa o interesse individual, que me beneficia de alguma forma e da qual posso entrar e sair quando bem entender. Somos chamados a participar de um corpo, de uma comunidade instituída por Deus, unida através de um pacto mútuo, uma promessa de amor, cuidado e suporte. Como diz Gálatas 6:1, devemos levar "as cargas uns dos outros e assim cumprireis a lei de Cristo".

Nessa comunidade normatizada pelas Sagradas Escrituras[15], vemos o reflexo da Santíssima Trindade que a criou. Vemos *uma* comunidade de fé, unida como um corpo indivisível, mas ao mesmo tempo formada de *muitas* pessoas que trabalham, realizando cada uma o seu ministério e a sua justa parte, para que esta funcione como lhe é devido, como um corpo com seus muitos órgãos, "tendo em vista o aperfeiçoamento dos santos para o desempenho do ministério, para a edificação do corpo de Cristo"[16].

O pacto de membresia não deve, portanto, ser apenas um documento que é lido e declarado por costume e tradição da igreja, mas um verdadeiro compromisso mútuo, uma promessa para a igreja e para o meu irmão de que eu estarei ali para amá-lo, suportá-lo e edificá-lo, enquanto a comunidade a qual fazemos parte permanecer fiel aos ensinos eternos. Só assim é que venceremos a secularização para que ela não entre na igreja, e só assim seremos, de fato, Igreja e corpo de Cristo.

É tempo, portanto, de nos desfazermos das nossas ambições egoístas e de nos dedicarmos à obra de Cristo. Deus está buscando o crescimento dos crentes, o crescimento em pessoas. Por isso, devemos ansiar por trazer mais pessoas ao Reino de Deus e vê-las crescendo e dando frutos. Ver a igreja formada, regada e crescendo pelo operar do Espírito Santo. Independente do contexto, o processo é sempre o mesmo: a Palavra de Deus é pregada pelos seus servos, o Espírito Santo opera no coração do ouvinte e produz nele arrependimento e os frutos do Espírito Santo[17].

Que Deus nos ajude, amém.

---

[15]VANHOOZER, Kevin J. *O drama da doutrina: uma abordagem canônico-linguística da teologia cristã* (São Paulo: Vida Nova, 2016), p. 512.
[16]Cf. Efésios 4:12.
[17]MARSHALL, *A treliça e a videira*, p. 447.

Parte VIII

Trabalhando pelo bem comum

Justiça social, ação política
e fé cristã

A partir da forma como muitas pessoas se pronunciam a respeito dos assuntos políticos, a esfera pública parece ser um espaço ideologicamente bem delimitado. Elas usam os conceitos de um modo que lembra um jogo de soma zero: direita e esquerda, conservador e progressista, fascista e reacionário... e isso para explicar toda uma gama diversificada de fenômenos sociais. Uma espécie de panaceia sociológica. Entretanto, sabemos que as dinâmicas políticas são bem mais complexas do que esse jogo maniqueísta, formando diversas camadas ideológicas que, em alguns momentos, se sobrepõem e escapam da compreensão rasteira dos nossos clichês preferidos. Nesses encontros com situações limítrofes é que as ideologias mostram seu poder analítico limitado.

Para dar apenas um exemplo de situações de exceção, lembro-me de uma notícia sobre a coalizão entre diversos grupos políticos conservadores e uma frente de libertação feminista dos EUA a favor de um projeto de lei, no Estado de Dakota do Sul, que proibia médicos de receitar bloqueadores hormonais para jovens com menos de 16 anos com cirurgias de redesignação de gênero confirmadas.[1]

O que é politicamente interessante nessa notícia é que dois grupos sociais historicamente colocados em lados opostos de diversas discussões políticas — tais como aborto, direito homoafetivo e libertação feminina — se aliaram contra pautas relacionadas aos transgêneros. Foi motivo de notícia, inclusive, o fato de que conservadores norte-americanos e feministas radicais deram as mãos contra a luta de direitos civis das pessoas trans. Isso aconteceu somente porque as visões maniqueístas de análise social, que mantêm os grupos em polarização irresoluta, não conseguiram acompanhar um processo social dessa complexidade, envolvendo as reivindicações adolescentes de pessoas trans.

Esse é apenas um caso específico dentre muitos outros que poderiam ser mencionados para ilustrar um princípio político fundamental: as dinâmicas da realidade social têm uma complexidade de que os imaginários ideológicos não conseguem dar conta, em razão de seus limites intrínsecos. A natureza própria das ideologias faz com que elas sejam incapazes de fornecer as categorias necessárias para nos orientarmos na realidade sem incorrermos em reducionismos, empobrecimentos e desumanizações. Quem deixou essa natureza diminuta das ideologias exposta foi o cientista político David T. Koyzis em sua obra *Visões e ilusões políticas*.[2]

Seguindo uma tradição aberta pelo economista holandês Bob Goudzwaard, Koyzis explicou as modernas ideologias políticas a partir das antigas idolatrias religiosas, em que um

---

[1] Notícia disponível em: *https://www.bbc.com/portuguese/internacional-51624850*.
[2] KOYZIS, David. T. *Visões e ilusões políticas* (São Paulo: Vida Nova, 2014).

aspecto da realidade era recortado do todo e transformado em uma divindade. Em outras palavras, assim como os antigos cultos idólatras das religiões pagãs, as ideologias modernas divinizam partes isoladas de uma sociedade e não veem problemas em sacrificar o que for necessário no altar de seu culto para defender seus falsos deuses. No fim, o que conta é a santidade política e o zelo ideológico.

Para ilustrarmos esse paradigma das ideologias como idolatrias, pense novamente no caso de Dakota do Sul. Um olhar superficial para essa notícia destacaria uma contradição no fato de que conservadores e feministas estão em cobeligerância. Entretanto, um olhar mais atento, e seguindo a lógica exposta por Koyzis, mostra que, na verdade, é um caso de absoluta coerência idolátrica! É a total coerência idolátrica à mulher (como um falso deus) que faz com que feministas não permitam que a identidade feminina seja dada a homens transgênero — colocando em risco espaços exclusivos para mulheres, como alas femininas das prisões ou abrigos para vítimas de violência doméstica.

Podem querer nos convencer do contrário, mas a paixão religiosa ainda é a melhor explicação para o funcionamento das militâncias políticas. É porque seu ídolo está sob ameaça que uma aliança política é formada. Os textos que constituem esta seção do livro insistem, a partir da análise de Koyzis, na urgência de os cristãos abrirem mão de análises sociais reducionistas para começarem, então, a enxergar o político com mais refinamento teológico. Tão somente assim conseguiremos abrir mão de visões estereotipadas e maniqueístas de assuntos políticos, rumo às raízes religiosas do que está acontecendo na esfera pública.

Capítulo 22

Raquel Eline da Silva Albuquerque

OS DEUSES DAS *FAKE NEWS*

O livro de Neil Gaiman, *Deuses americanos*, parte da premissa de que os deuses são alimentados pelas crenças das pessoas. Assim, a obra explora a ideia de que muitos deuses morrem ou se fortalecem de acordo com o nível da sua popularidade. Hoje em dia, com as redes sociais, temos uma disputa aberta por visualizações, curtidas e influência. É o campo onde também tem sido travada a batalha das ideologias. Inclusive, poderíamos dizer, à semelhança do areópago dos atenienses, na visita de Paulo à Grécia[1].

O autor canadense David Koyzis apresentou uma elucidativa análise e crítica das ideologias contemporâneas de um ponto de vista cristão. Nesse texto, seu principal argumento é de que as ideologias têm sua raiz na categoria bíblica da idolatria, uma visão reducionista da realidade social que evidencia um de seus aspectos, em detrimento dos demais.

Nesse cenário, uma análise do fenômeno que tem sido chamado de *fake news* pode demonstrar que essa produção tem um caráter operativo para a conquista de corações e mentes. Mesmo que esteja presente em tantos quantos forem os segmentos sociais, é na arena política que melhor vemos seus contornos, especialmente, nos pleitos eleitorais. E, finalmente, cabe perguntar: qual é o papel da Igreja nessas disputas? A resposta para essa pergunta está neste capítulo.

O que são ideologias?

Conforme proposto por Koyzis, segue-se a tradição de que a ideologia é um tipo de falsa consciência. Ainda que assim não sejam vistas por seus defensores, é razoável admiti-las, uma vez que são assim consideradas diante de análises sociais. Em seu livro, o autor restringe sua análise ao liberalismo, ao conservadorismo, ao nacionalismo, à democracia e ao socialismo, mesmo reconhecendo que existem outros ideais. A partir disso, Koyzis identifica cinco pré-requisitos para o surgimento das ideologias. O curioso, levando em conta o campo de análise do autor, é que se questionados quanto às suas posições ideológicas, nenhum de seus proponentes assumirá peremptoriamente que se trata de uma ideologia, até mesmo o conservador mais "prudente" — lembrando aqui de uma das características básicas do conservadorismo elucidadas por Russell Kirk no clássico *A política da prudência*. A pessoa cuja mente é cativa a uma ideologia é como um cego que nega o estado da própria cegueira. O problema sempre estará no outro e em sua compreensão da realidade, jamais nele.

---

[1] Cf. Atos 17.

O primeiro pré-requisito é que as ideologias têm suas raízes nos primórdios das tradições filosóficas, em geral, a partir de uma simplificação, tal qual uma reciclagem na qual se aproveita um material dando-lhe um uso completamente diverso do que foi originalmente pensado. Dessa maneira, Koyzis postulou que a ideologia é um "tipo popularizado de teoria ou filosofia política normativa"[2]. A armadilha, aqui, se encontra, precisamente, quando a filosofia é desconsiderada *a priori* nas considerações sobre a natureza das ideologias. É de suma importância, portanto, levar esse pré-requisito em consideração, na análise dessas diferentes formas de idolatria.

Surpreendentemente, o segundo pré-requisito é a pregação do evangelho cristão. Mesmo que ele se oponha a toda falsa consciência, o cristianismo dá margem ao surgimento de falsos messias. Dada sua concretude histórica, uma vez vista de forma distorcida, abre-se espaço para alternativas terrenas. É possível, por exemplo, a idolatria da própria ortodoxia, assim como os anjos, criaturas de Deus, chegaram a ser objeto de adoração da parte dos homens, nas Escrituras.

Em terceiro lugar está a secularização da fé cristã, uma separação dualista entre o sagrado e o mundano que nega a totalidade do evangelho e concede ao homem um protagonismo no conhecimento da realidade.

O quarto pré-requisito é que as "ideologias pressupõem a possibilidade de movimentos políticos de massa"[3]. Antes reservada aos filósofos e estudiosos, o debate político só foi ampliado após o século 19. Se o socialismo foi difundido por meio de panfletos à classe do proletariado, os quarenta anos da Guerra Fria trouxeram a discussão ideológica para a disputa cultural, "como uma batalha pelo coração e pela mente das massas pelo mundo afora"[4].

O quinto e último pré-requisito apontado é o "aperfeiçoamento drástico das tecnologias a que os governos e os movimentos e partidos políticos têm acesso"[5]. E aqui, é elucidativa a análise proposta por Sacasas, que pesquisa sobre como a tecnologia molda o nosso mundo:

> Os desafios que enfrentamos não são apenas os maus atores, sejam eles agentes estrangeiros, grandes empresas de tecnologia ou extremistas políticos. Estamos no meio de uma profunda transformação de nossa cultura política, à medida que a tecnologia digital está remodelando a experiência humana tanto em nível individual quanto social. A internet não é simplesmente uma ferramenta com a qual fazemos política bem ou mal; criou-se um novo ambiente que produz um conjunto diferente de suposições, princípios e hábitos daqueles que ordenaram a política americana na era pré-digital.[6]

Chegamos, finalmente, a essa intersecção dos temas propostos em que as *fake news* tem tido o caráter operativo da disseminação de ideologias e, ao mesmo tempo, das idolatrias. Ao mesmo tempo que elas são fruto das "ideolatrias", termo cunhado na conferência de mesmo

---

[2]KOYZIS, David. *Visões & ilusões políticas: uma análise & crítica cristã das ideologias contemporâneas* (São Paulo: Vida Nova, 2014), p. 29.
[3]Ibid., p. 30.
[4]Ibid., p. 31.
[5]Idem.
[6]SACASAS, L. M. "The analogy city and the digital city". The New Atlantis. Disponível em: <https://www.thenewatlantis.com/publications/the-analog-city-and-the-digital-city>. Tradução livre.

nome realizada no Brasil em 2016, as *fake news* funcionam também como enzimas catalisadoras delas.

Fake news e eleições

As mentiras sempre existiram. E sempre estiveram nas eleições. No entanto, o avanço tecnológico de *big data*, as redes sociais e a midiatização da nossa sociedade potencializaram esses fenômenos, o que fez com que as desinformações ganhassem destaque e influência decisivos nas eleições.

O escândalo chamado Cambridge Analytics, que expôs a manipulação de *posts* do Facebook aos quais os eleitores eram expostos mediante cálculo de algoritmo e reconhecimento de padrões de comportamento, demonstrou a fragilidade de um direcionamento na tomada de decisões que deveriam ser livres. Aqui no Brasil, as últimas eleições deram ensejo à abertura da Comissão Parlamentar Mista de Inquérito, para apurar a utilização de *fake news* e sua influência no resultado das eleições. Em 2020, pela primeira vez, o Tribunal Superior Eleitoral regulamentou o assunto ao impor responsabilidades aos candidatos e partidos que divulgassem informações falsas.

Se, por um lado, é preocupante que a característica das *fake news* seja a deturpação — leve ou exagerada — de fatos, por outro, já se compreendeu que o principal agravante não é o seu caráter enganador de desinformação, e sim a construção de um discurso polarizado. O que estará em jogo não será apenas saber o que é verdade ou não, mas produzir o sentimento de torcida — ou até mesmo de fanáticos religiosos. Os danos das *fake news*, portanto, vão além da propagação de mentiras.

E qual é o motivo?

Por essa razão, vale refletir sobre o conceito de ideologia à luz do pensamento de Herman Dooyeweerd, o filósofo cristão que teve como projeto compreender o papel da fé na formação de tendências filosóficas, denunciar a falsa autonomia do pensamento teórico, apontar os efeitos da queda no pecado em nossa realidade e buscar uma justiça para todos na esfera pública.

O principal projeto de Dooyeweerd é criticar a pretensa autonomia do pensamento teórico e apontar os compromissos religiosos que o antecedem. Para tanto, ele inicia uma análise da atitude teórica em que considera a limitação do horizonte temporal da experiência humana. Nesse horizonte temporal, a experiência apresenta quinze aspectos, a saber: numérica (quantidade), espacial (extensão), cinética (movimento), física (energia), biótica (vida), psíquica (sensação), analítica (distinção), histórica (cultura), lingual (símbolo), social (intercurso), econômica (frugalidade), estética (harmonia), jurídica (justiça), moral (amor) e fiducial (certeza).

Assim, a atitude teórica do pensamento humano é o trabalho de quebrar analiticamente a realidade que experimentamos sinteticamente. Por meio da função lógica de nosso entendimento, buscamos abstrair conceitos da experiência temporal humana. Por isso, na articulação dos aspectos, há uma tendência religiosa de absolutização de um deles, que é a origem das idolatrias modernas.

O ponto de partida do pensamento filosófico não é o próprio ego, pois essa é uma noção vazia. Há um motivo-base e uma expressão de um dos dois possíveis compromissos ou orientações religiosas fundamentais existentes: ou será bíblico, baseado na criação, queda no pecado e redenção por Jesus Cristo na comunhão do Espírito Santo; ou será idólatra, pois absolutiza um dos aspectos modais, colocando-o como pressuposto dos demais e direcionando uma idolatria.

E a igreja?
Em meio a essa torrente de ideologias, *fake news* e idolatrias, é urgente o papel da Igreja em apontar os reducionismos e até mesmo os falsos deuses erigidos, como o individualismo, a tradição, a nação, a democracia e o Estado. A Igreja também não deve se deixar levar pelos "manjares da Babilônia", cometendo os pecados que procura tanto combater.

Infelizmente, a igreja brasileira ainda não entendeu essa missão, como bem diagnosticou o reverendo Pedro Dulci:

> Tudo isso corrobora o fato de a igreja cristã brasileira ser imatura em sua teologia pública e prática política. Quando entramos nos jogos de polarizações — seja a favor, seja contra esta ou aquela estrutura política —, evidenciamos que nosso culto de domingo não tem conseguido direcionar nossas decisões de segunda a sexta-feira. Não faz sentido que um discípulo do Deus vivo se comporte nas relações públicas de poder da mesma forma que um devoto de falsos deuses. Agarrar-se com devoções religiosas a uma ideia, uma plataforma política ou até mesmo uma figura pública é a forma não cristã de fazer política. Quando observamos as comunidades cristãs locais assumindo essa preferência idólatra, estamos testemunhando nossa imaturidade teológico-política. O Brasil precisa urgentemente adquirir certa capacidade de análise filosófica que o habilite a entender como se posicionar em meio a tantas devoções religiosas. À semelhança do apóstolo Paulo em Atenas, precisamos saber o que fazer diante de tantos falsos deuses quando formos apresentar o evangelho aos filósofos do areópago.[7]

Assim, estamos diante de um desafio gigantesco de apresentarmos à nossa própria comunidade de fé o pluralismo político da fé cristã como visão de mundo com as melhores condições de contribuir para o florescimento humano.

Há algo bem maior em disputa do que o resultado das próximas eleições. Voltando ao livro de Neil Gaiman, é interessante trazer uma frase de um dos antigos deuses, Odin, preocupado com a disseminação de novas deidades afirma no livro de Gaiman:

> Existem novos deuses crescendo nos Estados Unidos, apoiando-se em laços cada vez maiores de crenças: deuses de cartão de crédito e de autoestrada, de internet e de telefone, de rádio, de hospital e de televisão, deuses de plástico, de bipe e de néon. Deuses orgulhosos, gordos e tolos, inchados por sua própria novidade e por sua própria importância.[8]

---

[7] DULCI, Pedro. *Fé cristã e ação política*: a relevância pública da espiritualidade cristã (Viçosa: Ultimato, 2018), p. 92.
[8] Idem.

As ideologias desempenham esse papel de falsear a consciência da realidade e disfarçar as idolatrias às quais estamos apegados em busca de salvação, ou de um mundo melhor. À Igreja, cabe apontar para aquele que é o caminho, a verdade e a vida: Jesus!

———————

Raquel Eline da Silva Albuquerque é casada com Patrício e mãe do Asaph e da Laura Mila. Advogada e procuradora do município de Rio Branco/AC, é também mestre em Administração pela Universidade Federal do Rio Grande do Sul (UFRGS) e congrega na Igreja Batista do Bosque.

Capítulo 23

Matheus Henrique Oliveira Gouvêa

TRADUTORES DE DEUS:
presença cristã na esfera pública

É notório que o número de cristãos na política brasileira é crescente, mas como atuar de modo que as esferas religiosa e pública se mantenham independentes? Como não repetir o movimento que aconteceu na Europa, principalmente na Holanda, onde toda a influência da teologia cristã kuyperiana foi rapidamente esvaziada? Seria, então, possível um cristão trabalhar nos espaços públicos? Neste capítulo, abordaremos como o cristão deve atuar na política com uma presença fiel e ativa.

Fé cristã na arena pública
A igreja cristã tem um quê de subversão desde quando proclamou, através do apóstolo Paulo, que não havia mais judeu nem grego, escravo ou livre, homem nem mulher, mas que todos eram um só em Cristo. Naquele momento, estava sendo oferecida uma nova estrutura de sociedade, diferente da que vinha da *pólis*; uma estrutura agora distribuída verticalmente, reafirmando uma abrangência plural e universal que causaram modificações irrevogáveis na estrutura de discussões políticas[1].

O resultado dessa comunidade que surgia foi uma transformação da política em algo geral, ou seja, a sociedade civil passava pela mudança de ver assuntos da esfera privada convertidos em temas de primeira importância para a esfera pública. Um novo jogo na cidade, além da política terrena, é introduzido; disputa-se o coração dos homens entre a cidade dos homens e a cidade de Deus[2].

Na sua obra *Fé cristã e ação política*, Pedro Dulci aborda como a teologia reformacional das esferas de soberania não compartimentaliza a vida ordinária, apesar de cada uma ter suas próprias leis e independência; a esfera jurídica e a religiosa não são limitadas ao espaço público e à vida privada, respectivamente: os cristãos não vivem em dois reinos diferentes.

Segundo Miroslav Volf, citado por Dulci:

> o público é uma dimensão ou aspecto da vida humana, aquele que envolve questões e instituições relativas ao bem de todos, o bem comum. O público é a vida vista como a "vida em comunhão" na sociedade. Correspondentemente, a fé pública é a fé preocupada com a modelagem responsável da nossa vida comum e do nosso mundo comum.[3]

---

[1]DULCI, Pedro Lucas. *Fé cristã e ação política: a relevância da espiritualidade cristã* (Viçosa: Ultimato, 2018), p. 58.
[2]Ibid., p. 54-5.
[3]Ibid., p. 30.

Trata-se, portanto, de uma argumentação por uma prática pública em que "colaboramos em uma vida comum na medida em que encontramos bens a serem perseguidos em comum; e estabelecemos instituições, sistemas e ritmos que reforçam a busca desses bens"[4].

Superada essa dicotomia entre público e privado, abrem-se os espaços para a participação pública dos discípulos de Cristo na política como produtores de capital moral, produtores de bens.

Olhando a história

Abraham Kuyper foi um cristão que reconheceu fortemente o senhorio de Cristo e submeteu sua vida *por completo* a ele, ou seja, não foi só a sua vida privada, mas *todas* as áreas da atividade humana e todo o cosmo.

Com uma carreira frutífera, seu objetivo não era estabelecer uma teocracia na Holanda, país onde nasceu, mas garantir um lugar na esfera pública que fosse uma presença fiel. O fruto do seu trabalho foi visto em todo o país pelo menos por um período.

David Koyzis relata[5] que foi preciso menos um século para que a comunidade cristã, que outrora produzira heróis na Segunda Guerra, que atuaram em igrejas e escolas desafiando e resistindo à ocupação nazista, fossem fundidas numa igreja mais genérica. O que se vê no país berço do kuyperianismo é a proliferação de *sex shops*, decadência sexual e moral resultantes de um pensamento permissivo na expressão sexual, com uso de drogas e práticas como a eutanásia.

O grande desafio para teólogos e cientistas político-religiosos é definir o que causou tamanha queda de um país recentemente influenciado por uma teologia pública do senhorio de Cristo e das soberanias das esferas.

O primeiro motivo a ser apontado foi a prosperidade pós-guerra juntamente com uma exaustação espiritual-religiosa, que culminaram em um estilo de vida niilista. Essa sequência de fatos resultou na sobreposição de forças secularizadoras sobre uma cultura tradicionalista — batalha travada por quase dois séculos.

Entretanto, Koyzis aponta que uma convivência pacífica de Kuyper com as forças seculares no início do século 20, aliado à falta do esforço evangelístico dos seus seguidores na esfera pública, não fora suficiente para evitar a diminuição dos números de membros da igreja cristã.

A partir de 1917, foi utilizado na Holanda o que veio a se chamar de consociativismo, que é a pilarização política para que subculturas mutualmente hostis possam existir de forma representativa e pacífica. A partilha de poder se dá apenas na elite de cada grupo; portanto, nas suas bases, cada uma produz suas próprias instituições, como igrejas, sindicatos, escolas, hospitais, associações etc.

Como bem declara Koyzis, "uma comunidade religiosa focada apenas em sua própria sobrevivência em um ambiente hostil já pode ter perdido a batalha"[6]. A presença cristã pública não pode ser um mero cessar-fogo. Nada pode substituir o mandamento de pregar o evangelho.

---

[4] Ibid., p. 33.
[5] KOYZIS, David T. "Quando nos retraímos: evangelismo e os limites do pluralismo. Parte 2". Tradução de Jonathan Silveira. *Tu porém*. Disponível em: https://tuporem.org.br/quando-nos-retraimos-evangelismo-e-os-limites-do-pluralismo-parte-2/.
[6] Idem.

Tradutores culturais

O papel do cristão político na arena pública é produzir bens para toda a sociedade, mas esse trabalho será fruto de um coração compromissado em amar a Deus. Os diferentes tipos de bens produzidos variam de acordo com as muitas esferas da vida, e eles precisam ser distribuídos na sociedade de forma justa. Essa distribuição é feita através de políticas públicas numa dinâmica de "igualdade complexa"[7].

Essa multiplicidade de bens e métodos está presente no cotidiano nas mais diversas instituições, mas cada uma deve atuar de acordo com as regras que Deus estabeleceu para elas e, quando isso não acontece, produz-se injustiças sociais.

É nesse ponto que o cristão deve ter atenção. A vida de Cristo deve se manifestar através de sua vida nas mais diversas esferas sem, portanto, haver essa interferência da esfera religiosa em qualquer outra; ou seja, seu dever é traduzir o evangelho na cultura local.

Na obra *O drama da doutrina*, Kevin J. Vanhoozer afirma que "a identidade da igreja está ligada à sua missão não apenas de preservar o evangelho, mas de transmiti-lo aos povos de todas as culturas"[8], ou seja, o erro dos discípulos de Kuyper foi ter quisto somente preservar o evangelho e abrir mão do evangelismo, da transmissão ativa da Palavra de Deus a todos os povos.

Traduzir o evangelho é estar vivendo o drama da redenção, interpretando-o de acordo com o seu roteiro em cada nova situação, seja pela proclamação ou pela vida de Cristo tão evidente no cristão. O apóstolo Paulo traduziu as boas-novas para o mundo gentio e helenístico.

Esse processo de tradução tem duas características: *constância*, que preserva nosso entendimento do original; e *criatividade*, que vai além de levar o mesmo conteúdo para todos. A encarnação de Cristo é Deus traduzindo sua Palavra aos homens de uma nova maneira. Em suma, traduzir o evangelho na arena pública é comunicar com *fidelidade criativa*.

A fé cristã não se identifica com o espírito babélico de querer impor uma única língua, um único vocabulário, uma única cultura particular. Ao contrário, o cristão deve se aproximar da fala comum do povo, da sua cultura. O processo de tradução deve privilegiar termos, conceitos e costumes nativos do público, fazendo-se compreendido por ele[9].

Embora afirme que o cristão deve estabelecer um diálogo na esfera pública, ao final de seu livro Pedro Dulci alerta que "o verdadeiro diálogo na esfera pública é aquele que não ignora a antítese dos corações humanos"[10]. Em outras palavras, o discípulo de Cristo na esfera pública deve se manifestar traduzindo o evangelho e confiando que as antíteses e idolatrias dos corações serão tratadas pelo Espírito de Deus.

Matheus Henrique Oliveira Gouvêa, nascido em Belo Horizonte, é casado com Gracielle e pai da Maria e do Isaac. Teologia e filosofia são seus interesses de estudo. É cruzeirense, estudante do Invisible College e colaborador do Mimeógrafo.Lab.

---

[7] DULCI. *Fé cristã e ação política*, p. 369.
[8] VANHOOZER, Kevin J. *O drama da doutrina: uma abordagem canônico-linguística da teologia cristã* (São Paulo: Vida Nova, 2016), p. 145.
[9] Ibid., p.
[10] DULCI. *Fé cristã e ação política*, p. 191.

Capítulo 24

ANA ESTER CORREIA MADEIRA DE SOUZA

A IMPORTÂNCIA DA ANTÍTESE NA FORMAÇÃO CRISTÃ DA CRIANÇA

A forma de lidar com as diversas compreensões políticas tem se tornado um desafio cada vez maior. Nossas reflexões enquanto sociedade e as reações àquilo que, em tese, gera discordância têm ferido ainda mais princípios de convivência e práticas para o bem comum ou, minimamente, o respeito mútuo. Embora sejamos seres políticos, o cenário atual revela um afastamento dos cristãos do que deveria apontar para uma renovação política baseada em uma visão de mundo cristã. O "nós e eles", além de criar tribos isoladas, alheias à realidade como um todo, produz discursos que se afastam daquilo que realmente representa as palavras de Cristo.

Inseridos nessa realidade, é inevitável questionar como as próximas gerações receberão o mundo que está sendo construído hoje. A infância é o berço da preparação da criança para um mundo que se transforma rapidamente e deixa marcas muito negativas para as gerações futuras. Um espaço indispensável nesse processo, além da família, é a igreja, uma esfera da sociedade planejada por Deus para um propósito que tem como função ser uma incubadora de virtudes, e produzir o capital moral necessário para uma cosmovisão cristã bem estruturada, conforme menciona Kuiper[1].

Existe algo presente na sociedade que não pode ser ignorado: o pecado. Em um mundo afetado pela queda, Koyzis[2] fala dos vários debates infrutíferos que existem porque as pessoas são movidas por pontos de partida diferentes, com compromissos diferentes. São visões e ilusões baseadas nos compromissos de um coração afetado pelo afastamento de Deus. Isso nos leva a entender que, quando as raízes de determinado pensamento não são cristãs, elas se tornam idólatras porque passam a dar valor absoluto àquilo que é humano. Qualquer debate precisa, hoje, superar discussões superficiais e acontecer em âmbito bem mais profundo, considerando pressupostos que se encontram na natureza religiosa do ser humano e que se aplicam a todas as esferas da vida.

É diante desse cenário que a educação de uma criança precisa transcender os sentimentos individuais, valorizando a pluralidade da sociedade como uma escola de aprendizagem na qual Deus nos ensina o poder da Palavra e de uma vida pautada em princípios cristãos. Sejamos pais, professores ou pastores, o chamado é inevitável: precisamos preparar as crianças para um mundo cada vez mais afetado pela queda, e mais do que apontar o caminho,

---

[1] KUIPER, Roel. *Capital moral: o poder de conexão da sociedade* (Brasília: Monergismo, 2019), p. 14-5.
[2] KOYZIS, *Visões e ilusões políticas*, p. 10.

destaca-se aqui a importância de percebermos e lidarmos com o espírito do nosso tempo, respondendo a ele com as Escrituras.

Pode parecer uma realidade difícil de alcançar, mas não é. Transcender o espírito do nosso tempo é uma vocação dada por Deus. Quando estamos envolvidos por sua graça, certos da nossa incapacidade de cumprirmos a missão sozinhos, ele nos toma pela mão e nos alcança sucesso. Para tornar essa convicção ainda mais concreta, proponho compartilhar minha experiência enquanto uma menina criada em um ambiente cristão e conservador, mas que em sua juventude ingressou em ambientes completamente diferentes, como a universidade, e ainda sim teve como tese dessa antítese o fortalecimento de sua fé.

A importância da antítese

Antítese, por definição, é um recurso usado para contrapor ideias em um discurso em várias situações. Sua importância reside no fato de que qualquer missão que cumprimos e que esteja pautada em um chamado precisa considerar a tomada de consciência dos nossos próprios pontos de partida e das pessoas à nossa volta. Esse processo de autoconhecimento que nos é dado quando conhecemos a Cristo também revela o mundo caído no qual estamos inseridos. E nós, enquanto filhos regenerados por seu sacrifício, passamos a ter responsabilidade diante dessa realidade para lidar com ela e não criar pequenas ilhas de "proteção". Para influenciar toda uma geração, ou até mesmo um pequeno grupo de pessoas, precisamos saber a dimensão dos compromissos religiosos do nosso coração, pois isso irá revelar o caminho do diálogo político necessário para a transformação daquele espaço.

Um exemplo desse processo é encontrado na vida de Herman Dooyeweerd. Ao falar de renovação e reflexão política em sua época, na Holanda, o autor comenta que uma das principais necessidades para contornar os problemas daquela geração era a própria antítese[3]. Conviver com pessoas que pensam e agem de um jeito diferente de nós não era algo ruim ou suficiente para se isolar em suas opiniões. Ao contrário, foi justamente essa pluralidade que dava aos cristãos a oportunidade de ser uma alternativa, ou mesmo a resposta, ao mostrar quão importante era a presença da teologia na esfera pública. O ponto é pensar e repensar o que nos move, quais são os nossos princípios e para qual direção isso aponta. Aqui é onde percebemos a dificuldade que certas pessoas encontram para assumir seus pontos de partida. É como se o coração, de certa forma, se recusasse a ter que lidar com a própria realidade: ou reagimos negativamente ou nos isolamos, como uma tentativa de proteção falha e avessa àquilo que Cristo nos ensinou.

A antítese em direção ao pastoreio de crianças

O caminho desenhado até agora revelou que justamente aquilo com o qual lidamos todos os dias é o que nos torna mais fortes enquanto cristãos: a antítese. Sabemos que ela só é gerada porque estamos inseridos em um mundo afetado pela queda. Portanto, assim como Jesus pede ao Pai, a ideia não é nos tirar do mundo, mas livrar-nos do mal[4]. Em outro momento, Ele nos ensina uma oração que revela mais uma vez o que é realmente importante ao lidar com a antítese: "Não nos deixes cair em tentação, mas livrai-nos do mal"[5]. Isso quer dizer

---

[3] DOOYEWEERD, Herman. *No crepúsculo do pensamento ocidental* (Brasília: Monergismo, 2018), p. 11.
[4] Cf. João 17.
[5] Cf. Mateus 6.

que as tentações estarão sempre presentes, e cabe a nós orientar nosso coração para Cristo, firmando nossos pés na Palavra, para que ele nos ensine a vencê-las e vencer o mal que elas podem nos causar.

Esse processo, porém, não deve acontecer apenas conosco, ele deve refletir no pastoreio de uma criança. Mas por que não usar o termo "educação"? Porque ele, por si só, não responde ao que precisamos. Pastorear é alcançar espaços mais profundos que é o coração. Isso nos lembra condução, não apenas ensinar algum conhecimento. Quando estamos pastoreando o coração de uma criança — seja como pais, professores ou pastores —, nós conduzimos, no caminho, uma criança a Cristo.

Educar é mais uma maneira de transmitir determinado conhecimento, mas a verdade é que você pode não acreditar naquilo que ensina[6]. Portanto, se escolhemos seguir por esse caminho, tendemos a reproduzir padrões de uma cultura pagã apenas reagindo à antítese e não dando uma resposta cristã a ela.

Nessa direção, fica claro que, ao pastorear o coração de uma criança, precisamos expor a realidade como ela realmente é. Douglas Wilson, inclusive, apresenta dois erros comuns nesse processo, tão nefastos quanto o pecado: acostumar-se com a presença do pecado ou fingir que as escolhas que fazemos nos protegem de toda a maldade[7], mas é justamente o contrário. O autor destaca que a iniquidade está próxima a nós da mesma forma que estava desde a fundação do mundo, mas não a enxergamos justamente porque ou nos acostumamos a ela, ou pensamos estar protegidos dela. Se continuarmos vivendo dessa forma, estaremos caminhando para a morte espiritual.

Ao encararmos o quanto estamos sendo falhos na criação de alternativas cristãs a problemas sociais, observe a quantidade de vezes que cristãos se envolveram em debates políticos apresentando pensamentos totalmente vinculados a uma idolatria ideológica, e não à cosmovisão cristã. São momentos em que a falta de diálogo é tão evidente, e torna o debate tão infrutífero, que efetivamente não geram mudança. Tentamos responder perguntas que não estão sendo feitas, enquanto perguntas sinceras são deixadas de lado por conta de um escapismo da própria realidade.

Koyzis relata que a igreja contemporânea tem um sério problema em se relacionar com a cultura, em estar contextualizada a ela e com os pés fincados na realidade[8]. Um pouco se deve ao fato de que a liderança religiosa daquela comunidade não traduz o grande drama das Escrituras à linguagem de seus integrantes. Falando do espaço do "culto infantil", é como se professores, ou mesmo pastores, estivessem contando histórias bíblicas sem relacioná-las com as questões do nosso tempo, e porque determinados personagens eram ou agiram conforme conta a Bíblia.

Esquecemos de contar às crianças que Daniel foi um político excepcional em um reino totalmente idólatra como a Babilônia — e não foi colocado lá já adulto, mas praticamente uma criança. No entanto, seu coração estava firmado em Deus desde o início, e por isso ele decidiu "não se contaminar", mesmo sendo forçado a viver longe do seu povo[9]. Ou não

---

[6]SMITH, James K. *Você é aquilo que ama: o poder espiritual do hábito* (São Paulo: Vida Nova, 2017), p. 61-3.
[7]WILSON, Douglas. *Por que as crianças precisam de educação cristã?* (Brasília: Monergismo, 2001), p. 56-7.
[8]KOYZIS, *Visões e ilusões políticas*, p. 23-5.
[9]Cf. Daniel 1.

lembramos de José, no Egito, o jovem que mesmo em condição de escravo, tornou-se exemplo não só por causa do seu caráter, mas por ter sido alguém "em quem está o espírito divino"[10].

Por conta de omissões como essas, cristãos passam a não saber como se posicionar politicamente porque não aprenderam ou não foram ensinados a conviver com opiniões contrárias, e isso não gerou crescimento, mas uma bolha, antagonizando seus objetivos com os de Deus. Nesse aspecto, como preparar as próximas gerações para lidar com um mundo afetado pela queda se nem nós resolvemos essa questão hoje, enquanto igreja?

Ambientes antagônicos: a benção da antítese

Para edificação da sua fé, passo a compartilhar, mesmo com poucas palavras, a minha experiência ao conviver com a antítese. Os ambientes antagônicos à minha formação cristã e conservadora tiveram início nos meus primeiros anos de escola, quando passei a conviver com crianças com diferentes crenças. O período escolar foi bastante desafiador para mim porque eu precisava lidar com o que ia na contramão daquilo que eu acreditava ser "o bom perfume de Cristo". No entanto, confesso que às vezes eu reagia de maneira aflita a opiniões contrárias, sem saber como respondê-las.

Contudo, a presença dos meus pais foi fiel durante todo esse processo. Eles não tinham cursos ou pastores que os direcionassem na condução do meu coração, mas Provérbios 22:6 foi suficiente para muitas decisões que tomaram para comigo. Lembro que as imagens mais fortes que tenho como recordação envolvem o meu pai lendo a Bíblia ou minha mãe tirando seu momento de oração. Eles me ensinaram tudo sobre a vida cristã, mas vê-los vivenciar o que pregavam teve mais peso para mim.

Essa foi a minha formação: meus pais eram falhos enquanto pessoas, mas serviam a um Deus forte[11]. Assim, envolvida com a música desde cedo, não só em família, mas também na igreja, minha caminhada me direcionou a prestar vestibular vocacionado e, aos 17 anos, ingressei no curso superior de Licenciatura em Música numa universidade em minha cidade.

Imaginem, agora, a minha figura enquanto caloura, recém-saída do Ensino Médio: assembleiana, cabelos compridos, vestida tal e qual orientava o figurino, eu ingresso na universidade e passo a frequentar por dias e semanas inteiras um novo ambiente que era recheado de diversidade social, política e religiosa. Talvez um determinado grupo dentro do igreja diria que eu estava exposta ao perigo, ou que eu poderia facilmente me afastar de Deus nos primeiros semestres, mas o que aconteceu foi justamente o contrário: a antítese foi uma bênção de Deus na minha vida.

Ao longo dos seis anos que passei dentro da universidade, concluí tanto a graduação quanto o mestrado em música. Nessa caminhada, não só permaneci na igreja como me envolvi com o trabalho de um ministério estudantil, a Aliança Bíblica Universitária (ABU), uma resposta de Deus aos desafios com os quais eu lidava diariamente. Sendo muito sincera, eu não me recordo de nenhum momento em que tive dificuldade em conviver com as diferenças: aqueles que queriam ouvir, recebiam minha total atenção; os que não queriam, a convivência comigo foi o suficiente para testemunhar do Deus a quem sirvo. Foram inúmeros professores, colegas de trabalho em grupo ao longo do curso e funcionários com os quais tive contato, e em tudo eu vivenciei Deus agindo através de mim e me ensinando todos os dias. Muito do que

---
[10] Cf. Gênesis 41.
[11] FITZPATRICK, Elyse; THOMPSON, Jessica. *Pais fracos, Deus forte* (São José dos Campos: Fiel, 2011), p. 12.

vi dentro desse espaço eu vi pela primeira vez, mas ao mesmo tempo era fortalecida na fé em Cristo, e as tentações foram vencidas pela graça divina que me acompanhava.

Enquanto escrevo estas palavras, curso o segundo semestre do doutorado em música na mesma instituição. O ambiente está ainda mais afetado pelo pecado, pois o mundo jaz no maligno. Novamente dependo de Cristo para atravessar mais quatro anos em um ambiente com pensamentos claramente contrários às Escrituras e ser resposta àqueles que me ouvirem, ou testemunho àqueles que me observarem. Tudo o que vivenciei e os vínculos criados ainda estão presentes, e a imagem que deixei nos primeiros anos gerou boas recordações naqueles que ainda estão lá. Enquanto cristã, entendo que esse é o melhor presente que posso ter enquanto consciência de que sementes foram plantadas e aos poucos irão florescer. O exemplo em si já apresenta uma oportunidade de diálogo. Nossa presença pública fiel é como um "trabalho de formiguinha": não é rápido, mas é constante.

Não é o fim, é só o começo

Por tudo o que foi compartilhado, parece-me claro que a antítese é condição de possibilidade para que uma presença fiel dos cristãos na sociedade se torne realmente frutífera. Atitudes escapistas de ambientes antagônicos à fé não nos protegem. Ao contrário, só geram medo, porque a queda é o que torna o mundo pior, mas Deus nos chamou para conter a maldade no mundo, e não apenas na igreja ou em uma comunidade isolada.

Permanece, então, a importância de uma educação de crianças com uma abordagem de pastoreio, e não somente educativa. Seja na família ou na igreja, é preciso desenvolver na criança a consciência de que existe um lado diferente do que estamos e que isso é fruto da queda. Não podemos ver esse lado como "inimigo", mas como uma oportunidade de cumprir o chamado de Deus à pregação do evangelho. Como já disseram por aí, "nós somos a Bíblia que o mundo lê".

Sendo assim, nenhum discurso reducionista sobre a sociedade deve nos atrair, porque somente Deus é capaz de transcender a realidade e nos ensinar a viver sem ter o nosso coração voltado para idolatrias ideológicas. Qualquer diálogo só será possível a partir do momento que entendermos que o pluralismo exerce a condição de possibilidade para a coexistência da diversidade. O joio e o trigo sempre existirão, e cabe a Deus fazer a distinção no momento certo. Querendo ou não, nós também somos diferentes, e isso é uma benção de Deus: ele nos fez resposta, e por mais perdido que o mundo pareça, é esse o ambiente propício para crescermos juntos e pregarmos o evangelho com intrepidez.

Ana Ester Correia Madeira de Souza, nascida em Florianópolis, é filha de assembleianos e casada com o Willian. É professora de música, apaixonada e vocacionada para a educação infantil. Licenciada, mestre e, atualmente, doutoranda em Música pela Universidade do Estado de Santa Catarina (UDESC), Ana integra o Grupo de Pesquisa "Educação Musical e Formação Docente", coordenado pela professora dra. Teresa Mateiro. Já na carreira artística e ministerial é cantora desde os 5 anos de idade e atua no ministério de evangelização infantil (o Grupo Semeando a Esperança) junto aos seus pais cantando e apresentando teatros de fantoches. É membro da ADFloripa, conduzida pelo Pastor Josué Cipriano, onde atua como professora na Escola Bíblica Dominical e no ministério de jovens, com ênfase em teologia pública. Acima de tudo, é apaixonada por Jesus e um poema em construção.

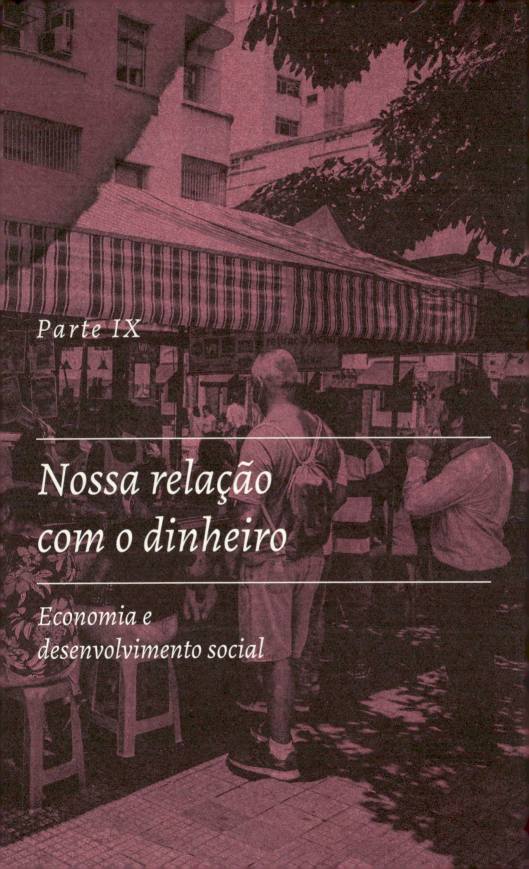

Parte IX

Nossa relação com o dinheiro

Economia e desenvolvimento social

Tornou-se uma tendência recorrente nas ciências sociais e filosofia política contemporânea a defesa de teses de que a história chegou ao fim. Uma das primeiras argumentações notórias nessa direção foi apresentada por Daniel Bell, em 1960. Para o sociólogo norte-americano, depois do fim da Segunda Guerra Mundial, as ideologias, como eram articuladas para entender as plataformas políticas, não eram mais conceitos relevantes para pensar o cenário político. Com o Pós-Guerra, elas seriam substituídas por um consenso generalizado, de tal forma que, a partir de então, as pautas públicas seriam decididas exclusivamente por parecer técnico.[1]

Parte dessa mudança se deu, justamente, com a prosperidade econômica que uma parcela do globo começaria a experimentar, bem com o crescimento das expectativas de que o mercado capitalista conseguiria resolver as questões de distribuição de bens, que outrora era a esperança socialista. Em um cenário assim, acreditava-se que posturas meramente administrativas seriam suficientes para gerir uma sociedade transformada em uma grande classe média. Definitivamente, essa nova forma de ver o momento da política global era alimentada por uma fé triunfante no progresso e no desenvolvimento social.

Uma geração depois dos escritos de Daniel Bell, surgiu a aposta ainda mais radical no fim da história. A publicação do livro *O fim da história e o último homem*, de Francis Fukuyama, em 1992, tornou-se o manifesto de uma época. Uma vez que as brutalidades da Guerra Fria já haviam se tornado dados dos livros de história, Fukuyama se sentia à vontade para argumentar que a história tinha chegado ao fim. Apesar da sucessão temporal de dias e noites não ser alterada, Fukuyama utilizou a interpretação de Hegel feita por Alexandre Kojève para defender que o contínuo conflito entre diferentes ideias que a história conheceu alcançou seu ponto-final na evolução ideológica e fez, portanto, com que a história chegasse ao fim. Nas suas palavras:

> [...] tanto para Hegel quanto para Marx a evolução das sociedades humanas não era ilimitada. Mas terminaria quando a humanidade alcançasse uma forma de sociedade que pudesse satisfazer suas aspirações mais profundas e fundamentais. Desse modo, os dois autores previam o "fim da História". Para Hegel seria o estado liberal, enquanto para Marx seria a sociedade comunista".[2]

Independentemente das especificidades de cada um dos projetos ideológicos — socialista ou liberal — existe um denominador comum no que se refere à temporalidade política.

---

[1] BELL, Daniel. *The end of ideology: on the exhaustion of political ideas in the fifties* (Cambridge: Harvard University Press, 1960), p. 393-407.

[2] FUKUYAMA, Francis. *O fim da história e o último homem* (Rio de Janeiro: Rocco, 1992), p. 12.

O desenrolar da sua história não seria na forma de uma linearidade infinita, mas encontraria um fim. No caso específico da contemporaneidade, a humanidade poderia celebrar a queda do muro de Berlim como a derrota final do comunismo e o início de uma nova maneira de enxergar o tempo, em que a diversidade ideológica seria substituída pela uniformidade da combinação burguesa de democracia com liberalismo — que transformaria todos os acontecimentos sociais em mais do mesmo. A partir daquele momento, o que outrora foram preocupações distintamente políticas agora são questões técnicas, para serem geridas pelas tecnologias de governo. Mais uma vez, uma fé triunfante no progresso ininterrupto do desenvolvimento social alimentava a visão da sociedade liberal, democrática e capitalista, mostrando suas verdadeiras raízes religiosas.

Não é nossa intenção fazer aqui um catálogo das defesas notórias do fim da história. O que nos chama a atenção, nas diferentes apostas, é a prematura relação que elas estabelecem entre fim da história e obsolescência das ideologias. É um tanto irônico ler que chegamos ao fim da linha ideológica em razão da fragmentação de um bloco ideológico hegemônico na Guerra Fria e da permanência de outro. De forma alguma esse fato ajuda a sustentar a argumentação pelo fim da história, antes o contrário. Parece que Bell e Fukuyama apenas evidenciam que os seus comprometimentos com arranjos ideológicos específicos tendem a impor padrões simplistas às complexidades das relações sociais.

Quem identificou e elaborou com precisão esse ponto fraco de alguns discursos sobre o fim da história foi o cientista político David T. Koyzis dizendo-nos o seguinte: "Bell e Fukuyama não são, na verdade, profetas de uma nova ordem social despida de compromissos ideológicos; simplesmente estão prevendo o triunfo de sua própria ideologia favorita, no caso, uma combinação de liberalismo e democracia, potencializada pela orientação tecnocrata dos cientistas sociais".[3] Em vez de presenciarmos o raiar de uma nova era, livre de variações ideológicas pelo fim de sua evolução histórica, o que temos é a defesa retumbante das promessas de redenção que uma ideologia particular traz consigo. Nesse sentido, se realmente quisermos entender a relação entre temporalidade e política, precisamos prescindir das meras discussões entre as preferências ideológicas para caminharmos rumo a uma abordagem mais completa no tratamento da questão.

Quem produziu a análise mais precisa das verdadeiras raízes da crise econômica e política das sociedades ocidentais capitalistas foi o economista holandês Bob Goudzwaard em seu livro *Capitalismo e progresso* (1987). Nessa obra, que já se tornou um clássico da filosofia e economia reformacional, Goudzwaard defenderá "a possível conexão entre um *motif* cultural dominante na sociedade ocidental a busca do progresso e a fé no progresso — e um componente crucial da estrutura da sociedade ocidental — o capitalismo".[4] Isso significa uma forma distintamente cristã de analisar as raízes religiosas dos processos e dinâmicas constituintes das chamadas sociedades capitalistas — entendido o capitalismo como o "modo de organização social que é direcionado especificamente para o crescimento e a mudança. Com essa orientação específica em direção ao progresso, o capitalismo parece ser hoje em dia um elemento reconhecível e essencial da nossa estrutura social".[5]

---

[3]KOYZIS, David T. *Visões e ilusões políticas: uma análise e crítica cristã das ideologias contemporâneas* (São Paulo: Vida Nova, 2014), p. 19.
[4]GOUDZWAARD, Bob. *Capitalismo e progresso: um diagnóstico da sociedade ocidental* (Viçosa: Ultimato, 2019), p. 25.
[5]Ibid., p. 26.

Para nos mantermos alinhados com o que começamos dizendo sobre o fim da história, vale esclarecer que caracterizar a contemporaneidade política como o período em que a novidade histórica terminou implica, necessariamente, uma visão da história como linearidade infinita — além da nossa fé depositada no progresso ininterrupto. Isso porque, quando a única tarefa que resta é a perpétua administração pública por exclusivo parecer técnico, definitivamente adotamos uma forma de governar que busca, a qualquer custo, eliminar os acontecimentos genuinamente políticos que sempre trouxeram novidades e curvas na trajetória histórica.

Em outras palavras, isso significa que temos um problema mais profundo do que a simples relação entra fim da história e queda de blocos ideológicos hegemônicos. Quanto a isso, é relevante a constatação do filósofo esloveno Slavoj Žižek, quando nos provoca dizendo: "É fácil zombar da ideia do 'fim da história' de Francis Fukuyama, mas hoje a maioria é fukuyamista: o capitalismo liberal-democrático é aceito como a fórmula finalmente encontrada da melhor sociedade possível, e tudo o que se pode fazer é torná-la mais justa, tolerante etc.".[6]

É exatamente com essa questão com que se ocupa o trabalho de Goudzwaard — e os textos que compõem a presente seção de nosso livro. O soterramento da política pela mera gestão pública carrega consigo uma das mais sutis questões da economia e filosofia política: a inexistência de um contraponto à gestão infinita dos seres humanos. Conforme explica Goudzwaard:

> a expressão 'sociedade túnel' talvez seja ainda mais clara, uma vez que evoca a imagem de uma sociedade em que tudo — pessoas, instituições, normas, comportamento — contribui para o tranquilo avanço em direção à luz no fim do túnel. Porém, o fim do túnel parece nunca estar ao nosso alcance; a luz brilha para sempre no futuro. No entanto, mantém em movimento tudo e todos que se encontram no túnel.[7]

Ao que parece, o Ocidente fechou seu escritório de contrapontos históricos quando se viu incapaz de imaginar uma postura política alternativa à perpétua administração pública pelos desenvolvimentos tecnológicos e à prosperidade econômica. A satisfação passiva com as teses do fim da história revela que nos falta uma história do fim.

---

[6]ŽIŽEK, Slavoj. *Missão: impossível*. s.p. Disponível em: https://www1.folha.uol.com.br/fsp/mais/fs0405200816.htm. Acesso em: 4 maio 2008.

[7]GOUDZWAARD, Bob. *Capitalismo e progresso: um diagnóstico da sociedade ocidental* (Viçosa: Ultimato, 2019), p. 199.

Capítulo 25

Marlon Girardello

MAIS QUE TRINTA MOEDAS DE PRATA:
fé, progresso, sociedade e o esquecimento do Provedor

> *"Teus filhos me deixam a mim e juram pelos que não são deuses; quando os fartei, então adulteraram."*
> — Jeremias 5:7

A percepção geral, tanto para os que leem a Bíblia como para os que não a leem[1], é que a dinâmica do progresso econômico tem gerado mazelas sem precedentes. A sociedade pós-moderna parece estar em um trem desgovernado, em um túnel fechado, que, em algum momento, irá colidir com o final da linha e gerará um caos generalizado. Não se sabe o que aconteceu com esse trem, o porquê de ele estar desgovernado e muito menos se tem ideia de como freá-lo — isso se realmente houver esse desejo. No momento, o que está sendo escolhido é o caminho mais confortável: abraçar o espírito do nosso tempo e deixar para ver onde tudo isso vai dar.

Nesse contexto, aos que desejam algum tipo de mudança, surgem três perguntas: Como isso começou? Onde ocorre o impacto mais profundo? O que se pode fazer a esse respeito?

O ponto de virada
No contexto histórico, ainda na Renascença, o cristianismo e o humanismo caminhavam juntos e se misturavam. Porém, foi a partir desse período que as orientações começaram a mudar. A Renascença foi a fronteira que separou a Idade Média de um novo período no qual a autonomia do indivíduo iria solapar a providência divina. Bob Goudzwaard afirma que "a coesão do contexto social medieval foi dissolvida pela crescente influência de uma economia orientada pelo dinheiro. Trabalho, terra e capital tornaram-se elementos separados de produção, cada um dos quais podendo ser comprado ou alugado mediante o uso do dinheiro"[2]. Nesse ponto, vemos que o humanismo e o cristianismo inevitavelmente entram em rota de colisão, por seus pressupostos religiosos antagônicos. Enquanto o cristianismo cria que Deus, em última análise, direcionava o destino da vida humana, o humanismo cria que o próprio homem é quem determina seu destino, sem interferências.

Porém, essa virada de pensamento não foi algo automático e rápido. A fé na providência divina acarretava a preparação deste mundo para sua própria destruição, e isso

---
[1] Nomenclatura utilizada por Francis Schaeffer em seu livro *Morte da cidade* (São Paulo: Cultura Cristã, 2018).
[2] GOUDZWAARD, Bob. *Capitalismo e progresso*: um diagnóstico da sociedade ocidental (Viçosa: Ultimato, 2019), p. 43.

constituía uma forte barreira ao pensamento humanista da busca pela felicidade por meios econômicos e tecnológicos. O progresso só poderia se estabelecer em um terreno onde já não houvesse a fé ortodoxa na providência de Deus. Goudzwaard comenta que "a barreira da direção divina do destino da história, que é parte do legado espiritual da sociedade medieval, tinha que ser removida antes que a estrutura da ordem social capitalista moderna pudesse ser coroada com o sucesso"[3]. Então, essa árdua tarefa foi acompanhada por um movimento que deslocava Deus de sua posição de provedor e o colocava em uma posição apenas de criador, como um relojoeiro, que criou um relógio tão perfeito que, após ter sido criado e colocado em funcionamento, não precisaria mais de atenção. Esse movimento, o deísmo, transladou o controle da vida das mãos de Deus para as mãos humanas, demonstrando, assim, seu caráter mecanicista. A personalidade do homem passou, então, a estar vinculada não mais ao significado da vida humana para o próximo, mas sim à forma que damos ao mundo mediante ao raciocínio e atividades produtivas ligadas à economia, ciência, tecnologia e arte. Ao se afastar de Deus, o homem se esqueceu quem ele era, de quem Deus era e de quem era seu próximo, o que gerou um processo de despersonificação, pois esses aspectos estão sempre interligados e são inseparáveis. As relações com Deus, vertical, e com o próximo, horizontal, foram colocadas em segundo plano e foram trocadas por relações com o trabalho, a terra e o capital. Com isso, a ética também foi abalada, pois, nesse sentido, se certa atividade era mais utilitária que a outra, então ela era eticamente justificada. Isso, então, abre caminho para o relativismo: ao perder o Absoluto, se perdeu-se as bases de bons ou maus motivos, do certo ou errado. Ao mesmo tempo que se abria mão de uma fé na providência, criou-se a fé no progresso — sim, fé, pois assim como a fé na providência divina, a fé no progresso também carecia de prova. O progresso, então, tornou-se um ídolo: em nome dele, tudo era sacrificado para que não houvesse barreiras. Os meios que podiam refrear o progresso, ou torná-lo mais sustentável, foram sistematicamente retirados do caminho em favor de um ideal utópico.

Os ideais iluministas, impulsionados pela fé no progresso, resistiram abertamente a qualquer coisa que estivesse ligada à religião cristã[4]. O deísmo já não satisfazia mais os projetos de poder. A religião do Iluminismo, com seu projeto de salvação e do paraíso perdido, estabeleceu quatro artigos essenciais, justamente um contraponto direto ao cristianismo: (1) O homem não é depravado por natureza; (2) O fim da vida é a vida em si, a vida na terra em vez de santa depois da morte; (3) O homem é plenamente capaz, guiado apenas pela luz da razão e da experiência; (4) A mente dos homens deve se libertar dos laços de ignorância e superstição.[5] A filosofia do Iluminismo, então, desempenhou um importante papel preparatório para as revoluções na sociedade ocidental, principalmente da Revolução Francesa, sob o lema "liberdade, igualdade e fraternidade". Abraham Kuyper comenta o seguinte:

> enquanto a religião cristã falava sobre uma felicidade perdida, um paraíso perdido, um estado de pureza da qual decaímos, e nos conclamava, desta feita, à humildade e ao arrependimento, a Revolução Francesa via no estado

---
[3]Ibid., p. 47.
[4]Ibid., p. 68.
[5]Ibid., p. 69.

natural das coisas a medida natural do ser humano, atiçando nosso orgulho e propondo em lugar da conversão a *liberalização* do ser humano.[6]

Jeremias profetizou contra a infidelidade do povo Judá, que havia deixado o Deus verdadeiro para adorar a Baal, o deus da chuva e da fertilidade, o deus do progresso naquele tempo. O profeta, portanto, fala também a esse tempo. Em Jeremias 2:13 lemos: "O meu povo cometeu dois crimes: eles me abandonaram, a mim, a fonte de água viva; e cavaram as suas próprias cisternas, cisternas rachadas que não retêm água". Francis Schaeffer comenta que "eles usaram a prosperidade deles para o pecado. Será que isso não soa familiar?"[7].

Cavando a própria cisterna — ou seria cova?
Naturalmente, o homem procura por subterfúgios; foi assim com Adão é assim com o homem pós-moderno. Há sempre a busca de um motivador, de uma equação que não tenha o "eu" como variável, do bode expiatório que possa levar a culpa daquilo que, consciente ou inconscientemente, produziu-se. Não é a estrutura da sociedade, pelo menos em partes, uma expressão das nossas intenções mais profundas? Não se está aqui apontando apenas um fator ou aspecto; o problema é mais complexo. A humanidade, assim como Adão, falhou no mandato de "guardar o jardim"[8]. Foi próspero no cultivo, mas tornou os frutos do cultivo o seu deus. Aqueles que poderiam e podem frear o "trem do progresso" em alta velocidade estão embriagados com o "vinho do Egito"[9], se fartaram com a prosperidade dada por Deus, viraram as costas para ele e o traíram com Mamom[10]. Trocaram a fé em Deus pela fé no homem, a esperança na providência de Deus pela esperança no progresso construído por mãos humanas, e o amor de Deus pelo amor por si.

Ao falar da sociedade pós-cristã, toca-se profundamente na consequência, Francis Schaeffer diz: "Tendo se desviado daquele que pode cumprir, daquele que pode dar conforto, depois de ter rejeitado seu amor, a revelação proposicional dele, haverá morte na sua cidade, na sua cultura"[11]. Os homens trouxeram sobre si o juízo de Deus; cada um está colaborando com o colapso do que Agostinho chama de "cidade dos homens". A cada dia que passa, isso se agrava cada vez mais. O "trem do progresso" não apenas está em alta velocidade, ele está acelerando. A "cidade dos homens" foi bombardeada; todas as construções estão de pé, todos os progressos tecnológicos e industriais estão à vista de todos, mas houve morte. Tudo foi reduzido a massa, energia e movimento. Os homens morreram para o propósito final de sua existência. Goudzwaard afirma que "se os homens e a sociedade ignoram as normas verdadeiras, como a justiça e a restituição dos direitos, o respeito pela vida, o amor ao próximo e a mordomia, eles são obrigados a vivenciar os efeitos destrutivos dessa negligência"[12]. O homem, então, não vivencia hoje algo que misteriosamente aconteceu. Sua negligência por séculos, quanto ao seu mandato, gerou consequências profundas. Goudzwaard continua: "A negação

---

[6] KUYPER, Abraham. *O problema da pobreza: a questão social e a religião cristã* (Rio de Janeiro: Thomas Nelson Brasil, 2020).
[7] SCHAEFFER, Francis A. *Morte na cidade* (São Paulo: Cultura Cristã, 2018), 2. ed. p. 27.
[8] Cf. Gênesis 2:15.
[9] Uma alusão à escravidão do progresso, que aparece afetar os sentidos de todos.
[10] Cf. Mateus 6:24.
[11] SCHAEFFER, *Morte na cidade*, p. 21.
[12] GOUDZWAARD, *Capitalismo e progresso*, p. 257.

dessa mordomia leva à poluição terrível nesse mesmo mundo, porque a negação da norma da justiça leva à violência e ao terrorismo, e porque o egoísmo coletivo leva a perturbações econômicas"[13]. Em outras palavras, quando o homem colocou sua fé no progresso, quando ele tomou como absoluto os aspectos econômico e lógico, trouxe consigo o esfacelamento do aspecto biótico, jurídico, ético e social. Vendeu-se Deus, o eu e o próximo. O desenvolvimento e o progresso pessoal sobrepujaram aquilo que era essencial: o relacionamento com Deus, o sentido da vida e a identidade do homem. Schaeffer afirma que à nossa nação Deus diria:

> Ó Nação, Ó cultura! Você pensa que por causa do conhecimento que agora você tem, um conhecimento que está separado do que realmente existente [...], você pensa que pode construir ferramentas que satisfarão sua necessidade? "Não", diz o Deus, "estas coisas vão se transformar em espada na mão de um homem fraco, e vão cortar o homem que a segura".[14]

O progresso no qual tanto se confiou ao decorrer da história tornou-se ferramenta de destruição na cidade dos homens.

Explodindo o túnel com dinamite

A sociedade vive um tempo no qual não consegue mais imaginar o que pode haver fora da caverna onde vivem. Acredita-se que a realidade é de sombras nas paredes e fogueiras. A sociedade fechada é como um túnel que rouba a esperança de dias melhores, pois nem a luz mais vê-se no fim do túnel. Os mecanismos sociais e econômicos parecem se adaptar às tentativas de termos uma abertura da sociedade. As boas iniciativas são pontuais, mas logo se tornam o *status quo* comercial, que não visa mais o bem comum, e sim o lucro excessivo. Ao mesmo tempo que as pessoas começam a enxergar a necessidade de um mercado mais sustentável, o mercado já está se adaptando para vender sustentabilidade e lucrar muito em cima disso. Basta uma boa história, uma boa motivação, que já se normaliza as intenções, ao pretexto de um "consumo consciente". Os homens podem dar várias desculpas para justificar o desarranjo atual, porém só um atinge o cerne: os homens se desviaram do Deus que existe e da verdade que ele revelou.

Goudzwaard argumenta que "uma mudança no nosso próprio horizonte de felicidade poderia, de fato, gradualmente dar origem a um verdadeiro processo de abertura social, um processo que ganharia em profundidade e amplitude se fosse apoiado por mudanças concomitantes na estruturação da sociedade"[15]. Não que isso seja a solução definitiva, longe disso, mas já aponta para uma melhoria de características que podem ser substanciais. A esperança maior está depositada na volta dos homens à lei de Deus escrita em seus corações, sendo utilizadas como guia ao longo de estradas mais seguras e transitáveis. Do poder de Deus (o *dynamis* de Deus, a raiz de nossa palavra "dinamite")[16], por meio do Espírito Santo, sobre aquilo que Dooyeweerd considera suprateórico: os corações humanos, levando ao arrependimento e conversão. Restabelecendo o chamado de "guardar o jardim".

---

[13] Idem.
[14] SCHAEFFER, *Morte na cidade*, p. 30.
[15] GOUDZWAARD, *Capitalismo e progresso*, p. 259.
[16] SCHAEFFER, *Morte na cidade*, p. 55.

Se em meio à Revolução Industrial foi possível agir abrindo a sociedade por iniciativas pontuais como a de Robert Owen, da New Lanark[17], que ele não utilizava crianças como força de trabalho e instituiu escolas para os filhos dos trabalhadores, casas de dois quartos para cada família e, ainda assim, teve lucros substanciais, vê-se, nesse caso, uma esperança, onde simultaneamente se satisfazem as normas da economia, da ética e da justiça social. Nesse contexto, é possível ver uma conciliação entre o cultivar (progredir) e o guardar (cuidar das pessoas e da natureza), mesmo que seja em um exemplo pontual. A presença fiel dos cristãos na economia pode encontrar em Robert Owen um modelo de reforma e ser, para não cristãos, uma justificativa plausível para a execução de modelos mais humanizados. Entretanto, só os cristãos poderão testemunhar verdadeiramente o efeito do nascer de novo e do cuidado de Deus para com sua criação. Só a ação dos cristãos na sociedade pode oferecer ao homem, em rebelião com Deus, soluções perenes, que se ocupam das condições do homem em relação à criação, mostrando que elas não estão restritas apenas a isso, ao aqui e ao agora, mas que visam um reino que já está estabelecido, embora não ainda em sua plenitude.

A complexidade dos problemas exige soluções complexas; não há uma receita de bolo ou os "cincos passos para resolver os problemas econômicos". Há uma direção a ser seguida para que se viva em uma sociedade mais aberta que permita o florescimento humano, individualmente e coletivamente, mas que não subjugue os multiaspectos da realidade em detrimento do aspecto econômico e lógico. De fato, é uma hercúlea tarefa que só é possível para aqueles que têm sua esperança naquele que tudo pode![18] Ou, como Kuyper afirma, "é preciso que o remédio seja derramado lentamente no coração do rico e do pobre"[19]. Nada menos que o poder (*dynamis*) do evangelho e a ação do Espírito Santo serão capazes de gerar esse milagre nos corações.

---

[17]GOUDZWAARD, *Capitalismo e progresso*, p. 91.
[18]Cf. Mateus 19:26.
[19]KUYPER, Abraham. *O problema da pobreza: a questão social e a religião cristã* (Rio de Janeiro: Thomas Nelson Brasil, 2020), p. 157.

Capítulo 26

Bruno Mambrim Maroni

AS HISTÓRIAS QUE COMPRAMOS:
capitalismo, consumo e a economia da experiência

> *Zooropa... um passo à frente, através da tecnologia /
> Zooropa... seja tudo que você puder.*
> — U2 (Zooropa)

> *O que está em oferta por toda parte no palco do século XXI
> são promessas de experiências transformadoras de vida.*
> — Kevin J. Vanhoozer

Comprando o que compramos

Por que compramos o que compramos? Qual o lugar do desejo e da experiência na prática do consumo e nas dinâmicas econômicas? A compra por suprimento básico é óbvia, mas por quais motivos alguns bens e marcas se tornam tão mais atrativos do que outros? Por razões meramente básicas e monetárias?

Um olhar para o motivo-básico sob as dinâmicas socioeconômicas, a hiperconectividade contemporânea, a pedagogia do desejo e a concepção de prosperidade indicam que de fato há mais por trás da atratividade de determinadas ofertas de compra e que determinam o porquê de comprarmos o que compramos. A teologia, o marketing digital, e até a dramaturgia são recursos promissores para assimilarmos o que está em pauta aqui, e o que está em jogo é a economia da experiência. Como pontualmente observa o analista de dados Daniel Newman, em um texto para a revista *Forbes*, "hoje, mais e mais empresas estão percebendo que a verdadeira vantagem competitiva está na criação de uma experiência envolvente para o cliente – que seja pessoal, rápida, fácil e útil"[1]. Para começar essa reflexão propriamente dita, precisamos, porém, identificar previamente: onde estamos, economicamente falando, e como chegamos até aqui?

Uma leitura da narrativa ocidental: capitalismo e progresso

É possível identificar fatores e tendências que definem nosso mundo hoje? Bem, considerando nossa sociedade pluralista, pode ser pretensioso e reducionista indicar um elemento responsável

---

[1] NEWMAN, Daniel. "Improving customer experience through customer data", Forbes, Disponível em: https://www.forbes.com/sites/danielnewman/2017/04/04/improving=-customer-experience-through-customer-data/?sh-263270ef4e64.

pela configuração cultural contemporânea. Não há diagnósticos e respostas fáceis para o contexto que nos desafia atualmente. Não obstante, com os recursos adequados, é sim possível identificar componentes que traçaram — e têm traçado — nossos rumos culturais. Esses componentes são tão plurais quanto o cenário que formam e, de fato, são diferentes motivos nos constituem culturalmente. Entre eles está o fator o econômico. Podemos dizer que o aspecto econômico da realidade assume proeminência no presente, ou seja, muito na sociedade, em seus âmbitos particulares aos mais amplos, é economicamente configurado. Isso é cotidianamente visível.

Pense no tanto que a noção de "lucro" percorre nossas interações e vocabulário corriqueiros — quem já não ouviu dizer que "tempo é dinheiro"? Porém, a despeito do desenvolvimento econômico moderno-contemporâneo (a diferenciação das relações econômicas), temos reconhecido o quanto a "saturação do dinheiro" tem distorcido nossa relação com o outro, com o mundo e com Deus. Observamos pesarosamente que a experiência humana, vasta em si, vira mercado. Escrevendo justamente sobre características que definem nossa cultura fragmentada, o missiólogo Michael Goheen e o filósofo Craig Bartholomew identificam três aspectos da vida movida pelo consumo. De acordo com eles, o consumismo reivindicou a posição de "narrativa definidora da cultura ocidental", o fio condutor dos nossos pensamentos, sentimentos e atitudes. Na cultura de consumo, tudo se torna produto, a liberdade é vinculada à escolha individual e as necessidades se tornam ilimitadas e insaciáveis[2].

Esse descompasso é característico de uma sociedade na qual se estabeleceu a democracia-liberal impregnada pelo capitalismo. Ele é, realmente, um constituinte decisivo tanto para as virtudes quanto para os vícios da nossa paisagem socioeconômica, mas devemos resistir às reduções ideológicas — do tipo que ocorre na disputa polarizada liberalismo/socialismo — ao caracterizá-lo.

Existem abordagens mais equilibradas e abrangentes disponíveis para uma leitura coerente da narrativa ocidental? Certamente. Primeiro, é necessário observar que o capitalismo ultrapassa o caráter de mera organização econômica advinda do avanço de distintos meios de produção. O que nos interessa aqui é: que fé orienta a ação capitalista? Em resumo, o capitalismo é orientado por uma fé (uma esperança) no desenvolvimento econômico e tecnológico, uma fé no progresso. Um autor de referência para essa reflexão é o economista holandês Bob Goudzwaard. Em seu livro *Capitalismo e progresso*, ele dá a seguinte resposta para a pergunta: o que caracteriza e motiva o capitalismo?

> Podemos descrever o capitalismo moderno como a estrutura social (1) na qual a ordem legal, a moralidade pública prevalecente, bem como a organização da vida socioeconômica asseguram uma admissão desobstruída às forças de crescimento econômico de desenvolvimento tecnológico; e (2) no qual essas forças subsequentemente se manifestam mediante um processo de "seleção natural" na medida em que tomam forma mediante uma competição contínua no mercado entre unidades independentes de produção organizadas com base no retorno de capital.[3]

Portanto, progresso, competição e autonomia são termos (carregados) definitivos para nossa sociedade atual. Concluímos, então, que a cultura do "mercado" se move sob várias das

---

[2]PINE; GILMORE apud MOFITT, Sean. *Wikibrands: como reinventar sua empresa em um mercado orientado para os clientes* (Porto Alegre: Bookman, 2012), p. 173-4.
[3]GOUDZWAARD, Bob. *Capitalismo e progresso: um diagnóstico da sociedade ocidental* (Viçosa: Ultimato, 2019), p. 60.

nossas experiências comuns: do nosso trabalho, passando pela fatura do cartão no fim do mês, pelas despesas corriqueiras e pelas compras online. Contudo, persiste a questão introdutória: por que compramos o que compramos? Vamos a uma consideração preliminar: mais que coisas, compramos histórias. Os mercados cotidianos põem em oferta narrativas formativas.

As histórias que compramos: a economia da experiência e o consumo participativo

Essa realidade, dos mercados que oferecem narrativas, é precisamente contemplada pela ideia da economia da experiência, desenvolvida no livro *The Experience Economy* [A experiência da economia], dos especialistas em mercado Joseph Pine e James Gilmore.

Identificando na economia dos serviços uma espiral descendente, os autores assumem que, para a rentabilidade das marcas e principalmente respostas positivas do consumidor, é necessário às empresas promoverem engajamento do público, envolvendo-o em um cenário de experiência. Isso se dá, por exemplo, tornando os funcionários atores com papéis bem definidos a serem desempenhados[4]. Pine e Gilmore dizem que é preferível aos gestores investirem em "performances humanas melhores, focando no *como*, e não apenas no *que*"; performances que convertem "interações mundanas em encontros envolventes"[5]. Uma abordagem como essa prioriza, digamos, o tempo de contato do cliente com determinada marca; tempo que desperte emoções e, assim, seja definitivo para a escolha da pessoa, criando uma conexão. Definindo objetivamente a ideia de economia da experiência, os autores afirmam:

> Se você cobra por coisas tangíveis, está no ramo dos bens. Se você cobra por atividades que seus funcionários desempenham, está no ramo dos serviços. Se você cobra pelo tempo que os seus clientes passam com você, então seu ramo é a experiência.[6]

Perceba como isso ressoa nas constatações de Daniel Newman. Falando sobre o modelo UX (*user experience*), ele relata:

> Mais de 85% dos profissionais de *mobile marketing* relatam sucesso com a personalização — maior engajamento, receita, conversões. Os clientes de hoje não querem apenas um aplicativo que funcione. Eles querem um aplicativo ou *site* personalizado para economizar tempo, reconhecer seus interesses ou preferências e fazer essas coisas perfeitamente, sem que eles percebam. Não estou falando apenas sobre segmentação. Estou falando sobre a experiência singular do usuário. Netflix, Spotify e Amazon têm perfeitamente a arte da personalização, sugerindo livros, programas de TV e músicas que se adaptam aos gostos distintos de seus usuários.[7]

Há aqui uma série de mudanças observadas historicamente quanto às modalidades de ofertas econômicas. O que vendemos e compramos? Em síntese, podemos considerar uma

---

[4]PINE, B. Joseph; GILMORE, James H. *The experience economy* (Boston: Harvard Business School Publishing, 2011), posição 113, edição Kindle.
[5]Ibid., posição 113.
[6]PINE; GILMORE; MOFITT, *Wikibrands*, p. 27.
[7]NEWMAN, "Improving customer experience through customer data".

transição em quatro fases: o primeiro tipo de oferta comercial, digamos a mais "primitiva", era, predominantemente, a matéria-prima (ou *commodities*). Com o advento da Revolução Industrial e os consequentes avanços técnicos, os empreendimentos se voltaram à comercialização de produtos. Posteriormente, passaram a ofertar serviços (ou operações).

Tendo em mente a proposta de Joseph Pine e James Gilmore, a vantagem de uma empresa sobre a outra decorre da oferta da experiência. Pense em uma cafeteria, por exemplo, como a Starbucks. Se vou até uma loja da marca e peço um *frapuccino* de chocolate — que sempre procuro nos cardápios de outras cafeterias —, não compro apenas uma matéria-prima (leite, café ou cacau), um produto (a bebida em si) ou um serviço (o atendimento no balcão e o meu nome no copo): compro, acima de tudo, uma experiência, uma recordação potencializada pela composição de um cenário e a encenação de atores, que me envolve não só gastronomicamente, mas também estética e volitivamente. Quem sabe depois eu adquira uma camiseta, uma caneca e um *bottom* para a minha mochila? É certeira a preocupação de Pine e Gilmore acerca da experiência, até porque ela constitui um papel determinante para o modo de ver e estar no mundo das pessoas.

Mapeando diferentes respostas ao "totalitarismo do progresso" vigente na sociedade capitalista, movida pelo incessante desenvolvimento econômico e tecnológico, Bob Goudzwaard identifica em Charles Reich, estudioso proponente da contracultura, uma emergente consciência que supostamente antagoniza à sociedade industrial. Reich dá ênfase exatamente à força da experiência. Por que a nossa cultura a valoriza tanto?

A busca por intimidade e significado fornece pistas para compreendermos e interagimos com esse expressivo aspecto cultural. De qual intimidade estamos falando? Goudzwaard explica esse conceito central para o pensamento de Reich: "Essa intimidade consiste no compartilhamento mútuo de experiências semelhantes nas formas mais divergentes com base na suposição de que nenhum participante precisa sentir-se pessoalmente ligado aos outros."[8]. Ele menciona ainda que isso se expressa em contextos como festivais de música, espetáculos artísticos e comunidades alternativas. Para Pine e Gilmore, "as experiências que temos afetam quem somos, o que podemos realizar e para onde vamos, por isso pediremos cada vez mais às empresas que encenem experiências que nos modifiquem"[9].

A economia da experiência, portanto, se mostra em acentuada sintonia à nossa cultura integrada por pessoas que percorrem as praças de alimentação, *shoppings* e *sites* de *e-commerce* à procura da expansão de sensibilidades e senso de pertencimento narrativo (consumo participativo). Para alguém que habita essa cultura — ou seja, nós mesmos —, um fator proeminente que guia a vida, um propósito persistente, é a experiência. Aqui estão as histórias. Afinal, poucos artefatos culturais comunicam experiências (por vias denotativas e conotativas) tão assiduamente como fazem as narrativas. Basta considerar as principais "fontes narrativas" do cotidiano atual: o cinema e a TV, representando as séries. Inclusive, Pine e Gilmore observam: "As experiências sempre estiveram no centro das ofertas de entretenimento, desde peças de teatro e *shows* até filmes e programas de TV"[10]. O entretenimento é responsável por boa parte das nossas experiências mais marcantes.

---

[8]GOUDZWAARD, *Capitalismo e progresso*, p. 187.
[9]PINE; GILMORE apud VANHOOZER, Kevin J. *Encenando o drama da doutrina: teologia a serviço da igreja* (São Paulo: Vida Nova, 2016), p. 84.
[10]PINE, B. Joseph; GILMORE, James H. *The experience economy* (Boston: Harvard Business School Publishing, 2011), posição 330, edição Kindle.

É válido lembrar também que nossa cultura não é um tipo de entidade invisível e estática, pois ela de fato entra em ação. Um filme, por exemplo, não só é uma "coisa" (entre muitas aspas), mas faz muitas outras. O mesmo vale para um café. Podemos dizer que a publicidade atua como articuladora das histórias contadas, encenadas e propostas no mercado. Uma propaganda, a saber, não apresenta simplesmente um produto: ela promete um conjunto de coisas aparentemente implícitas nele — realização financeira, *status* social, sucesso afetivo, prazer, personalidade. O professor de semiótica Marcel Danesi indica: "A publicidade constitui uma forma de discurso que celebra o consumo [...] O publicitário, de certa forma, assumiu o papel de pregador, divulgando as boas-novas e a necessidade constante de aperfeiçoamento"[11]. Certo, agora nada mais adequado do que chamar a teologia para a conversa. Qual o papel do teólogo e da igreja vivendo no mercado de histórias?

A sabedoria cristã entre os palcos comerciais: transformações em contraste

A relação entre teologia e economia de modo algum deveria ser para fins lucrativos. Embora muitas igrejas tenham — lamentavelmente — aderido às tendências de marketing e organização empresarial, nada está mais distante do diálogo apropriado entre essas duas atividades vitais para o florescimento humano. O desafio da igreja cristã não é encontrar a técnica de venda mais vantajosa para a sua durabilidade entre outras instituições. Esse é o caso de um cristianismo capturado e até rompido por ídolos da cultura. Uma postura que legitimamente contrasta com os vícios da nossa sociedade reduzida às ofertas comerciais que distorcem perspectivas de vida e relações significativas, assume um caráter distintivo. Que alternativa a espiritualidade cristã tem a ofertar nesse contexto?

Antes de responder a essa indagação, precisamos reconhecer que certamente as ênfases da economia da experiência pensadas por Pine e Gilmore são proveitosas para a atuação da igreja — mas em que sentido? Ambos percebem características do público que superam as trocas econômicas limitadamente monetárias e "coisificadas". Em *O drama da Doutrina*, Kevin J. Vanhoozer nota que o surgimento da economia da experiência é importante para a igreja por alguns motivos: "Em primeiro lugar, ela nos lembra de que nossos desejos mais profundos não são de bens temporais (coisas), mas de experiências pessoais e de relações interpessoais significativas"[12]. Ora, a reconciliação provinda do evangelho definitivamente garante a conexão que as pessoas almejam tanto que chegam a pagar por isso. Em segundo lugar, a economia da experiência nos lembra de que a igreja não é a única instituição que oferece essas experiências pessoais e interpessoais[13].

O contraste capital, que muda os rumos da relação da teologia com o nosso contexto econômico e cultural, é que a espiritualidade cristã corporificada na comunidade eclesiástica não dispõe de uma mercadoria, e sim de uma transformação na qual o cliente não corre o risco de se tornar o produto (em disputa pelas empresas), de uma redenção que perdura para glorificar o Eterno e participar do drama que ele empreende — pois "todo empreendimento é um palco para a glorificação de alguma coisa"[14].

---

[11] DANESI, Marcel. *Popular culture: introductory perspectives* (Lanham: Rowman & Littlefield, 2018), p. 283.
[12] VANHOOZER, *Encenando o drama da doutrina*, p. 83.
[13] Idem.
[14] PINE; GILMORE apud VANHOOZER, *Encenando o drama da doutrina*, p. 85.

Capítulo 27

FELIPE BARNABÉ

CAPITALISMO E PROGRESSO NO CORPO DE CRISTO:
a igreja como polo de abertura da sociedade

Uma das mais notáveis contribuições do filósofo holandês Herman Dooyeweerd para o cenário filosófico cristão é a impossibilidade da neutralidade religiosa em qualquer filosofia[1]. Qualquer proponente de uma escola deve aceitar que não tem uma visão privilegiada da realidade que permita uma neutralidade do pensamento teórico. A estrutura do pensamento humano possui uma fundamentação teleológica que busca seu sentido absoluto. Todos os aspectos da vida, então, se explicam a partir desse absoluto, o que Dooyeweerd chama de Origem.

Seus seguidores aplicaram esse *insight* em diversas áreas do conhecimento. Partindo desse fundamento religioso do pensamento humano, Bob Goudzwaard, um professor emérito de Economia e Filosofia da Universidade Livre de Amsterdã, fez contribuições valiosas na área econômica. Em seu livro *Capitalismo e progresso: um diagnóstico da sociedade ocidental*[2], ele apresenta argumentos para propor que os problemas econômicos da sociedade ocidental não decorrem apenas de problemas nas estruturas econômicas e sociais, mas de um motivo subjacente de fé. Dessa forma, mesmo alterando-se as estruturas sociais ou econômicas o problema persiste. Nas palavras de Goudzwaard: "na nossa reflexão temos de penetrar num segundo nível, mais fundamental e profundo, subjacente às estruturas das sociedades — um nível mais profundo que codetermina e molda essas estruturas".[3] Esse nível mais "profundo só pode consistir nos motivos religiosos centrais que fundamentalmente direcionam uma cultura e sua sociedade".[4] Esse motivo religioso, que Goudzwaard chama de fé no progresso[5], é considerado por ele como a "base mais plausível para explicar o surgimento e o desenvolvimento do capitalismo moderno até o presente".[6]

Essa fé no progresso não se restringe ao pensamento econômico, ela adentra outras áreas da vida particular do homem, tais como a família e a igreja. Mas como a fé no progresso se

---

[1]DOOYEWEERD, Herman. *No crepúsculo do pensamento ocidental*: estudo sobre a pretensa autonomia do pensamento filosófico (Brasília: Monergismo, 2018).
[2]GOUDZWAARD, Bob. *Capitalismo e progresso*: um diagnóstico da sociedade ocidental (Viçosa: Ultimato, 2019).
[3]Ibid., p. 22.
[4]Idem.
[5]O termo "fé" remete à idolatria. Nas palavras de D. A. Carson, "todo fracasso em adorar Deus não é nem mais nem menos do que idolatria. Porque somos finitos, inevitavelmente vamos adorar algo ou alguém [...] porque somos seres caídos, gravitamos em torno de deuses falsos: um deus domesticado e manejável, talvez um deus material, talvez um deus abstrato como o poder ou o prazer, ou um deus filosófico como o marxismo, a democracia ou o pós-modernismo. Mas iremos adorar". CARSON, D. A. *et al*. *Louvor*: análise teológica e prática. Tradução de Wilson de Almeida. Rio de Janeiro: Thomas Nelson Brasil, 2017. p. 33.
[6]GOUDZWAARD, *Capitalismo e progresso*, p. 23.

manifesta no corpo de Cristo? Essa é a primeira pergunta que se pretende responder de forma simplificada neste capítulo. A segunda é: Qual o papel da igreja nessa "guerra santa" entre a fé em Deus e a fé no progresso?

A fé no progresso

Essa fé surge após a derrubada de barreiras que existiam nas sociedades pré-modernas. Barreiras como a igreja e a providência divina são removidas e pavimentam o caminho para uma nova forma de pensamento. Nas palavras de Goudzwaard:

> Nesse ponto, o caminho está sendo pavimentado para uma prática social radicalmente nova! Revisemos brevemente a história mais uma vez. A remoção da barreira da igreja e do céu liga o homem ocidental a esta terra como o palco para sua autorrealização. A derrubada da barreira da providência e do destino livrou o homem de um Deus que intervém, desse modo, abrindo caminho para uma autodestinação completamente humana. E então, a terceira barreira foi completamente destruída pelos filósofos iluministas, que colocaram a autodestinação racional no contexto de um futuro perfeito alcançável e da garantia de que o paraíso perdido poderia ser recuperado pelas próprias atividades humanas.[7]

Em outras palavras, o homem, ao remover Deus da história, começa a se enxergar como o construtor de seu próprio futuro. A construção do paraíso só depende dele. O problema, porém, é que essa fé na humanidade não persiste. Conhecedor de si e percebendo o mesmo ego enganoso no outro, o homem pós-moderno perde a fé na humanidade como construtora de um futuro melhor. Albert Camus, em *O homem revoltado*[8], mostra como esse ceticismo leva à substituição do indivíduo por um ideal de humanidade futuro, que, por sua vez, acaba substituído pelo estado totalitário. Por trás de tudo isso está uma fé no desenvolvimento histórico muito parecida com a fé no progresso descrita por Goudzwaard. Em ambos os casos, o indivíduo do presente desaparece. O que importa é o ideal futuro. A fé, tanto no progresso quanto na história, desemboca na fé em um processo escatológico de redenção no qual o homem presente não tem participação ativa. O homem assume outro deus e outra visão de redenção e consumação. Isso traz à mente as palavras de Paulo: "Porquanto, tendo conhecimento de Deus, não o glorificaram como Deus, nem lhe deram graças; antes, se tornaram nulos em seus próprios raciocínios, obscurecendo-se-lhes o coração insensato"[9].

A fé no progresso e a igreja

A fé no progresso apresentada por Bob Goudzwaard modifica a forma como o homem lida com todos os aspectos da vida, assim como a fé no processo histórico o faz. Nesse último caso, Camus nos mostra, em um extremo, como o assassinato se torna justificado. A vida de um homem perde seu valor em vista da humanidade deificada ou do paraíso futuro do estado totalitário.

---

[7]Ibid., p. 67.
[8]CAMUS, Albert. *O homem revoltado* (Rio de Janeiro: Record, 2019).
[9]Romanos 1:21.

No caso do progresso, pode-se observar alguns pontos menos extremados na vida cotidiana. Por exemplo, a visão de sucesso de um sujeito é basicamente influenciada pela fé no progresso. Acreditamos que somos bem-sucedidos quando temos um bom emprego que gera uma boa renda, moramos em boas casas, nossos filhos estudam em boas escolas e por aí vai. Consideramos boas pessoas aquelas que se enquadram nesse ideal de sucesso. Virtudes cristãs são desvalorizadas se não produzem renda ou prestígio. Em casos extremos, passamos por cima da moralidade e da decência para alcançar essas coisas, pois tudo é justificado pela busca do ideal de progresso. Se o fim é bom, os meios não importam.

Na Igreja, corpo de Cristo, ocorre algo semelhante. Muitas vezes, o ideal de igreja é baseado em quantidade de membros, tamanho do templo, beleza do prédio, localização etc. A visão de uma igreja saudável é uma igreja que progride, muito como uma empresa: quer-se oferecer os melhores produtos para os membros. Há orgulho em poder falar: "Lembra quando começamos naquele quartinho da casa de fulano? Olha aonde chegamos!". Os cultos são moldados como entretenimento, com o objetivo de manter os jovens interessados — isso sem mencionar a teologia da prosperidade, que é a absorção desses ideais na própria doutrina da igreja.

É importante salientar que essas coisas não são ruins por si só. Pode-se buscar melhorar o padrão de vida, buscar melhorar as igrejas e se alegrar quando novos membros são recebidos, mas esse não deve ser o foco da igreja. O corpo de Cristo não foi chamado para ser uma empresa bem-sucedida e gerenciada que oferece os melhores produtos. Fomos chamados para ser sal e luz. Fomos chamados para apresentar o evangelho ao mundo. Continuamos acreditando que há um Deus e que ele intervém. Continuamos crendo na providência divina. Quem dá o crescimento é Deus, mas quando ele quer e da forma que ele quer[10]. Somos chamados para apresentar normas diferentes para a sociedade, e não para absorvermos as normas que ela nos apresenta.

A igreja como polo de abertura da sociedade

Bob Goudzwaard, após todo o diagnóstico da sociedade ocidental, apresenta uma forma de se mudar essa norma: a abertura da sociedade. Com isso em mente, podemos descrever uma sociedade fechada, como aquela que combina a organização rigorosa com propósitos concretos todo-abrangentes e, portanto, de domínio total. A expressão "sociedade túnel" talvez seja ainda mais clara, uma vez que evoca a imagem de uma sociedade em que tudo — pessoas, instituições, normas, comportamento — contribui para o tranquilo avanço em direção à luz no fim do túnel. Porém, o fim do túnel parece nunca estar ao nosso alcance; a luz brilha para sempre no futuro. No entanto, mantém em movimento tudo e todos que se encontram nesse túnel. O caráter fechado ou "achatado" dessa sociedade fica claro particularmente na racionalização funcional imposta à ordem social em cada um dos seus aspectos[11].

Uma sociedade fechada, então, é aquela em que a realidade é reduzida a apenas um ou poucos pontos. Todo o restante da realidade é guiado por esse ponto em particular, como uma luz no fim do túnel. Pessoas, instituições, normas, comportamento... tudo se guia pela esperança de se chegar ao final do túnel.

---

[10]Cf. Atos 2:47.
[11]GOUDZWAARD, *Capitalismo e progresso*, p. 199.

A realidade, porém, não é singular. Há uma pluralidade de aspectos[12], cada um com sua norma, sua lei. O aspecto econômico tem seu lugar e sua norma derivada da revelação de Deus, mas ela não deve ser o guia dos aspectos sociais, psicológicos ou sentimentais. Qualquer redução da realidade a um aspecto é um empobrecimento da vida. Deus criou uma realidade plural com normas específicas que são derivadas das normas superiores de amar a Deus acima de todas as coisas e amar ao próximo como a si mesmo. Nas palavras de Dooyeweerd:

> Na ordem do tempo, a existência e a experiência humanas apresentam grande diversidade de aspectos modais, mas essa diversidade está relacionada à unidade central do ego humano que, como tal, ultrapassa toda a diversidade modal de nossa existência temporal. Na ordem do tempo, a lei divina para a criação apresenta grande diversidade de modalidades. Mas toda essa diversidade modal de leis está relacionada à unidade central da lei divina, ou seja, o mandamento de amar a Deus e ao nosso próximo.[13]

A proposta de Goudzwaard, então, é que:

> apenas num confronto aberto com essa luz no fim do túnel, que ao mesmo tempo em que acena sempre recua aprisionando desse modo o objetivo final, é que podemos encontrar soluções reais. *Para contribuir com essa discussão, gostaria de introduzir um novo conceito, a saber, o da abertura da sociedade ou, para usar um termo comumente aceito, a luta por uma sociedade aberta. O que se quer dizer por abertura? Esse termo é intencionado para expressar uma direção da vida humana totalmente diferente daquela de uma sociedade túnel. A abertura implica a recuperação do significado e do valor da vida humana fora de sua sujeição e serviço ao progresso.*[14]

A abertura significa afirmar normas simultâneas. Se o mundo é plural, cada aspecto deve ter sua norma afirmada. Isso significa que o progresso não é o objetivo único. A igreja deve levar em conta as normas dos outros aspectos. O próprio autor sabe das dificuldades desse processo de abertura e de propor normas concorrentes. Nas palavras de Goudzwaard:

> Em outras palavras, numa sociedade em que o direito à autodeterminação autônoma ilimitada na vida econômica é primário, as normas de justiça social e ética social adquirem um caráter secundário ou enviesado. Não é considerado que essas normas sejam aplicadas simultaneamente; na melhor das hipóteses, elas são consideradas relevantes como uma consideração posterior.[15]

Ele, porém, continua dizendo que "um processo de abertura pode ser iniciado em pequena escala. Na verdade, um pequeno começo já pode dar frutos antes que a sociedade como um todo esteja pronta para uma nova abertura".[16] Creio que a igreja seja um excelente ponto

---

[12] DOOYEWEERD, *No crepúsculo do pensamento ocidental*.
[13] Ibid., p. 50.
[14] GOUDZWAARD, *Capitalismo e progresso*, p. 201. Grifo meu.
[15] Ibid., p. 222.
[16] Ibid., p. 226.

de partida para esse processo de abertura em pequena escala. O corpo de Cristo deve ser contraformativo. Devemos afirmar normas concorrentes com as normas do mundo e apresentar alternativas ao fechamento da sociedade, mostrando que a pluralidade estrutural da realidade é boa e deve ser respeitada.

O corpo de Cristo é, na verdade, o lugar ideal para isso. A família da fé deve apresentar o evangelho em toda a sua complexidade. Isso significa se preocupar com as demandas que o progresso exclui — fé, afetos, sentimentos —, mas não só isso. Ela deve, também, se preocupar com o meio ambiente, com os animais, com a ética e a estética. Toda a realidade criada deve ser alcançada pelo evangelho. A saída do túnel do progresso depende dessa abertura para os demais aspectos.

Devemos apresentar as normas que regem os outros aspectos da realidade, mostrando a idolatria da fé no progresso. Mesmo que os efeitos sejam limitados, nosso papel é ser sal e luz; os efeitos de salgar e iluminar dependem de Deus.

A igreja deve ser "coluna e baluarte da verdade"[17]. Ela pode exercer um papel muito mais propositivo à sociedade, mais do que meramente reagir às demandas da ordem do dia, a "última novidade"[18].

Para finalizar, nas palavras do filósofo canadense James K. A. Smith, falando do papel missional da cristandade em *Aguardando o Rei*:

> A cristandade, portanto, é um esforço missional que se recusa a deixar que a sociedade política continue protegida do senhorio de Cristo ao mesmo tempo que reconhece a distância escatológica entre o agora e o não ainda. Do centro da igreja como sociedade política, a cristandade dá testemunho de como a sociedade deveria ser diferente, de tal modo que imagine a possibilidade de conversão — não apenas de almas, mas também do imaginário social. Essa é uma visão de testemunho e de engajamento político que proclama a importância política não apenas da "natureza" ou da "criação", mas do evangelho como aquela revelação que verdadeiramente nos mostra como ser humanos e o que o mundo é chamado a ser na ressurreição de Jesus. Portanto, a cristandade dá testemunho da especificidade do evangelho.[19]

---

[17]Cf. 1Timóteo 3:15.
[18]Cf. Atos 17:21.
[19]SMITH, James K. A. *Aguardando o Rei: reformando a teologia pública* (São Paulo: Vida Nova, 2020), p. 186.

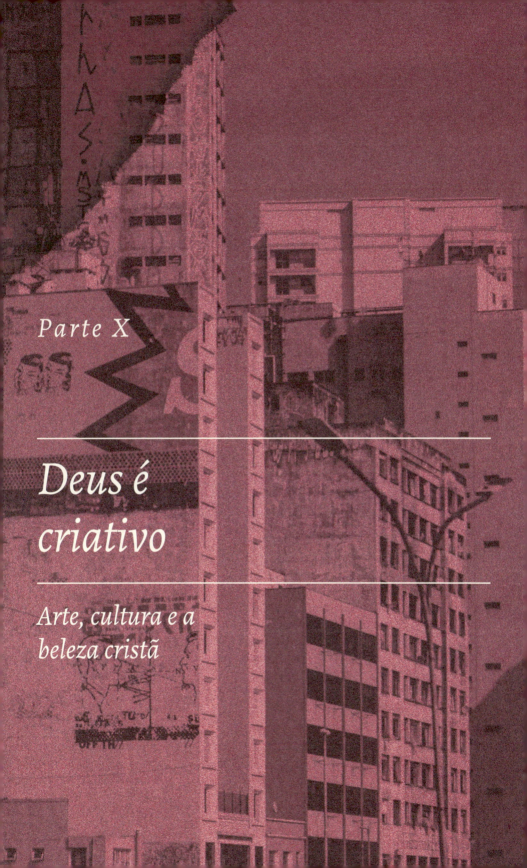

Parte X

Deus é criativo

Arte, cultura e a beleza cristã

Multiplicam-se na contemporaneidade os discursos que denunciam uma crise nas artes. Seja pela sua captura fatal pelo mercado e a indústria cultural, ou ainda pela morte das imagens em uma sociedade do espetáculo, tornou-se um lugar-comum criticar o arrefecimento das expressões artísticas e a crise do próprio lugar do artista no mundo contemporâneo. Alguém que se ocupou desse debate foi o filósofo franco-argelino Jacques Rancière. Há mais de quinze anos ele já nos dizia que esse tipo de discurso apocalíptico são: "indicações suficientes de que, hoje em dia, é no terreno estético que prossegue uma batalha ontem centrada nas promessas da emancipação e nas ilusões e desilusões da história".[1] Aqui Rancière sinaliza a relação que ele faz entre os conceitos de promessas e emancipação no interior do tratamento do aspecto estético.

No entanto, existe uma complicação típica de nosso período histórico: as imagens que são mencionadas, descritas e criticadas nos discursos técnicos estão sendo compreendidas de maneira unívoca ou equívoca? Quando utilizamos o conceito de "imagens", concordamos no que atribuímos ao aspecto estético? Ou, colocado de outra maneira pelo próprio Rancière, "não haveria, sob o mesmo nome de imagem, diversas funções cujo ajuste problemático constitui precisamente o trabalho da arte?", ou ainda, "do que estamos falando e o que precisamente nos é dito quando se afirma que daqui em diante não há mais realidade, apenas imagens?".[2]

Nessa formulação do problema que nos ocuparemos, esconde-se o que poderíamos chamar de "tendência" dominante no pensamento filosófico contemporâneo. Em vez de um equilíbrio dinâmico entre identidade e diferença sobrepondo-se e completando-se criativamente, o que vemos hoje é uma predominância paralisante da indiferença como o principal paradigma filosófico articulado para dizer o acontecimento. Seja na hermenêutica, com a indiferença do autor, seja nos estudos identitários com a indiferença de gênero ou na estética com a indiferença nas imagens, simplesmente perdemos a capacidade de fazer diferenciações e compreender o que constitui a identidade de um trabalho de arte, seus critérios avaliativos, qualidades e parâmetros de julgamento.

Pode parecer elementar, mas é necessário questionar que: quando se insiste que só existem imagens, como em muitos discursos de indiferença filosófica contemporânea, não é possível pensar o outro da imagem. A indiferença rouba a alteridade, isso porque, se tudo é imagem, nada é imagem. Rancière corrobora nossa hipótese de que não é supérfluo lembrar coisas tão simples:

---

[1]RANCIÈRE, Jacques. *A partilha do sensível: estética e política* (São Paulo: Editora 34, 2009), p. 12.
[2]Ibid., p. 9.

é preciso fazê-lo porque essas coisas simples não param de se confundir, porque a alteridade identitária da semelhança sempre interferiu no jogo das relações constitutivas das imagens da arte. Durante muito tempo, ser semelhante foi considerado o próprio da arte, mesmo que uma infinidade de espetáculos e de formas de imitação tenha sido dela proscrito. Não ser semelhante, em nosso tempo, é considerado seu imperativo, ainda que fotografias, vídeos e exibições de objetos semelhantes ao do cotidiano tenham tomado, em galerias e museus, o lugar das telas abstratas.[3]

Tudo isso prepara o terreno para as perguntas com que nos ocuparemos nos textos da presente seção de nosso livro, dedicados à estética e à filosofia da arte: quais são as condições incontornáveis que nos permitem dizer que o mesmo não é o outro, como também o que é o outro assim invocado pelas imagens? Qual critério para afirmar que há um outro de forma visível em uma tela, e não em outra? Como podemos, por exemplo, diferenciar a natureza do jogo de imagens que a televisão propõe daquele que o cinema sugere? Essas perguntas referem-se à construção de estruturas esteticamente qualificadas (obras de arte) e seu entrelaçamento com outras estruturas (naturais, sociais, econômicas, confessionais).

Na tradição reformacional destaca-se o trabalho do historiador da arte Hans Rookmaaker (1922-1977), que, ao mesmo tempo que procurou responder a cada uma dessas questões técnicas de estética e filosofia da arte, também se manteve muito sensível ao fato de que:

> Uma teoria estética jamais pode substituir uma arte viva ou a própria beleza, mas deve dar uma explicação teórica da experiência ingênua da beleza. O caráter teórico da ciência (isto é, o fato de que ela trabalha por abstração em relação à sístase) quer dizer que, embora esteja fundada na experiência ingênua, ela não pode e não deve jamais substituir a experiência ingênua.[4]

Essa sensibilidade fez da abordagem de Rookmaaker não sucumbir aos reducionismos típicos de nossa era, apontados muitos anos depois por Rancière, por exemplo. Basicamente seu trabalho em teoria estética foi o de submeter a própria esfera da lei estética a uma investigação mais atenta, utilizando o instrumental filosófico dooyeweerdiano ao seu alcance. Tão somente assim temos renovadas condições de encarar as obras de arte — que são estruturas esteticamente qualificadas — não só do ponto de vista funcional, mas examinadas à luz do domínio da estética em sentido estrito e fazendo da estética uma verdadeira ciência da arte.

---

[3]Ibid., p. 16.
[4]ROOKMAAKER, Hans. R. ""Esboço de uma teoria estética baseada na filosofia da ideia cosmonômica". In: ROOKMAAKER, Hans R. *Filosofia e estética* (Brasília: Monergismo, 2018), p. 46.

Capítulo 28

Ana Ester Correia Madeira de Souza

"VINDE A MIM OS PEQUENINOS":
as artes no ministério infantil

Falar sobre a arte em todos os seus aspectos envolve um mundo de possibilidades. Existem aqueles que tentam dar a ela uma definição, outros defendem que ela se define de acordo com o contexto no qual é vivenciada. Em ambos os casos, a arte é uma área de estudo que pode ser uma música ou uma dança, um quadro ou uma peça teatral. Em tudo isso, ela é um espaço de vivência, um motivo de louvor a algo ou a alguém, e sempre irá apontar para o motivo da sua existência.

Quando consideramos os parâmetros que Deus nos coloca através das Escrituras, o conceito de arte nos apresenta uma noção unificadora: o próprio Deus é responsável pela criação de tudo o que é belo, porque ele é a própria beleza, nele existe perfeição e sentido. O mundo e seus questionamentos se calam quando se deparam com ele. Portanto, existe um modelo perfeito de arte, e para conhecê-lo basta conhecer tudo que tem, em seu fim último, o louvor a ele.

Por essa razão, é coerente falar sobre "as artes". Sim, no plural, pois ela não se limita a apenas um tipo. Quando temos uma experiência com uma obra de arte, seja ela uma música, um quadro, uma dança ou, ainda, uma peça teatral, que nos eleva, nós estamos, conforme Rookmaaker, antecipando o momento ético das modalidades transcorrentes no tempo: o amor ao próximo, a nobreza da ética, o serviço à humanidade[1]. O contrário também é verdadeiro: quando essa experiência nos deprecia, antecipamos uma falta de significado que degrada o ser humano, porque não carrega beleza e nem ética.

A igreja, enquanto incubadora de virtudes[2], também faz isso através das artes. Em cada um dos seus ministérios, observamos uma atuação específica, focada em uma faixa etária diferente, mas apontando sempre para Deus. Sendo assim, algumas questões despontam nesse sentido: qual seria a função das artes no ministério infantil? Ou, ainda mais profundo: como é a experiência das nossas crianças com as artes dentro da igreja? A intenção deste capítulo é apresentar alguns pontos de reflexão sobre o conteúdo artístico que proporcionamos a elas em um culto infantil, por exemplo, e o quando isso interfere na caminhada dos pequeninos até Deus. Nessa mesma direção, buscaremos ser propositivos em apresentar possibilidades dentro dessa realidade que apontem para Cristo.

---

[1] ROOKMAAKER, Hans R. *Filosofia e estética* (Brasília: Monergismo, 2018), p. 55.
[2] KUIPER, Roel. *Capital moral: o poder de conexão da sociedade* (Brasília: Monergismo, 2019), p. 14-5.

As artes e a cosmovisão cristã

Ao falarmos sobre as artes na cosmovisão cristã, vale colocar no centro da discussão o que realmente direciona a nossa caminhada: o senhorio de Cristo[3]. Independentemente de crermos ou não em Deus, a soberania dele sobre todas as esferas da vida é real e inquestionável. Se em alguma área da nossa vida a presença de Cristo é facultativa, não estamos vivendo integralmente para ele, e isso define como viveremos.

Quando nos dedicamos à salvação de almas, por exemplo, mas não consideramos o homem pleno em todas as esferas da vida, não o discipulamos nem pastoreamos o coração dele; em vez disso, estamos ignorando o senhorio de Cristo sobre a sua criação. Schaeffer é enfático ao afirmar que entender o ser humano na sua totalidade é um princípio bíblico que está estabelecido desde Gênesis, quando Deus nos criou à sua imagem e semelhança e nos deu domínio sobre a natureza com a vocação de "cultivar e guardar"[4]. As artes também entram nesse processo de domínio. Elas não são simplesmente uma ferramenta para propagar o evangelho, mas, acima de tudo, são uma forma de glorificar a Deus.

Nesse sentido, Rookmaaker deixou em nossas mãos reflexões preciosas. Depois de conhecer a Deus em um campo de concentração, ele escreve sua experiência com a filosofia da ideia cosmonômica de Dooyeweerd[5], ao aprender como relacionar a fé com a sua área de estudo: as artes. No seu entendimento, o pensamento reformacional é fundamental para a estética e para a arte porque pressupõe uma forma de relacionar a cosmovisão cristã com a nossa experiência cotidiana[6].

De acordo com Rookmaaker, quando pensamos na experiência artística de forma separada da vida cristã, chegamos ao ponto de absolutizar algum elemento da realidade, e isso causa consequências graves para a nossa humanidade[7]. Toda a realidade já foi legislada; por isso, não há como ser autônomo e escrever as próprias leis quando se produz ou vive uma experiência estética. Portanto, os princípios básicos da filosofia da ideia cosmonômica, conforme o autor, é uma visão integral da fé cristã e do ser humano. Assim, o homem passa a se mostrar obediente e fiel à justiça de Cristo, porque vivemos e fazemos tudo *Coram Deo*, diante de Deus.

Nosso ponto de partida para criar qualquer obra de arte sempre será o Criador, assim como o seu fim último. Somente assim é que podemos produzir coisas verdadeiramente belas e plenas, para não cairmos num niilismo total, numa vida sem significado. O mundo criado por Deus é normativo; existem normas por trás da realidade, e quando não as seguimos, ferimos o princípio da soberania de Deus.

Aqui reside um dos maiores questionamentos cristãos às artes modernas porque muitas, em essência, ferem o princípio de beleza planejado por Cristo. Consequentemente, criar algo feio e ilógico do ponto de vista da cosmovisão cristã é um pecado. Sendo assim, para entendermos o conceito de estética e beleza a partir dos padrões escriturísticos, precisamos, antes, observar as modalidades anteriores e posteriores à arte que estamos analisando e fazemos essa

---

[3]SCHAEFFER, Francis A. *A arte e a Bíblia* (Viçosa: Ultimato, 2010).
[4]Cf. Gênesis 2:15. SCHAEFFER, *A arte e a Bíblia*, p. 17.
[5]DOOYEWEERD, *No crepúsculo do pensamento ocidental*, p. 27-8.
[6]ROOKMAAKER, Hans R. *Filosofia e estética*, p. 28-9.
[7]Ibid., p. 31.

relação. Ela precisa obedecer às normativas divinas necessárias para comunicar beleza e não degradar o ser humano.

Quando fala da arte moderna, por exemplo, Rookmaaker pontua que ela tem ferido os padrões criados por Deus, ao mesmo tempo que não deixa de retratar uma realidade e, com isso, abrir novas possibilidades, mesmo que carregue "a crise, o absurdo da nossa era"[8]. Isso quer dizer que existem boas razões para usarmos esses novos meios de expressão a depender do que queremos dizer com eles — porque o fim é perguntar para quem estamos apontando, de quem estamos falando. Para a arte moderna, um fenômeno complexo, perguntas como essas precisam ser feitas constantemente.

De maneira cirúrgica, Rookmaaker escreve que o grande problema está na tentativa do homem de ser autônomo, o que começou a gerar uma dualidade cada vez mais forte entre o racional e o irracional. Ferindo a soberania de Cristo, ninguém se pergunta mais sobre a questão da harmonia no que era criado, e a tentativa de autonomia acaba se frustrando porque a grande "tragédia é que o homem não tem novos princípios a oferecer"[9], uma vez que eles foram criados, organizados e normatizados por Deus. Já nos é dado, basta viver.

Um exemplo desse afastamento mencionado por Rookmaaker é quando assistimos um filme que é bom para o entretenimento, mas não carrega padrões morais, o que o torna ruim, porque apresenta um mundo sem Deus, vazio. São obras de arte que não alcançam as questões mais profundas do coração do homem e excluem Deus do grande cenário da vida. Automaticamente, talvez sem perceber, elas desumanizam o homem porque afasta dele justamente quem o criou.

As artes: fundamentos para o pastoreio de crianças

Nessa perspectiva, podemos pensar nas novas gerações e sua busca inerente por (re)conhecer a verdadeira humanidade. Quando isso ocorre por preceitos estéticos errados da modernidade, essas gerações chegam a conclusões errôneas de velhas respostas que inevitavelmente as afastam do Criador. Existe uma necessidade em responder novas perguntas de uma maneira muito mais profunda e contundente, e as artes podem indicar um caminho significativo para isso.

Partindo desses princípios, é comum observarmos no ministério infantil o uso da arte para comunicar algum princípio de fé para as crianças, com a intenção de apresentar Jesus para cada uma delas. Se levarmos à discussão o que se produziu por muito tempo nesse ambiente, a grande questão que não quer calar é se esses materiais realmente refinaram, indicaram um caminho belo para cada um dos pequeninos que passaram por nós.

Como professora de música atuante na educação infantil e envolvida com o ministério infantil desde a minha infância, fui apresentada às mais diversas formas de arte, desde música até peças de teatro. Já fui Maria, já fui anjo, já fiz solo em canções no coral e já dancei. Posso afirmar que muito do que passou por mim realmente elevou minha experiência estética, mas também conheci materiais questionáveis não somente no seu fim último — ou seja, que se afastavam de Deus — como também no seu sentido estético, ferindo modalidades da realidade que me depreciavam enquanto ser humano.

---

[8] ROOKMAAKER, Hans R. *A arte moderna e a morte de uma cultura* (Viçosa: Ultimato, 2015), p. 146.
[9] Ibid., p. 209.

Não julgando as intenções, porque isso não me cabe, não deixo de questionar algumas músicas apresentadas nos cultos infantis que não respeitam a inteligência dada por Deus às nossas crianças. Confusões entre o que significa verdadeiramente adorar a Deus e pular porque é divertido; ou, ainda, entre imitar os animais aos 9 anos de idade para lembrar da Arca de Noé. Até que ponto isso realmente é bom para o crescimento espiritual da criança? Essa é uma questão urgente de se pensar, porque, em contrapartida, as mídias sociais veiculam conteúdos mais bem desenvolvidos, apresentam suas intenções com suas obras bem elaboradas e as crianças também absorvem esses materiais.

Quando lemos Mateus 19:14 — "deixai vir a mim os pequeninos" —, Jesus também poderia estar se dirigindo a pais, pastores e professores responsáveis por colocar pedras no caminho das crianças em vez de pastoreá-las, quando os conteúdos artísticos que apresentam a elas confundem sua caminhada até Deus. Philip Ryken afirma que, se Deus é tão belo assim, "nós — mais do que quaisquer outras pessoas — devemos ter o mais elevado apreço pela beleza. Quando cristãos se contentam com padrões estéticos baixos, comprometemos o caráter de nosso Deus"[10]. E por que insistimos em permitir uma experiência estética tão depreciativa aos pequeninos?

Resgatando a ideia da integralidade do ser humano, James K. A. Smith nos lembra que o homem é mais do que um ser pensante ou que crê: ele imagina, deseja e se define, acima de tudo, por aquilo que ele ama[11]. Somos afetivos, orientados com práticas litúrgicas que orientam o nosso coração para determinado fim e transformam as nossas ações com hábitos. O autor nos direciona para entendermos um pouco melhor sobre o significado da adoração no espectro da fé cristã.

O povo de Deus chamado para ser igreja vivia hábitos de adoração antes ainda de ter a doutrina sistematizada em suas mãos. Temos como exemplo o próprio Abraão, considerado o pai da fé. As artes, nesse mesmo aspecto, são uma forma de adorar a Deus. Conforme aponta Smith, é uma atitude muito mais trivial e terrena, pois diz respeito à nossa vida diária, a tudo o que fazemos[12]. Logo, por que não envolver nossas experiências estéticas nisso?

Uma criança que, em sua vida ordinária, tem experiências estéticas elevadas — não falo de obras de arte distantes da nossa realidade, mas daquelas que não banalizam a infância e comunicam a verdade — poderá ter o seu caminho para Deus esclarecido. Ela irá aprender a louvá-lo por suas obras, desde observar a natureza até cantar um louvor em gratidão a ele, ou mesmo aprendendo a ver um Deus criativo atuando em todas as esferas da realidade. Também saberá identificar suas maravilhas em todas as linguagens artísticas produzidas dentro ou fora da igreja.

Muitas possibilidades na mesma direção

Para não apenas apontar possíveis equívocos, preciso também ser propositiva. Longe de fechar a discussão com algum método ou um caminho perfeito para envolver as artes no ministério infantil, é necessário indicar como construir esse caminho. A palavra de ordem aqui

---

[10]RYKEN, Philip. *Rei Salomão*: as tentações do dinheiro, sexo e poder (São Paulo: Vida Nova, 2018), p. 113-8, Texto adaptado e publicado no site *Tu porém*. Usado com permissão. Disponível em: https://tuporem.org.br/uma-casa-para-o-senhor-a-importancia-da-beleza-para-deus/.
[11]SMITH, James K. *Desejando o Reino*: culto, cosmovisão e formação cultural (São Paulo: Vida Nova, 2018), p. 25-6.
[12]Ibid., p. 26-7.

é *criatividade*, uma capacidade dada por Deus e que pode ser "usada e abusada", no que diz respeito à evangelização e ao pastoreio de crianças.

Proponho, então, algumas perguntas que nos darão direcionamento. Comece perguntando se aquele material artístico é essencialmente "elevado", no sentido de apontar para Deus nos seus pressupostos mais profundos. Se falarmos de música, pergunte: essa canção adora a Deus verdadeiramente? Eu estou direcionando a criança a conhecer a Deus e ter uma experiência real com ele, ou apenas conduzindo-a a repetir uma música sem nem mesmo saber o que ela significa?

Outra pergunta essencial é se aquela música ou aquela história indica verdadeira beleza. Perceba que não me refiro ao que é preparado com excelência, porque esse é o princípio de entregar o melhor a Deus e já faz parte de nós. Refiro-me à normatividade na arte, que indica beleza quando aponta para Cristo. Portanto, existe um padrão de beleza e ele está relacionado à sensibilidade, pois "só há beleza na natureza porque cada ente é dotado de sentido ou significado em razão de sua relação com o Criador"[13].

Por fim, uma pergunta essencial (e não menos importante), é se questionar se o que você comunica enquanto arte para seus pequeninos traz a verdade contida nas Escrituras. Percebo que erramos muito em compartilhar determinadas canções que são "fáceis" de memorizar, mas que detém em seu interior mensagens totalmente humanistas que, ao longo do desenvolvimento da criança, a coloca numa posição antropocêntrica e cada vez mais distante de Deus.

Portanto, agir em verdade é abrir caminho à criança para que ela conheça a "beleza superabundante" que há em Deus e, assim, conheça o amor divino e criativo dele, uma vez que ela está sendo recolocada na posição de "cultivar e guardar", para a qual foi chamada lá em Gênesis. Artes que agem, comunicam e praticam a verdade satisfazem o sentimento de busca do homem, dando-lhe liberdade e proporcionando a experiência com aquilo que é belo.

Finalizo com a célebre frase de Agostinho em suas *Confissões*: "os olhos amam a beleza e a variedade das formas, o brilho e a luminosidade das cores"[14]. Podemos afirmar, então, que os olhos amam a beleza desde a infância, sendo nossa a responsabilidade de guiar os pequeninos pelo caminho que devem andar, de forma a não desprezar o caráter formativo que nossos padrões estéticos exercem sobre eles.

---

[13]ROOKMAAKER, *Filosofia e estética*, p. 16.
[14]AGOSTINHO. *Confissões* (São Paulo: Paulus, 1984), p. 305. Coleção Espiritualidade.

Capítulo 29

BRUNO MAMBRIM MARONI

NA PAISAGEM SONORA:
arte, música e espiritualidade

> *Há coisas que Deus pode estar dizendo apenas por meio da música. Se for assim, cabe ao teólogo ouvir.*
> — Jeremy Begbie

> *Eu acho que a música é espiritual. Cantar, tocar um instrumento é espiritual. Vem de um mundo espiritual.*
> — Van Morrison

> *Tua revelação é a música da minha dança.*
> — Salmo 119 (A Mensagem)

Para começar: a paisagem sonora e o lugar da arte hoje

O termo *soundscape* foi popularizado pelo ecologista, compositor e pedagogo Murray Schafer, principalmente na obra *A afinação do mundo*, na qual escreve: "A paisagem sonora é qualquer campo de estudo acústico. Podemos referir-nos a uma composição musical, um programa de rádio ou mesmo a um ambiente acústico como paisagens sonoras"[1]. Apesar de sua aplicação multidisciplinar, o conceito define, de modo geral, a combinação sonora que compõe um ambiente imersivo. Justamente por contemplar o ambiente acústico natural (biofonia) ou artificial (antropofonia), a *soundscape* é estudada enfaticamente pela ecologia acústica. Contudo, essa expressão também remete à maneira que nós, ouvintes, percebemos e nos comunicamos com o que escutamos. A ideia de "paisagem sonora" é útil, porque demonstra que nossa vivência artística e musical cotidiana não é imóvel e planificada, mas a relação que temos com a música é multidimensional, pois compreende um ambiente que nos envolve.

Somos criaturas linguísticas, mas somos também criaturas musicais, pela capacidade, ligeira ou acentuada, de perceber os traços que compõem uma música: tons, timbres, intervalos entre notas, melodias, harmonias e ritmo. Supostamente, é como se as estruturas musicais se encontrassem precisamente com a nossa disposição fisiológica. A impressão que fica é a de que há algo incontornável que nos enlaça à música. É isso que o médico neurologista e escritor Oliver Sacks reconhece em *Alucinações musicais*, uma coletânea de textos em que relata

---
[1] SCHAFER, Murray R. *A afinação do mundo* (São Paulo: 2011), p. 23.

uma série de episódios verídicos que demonstram o quanto a música perpassa avidamente a experiência humana. Na introdução de seu livro, ele diz: "'construímos' a música na mente usando muitas partes do cérebro. E a essa apreciação estrutural, em grande medida inconsciente, adiciona-se uma reação muitas vezes intensa e profundamente emocional"[2].

Agora, o que a sabedoria cristã tem a dizer sobre a presença inevitável da beleza, da arte e da música?

A arte jamais esteve alienada ao evangelho, e a reconciliação de todas as coisas nunca deixou a música intocada. Nosso jeito de pensar desintegrado, porém, tem obscurecido nosso olhar e obstruído nossa audição para a beleza nas paisagens do mundo. Em uma sociedade da reprodutibilidade técnica, comercialmente motivada, em que a utilidade é determinante, entre agendas saturadas e rotinas apressadas, a beleza ainda tem lugar? Sim, e sempre terá. Talvez nossos sentidos estejam culturalmente desvirtuados. Por isso, precisamos pensar sobre arte, que pode ser "o fogo para nossos pés que nos ajuda a quebrar o encantamento de nossa época. Enquanto nos desencanta, a boa arte também re-encanta nosso mundo"[3].

É difícil pensar sobre arte: os desafios da filosofia estética e a beleza nas coisas

É fato que nossas conversas sobre arte costumam esbarrar no gosto subjetivo, fazendo com que reflexões do tipo pareçam inviáveis. Afinal, se a beleza está exclusivamente vinculada à satisfação individual, por que falar de arte, não é? Isso retoma os dilemas das primeiras reflexões estéticas do pensamento ocidental. O grande dramaturgo paraibano e também professor de filosofia da arte Ariano Suassuna indica as seguintes opções estéticas que, digamos, "complicam" nosso pensar e falar sobre arte: o irracionalismo/racionalismo, a objetividade/subjetividade, estética filosófica/científica. O segundo tópico é muito relevante aqui. Suassuna diz que os personagens da Estética (filosofia da arte), com poucas exceções, afirmam "que a Beleza é algo que se constrói no espírito do sujeito [...] uma descrença cada vez maior na validade do julgamento — ou então optam por uma solução de meio termo, de compromisso objetivista-subjetivista"[4].

Reconhecer o que qualifica uma obra de arte (pensemos sempre na música) e onde está seu significado é determinante para retomarmos diálogos honestos sobre o assunto. Certamente, embora nossos sentidos careçam de vulnerabilidade, há beleza em todas as coisas. Mesmo que haja um aspecto distintamente estético na realidade, no "jeito que o mundo é", a beleza, como núcleo de sentido estético, perpassa toda a nossa paisagem natural e cultural. Podemos encontrar beleza tanto no chão cru que pisamos quanto no revestimento mais refinado disponível no mercado. Deparamo-nos com o que é belo no acervo dos compositores clássicos até nos porões do rock *underground*. O encontro da teologia com a arte é proveitoso — e imprescindível —, porque a sabedoria cristã reconhece distintivamente que a beleza simplesmente está no mundo, discernimento que falta às cosmovisões desencantadas, ou seja, que desconhecem um sentido maior à ordem e à sacralidade das coisas. A fé cristã aprecia a arte porque tem convicção de que o mundo criado por Deus não só tem espaço para a beleza como ele próprio é intimamente formado com beleza.

---

[2] SCHAFER, *A afinação do mundo*, p. 11.
[3] WILLIAMS, Thaddeus C. *Reflita*: tornando-se você mesmo ao espelhar a maior pessoa da história (Brasília: Monergismo, 2017).
[4] SUASSUNA, Ariano. *Iniciação à estética* (Rio de Janeiro: Nova Fronteira, 2018), p. 36-7.

O significado presente e permanente no mundo é definitivamente confessado pela doutrina da criação. Assumimos que há sentido e beleza nas paisagens que habitamos porque a realidade é pessoal e intencional. A consciência da intencionalidade criacional — de que Deus criou todas as coisas com amor — certamente humilha, renova e inspira nossa apreciação artística e musical. Por exemplo: antes de qualquer intervenção, os sons já estavam aqui — perceba o som do vento, da chuva, da respiração, dos animais ou de gente conversando, rindo e respirando. A criação como paisagem sonora rudimentar, então, nos encaminha a uma rica definição da arte.

Hans Rookmaaker, historiador da arte e um dos nomes da filosofia reformacional, encaminha uma resposta à nossa pergunta: "O que dá sentido à arte?". Ele diz que "o núcleo de significado da esfera de lei estética é a harmonia bela"[5]. A arte, portanto, é um artefato humano significativo e esteticamente qualificado que desenvolve as possibilidades de beleza e harmonia "guardadas" na criação. Assim, os artefatos artísticos — objetos, performances ou processos — respondem à vocação humana para criar para a glória do Criador e florescimento da comunidade, sobretudo porque a criatividade é uma expressão de amor. São análogas ao amor revelado nos atos criativos do Eterno — "toda beleza e glória neste mundo é *epiphaneia*, o brilho e a invasão da radiância das bases poderosas e veladas do ser em forma expressiva, o evento da autorrevelação do Deus oculto"[6]. Podemos receber a criação como um ato de hospitalidade da Trindade para abrigar suas criaturas em uma paisagem com potenciais de beleza — especialmente sonora. Mas qual o espaço da música no mundo de Deus?

Sobre o mundo da música e a música no mundo de Deus

O que é música? A rigor, a música é a moldagem voluntária (atividade cultural) dos sons da criação, que existe em interação indissociável à ordem sônica do mundo. E o que configura o "mundo interno" da música? O célebre compositor americano Aaron Copland explicou que "a música tem quatro elementos essenciais: o ritmo, a melodia, a harmonia e o timbre, ou colorido tonal". É difícil para nós ouvintes, no dia a dia, decifrar analiticamente cada um deles, até porque a música nos "confronta" como um todo em movimento, não fragmentado. Copland completa dizendo que é "o efeito combinado — o tecido sonoro inextricável que eles compõem — que costuma interessar à maioria dos ouvintes"[7]. Podemos dizer também que a música é produzida e capturada pelo ser humano, demandando dos artistas as habilidades necessárias para ordenar os sons em padrões significativos, e dos ouvintes a percepção dessas características concebidas como música[8].

A arte pretende que o meio e a mensagem ressoem; portanto, podemos afirmar que numa obra virtuosa — neste caso, a música —, a forma (por exemplo, os arranjos e a execução técnica) e o conteúdo (como a "carga narrativa", a sensibilidade às condições humanas, inventividade performática) importam.

O filósofo canadense Calvin Seerveld fala sobre a *alusividade*, ideia que descreve precisamente a abertura imaginativa suscitada pela arte, que se distingue "por uma qualidade

---

[5] ROOKMAAKER, Hans R. *Filosofia & estética* (Brasília: Monergismo, 2018), p. 46.
[6] AMORIM, Rodolfo. "Hans urs von Balthasar: estética em A Glória do Senhor". Curso Arte e Espiritualidade, 2020. Disponível em: <https://www.cursoarteeespiritualidade.com.br/loja/catalogo/jornada_ae-o-cristao-e-a-arte_5/>.
[7] COPLAND, Aaron. *Como ouvir e entender música* (São Paulo: É Realizações, 2013), p. 39.
[8] TAN, Siu-Lan. *Psychology of music: from sound to significance* (Nova York: Routledge, 2018).

imaginativa cuja natureza é aludir mais significados do que o que é visível/audível/escrito/sentido [...] uma coagulação metafórica de nuances"[9]. Já Jeremy Begbie, teólogo e compositor importantíssimo para as reflexões contemporâneas em teologia, arte e música, fala, no livro *Resounding Truth* [Ressoando a Verdade], sobre as ações *sugestivas* e metafóricas das artes que ampliam as possibilidades de percepção de significado — a apuração dos sentidos e da imaginação — na realidade: "A arte mais enriquecedora é ricamente sugestiva, multiplamente evocativa. [...] Nos lembra que o mundo sempre excede nosso alcance"[10]. Será que identificamos essas qualidades em nossas incursões culturais rotineiras, ou consideramos a arte entretenimento e decoração dispensáveis? Você percebe essas virtudes criativas nas músicas que escuta?

Por que é importante falar de música *teologicamente*? Uma premissa para a resposta a essa questão é justamente isto: a música tem como "matéria-prima" os significados embutidos na paisagem sonora da criação de Deus. Tanto isso é verdade que Danielle Lynch, em *God in Sound and Silence* [Deus no som e no silêncio], escreve que:

> Não pode haver uma teologia exaustiva da música, pois a música não pode ser generalizada, mas deve ser analisada no que diz respeito ao seu contexto particular e em relação às experiências musicais particulares. A música é uma maneira de "fazer" teologia tão situada no tempo quanto qualquer outra forma de fazê-la. No entanto, eu sustento que a música é um meio pelo qual pode emergir significado teológico.[11]

Repare no entrelaçamento que há, de acordo com Lynch, entre a música e a teologia, e entre a experiência musical e a espiritualidade. Isso serve como ponto de partida para, agora sim, descrevermos motivos pontuais que justificam a importância de *pensar a música teologicamente* e pensar teologia musicalmente.

Em primeiro lugar, isso se dá porque a música é uma atividade cultural pervasiva, onipresente no dia a dia (nas casas, igrejas, *shoppings*, nos filmes e séries que assistimos e, claro, nos fones de ouvido). Em segundo lugar, porque a música tem um profundo efeito nas nossas vidas, tocando nossas emoções, comportamento e, sem dúvida, espiritualidade.

Em terceiro lugar, porque muita gente admite o quão indispensável ela é. Clive Marsh e Robert Vaughan, em *Personal Jesus*, explicam que "Há muita música por aí. As pessoas a usam por muitas razões e tiram muito proveito disso. No entanto, há também uma pergunta: a música popular [...] pode promover o desenvolvimento pessoal e espiritual?"[12]

Propriamente por isso, em quarto lugar, é relevante falar de música, porque ela tem fortes vínculos com impulsos religiosos. Para Begbie, na maioria das culturas "onde encontramos fenômenos que normalmente estariam classificados como religiosos, a música

---

[9] SEERVELD, Calvin. *Reading the Bible and understanding art: how to redeem your time in taking a look at art in Canada.* p. 1. Disponível em https://www.allofliferedeemed.co.uk/Seerveld/Seerveld%20_Reading_the_Bible_and_Understanding_Art.pdf.

[10] BEGBIE, Jeremy S. *Resounding truth: Christian wisdom in the world of music* (Grand Rapids: Baker Academic, 2007), p. 51.

[11] LYNCH, Danielle Anne. *God in sound and silence: music as theology* (Eugene: Pickwick, 2018).

[12] MARSH, Clive; VAUGHAN, Robert S. *Personal Jesus: how popular music shapes our souls* (Grand Rapids: Baker Academic, 2012), p. 4.

não fica muito distante: a necessidade de cantar, dedilhar cordas e soprar tubos ressonantes parece irresistível"[13].

Em quinto lugar, porque na pluralidade de gêneros as preocupações espirituais têm sido explícitas. Os gêneros musicais são diferenciações progressivas com certa elasticidade, mas que se descolam por pressões distintas, como tecnológicas, comerciais e sociais, associadas ao espírito do tempo[14].

Por fim, em sexto e último lugar, é importante a atenção teológica responsável à música porque ela tem papel proeminente na formação cristã por meio da prática da adoração na igreja local. A música é carregada de significado teológico porque é, antes de qualquer coisa, uma maneira de articular, ou de "vocalizar", os louvores da criação.

Para Begbie, reconhecer a Trindade muda tudo em nosso empenho para pensar, fazer e ouvir música. Estamos falando do Deus trino de amor *extático*, ativo no mundo[15]. É em Cristo, pelo poder criativo do Espírito, que podemos efetivamente cumprir a vocação de cuidar da criação e glorificar ao Criador, o que torna a arte um exercício de reconciliação. Para entender melhor como isso entra em ação na música, devemos repensar alguns fatores. Primeiramente, é preciso lembrar que a música não é "coisa". Sua prática não é monolítica (é culturalmente diversificada) e não é hermética, ou seja, sem impacto social. Por outro lado, faz mais sentido falar de música como a confecção deliberada de vibrações sonoras temporalmente entrelaçadas, física e comunitariamente mediadas (a música mexe com nossos corpos e percorre nossas relações) e dotadas de integridade criacional.

Sobre as potencialidades da música e a singularidade do evangelho

Por que a música importa para a espiritualidade cristã? Até o momento, traçamos respostas abrangentes indicadas pelo Drama das Escrituras, pela sabedoria da tradição cristã e pela nossa experiência ordinária nas paisagens sonoras — *soundscapes* — que habitamos. A criatividade revela a criatividade da Trindade, a arte desvenda e desperta nossa imaginação, desvela a beleza estrutural do mundo de Deus e contribui para o florescimento humano, o que aguça nossos sentidos para a necessidade de um relacionamento com o Criador — ou, como diz N. T. Wright, a consciência de que a beleza "está ali, mas ao mesmo tempo não está"[16].

A música importa para o discipulado (a rotina com Cristo), pois ressoa aspectos do eixo da espiritualidade cristã: o evangelho. Mas como? Em primeiro lugar, a música — sua própria arquitetura sonora — vincula tensões e resoluções. Por exemplo, o primeiro acorde desperta a expectativa por uma resposta, traçando a harmonia (cadência apropriada) e dando a sensação de movimento. Por isso, podemos dizer que a música tonal ocidental é teleológica[17]. O equilíbrio tensão-resolução se associa notavelmente ao Drama das Escrituras, da criação-queda--redenção (plenitude, caos e descanso). Nesse sentido, Jonathan King argumenta, em *The Beauty of the Lord* [A beleza do Senhor], que semelhante às notas que destoam isoladamente em uma partitura, mas concordam plenamente no todo de composição musical, "quaisquer

---

[13] BEGBIE, *Resounding truth*, p. 17.
[14] BORTHWICK, Stuart; MOY, Ron. *Popular music genres* (Edinburgh: Edinburgh University, 2004), p. 3.
[15] BEGBIE, Jeremy S. *A peculiar orthodoxy*: reflections on theology and the arts (Grand Rapids: Baker Academic, 2018), posição 225, edição Kindle.
[16] WRIGHT, N. T. *Simplesmente cristão*: por que o cristianismo faz sentido (Viçosa: Ultimato, 2008), p. 58.
[17] BEGBIE, Jeremy S. *Resounding truth*, p. 278.

assimetrias aparentemente incongruentes na forma do plano divino são mais bem apreciadas no contexto escatológico geral"[18]. Isso mostra como a música imita — ou traduz — a realidade harmônica da grande história da Bíblia.

Além do mais, podemos identificar três potencialidades da paisagem sonora que incorporam singularidades do evangelho. Primeiro, não podemos apressar a música, assim como não podemos interferir nos ritmos de Deus. Afinal, por que o tempo é decisivo aqui? Porque para apreciarmos uma música, precisamos seguir seu percurso. A música atua como metáfora para nossa experiência no tempo, recordando nosso lugar como criaturas narrativas, com histórias amarradas à grande história do evangelho que se encontra em Cristo[19]. Isso nos mostra que a boa arte nos coloca não só diante de novas ideias, mas de novas virtudes — nesse caso, a paciência, fruto da experiência de atravessar consonâncias e dissonâncias, momentos de silêncio e de som.

Isso nos leva à segunda potencialidade da paisagem sonora que incorpora uma singularidade do evangelho: ela nos convida a viver na esperança do que vem depois, assim como o aguardo pela nova criação[20]. Para a musicista Maeve Heaney, em *Music as Theology* [Música como teologia]:

> A estética é o lugar recorrente daquela pergunta que a consciência raramente se atreve a formular com a seriedade necessária: este é mesmo o melhor dos mundos possíveis? A Beleza, a arte e o estético tocam aquela parte de nós que sabe que pode haver algo melhor, diferente, completo, acabado. Afirma nosso anseio e nosso questionamento e, portanto, de alguma forma, nossa fé de que há mais vida.[21]

Falamos dos vínculos de tensões e resoluções que compõem a narrativa sonora como aspecto da música que ressoa o evangelho. Outro aspecto faz o mesmo significativamente: a diversidade essencial. Em uma música, duas ou mais notas soam ocupam o mesmo "espaço de ação" (interpenetração e sobreposição), sendo que o próprio contraste ressalta a autenticidade de cada vibração — "na ordem das notas musicais [...] o absurdo pode se transformar em sentido, porque as notas podem aumentar e enriquecer umas às outras no mesmo espaço auditivo — o efeito é inteligível e cativante"[22]. Isso remete à liberdade que o evangelho anuncia e realiza, pois na espiritualidade cristã a identidade é comunitariamente autenticada, na relação com Deus e com a família de fé. Também remete à sábia loucura do evangelho, que tem seu desfecho na cruz e na ressurreição.

Por último, a música remete à realidade da Trindade. Basicamente, a música é o meio de arte que comunica a comunhão da Trindade de forma mais expressiva, porque é o único meio pelo qual experimentamos "tudo ao mesmo tempo e no mesmo espaço". Pense assim: quando estamos assistindo a uma série, nossa visão é incapaz de apreender tudo o que está acontecendo na imagem. Agora, no caso da música, mesmo que as notas sejam diferentes,

---

[18]KING, Jonathan. *The beauty of the Lord*: theology as aesthetics (Bellinham: Lexham, 2018), p. 291.
[19]Cf. Colossenses 1:15-20.
[20]Cf. Romanos 8:23-25.
[21]HEANEY, Mave Louise. *Music as theology*: what music has to say about the Word (Eugene: Pickwick, 2012), p. 188.
[22]BEGBIE, *Resounding truth*, p. 288.

percebemos o que está acontecendo no todo, pois todos os seus traços "dançam" entre si no mesmo espaço auditivo.

Da nossa parte, ouvintes na paisagem sonora da cultura e da criação, qual seria a resposta apropriada, com sabedoria teológica, aos potenciais dados à música? Penso que um bom começo seja renovar as motivações para nossas experiências. É muito comum os cristãos se perguntarem o que eles podem ou não ouvir, mas talvez as questões mais adequadas sejam: Por que estou ouvindo isso? Como vou ouvir o que estou ouvindo? Determinantemente, nossa experiência com a música depende da atitude de gratidão movida pela consciência do amor impresso nas coisas da terra, a vibrante consciência de que a criação, a paisagem sonora ou a ordem sônica, é uma dádiva.

Capítulo 30

Felipe Barnabé

RECUPERANDO NOSSO CHAMADO CRIATIVO

A realidade em que vivemos é complexa, constituída de muitos aspectos. Ela se apresenta de modos diferentes, cada um com suas normas próprias. Quando fazemos teorias, tendemos a simplificar algo que não pode e nem deve ser simplificado. A teoria faz um recorte da realidade e abstrai algo de suas relações com as demais coisas.

Dessa forma, ela é uma simplificação do todo. Por exemplo, uma obra de arte pode ser analisada esteticamente, mas também pode ser analisada por seu valor econômico ou por sua conformação ética. Porém, quando apreciamos uma obra de arte, não isolamos seus elementos para fazer uma análise teórica sobre a perspectiva, a composição, o material, o meio, o valor econômico etc. Críticos de arte e teóricos fazem isso, mas pessoas comuns apreciam a obra de arte dentro do contexto no qual estão inseridos e dentro daquilo que conhecem, ou seja, é uma análise que está sempre conectada a todo o restante da realidade da obra.

Vemos a beleza na arte, mas também percebemos que, muitas vezes, há algo de errado em algumas obras. Também percebemos quando uma obra parece deslocada, em um contexto que não é apropriado para ela. Percebemos desproporções na composição, mesmo sem ter um treinamento teórico. Isso acontece porque a estética, um dos aspectos da realidade, possui suas próprias normas e está entrelaçada com os demais aspectos, como o ético, o econômico e o histórico. Por ser um aspecto da realidade, somos criados para trabalhar com ele. Nas palavras de Agostinho: "Os olhos amam a beleza e a variedade das formas, o brilho e a luminosidade das cores"[1]. Somos criados com um sentido estético.

Olhando por outro lado, o estético é um aspecto que deve ser respeitado em todos os momentos. Nós devemos levá-lo em consideração mesmo quando estamos lidando com estruturas que não são essencialmente estéticas. Isso significa que deve haver beleza em nosso trabalho e em nossa comida, por exemplo. Toda produção humana deve levar em conta o aspecto estético da realidade, que não pode ser negligenciado.

Mas nós o negligenciamos. O que ocorre quando os cristãos criam coisas "feias"? Ou, pior: o que ocorre quando decidimos não criar? Tentaremos responder a essas perguntas ao longo deste capítulo.

---

[1] AGOSTINHO. *Confissões* (São Paulo: Paulus, 1984), p. 305.

A redenção da beleza

Hans Rookmaaker foi um crítico de arte, professor da Universidade Livre de Amsterdã, na Holanda, e um dos seguidores de Herman Dooyeweerd, filósofo holandês, proponente da filosofia da ideia cosmonômica[2]. Em seu livro *Filosofia e Estética*, Rookmaaker faz uma afirmação interessante sobre a conversão:

> Não é meramente uma parte da humanidade da pessoa que se converte, não é só a alma e a função pística considerada à parte do restante, mas a pessoa inteira, de carne e osso, que crê, que sente, que ama, que pensa, que fala e que julga as coisas belas ou feias.[3]

Todo o ser do homem é impactado pela conversão, inclusive nosso julgamento do belo. Isso mostra que nosso senso de beleza deve ter o mesmo fundamento que utilizamos para a moralidade, por exemplo. Se obtemos nosso senso moral — o que é bom e o que é ruim — da revelação de Deus, nosso senso estético — o que é belo e o que é feio — também, deve vir da revelação. Seja para criar ou para apreciar algo, nossas normas devem vir da Palavra de Deus, conforme ela se apresenta em todas as suas formas. Rookmaaker exemplifica isso quando diz que: "toda obra se remete invariavelmente a um sistema valorativo que subjaz e conduz o projeto do artista"[4]. Esse sistema valorativo deve ser a revelação de Deus.

Não podemos cair no pecado de ignorar o aspecto estético da realidade. "Todas as coisas funcionam em todas as esferas de lei".[5] Em outras palavras, tudo que existe compartilha de um aspecto estético. Quando se conforma as leis desse aspecto, é belo, quando não se conforma, é feio, ou, nas palavras de Rookmaaker:

> Quando digo que todas as coisas funcionam na função estética, isso não quer dizer que todas as coisas são belas. Há também coisas feias, coisas cujo aspecto estético não satisfaz as normas da beleza. A função estética é uma função normativa e as regras da beleza são regras do que deve ser.[6]

Ou, ainda, nas palavras de Agostinho, bispo de Hipona, sobre a origem da Beleza:

> A beleza que, através da alma do artista, é transmitida às suas mãos, procede daquela Beleza que está acima de nossas almas, e pela qual a minha alma suspira noite e dia. No entanto, aqueles que fabricam ou admiram essas obras dotadas de beleza exterior, delas tiram o critério para um julgamento estético, e não a norma para bem usá-las. Todavia, essa norma aí está, mas eles não enxergam[7].

---

[2]Muito do que foi proposto na introdução vem da ontologia dooyeweerdiana. Cf.: DOOYEWEERD, Herman. *No crepúsculo do pensamento ocidental: estudo sobre a pretensa autonomia do pensamento filosófico* (Brasília: Monergismo, 2018).

[3]ROOKMAAKER, H. R. *Filosofia e estética* (Brasília: Monergismo, 2018), p. 19.

[4]Ibid., p. 12.

[5]Ibid., p. 145.

[6]Idem.

[7]AGOSTINHO, *Confissões*, p. 305, 307.

Nossa salvação deve nos instigar a enxergar e produzir beleza, pois o estético faz parte da estrutura da realidade e todas as coisas funcionam em todos esses aspectos. Isso não significa, apenas, que devemos produzir arte, mas também que devemos nos preocupar com a beleza em toda e qualquer produção humana. Deve-se criar porque a criatividade e a imaginação fazem parte da *imago Dei*. Deve-se fazer coisas belas simplesmente pelo amor pela beleza que sempre refletirá a Beleza suprema[8].

Chamados para criar

Quando falamos em estética, parece que estamos falando apenas de obras de arte. Lembramos de museus e exposições. Porém,, como já mencionado, todas as coisas funcionam no aspecto estético. Tudo pode se conformar ou não às normas estéticas. Ter ou não ter beleza.

Talvez, pensarmos a criação humana em termos de cultura facilite nosso entendimento. Em *Culture Making*[9]: *recovering our creative calling* [Criando cultura: restaurando nosso chamado criativo], Andy Crouch diz que "cultura é o que fazemos do mundo"[10].

Cultura é todas essas coisas: pinturas — seja pintura com os dedos ou a Capela Sistina —, omeletes, cadeiras, anjos de neve. É o que os seres humanos fazem do mundo. Ela sempre carrega o selo da nossa criatividade, nosso desejo dado por Deus de fazer algo a mais com o que nos foi dado[11].

A ideia de Crouch é que fomos chamados para criar. Deus nos colocou no mundo como cultivadores e criadores. Somos chamados para fazer algo com aquilo que nos foi dado, seguindo o exemplo do próprio Deus, que nos colocou em um jardim, algo já organizado e belo.

Uma das primeiras tarefas de Adão foi dar nome aos animais, um trabalho criativo[12]. Todo o desenvolvimento posterior de Gênesis, mesmo após a Queda, apresenta o homem criando a partir do que Deus deu. Muitas vezes, essas criações são rebeldes e tentativas de o homem afirmar autonomia do Criador, mas não podemos negligenciar nosso papel criativo. Somos chamados para cultivar e criar, fazer cultura. Nas palavras de Crouch, "como nossos primeiros pais, devemos ser criadores e cultivadores. Ou, para dizer de forma poética, somos artistas e jardineiros".[13] O homem, uma vez portador da *imago Dei*, é uma espécie de jardineiro cósmico.

Conciliando Crouch e Rookmaaker, devemos criar levando em consideração as normas estéticas. Nosso mundo tende a criar coisas funcionais, baratas ou apelativas. Muito do que é produzido não se preocupa com beleza, pois o aspecto econômico é exaltado acima dos demais aspectos da realidade[14]. Como cristãos, devemos lutar contra essa absolutização do funcional, do econômico. Porém, para não cair no erro de exaltar o estético, devem lembrar que todas as coisas devem funcionar em todos os aspectos.

---

[8] Não estou aqui advogando um ideal platônico de Beleza, mas fazendo referência a como tudo de belo que há no mundo tem um referente transcendental em Deus.
[9] CROUCH, Andy. *Culture making: recovering our creative calling* (Downers Grove: InterVarsity Press, 2008), p. 23.
[10] Idem. Tradução livre.
[11] Ibid., p. 23. Tradução livre.
[12] Cf. Gênesis 2:20.
[13] CROUCH, *Culture making*, p. 97. Tradução livre.
[14] Cf. GOUDZWAARD, Bob. *Capitalismo e progresso*: *um diagnóstico da sociedade ocidental* (Viçosa: Ultimato, 2019).

Se quisermos apreciar coisas belas que são, também, eticamente cristãs e glorificam a Deus em todas as esferas, devemos recuperar nosso chamado criativo. "A única forma de mudar a cultura é criando mais cultura",[15] e isso inclui qualquer criação humana, não só a arte. Se quisermos que as pessoas enxerguem as coisas de forma diferente, criemos coisas que as façam ver a realidade de forma diferente — de forma cristã. Se nosso imaginário social está impregnado de uma visão materialista e consumista, criemos artefatos culturais que mostrem que há uma alternativa melhor. Mostremos que o homem é mais do que um ser que compra. Mostremos que as coisas podem ser belas, funcionais, éticas e que isso enriquece a realidade. Todo esse desenvolvimento exige dedicação e estudo. Sejamos pessoas que pensam a cultura de forma completa e cristã, e não só a consumam ou critiquem-na.

E se não criarmos?

Duas perguntas foram feitas na introdução: o que ocorre quando os cristãos criam coisas "feias"? Ou, pior: o que ocorre quando decidimos não criar?

Se criamos coisas feias, estamos afirmando que não nos importamos com a beleza. Isso pode parecer algo sem importância, mas lembremos que Deus se importa com a beleza. Ao final de cada dia da criação, temos a expressão: "E viu Deus que isso era bom"[16]. A natureza é boa e bela, podemos ver toda a beleza refletida nas cores, nas formas e nos sons. Deus poderia ter criado tudo em preto e branco e dizer que era bom, mas ele o fez com uma beleza ímpar e disse que era muito bom. Nós também devemos criar coisas belas porque isso é muito bom. Também devemos apreciar a beleza, tanto da natureza quanto das criações humanas, porque isso é muito bom. O belo enriquece a realidade. Lembremos que nossa produção subjaz um sistema valorativo. Se não nos importarmos com a beleza, nossa visão de mundo não estará alinhada com a visão de Deus.

Mas e se não criarmos nada? Primeiro, deve ser dito que é impossível não criar. Criar cultura é algo natural para o ser humano. Tudo o que fazemos é cultura. Porém, podemos ser mais intencionais e criar artefatos culturais conscientes do impacto que essas coisas terão nos outros. Devemos criar, pois a cultura não deixa vácuos. Se não criarmos, alguém criará e, então, seremos apenas consumidores de coisas que não refletem a realidade que Deus projetou e que não o glorificam como ele deve ser glorificado. Se não apresentarmos os nossos valores, acabaremos por consumir os valores do mundo.

Por último, nossa criação não deve ser para apenas para nosso próprio consumo. Criemos porque temos coisas boas a mostrar para o mundo, porque conhecemos normas éticas, estéticas e econômicas que mostram uma forma diferente de enxergar a realidade. Uma forma melhor, que não reduz o homem a um animal, mas o retrata como imagem e semelhança de Deus. Criemos porque somos chamados para criar e encher a cultura com artefatos que glorifiquem o Criador.

A estética faz parte da estrutura da realidade. Criar faz parte do chamado do homem. Criar coisas belas é um pensamento que deve estar presente a cada momento em que estamos vivendo nesse mundo. Apresentar o belo em um mundo quebrado e caído pode ser uma forma importante de apresentar aquele que reúne em sua plenitude a fonte de toda a beleza.

---

[15] Ibid., p. 67. Tradução livre.
[16] Cf. Gênesis 1.

Parte XI

Palavra e natureza

Lendo os dois livros da realidade

No campo de investigação a respeito do diálogo entre ciência e religião, o nome de Alister E. McGrath tornou-se amplamente conhecido nos últimos anos. Não apenas pelas suas investidas contra o trabalho dos quatro cavaleiros do ateísmo, Richard Dawkins, Daniel Dennett, Christopher Hitchens e Sam Harris, mas, acima de tudo, pela sua produção de conteúdo em direção a um novo horizonte de relação entre esses dois campos de trabalho. Apesar de sua obra nessa área ser muito vasta, existe um valioso artigo intitulado "Ciência, fé e a compreensão do sentido das coisas", publicado no livro *Verdadeiros cientistas, fé verdadeira*, organizado organizado pelo professor de genética R. J. Berry,[1] no qual McGrath explicita aquela que é a corrente elétrica de suas investigações a respeito do diálogo em ciência e religião.

Em primeiro lugar, ele começa contando sua trajetória pessoal de estudos. Nem todos sabem, mas, antes de se tornar doutor em teologia, McGrath teve uma mesma trajetória de pesquisa, em nível doutoral, no ramo das ciências naturais. Entretanto, suas pesquisas fizeram uma curva:

> Meu verdadeiro interesse fazia uma transição para outra área. Nunca perdi o fascínio pelo mundo natural; simplesmente surgiu outro interesse. A princípio, esses interesses eram concorrentes, mas depois complementares. O que eu antes supunha ser o campo de batalha entre ciência e religião passou a ser cada vez mais percebido como a representação de uma sinergia crítica, porém construtiva, com um enorme potencial para o enriquecimento intelectual.[2]

E foi exatamente assim, na transição de área de estudos, que começaram a surgir novas perguntas que auxiliariam McGrath a colocar novos pontos de partida para a investigação teológica — especialmente no que diz respeito ao ramo da teologia natural. Ele continua: "Como, eu me perguntava, os métodos e as premissas das ciências naturais poderiam ser utilizados para desenvolver uma teologia cristã robusta? E o que eu poderia fazer para explorar adequadamente essa possibilidade?".[3]

A modificação na trajetória de seus interesses também contribuiu para que, em segundo lugar, McGrath empreendesse uma transição de sua abordagem. Seus esforços teológicos e apologéticos passaram a ter outro tipo de relação com a teologia natural e com a ciência. Ele

---

[1] BERRY, R. J. (Org.). *Verdadeiros cientistas, fé verdadeira* (Viçosa: Ultimato, 2016).

[2] MCGRATH, Alister. Ciência, fé e a compreensão do sentido das coisas. In: BERRY, R. J. (Org.). *Verdadeiros cientistas, fé verdadeira* (Viçosa: Ultimato, 2016), p. 24.

[3] Ibid., p. 26

explica que essa nova maneira de estabelecer a relação entre as ciências naturais e a teologia — os dois livros da revelação de Deus — o levariam a "dar um segundo passo, afastando-me da ideia de que alguém poderia 'provar' a existência de Deus por meio do mundo natural. Em vez disso, passei a ver que o ponto-chave era o fato de haver um alto grau de ressonância intelectual entre a visão cristã da realidade e o que realmente observamos. A fé cristã oferece um 'encaixe empírico' com o mundo real".[4]

Do ponto de vista das abordagens em teologia natural, essa mudança nos raciocínios de McGrath são tão radicais quanto a revolução copernicana. A teologia natural deixava de ser uma disciplina feita "de baixo para cima", utilizando os dados do mundo natural para se chegar a Deus com provas racionais, para se constituir em uma investigação "de cima para baixo", isto é, que parte da revelação desse Deus para compreender o mundo da experiência temporal, oferecendo um encaixe empírico de alta ressonância com a realidade.

É claro que McGrath não é o criador dessa modificação fundamental de abordagem, que diz respeito a um abandono de práticas antigas na teologia, que perduraram durante a Idade Média, por exemplo, mas que foram questionadas após a revolução científica moderna. Já observamos o mesmo raciocínio na argumentação do filósofo escocês Thomas Reid (1710-1796), em sua crítica ao ceticismo moderno. Apesar de seu assunto específico não ser a realidade como um todo, constituindo uma teologia natural, mas tão somente a descrição dos processos constituintes da mente humana, ainda assim podemos enxergar o raciocínio de McGrath logo na introdução da *Investigação sobre a mente humana segundo os princípios do senso comum*, na qual lemos o seguinte:

> A linguagem dos filósofos, em relação às faculdades originais da mente, está tão adaptada ao sistema prevalecente que ela não consegue se encaixar em nenhum outro, como um casaco que serve ao homem para quem foi feito, e o favorece, mas que, contudo, cai mal muito mal em um homem de diferente constituição física, embora esse possa ser igualmente bonito e proporcional".[5]

Observe que a descrição filosófica da realidade é comparada a um casaco que, apesar de bonito e até adaptado, não se encaixa à realidade dos processos mentais mais comuns observados no mundo real. Reid criticará toda a filosofia moderna de Descartes, Locke, Berkeley e Hume justamente porque ela foi construída artificialmente — nesse caso, longe das ordenanças criacionais reveladas na Palavra, por Deus, e no mundo, pelo senso comum — e, por isso, não tem encaixe empírico com a realidade.

McGrath explora a noção de encaixe empírico a partir de sua recuperação mais recente, feita pelo matemático e filósofo da religião de Oxford Ian T. Ramsey (1915-1972), que colocou de uma maneira muito próxima da de Thomas Reid:

> O modelo teológico funciona mais como a colocação de uma bota ou sapato do que o 'sim' ou 'não' de uma lista de chamada... Assim, o teste de um sapato é medido pela sua habilidade de se encaixar a urna ampla série de fenômenos,

---

[4]Ibid., p. 26.
[5]REID, Thomas. *Investigação sobre a mente humana segundo os princípios do senso comum* (São Paulo: Vida Nova, 2013), p. 22.

pela sua habilidade geral de atender uma série de necessidades. Isso é o que eu posso chamar de método de encaixe empírico, que é demonstrado pela teorização teológica.[6]

O encaixe empírico, portanto, assume um lugar de primeira importância na determinação do modelo de teologia natural que será praticado por McGrath, na longa esteira teológico-filosófica em que se encontram pensadores como Reid e Ramsey. Em lugar de se construir uma teologia natural que constitui uma lista de "sim" e "não" do que pode ser afirmado sobre Deus a partir da realidade natural, a disciplina teológica se torna muito mais parecida como a colocação de um sapato ou de um casaco que melhor se encaixa com a realidade — explicando-a, dando-lhe sentido e fazendo-a voltar a ser significativa aos olhos de todos os seres humanos.

Sob a orientação dessa percepção teológica, McGrath reorientou sua abordagem científica, apologética e de teologia pública. Sua postura apologética passou a considerar, em estreita afinidade, o potencial que as ciências naturais tinham para interpretar a realidade através de lentes genuinamente cristãs. Uma verdadeira redescoberta do mundo natural ao nosso redor, agora visto como o livro da revelação de Deus, cheio de sentido e significado:

> como a visão da natureza de um ponto de vista da fé, de modo que ela seria vista, interpretada e apreciada através de lentes cristãs. Acontecimentos e entidades naturais não seriam, portanto, 'provas', mas consoantes com a existência de Deus. O que é observado na ordem natural harmoniza-se com os temas principais da visão cristã de Deus.[7]

Os textos que constituem esta seção orientam-se, de maneira geral, pela modificação dos esforços intelectuais no trabalho de McGrath — em especial no seu livro *Teologia natural: uma nova abordagem*.[8] Em cada um deles encaminhou-se na direção de procurar fazer com que a teologia aprendesse com a metodologia e as premissas usadas pelas ciências naturais – e, a partir disso, desenvolvesse uma renovada relação com elas. O ponto alto dessas investigações foi a percepção de como a reflexão cristã pode se beneficiar do rigor intelectual das ciências empíricas e de como as ciências naturais se mantêm livres de reducionismos idólatras na medida em que se tornam conscientes dos encaixes do Criador.

---

[6]MCGRATH, Alister. *Ciência, fé e a compreensão do sentido das coisas*, p. 26.
[7]Ibid.
[8]MCGRATH, Alister. *Teologia natural: uma nova abordagem* (São Paulo: Vida Nova, 2008).

Capítulo 31

Luiza Cristina Zagonel

ALÉM DO QUE OS OLHOS PODEM VER

> *Os céus proclamam a glória de Deus, e o firmamento anuncia a obra das suas mãos. Um dia discursa a outro dia, e uma noite revela conhecimento a outra noite. Não há linguagem, nem há palavras, e deles não se ouve nenhum som. No entanto, por toda a terra se faz ouvir a sua voz, e as suas palavras chegam até os confins do mundo.*
>
> — Salmo 19.1-4a, ARA

Alister McGrath, teólogo, bioquímico e professor de ciência e religião na Universidade de Oxford, acredita que nossas reações à natureza vão muito além de mera resposta intelectual, mas "envolvem emoções como 'admiração', 'reverência', 'temor' e 'beleza'"[1]. Isso se dá porque a criação revela a beleza e a glória de Deus, mesmo que nossa visão se encontre debilitada devido à nossa natureza pecaminosa, e apesar de muitos se recusarem totalmente a enxergá-la.

É por isso que a proposta de teologia natural de McGrath não visa provar a existência de Deus a partir de provas e evidências encontradas na natureza; antes, ele nos convida a olhar para ela com os óculos corretos, a fim de que possamos enxergar a beleza do Criador. Em suas palavras, "a teologia cristã fornece o quadro interpretativo pelo qual a natureza pode ser 'vista' de uma forma que se relacione com o transcendente. Portanto, a tarefa da teologia natural é de discernimento"[2].

Beleza, natureza e teologia natural

Deus criou um mundo impressionante, e o encheu intencionalmente de coisas assombrosas para deixar você admirado. O cupinzeiro cuidadosamente refrigerado na África, o azedinho crocante de uma maçã, a explosão de um trovão, a beleza de uma orquídea, a interdependência dos sistemas do corpo humano, as infatigáveis idas e vindas das ondas do oceano e os milhares de outros lugares, sons, sensações e gostos — tudo isso foi projetado por ele para ser impressionante[3].

---

[1] MCGRATH, Alister. *Teologia natural: uma nova abordagem* (São Paulo: Vida Nova, 2019), p. 251.
[2] Ibid., p. 15.
[3] TRIPP, Paul. *Admiração: por que ela é relevante para tudo o que pensamos, fazemos e dizemos* (São Paulo: Cultura Cristã, 2017), p. 13.

A natureza criada por Deus é dotada de uma beleza que podemos e devemos apreciar. Não há nada de errado em nos encantarmos com as cores de um pôr do sol, em admirarmos a imensidão do mar, em saborearmos uma fruta recém-colhida ou nos maravilharmos com a delicadeza de uma flor. Paul Tripp afirma claramente que Deus nos criou "com a capacidade de admirar"[4]. Contudo, podemos ir além e interpretar essa apreciação da beleza da natureza como "uma intuição transitória do que é eterno [...] gerando assim uma sensação de ausência, um anseio na alma humana"[5], o qual somente pode ser suprido pelo próprio Criador.

Deus deseja que a beleza divina seja conhecida e desfrutada por suas criaturas e, assim, decide transmitir essa beleza por meio da criação, para que todos possam vê-la, reconhecê-la e reagir a ela. A natureza destina-se a revelar a beleza de Deus, funcionando como uma escola de desejos em que a humanidade pode aprender a identificar a glória de Deus e reagir com fé e reverência[6].

O próprio Cristo, ao falar por meio de parábolas, usava elementos da criação para ensinar verdades espirituais. Ele nos chama a observar "como crescem os lírios do campo"[7], de forma que possamos vislumbrar o cuidado do Pai, não apenas para com a flor, mas para conosco. Ao ensinar sobre o reino dos céus, disse que ele é "semelhante a um grão de mostarda, que um homem pegou e plantou no seu campo"[8]. Mesmo no Antigo Testamento os justos são comparados à "árvore plantada junto a uma corrente de águas, que, no devido tempo, dá o seu fruto, e cuja folhagem não murcha"[9].

Entretanto, nem sempre nos é possível enxergar claramente. Segundo McGrath, "a natureza não é meramente neutra, é ambígua. Pode ser silenciosa ou até mesmo ocultar efetivamente o divino"[10]. Como afirma o profeta, "verdadeiramente tu és um Deus que se esconde, ó Deus de Israel, ó Salvador"[11]. Em outras palavras, a natureza pode tanto revelar quanto ocultar o reino de Deus, em função do pecado que nos cega para a verdade revelada na criação, conforme argumentou o apóstolo Paulo:

> A ira de Deus se revela do céu contra toda a impiedade e injustiça dos seres humanos que, por meio da sua injustiça, suprimem a verdade. Pois o que se pode conhecer a respeito de Deus é manifesto entre eles, porque Deus lhes manifestou. Porque os atributos invisíveis de Deus, isto é, o seu eterno poder e a sua divindade, claramente se reconhecem, desde a criação do mundo, sendo percebidos por meio das coisas que Deus fez. Por isso, os seres humanos são indesculpáveis.[12]

A teologia natural, portanto, não deve ser uma tentativa de provar a existência de Deus a partir da natureza. Antes, ela deve ser feita "de cima para baixo", pois sua tarefa é de "discernimento — ver a natureza de uma forma específica, vê-la através de óculos únicos e

---

[4]Idem.
[5]MCGRATH, *Teologia natural*, p. 370.
[6]Ibid., p. 272.
[7]Cf. Mateus 6:28.
[8]Cf. Mateus 13:31.
[9]Cf. Salmos 1:3.
[10]MCGRATH, *Teologia natural*, p. 117.
[11]Cf. Isaías 45:15.
[12]Romanos 1:18-20.

precisos"[13]. Como afirmou C. S. Lewis: "Creio no cristianismo assim como creio que o Sol nasceu, não apenas porque o vejo, mas porque por meio dele eu vejo tudo o mais"[14]. Devemos, portanto, olhar para a criação a partir da verdade revelada a nós nas Escrituras. Somente com os nossos corações transformados pela Palavra de Deus e nossos olhos abertos pelo Espírito Santo é que conseguiremos olhar para a natureza da maneira adequada, enxergando claramente o Criador que a transcende.

Se os céus realmente "proclamam a glória de Deus", isso significa que se pode conhecer algo sobre Deus por meio deles, que a ordem natural é capaz de revelar algo do divino. Como afirma McGrath, "a teologia natural pode ser amplamente entendida como a investigação sistemática de uma relação proposta entre o mundo cotidiano de nossa experiência e uma realidade transcendente afirmada"[15].

Ansiando pela eternidade

Como vimos, McGrath afirma que ao apreciarmos a beleza da natureza, experimentamos uma "sensação de ausência, um anseio na alma humana" que nos leva a pensar naquilo que vai além do que nossos olhos podem ver, pois é eterno e infinito. Antes dele, C. S. Lewis já havia refletido sobre esse tipo de anseio aparentemente insaciável:

> Ao descobrir em mim um desejo que nenhuma experiência deste mundo poderia satisfazer, a explicação mais provável é que eu tenha sido feito para outro mundo. Se nenhum dos meus prazeres terrenos consegue me satisfazer, isso não prova que o universo é uma fraude. Provavelmente os prazeres terrenos nunca tivessem tido a intenção de satisfazer esse desejo, de apenas despertá-lo para levá-lo à satisfação real. Nesse caso, tenho de cuidar, por um lado, para nunca desprezar ou ser ingrato por essas bênçãos terrenas e, por outro, nunca tomá-las equivocadamente por algo mais do que elas são: meras cópias, eco ou miragem. Tenho que manter vivo em mim o desejo pelo meu verdadeiro país de destino, aquele que não encontrarei antes da minha morte; nunca devo deixar que ele me sufoque ou fique de lado.[16]

A contemplação da beleza da natureza não traz as respostas para esses anseios, por mais gratificante que ela seja. Essa sensação, esse desejo, não encontra sua resposta final e definitiva no mundo ao nosso redor, nos outros e, nem em nós mesmos. A verdade é que, muitas vezes, nem sequer conseguimos entender o que estamos buscando. Se não olharmos para além da realidade criada, simplesmente não seremos capazes de compreender o que verdadeiramente desejamos.

Quando o desejo real pelo Céu está presente em nós, não o reconhecemos. Se as pessoas tivessem a capacidade de examinar seu coração, saberiam que o que desejam — e o fazem de forma contundente — é algo que não se pode obter neste mundo. Há tantas coisas neste mundo nos prometendo aquilo que desejamos, mas essa promessa nunca é cumprida[17].

---

[13]MCGRATH, *Teologia natural*, p. 15
[14]LEWIS, C. S. *O peso da glória* (Rio de Janeiro: Thomas Nelson Brasil, 2017), p. 138.
[15]MCGRATH, *Teologia natural*, p. 13-4.
[16]LEWIS, C. S. *Cristianismo puro e simples* (Rio de Janeiro: Thomas Nelson Brasil, 2017), p. 183-14.
[17]Ibid., p. 182.

Somente com o auxílio do Espírito Santo e da Palavra de Deus a nós revelada é que somos capazes de enxergar a natureza de maneira apropriada: não como um fim em si mesmo, mas como obra de um Deus criativo. Sem a fé no Criador, nossa visão da natureza se torna embaçada, desfocada, e nossos anseios não podem jamais ser satisfeitos. Sozinhos, enxergamos apenas o que está diante dos nossos olhos, neste mundo, estando cegos para o que há além dele e além de nós mesmos. Segundo McGrath,

> Para Lewis, a fé cristã implica o reconhecimento de dois mundos ou reinos bastante diferentes: o mundo real em que vivemos a vida presente, e outro mundo que conhecemos por antecipação e expectação, sugerido por nossa experiência neste mundo, mas existindo tentadoramente além do nosso alcance. Há um muro entre nós e nosso verdadeiro destino, mas há uma porta nesse muro.[18]

Como Nathan Wilson nos lembra, podemos, sim, amar este mundo que foi criado por Deus e que conosco aguarda a plena redenção, quando não mais teremos dificuldade para enxergar nosso Criador. Ao olharmos para a natureza hoje, temos um vislumbre daquilo que um dia ela será, quando o Senhor fizer novos céus e nova terra e nossa visão não mais estiver desfocada pelo pecado, possibilitando, assim, que vejamos com clareza a beleza de Deus.

> O mundo é belo, mas terrivelmente esfacelado. Paulo disse que ele geme, mas eu o amo mesmo em seu gemido. Amo o palco redondo em que atuamos as tragédias e comédias da história. Eu o amo com todos os seus vilões, mentirosos mesquinhos e hipócritas pomposos. Amo as formigas e a risada de crianças com os olhos esbugalhados ao encontrar a primeira borboleta. Eu o amo como ele é, porque é uma história e não está parado em um lugar. Ele está cheio de conflitos e trevas como toda boa história. E, como toda boa história, haverá um final. Amo o mundo como ele é porque amo o que ele será. Eu o amo porque ele gira e se inclina, porque ele é estonteante, por causa do céu noturno e das estrelas a rodopiar.[19]

> *Toda fonte de admiração criada tem o objetivo de direcionar você para o Criador.* [...] A criação é impressionante. Deus a projetou para ser impressionante. E Deus planejou você de modo a assimilar essa demonstração impressionante na criação. Você é planejado para ser inspirado pelas coisas impressionantes que vieram das mãos do Criador, e celebrá-las. No entanto, enquanto participa do que é impressionante exposto na criação e alegra-se com isso, deve entender que essas coisas impressionantes não foram intencionadas como um fim em si mesmas. Elas não foram feitas como um ponto de parada e praça de alimentação para o seu coração. Nada de impressionante na criação foi feito para dar o que apenas o Criador é capaz de dar. Cada coisa impressionante a

---

[18]MCGRATH, Alister. *C. S. Lewis, Richard Dawkins e o sentido da vida* (Viçosa: Ultimato, 2020), p. 69.
[19]WILSON, Nathan D. *Notas da xícara maluca: maravilhe-se de olhos bem abertos no mundo falado por Deus* (Brasília: Monergismo, 2017), p. 33.

criação foi planejada para conduzir você àquele que é o único digno de capturar e controlar a admiração do seu coração.[20]

A criação revela a glória de Deus. A natureza é dotada de beleza, e "a beleza revela a verdade ao apontar para um domínio além do mundo visível das pessoas. Ela nos permite ver além de uma porta que hoje está fechada, antecipar sua abertura e atravessar seu limiar"[21]. Por nós mesmos, não podemos fazer mais do que isso.

Entretanto, Deus não nos deixou sem uma resposta para esses anseios; temos acesso a ela nas Escrituras, que nos revela aquilo que nossos olhos ainda não podem ver. "Não conseguimos nos envolver no esplendor que vemos, mas as páginas do Novo Testamento sussurram umas às outras o rumor de que as coisas não serão sempre assim. Um dia, permitindo Deus, nós *entraremos*"[22].

---

[20]TRIPP, Paul. *Admiração*, p. 15-6. Grifo do autor.
[21]MCGRATH, *Teologia natural*, p. 276.
[22]LEWIS, *O peso da glória*, p. 48.

Capítulo 32

Abraão Soares Silva

CONTEMPLANDO A CRIAÇÃO COM O OLHAR REDIMIDO

Se olharmos o mundo à nossa volta, logo perceberemos a beleza e a variedade da natureza, com suas milhares de espécies de animais, e incontáveis árvores e plantas, cada um com sua cor e formato que ornamentam nossa paisagem. Será que existe um propósito nisso tudo, ou é só uma grande coincidência do acaso?

Crer no Deus e Pai do Senhor Jesus Cristo implica acreditar que toda nossa realidade foi criada por ele, o que inclui a natureza. Mas de que forma isso muda nosso relacionamento com a criação? Será que todas essas coisas belas foram feitas para nos chegarmos mais ao Criador?

A inevitável busca pelo transcendente

Por mais que vivamos em uma era secular, na qual a razão humana é elevada a níveis de submeter toda a realidade à capacidade da mente, a busca pelo transcendente não para. Deus continua presente e inevitável, como afirma o teólogo e professor Alister McGrath:

> Apesar de tudo, continuamos a falar sobre Deus. Mesmo em épocas aparentemente sem Deus, ele permanece como uma presença atraente, impossível de ser erradicada pela mais cruel das ideologias ou dos mecanismos tecnológicos.[1]

Essa necessidade humana de apontar para algo além de si mostra a relevância da teologia natural no auxílio de uma interpretação apropriada dos sinais de Deus na criação. McGrath nos ajuda a perceber isso em sua obra *Teologia natural*, que propõe uma reformulação de abordagens antigas com o objetivo de enxergar a natureza através de pressupostos cristãos. A finalidade não é provar a existência de Deus, mas fazer uma teologia de cima para baixo, percebendo a realidade com os "óculos" da fé cristã. Em suma, é sobre ver a natureza com a orientação da Palavra de Deus.

> Uma teologia natural cristã, portanto, está relacionada à observação da natureza de maneira específica, que torna possível identificar a verdade, a beleza e a bondade de Deus e que reconhece a natureza como um indicador legítimo, autorizado e limitado do divino. Isso não significa que a teologia natural

---

[1] MCGRATH, Alister. *Teologia natural: uma nova abordagem* (São Paulo: Vida Nova, 2019), p. 33.

"prove" a existência de Deus ou de uma esfera transcendente com base na razão pura nem que veja a natureza como meio de acesso a um sistema teísta completo. Em vez disso, a teologia natural aborda questões fundamentais sobre a revelação divina e a cognição e percepção humanas.[2]

Em Eclesiastes 3:11, lemos que "Deus fez tudo formoso no seu devido tempo. Também pôs a eternidade no coração do ser humano, sem que este possa descobrir as obras que Deus fez desde o princípio até o fim".

Salomão não só declara a beleza em toda a criação de Deus como diz que Deus pôs a eternidade no coração do ser humano. Isso explica o nosso desejo por aquilo que vai além da nossa experiência cotidiana e que nos faz perceber que, por mais que as coisas desta terra sejam boas, elas não conseguem suprir esse anseio pelo divino. Mesmo assim, as obras do Senhor permanecem incompreensíveis aos que tentam decifrá-las por meio da razão e observação do universo o que só pode ser recebida pela fé revelada nas Escrituras Sagradas.

O filme *Soul*, lançado em 2020 pela Disney Pixar, se destaca por apresentar questionamentos metafísicos. O cerne da animação está em responder de forma implícita o significado e propósito da vida por meio da luta de Joe Gardner para realizar o sonho de ser um músico relevante. Quando finalmente alcança o que sempre sonhou, o personagem percebe que aquilo não lhe trouxe satisfação plena. O ápice do filme é o momento em que ele enxerga essa plenitude na simplicidade da vida na contemplação da realidade à sua volta. Em uma visão superficial, é plausível a intenção de demonstrar que a vida pode ser simples e que podemos nos deslumbrar diante da criação; no entanto, seja como um músico de sucesso ou apreciando a realidade cotidiana, a ideia é que o homem pode ser plenamente feliz ou encontrar redenção independentemente de Deus. Essa absolutização de um aspecto da realidade é o que o filósofo Herman Dooyeweerd chama de idolatria.

> Ao buscar o seu Deus e a si mesmo no mundo temporal, e elevar um aspecto relativo e dependente deste mundo ao status de absoluto, o homem caiu vítima da idolatria. Perdeu o verdadeiro conhecimento de Deus e verdadeiro autoconhecimento.[3]

Podemos ser atraídos a contemplar a maravilhosa criação de Deus, mas não a atribuir a ela aquilo que somente Deus pode realizar. Somente Jesus Cristo, a Palavra encarnada, pode nos redimir e reformar nossa visão para enxergarmos sua criação de forma adequada.

Cuidado com a criação

Uma das consequências da secularização é o distanciamento quase que completo do cristão para com a natureza. É perceptível a carência de uma maior sensibilidade para com a criação. Isso é não apenas uma preocupação de ordem científica, mas um sentimento de responsabilidade e deslumbre. John Stott nos ajuda a entender que o dever com a criação foi estabelecido por Deus para os seus discípulos. Ele explica que "a Bíblia nos diz que, na criação, Deus

---

[2] Ibid., p. 17.
[3] DOOYEWEERD, Herman. *No crepúsculo do pensamento ocidental*: estudo sobre a pretensa autonomia do pensamento filosófico (Brasília: Monergismo, 2018), p. 241.

estabeleceu para os seres humanos três tipos fundamentais de relacionamento: com Deus, com o próximo e com a boa terra e as criaturas sobre os quais ele os estabeleceu"[4]. Ao crermos que Deus é o criador de todas as coisas, isso implica nosso cuidado com a natureza, e não sua deificação. Sobre isso, Stott explica que "nós respeitamos a natureza porque Deus a fez; não a reverenciamos como se ela fosse Deus." No que diz respeito a "dominar" a terra e "sujeitá-la"[5], ele nos alerta que "o domínio que Deus nos deu deve ser visto como uma mordomia responsável, e não como um domínio destrutivo"[6]. Mais que um trabalho, esse chamado ao cuidado com a natureza é uma expressão de adoração.

A narrativa de Gênesis nos apresenta Deus criando todas as coisas e declarando que é "bom". A bondade na criação ajuda os cristãos a entenderem seu compromisso ecológico. Diferente das plantas e dos animais, os seres humanos foram criados à imagem e semelhança de Deus, e encarregados de cuidar da natureza e cultivar não como donos, mas como mordomos que zelam pela boa criação, da qual Deus é o proprietário.

Deslumbramento pela criação

Um aspecto muito importante que precisa ser resgatado é o deslumbramento, o encanto pela criação. Crer que Deus é criador pressupõe que tudo foi feito de forma intencional. A beleza que nos deixa maravilhados não está aqui por acaso, mas para o nosso deleite. Lembro como foi maravilhoso ver meu filho com alguns meses de nascido contemplar pela primeira vez a natureza. Seus olhos estavam fixos e animados observando as folhas das árvores que balançavam por causa do vento, as formigas caminhando para lá e para cá, a brilhante lua no céu. Foi notório seu semblante de encanto por avistar aquilo tudo. Talvez essa seja uma das razões pelas quais Jesus disse que o reino dos céus é dos que se assemelham às crianças[7]. McGrath nos explica que "quando observado com base na fé cristã, o mundo natural pode ser "visto" sob uma nova perspectiva, o que leva a uma nova apreciação mais profunda de sua beleza"[8]. Em *Notas da xícara maluca*, Nathan David Wilson nos desafia a olhar para o mundo de forma bela e distinta, com um sentimento de maravilhamento nos detalhes da criação que muitas vezes passam despercebidos à nossa frente.

> O que é este lugar? Por que é este lugar? Quem o aprovou? Os investidores estão felizes? Os acionistas? Esse comportamento cósmico era esperado? Eu deveria levar isso a sério? Como poderia? Presenciei peixes dourados fazendo bebês e formigas executando pequenas lacraias. Vi uma mosca dar cria enquanto sua cabeça era comida por um louva-a-deus.[9]

Contudo, a razão principal pela qual devemos observar a natureza com uma perspectiva diferente é que "Jesus usou a natureza como um meio de ensinar sobre o reino de Deus"[10].

---

[4] STOTT, John. *O discípulo radical* (Viçosa: Ultimato, 2011), p. 43.
[5] Cf. Gênesis 1:26-28.
[6] STOTT, *O discípulo radical*, p. 46.
[7] Cf. Mateus 19:14.
[8] MCGRATH, Alister. *Teologia natural*, p. 254.
[9] WILSON, Nathan D. *Notas da xícara maluca: maravilhe-se de olhos bem abertos no mundo falado por Deus* (Brasília: Monergismo, 2017), p. 18.
[10] MCGRATH, *Teologia natural*, p. 119.

Nas parábolas, percebemos o uso constante dos aspectos naturais para explicar as coisas espirituais. Quando Jesus exorta aos seus discípulos a não andarem ansiosos, como prova do cuidado de Deus, ele pediu para que eles olhassem para as aves nos céus e para os lírios nos campos[11]. Quando bem interpretada, a natureza se torna um "canal para as boas-novas do reino de Deus[12].

De forma intencional, Deus criou todas as coisas para sermos atraídos a contemplar a grandeza das suas obras, sendo fiéis ao mandato cultural de cultivar a natureza com responsabilidade. Embora o pecado tenha afetado não apenas a humanidade, mas toda a criação, os seres humanos não são os únicos alvos da redenção por meio da morte e ressurreição de Jesus. A Bíblia nos diz que Deus estava em Cristo reconciliando consigo o mundo[13],[14]. A natureza nos foi dada tanto para que desfrutássemos dela como para entendermos que, apesar das numerosas coisas aprazíveis que encontramos aqui, elas apenas anunciam uma glória vindoura, e essa não terá fim.

Abraão Soares Silva é pastor da Igreja Casa da Bênção, em Aracaju (SE), e formado em História pela Universidade Federal de Sergipe (UFS). Foi aluno do programa de tutoria Avançada do Invisible College e atualmente é aluno da tutoria Essencial, além de cursar pós-graduação em Teologia e História das religiões na Faculdade Dom Alberto. É marido de Daisyelle e pai de Benjamin e Ester.

---

[11]Cf. Mateus 6:25-34.
[12]MCGRATH, *Teologia natural*, p. 126.
[13]Cf. 2Coríntios 5:19.
[14]Cf. Colossenses 1:20.

Capítulo 33

THIAGO SOUZA MUNIZ

PARA ALÉM DO CIENTIFICISMO:
por uma ciência virtuosa

A ciência moderna e a religião são grandes forças que moldaram a sociedade de maneira significativa ao longo do tempo. Talvez elas sejam as duas maiores forças sociais, políticas e culturais do tempo presente. Com isso em mente, este capítulo tem o objetivo de propor, de maneira introdutória, uma nova abordagem para a prática científica, com base nas contribuições seminais de Alister McGrath, a partir da busca pela reconciliação entre o que não deveria ter sido separado: a religião e a ciência.

A princípio, pode parecer estranho ou inadequado falar de virtudes em relação à prática científica, principalmente se houver uma mentalidade equivocada que credite à ciência um caráter de neutralidade. Retomando os debates sobre moralidade e virtudes na atividade intelectual, a abordagem da epistemologia das virtudes se tornou relevante na contemporaneidade, principalmente devido aos trabalhos de pessoas como Linda Zagzebski[1], James Montmarquet[2], Jason Baehr[3], John Greco[4] e Ernest Sosa[5]. Esses autores mostraram que as virtudes deveriam ser aplicadas não somente à área da Ética, mas também ao modo como conhecemos as coisas.

Com isso, renovou-se o interesse pelo estudo das virtudes, agora aplicado à epistemologia. Uma das razões para isso é que, segundo essa abordagem, desenvolver virtudes intelectuais ajuda a conhecer a verdade de forma mais apropriada, enquanto, por outro lado, desenvolver vícios intelectuais faz com que o acesso a informações falsas e conhecimentos não procedentes se torne mais fácil.

Sendo assim, pode-se definir virtude intelectual como uma:

> Disposição para agir de maneira a gerar um bem intelectual por causa dessa virtude intelectual. Ou seja, sendo a virtude intelectual a noção central para haver conhecimento, é necessário que a crença verdadeira seja causada de alguma forma pelas virtudes intelectuais do agente. Melhor dizendo: a virtude intelectual deve ser a causa mais saliente na obtenção da crença verdadeira.[6]

---

[1] ZAGZEBSKI, Linda. *Virtues of the mind: an inquiry into the nature of virtue and the ethical foundations of knowledge* (Oxford: Oxford University Press, 1996).
[2] MONTMARQUET, James A. *Epistemic virtue and doxastic responsibility* (Lanham: Rowman and Littlefield, 1993).
[3] BAEHR, J. *The inquiring mind: on intellectual virtues and virtue epistemology* (Oxford: Oxford University Press, 2011).
[4] GRECO, John. *Achieving knowledge*: a virtue-theoretic account of epistemic normativity (Cambridge University Press, 2010).
[5] SOSA, Ernest. *Apt belief and reflective knowledge: a virtue epistemology* (Oxford: Oxford University Press, 2007), vol. I.
[6] RODRIGUES, Vilson Vinícius dos Santos. *Epistemologia das virtudes e o problema do valor do conhecimento*. TCC (Graduação em Filosofia). Instituto de Filosofia e Ciências Humanas, Universidade Federal do Rio Grande do Sul. Rio Grande do Sul, p. 49.

Portanto, é de extrema importância analisar quais os pressupostos e teorias que fundamentam as práticas científicas. Para isso, usaremos as contribuições da filosofia cristã, da filosofia da religião e da teologia natural.

A virtude da bondade é apresentada como um dos elementos centrais na construção de uma teologia natural distintamente cristã e bíblica. Em outras palavras, a partir da verdade, da beleza e da bondade como fundamentos, pode-se construir uma maneira cristã de entender e explicar o mundo material.

A ciência moderna e a teologia natural

Ao longo da história, houve buscas por entender o mundo natural e o desenvolvimento de técnicas para explicar os fenômenos da natureza. Em vários lugares diferentes houve esse tipo de incursão, como na Grécia Antiga; no mundo árabe, entre os séculos 9 e 11 d.C.; e também no Oriente, particularmente na China, entre os séculos 12 e 13 d.C. Contudo, essas buscas eram instáveis, pois surgiam e, depois de um determinado tempo, desaceleravam, não havendo, portanto, o estabelecimento do que se pode chamar de uma cultura científica.

É somente com a Revolução Científica, no século 17, na Europa, que esse *boom* inicial passa a receber, a partir do ímpeto das investigações da natureza e do cosmos no aspecto mais amplo, técnicas e metodologias que se estabeleceram e se expandiram.

Especificamente sobre o estabelecimento da ciência moderna, Silvio Chibeni aponta que uma das causas para o nascimento da ciência no século 17, nos moldes que se conhece hoje, se deve a uma especialização que ocorreu dentro da Filosofia[7]. Houve o surgimento de um novo campo que visava estudar os fenômenos naturais, separando-se das questões filosóficas que se debruçavam sobre as múltiplas áreas da vivência humana, tais como a moral, a política e a intelectualidade. Essa nova área ficou conhecida como *filosofia natural*, que valeu-se de um novo enfoque metodológico que deu base às metodologias e formas de construir o conhecimento científico moderno. Esse novo método pautava-se, basicamente, na experimentação e na matematização.

Isso se dava, inicialmente, a partir de uma postura de observação da natureza, que era um posicionamento que visava criticar o que se acreditava que era uma dependência excessiva da metafísica e do apelo à autoridade, remontando, mais especificamente, ao pensamento aristotélico, que dominava as ideias sobre o mundo natural. Dessa forma, a experimentação tornou-se o *modus operandi* para encontrar os verdadeiros fundamentos que davam acesso ao conhecimento da natureza.

Corroborando com esse aspecto da experimentação, foi incorporado o tratamento sistemático e controlado. Um dos primeiros e principais nomes dessa metodologia foi Galileo Galilei, que fez vários experimentos para entender como os corpos pesados caíam. Nesse aspecto, outro elemento importante se une à matematização, que era a medição quantitativa de como uma pedra cai.

Além das técnicas e da metodologia, outro ponto fundamental foi a construção de novas teorias para explicar fenômenos já conhecidos e outros recém-descobertos. Essas teorias foram formuladas por filósofos e cientistas como Galileo Galilei, René Descartes, Christiaan Huygens, Robert Boyle e Isaac Newton.

---

[7] CHIBENI, Silvio. *As origens da ciência moderna:* Introdução à filosofia da ciência. Notas da aula.

A partir da pergunta "Por que a ciência moderna é gestada no ambiente da Europa cristã?", Peter Harrison apresenta outro elemento fundamental para o surgimento da ciência moderna: a aliança entre as práticas científicas e a teologia cristã[8]. Em outras palavras, as práticas difusas se estabelecem a partir de uma relação com a teologia cristã, que forneceu pressupostos imprescindíveis para o fazer científico. Um exemplo muito importante de um desses pressupostos que a ciência utiliza, advindos da teologia cristã, é a ideia de ordenamento no mundo. De outra maneira, o cientista só pode tentar descobrir leis que regem a natureza se houver o pressuposto de que há ordem na natureza. Logo, se o cientista acredita que é possível entender os fenômenos naturais, isso se dá porque ele acredita que há uma lógica de funcionamento do mundo.

Já existe uma vasta literatura criticando a narrativa do conflito entre fé e ciência, seja reconstruindo a história mais ampla, seja mostrando a complexidade em casos específicos, como no caso Galileo. Mas o que gerou a narrativa do conflito e a ideia de que fé e ciência não podem se relacionar e seriam até antagônicas?

Para responder a essa questão, Herman Dooyeweerd fornece um ótimo ponto de partida. Ele diz que:

> Embora a secularização da ciência tenha se consumado sob a influência do humanismo moderno pós-renascentista, é também necessário reconhecer quão influente foi o motivo central Natureza-Graça do Escolasticismo católico preparando o caminho para a sua secularização posterior. Da mesma forma, é a influência dominante deste motivo antibíblico dualista que atualmente impede o protestantismo ortodoxo de organizar suas fileiras e assumir uma posição positiva e inequívoca contra a secularização da ciência[9]

Resumidamente, Dooyeweerd aponta que o motivo Natureza-Graça retira a força do pensamento cristão para responder à modernidade. É, então, com o dualismo moderno de Natureza-Liberdade que o cientificismo surge de forma mais ampla e, de forma mais específica, o naturalismo e o historicismo. O cientificismo é, portanto, a ideia ou tentativa de tornar a ciência o único conhecimento verdadeiro — ou pelo menos "mais correto" — sobre a realidade, de modo que todas as outras formas de conhecimento são inferiorizadas ou tratadas com menor relevância, uma vez que só a ciência teria a palavra final a respeito das coisas e aceitaria como verdade apenas aquilo que é ou pode ser comprovado por métodos científicos.

É nesse contexto de secularização da ciência e do surgimento do cientificismo que se encaixa a empreitada do pensamento e fé cristã para reintroduzir e redefinir as novas bases da teologia natural cristã, de modo que ela consiga dialogar e responder a uma modernidade tardia que criou uma barreira entre fé e ciência. A teologia natural, portanto, é defendida por McGrath como:

> a investigação sistemática de uma relação proposta entre o cotidiano de nossa experiência e uma realidade transcendente afirmada, uma ideia antiga e

---

[8]HARRISON, Peter. *Os territórios da ciência e da religião* (Viçosa: Ultimato, 2017), p. 93.
[9]DOOYEWEERD, Herman. *The secularizacion of science* (Memphis: Christian Studies Center, 1954), p. 2. Tradução livre.

universal que alcançou desenvolvimento significativo no pensamento dos pais cristãos e continua a ser motivo de muita discussão hoje.[10]

No entanto, ao longo dos séculos, os debates sobre teologia ficaram irrelevantes ou difíceis, pois:

> A ideia de uma teologia natural se mostrou tão conceitualmente fluida, resistente à definição precisa, que seus críticos podem facilmente apresentá-la como uma subversão da revelação divina, e seus adeptos, com a mesma facilidade, como seu resultado evidente.[11]

Em meio a esse cenário, o autor afirmou ser possível deixar de lado preconceitos, juízos e atitudes discriminatórias do passado, e, ao mesmo tempo, usar os elementos que favorecem um novo começo. Dessa forma, na construção dessa nova abordagem para a teologia natural cristã, ele diz:

> Defendemos que, se a natureza deve revelar o transcendente, ela deve ser "percebida" ou "lida" de certas formas específicas — formas que não são em si necessariamente ordenadas pela própria natureza. Argumenta-se que a teologia cristã fornece um quadro interpretativo pelo qual a natureza pode ser "vista" de uma forma que se relacione com o transcendente. Portanto, a tarefa da teologia natural é de discernimento — ver a natureza de uma forma específica, vê-la através de óculos únicos e precisos.[12]

Portanto, nessa proposta de teologia natural cristã há a utilização de elementos fundamentais para a construção dessa abordagem:

> Uma teologia natural cristã, portanto, está relacionada à observação da natureza de uma maneira específica, que torna possível identificar a verdade, a beleza e a bondade de Deus e que reconhece a natureza como um indicador legítimo, autorizado e limitado do divino. Isso não significa que a teologia natural prove a existência de Deus ou de uma esfera transcendente com base na razão pura nem que veja a natureza como meio de acesso a um sistema teísta completo. Em vez disso, a teologia natural aborda questões fundamentais sobre a revelação divina e a cognição e percepção humanas. De que maneira os seres humanos, refletindo sobre a *natureza* por meio de processos *naturais*, podem identificar o transcendente?[13]

A teologia natural da bondade como resposta cristã

Falando mais especificamente sobre a abordagem cristã à teologia natural, existem alguns aspectos que são fundamentais para uma compreensão aprimorada da proposta.

---

[10]McGRATH, Alister. *Teologia natural: uma nova abordagem* (São Paulo: Vida Nova, 2019), p. 14.
[11]Idem.
[12]Ibid., p. 15.
[13]Ibid., p. 17.

Há a afirmação da importância de redefinição da teologia natural com base em uma tarefa que advém da tradição cristã, e não de princípios "universais". A abordagem de McGrath leva em consideração a inter-relação entre a doutrina cristã e sua estrutura intelectual como as causas que tornam possíveis a tarefa da teologia natural, de modo que a teologia natural é uma disciplina teologicamente fundamentada, e não uma tentativa a partir do pressuposto da autonomia ou que seja capaz de descobrir Deus dentro uma lógica própria. Isso se dá porque os temas da fé cristã associados à questão de como a natureza é percebida servem para fundamentar a teologia natural em cinco aspectos principais.

Primeiro, "a ideia de um Deus transcendente que decide revelar-se na história e na natureza". *Segundo*, "a crença de que existe uma relação análoga entre Deus e a natureza, com base no caráter criado da ordem natural". *Terceiro*, "o princípio de que a humanidade é criada à imagem de Deus e, portanto, dotada de alguma capacidade de discernir vestígios de Deus na natureza ou por meio dela". *Quarto*, "o conceito de 'economia da salvação', que estabelece a reflexão sobre a natureza em uma estrutura baseada em sua 'Queda' e na restauração futura". *Quinto*, "a doutrina da encarnação, que sustenta que Deus ingressou na ordem natural em Cristo, a fim de transformá-la e redimi-la". Note que, enquanto os três primeiros temas, e até mesmo o quarto, são comuns à tradição judaico-cristã, o último é caracteristicamente cristão[14].

A partir de todos esses aspectos apresentados, é exatamente partindo da busca por *perceber* a natureza de uma maneira específica e, dentro desse aspecto da percepção, o envolvimento da *reflexão*, que há uma resposta afetiva e interativa para com o mundo, e essa resposta repercute diretamente sobre a verdade, a beleza e a bondade. Da mesma forma, Marcelo Cabral acertadamente pontua que as ciências contemporâneas, ao mesmo tempo em que produzem bens magníficos para a vida humana, também atuam, por outro lado, como centros que podem irradiar formas malignas de abuso, controle e negação da transcendência. Diante dessa realidade, a postura cristã deve ser desenvolvida a partir do exercício da virtude do discernimento. É preciso aprender a discernir para que se possa caminhar entre duas posturas problemáticas: em um extremo, a negação do mundo; de outro, a apropriação acrítica.

Portanto, a tríade Verdade, Beleza e Bondade funciona como uma matriz que possibilita organizar a atividade teológica para com a natureza, de modo que "a teologia natural não se limita a *pensar sobre* a natureza, mas abrange ser tocado emocionalmente pela natureza e agir sobre ela e dentro dela"[15].

Detendo-se especificamente no aspecto da bondade, surge uma importante pergunta que pode funcionar como um resumo e como uma resposta a tudo o que foi exposto até aqui: que diferença faz para nossas atitudes e ações ver o mundo natural, incluindo nós mesmos, com base na perspectiva da fé cristã?

Uma resposta breve a essa questão envolve primeiramente o reconhecimento de que o mundo é ordenado de uma forma específica por causa da intencionalidade criativa de Deus. Portanto, agir de "modo correto" implica agir de acordo com esse padrão de estruturas e acontecimentos. Com frequência, a ênfase tem sido colocada sobre a ideia de que o ato divino de criação envolve imposição de ordem sobre o caos[16].

---

[14] Ibid., p. 177.
[15] Ibid., p. 216.
[16] Ibid., p. 282.

É exatamente por causa desses elementos que surge outro aspecto importante para responder à pergunta: o debate sobre a moralidade. Se há uma busca para ver as coisas tais como elas são, também é preciso haver uma capacidade para tal intento, e a moralidade depende dessa capacidade, já que a maneira como se enxerga o mundo determina a moral, que, por sua vez, determina o modo de agir no mundo. A visão cristã de natureza fornece as bases para uma teologia natural da bondade ao apontar para o ordenamento do mundo como resultado da criação divina, e esse ordenamento diz respeito a outras esferas da realidade, como a estética e a moralidade, e não apenas ao mundo físico e visível.

A partir dessa proposta cristã de ordenamento natural surgem os dilemas morais apresentados pelas cosmovisões seculares, principalmente os atrelados aos problemas do sofrimento humano. No entanto, essas mesmas cosmovisões seculares não conseguem fornecer uma resposta que seja coerente e que dê esperança e paz. Uma das possíveis respostas cristãs a isso é justamente proclamar o Deus encarnado que sofreu junto com a criação a agonia das dores e lutas do mundo, participando integralmente da experiência humana e assumindo de modo eterno e redentor na própria "história da vida" de Deus[17].

Dessa forma, as lentes que a fé cristã utiliza para ver o mundo natural faz com que esse mundo seja visto como algo ambíguo e deteriorado, e não como um ente imoral. Pelas "lentes de significância" da fé cristã o mundo criado é um "ente moralmente diversificado, cuja bondade muitas vezes está obscurecida, escondida e, às vezes, ofuscada por percepções mais sombrias e menos cômodas, mas esclarecidas pela esperança de transformação"[18].

Nesse mesmo enfoque, o que nos é apresentado é o fato de que a tradição cristã possibilita uma cosmovisão sobre a natureza, sendo possível discernir a bondade existente, uma vez que é na economia da salvação que está a resposta da humanidade caída para o que Deus fez nessa ordem natural, estabelecendo-a e restaurando-a. Sendo assim, o *já* e o *ainda não* se entrelaçam com o cumprimento perfeito de tudo o que é verdadeiro, belo e bom em Cristo, ao mesmo tempo em que a natureza aguarda pela transformação final que se dará com a consumação de todas as coisas.

A visão cristã da natureza ao gerar uma teologia natural baseada na Verdade, na Beleza e na Bondade se apresenta como uma maneira coerente e alternativa de pensar e se relacionar com a natureza. Essa perspectiva difere diametralmente da moralidade darwinista, ou da tentativa de construir certa ética que, ao apoiar ideias moralmente equivocadas, como a opressão, a violência e a eugenia, fracassa enormemente na tentativa de elaborar o que seria o bem com base apenas na observação da natureza.

Ao utilizar a doutrina cristã, a teologia natural gera uma cosmovisão que vê o bem no mundo natural não apenas a partir da cognição, mas também com a imaginação e das emoções, de tal modo que há um impulso para agir no mundo criado respondendo a esse bem. De modo contrário, haveria uma incognição ou uma interpretação no mínimo duvidosa, gerada pelo cientificismo, sobre a moralidade no mundo natural, causando consequências destrutivas para a natureza e para os seres humanos.

---

[17] Ibid., p. 2.
[18] Ibid., p. 291.

Parte XII

De volta
para o futuro

*Desenvolvimento tecnológico
e significado cristão
no mundo*

Existe um sentido profundo e pouco discutido de se relacionar desenvolvimento tecnológico e pensamento filosófico. A hipótese central dos capítulos que constituem esta seção é que a tecnologia é uma das formas mais correntes de tornarmos a vida humana significativa. Para a maioria dos leitores, essa hipótese soará muito estranha. Isso porque habitualmente aprendemos a colocar a tecnologia junto das ciências naturais e questões aplicadas, enquanto a busca de sentido fica circunscrita às ciências humanas, como a filosofia, por exemplo.

Ou seja, tecnologia e significado da vida seriam duas realidades separadas por um abismo praticamente intransponível. Guardadas as devidas proporções poéticas, muitas pessoas ainda hoje sustentam que ciência e tecnologia são empreendimentos precisos, enquanto as questões da existência humana flutuam nas águas da imprecisão, da mesma forma que os navegadores citados pelo escritor português Fernando Pessoa acreditavam: "Navegar é preciso; viver não é preciso". Gostaríamos de dedicar esta última seção de nosso livro para provar o contrário.

No interior da polarização entre a precisão das ciências empíricas e a imprecisão das ciências humanas, encontra-se uma antiga e falsa visão da realidade, que antagoniza os domínios da natureza e liberdade na experiência humana. Tal visão de mundo enxerga o âmbito natural como determinado, previsível e absolutamente controlável, enquanto a liberdade humana, em seu domínio próprio, pode ser alcançada nas produções do espírito humano autônomo, emancipado de qualquer prisão e com infinitas possibilidades de se realizar.

Trata-se do famoso diagrama schaefferiano do mundo dividido em dois andares, que tem uma longa genealogia e pode ser remontado, em sua linhagem intelectual e religiosa, ao dualismo platônico de mundo sensível e mundo das ideias.[1] Essa maneira de olhar para o mundo tem produzido dicotomias assustadoras como, por exemplo, as reivindicações de identidade de gênero que desconsideram totalmente a história natural de um corpo em nome de uma alma desencarnada, que se vê em um gênero diferente daquele com o qual nasceu. E não apenas isso.

Poderíamos continuar citando vários exemplos, como a secularização da ciência, a dificuldade de encontrar significado na vida profissional, a luta em relacionar nossa fé com as outras áreas da nossa vida, e assim por diante. Em cada um desses fenômenos da nossa vida mais cotidiana esconde-se o mesmo sintoma de uma enfermidade mais grave: a divisão de nossa vida entre um reino de determinação natural e um âmbito impreciso de liberdade humana. Os habitantes do mundo contemporâneo sofrem de vertigem cultural por serem

---

[1] REALE, G; ANTISERE, D. *Filosofia: Antiguidade e Idade Média*. v. 1 (São Paulo: Paulus, 2017), p. 134.

constantemente lançados de um lado para o outro — ora com discursos aprisionadores de determinação natural, ora com indeterminações morais aflitivas.

Nessa altura de nosso projeto de uma presença pública na filosofia, teologia e ciências, não é mais necessário dizer que tal visão dicotômica da realidade não tem nenhuma relação com a forma cristã de enxergar o mundo. Não obstante, o oposto também é verdadeiro. Se o coração dos indivíduos é governado pelo motivo religioso central das Escrituras, toda a sua vida pode tornar-se repleta de sentido e significado. Sendo assim, à revelia dos navegadores de Fernando Pessoa, para um cristão com visão bíblica de mundo, é preciso tanto navegar quanto viver!

Quem nos ajuda de uma maneira muito rigorosa no processo de mostrar o relacionamento entre desenvolvimento tecnológico e pensamento filosófico são quatro engenheiros e filósofos holandeses. No interessantíssimo manual *Filosofia da Tecnologia: uma introdução* (2015), Maarten J. Verkerk, Jan Hoogland, Jan van der Stoep e Marc J. de Vries tornam explícita uma verdade muito básica, que nos ajuda a superar a dicotomia entre natureza e liberdade:

> Uma razão importante para se desvencilhar desse preconceito é o fato de que a própria tecnologia forma parte da cultura. É verdade que muitos desenvolvimentos tecnológicos são baseados na pesquisa científica, mas a tecnologia é algo produzido inteiramente por seres humanos. Por trás da tecnologia, repousa a intenção de pessoas e interpretações da realidade. Em outras palavras, há muito significado na tecnologia".[2]

De uma forma muito simples, esses intelectuais holandeses tocam o ponto nevrálgico da relação que estamos buscando estabelecer. Assim como a pintura, a literatura e a música, a tecnologia também é um modo cultural de ser no mundo. Apesar de a nossa imaginação sempre remeter os desenvolvimentos tecnológicos aquele domínio natural e determinado que mencionamos, tais desdobramentos não deixam de ser obras humanas cheias de liberdade e significado. Não é sem motivo que chamamos de *cibercultura* o conjunto de práticas e dinâmicas sociais que emergiram da rede de computadores e de outros suportes tecnológicos, por exemplo.

Enfim, a pesquisa e o desenvolvimento em tecnologia não são, absolutamente, um modo de ser natural da realidade. Os *hardwares* não crescem em árvores, eles são culturalmente construídos. Isso, por si só, já demonstra que os desdobramentos tecnológicos não estão tão distantes das buscas humanas por abertura de significado. Na verdade, o que os engenheiros-filósofos estão querendo nos ensinar é que pesquisa e desenvolvimento tecnológico são uma das formas paradigmáticas de tornar a vida significativa. Nessa compreensão, está implícita a forma cristã de entender a ordem recebida de Deus para cultivarmos a criação em que ele nos colocou.

Muito já foi escrito sobre a ordenança criacional de Gênesis 1.28. Governar e dominar a criação eram as características fundamentais do trabalho humano. Na ordem divina, esconde-se a grande dignidade do ser humano em meio aos outros entes da criação. Parte do que é entendido como a imagem e semelhança divina no ser humano está em sua responsabilidade

---

[2]VERKERK, Maarten J.; HOOGLAND, Jan; VAN DER STOEP, Jan; DE VRIES, Marc J. *Filosofia da Tecnologia: uma introdução* (Viçosa: Ultimato, 2018), p. 46.

diferenciada de ser corregente no mundo de Deus.³ A própria sequência do texto bíblico de Gênesis deixa isso claro: da mesma forma que toda a realidade natural não apenas surgiu da ação de Deus, como também se mantém dependente de seu governo; assim uma série de práticas, dinâmicas e instituições teriam origem na ação criativa do ser humano e dela dependeriam.

Quem também deixou essa dinâmica criativa e significativa um pouco mais clara foi Timothy Keller e Katherine Leary Alsdforf, explorando o significado do trabalho tanto de Deus quanto do ser humano em seu livro *Como integrar fé e trabalho*, ao dizer que: "essa é a postura de Deus para com a criação; ao criar o mundo físico, Deus não o deixa completamente pronto. Ao contrário, a terra é 'sem forma e vazia' (1.2). Deus, então, lida com essas condições progressivamente em Gênesis 1 – por intermédio de seu trabalho. Naquilo em que o mundo é disforme e indistinto, Deus o diferencia e elabora. Ele pega o geral e separa-o em particulares, separando o céu do mar (1.7) e a luz da escuridão".⁴ Esse é o padrão do trabalho divino que se torna uma norma para o trabalho humano: diferenciar e desenvolver aquilo que ainda tinha apenas potencial rudimentar.

É à luz desse pressuposto que a tecnologia transforma-se, portanto, em uma prática cultural cheia de significado, pois passa a refletir um parâmetro divino em suas dinâmicas mais cotidianas de trabalho, desenvolvimento e inovação científica. Em tudo isso, fica claro que o modo de Deus trabalhar é um critério normativo para a forma como trabalhamos e desenvolvemos tecnologia. O mandato para cultivarmos e desenvolvermos a criação encontra sua origem na obra de Deus. A diferença entre o trabalho de Deus e o nosso é que o primeiro é um modelo de formação natural, enquanto o nosso, de encher a terra e dominá-la, é um *modo cultural de formação*. Essa maneira cristã de enxergar nossa presença no mundo é normativa porque se orienta por um padrão encontrado no trabalho divino ordenado a nós.

---

[3] Cf. HOEKEMA, Anthony. *Criados à Imagem de Deus* (São Paulo: Cultura Cristã, 1999), p. 21-22.
[4] KELLER, Timothy; ALSDORF, Katherine Leary. *Como integrar fé e trabalho: nossa profissão a serviço do reino de Deus* (São Paulo: Vida Nova, 2014), p. 57.

Capítulo 34

ABRAÃO SOARES SILVA

ONDE VAMOS PARAR?

O avanço tecnológico nas últimas décadas é algo no mínimo assustador. Não precisamos ir muito longe para perceber, por exemplo, que nenhum de nós acreditava, vinte anos atrás, que, hoje, faríamos quase tudo através de um aparelho de celular. Lembro-me como se fosse hoje de como era assistir a um filme em família e depender das programações dos canais abertos, ou da velha e boa locadora de VHS e, posteriormente, DVD. Falo de coisas simples e corriqueiras, mas existem questões mais complexas que envolvem o avanço tecnológico e a fé cristã, e diante de tantas transformações em tão pouco tempo, surgem algumas perguntas: Quem controla a tecnologia? Quais são os seus limites? Onde vamos parar?

Fé e ciência em uma cultura técnica

Por mais que a tecnologia pareça ser apenas de ordem prática, precisamos analisar seus pontos positivos e negativos. A filosofia pode nos ajudar a não enxergarmos a tecnologia simplesmente por termos utilitaristas e pragmáticos.

Tendo em vista que o coração é o centro religioso do ser humano, onde depositamos nossa devoção, crença, ele influencia tudo o que fazemos. Portanto, o crer e pensar não estão totalmente dissociados, como afirma Egbert Schuurman:

> Porém, a distinção fundamental entre "crer" e "pensar" não elimina um certo tipo de ligação entre essas ações. Afinal, as atividades a que se refere ao se afirmar "creio" e "penso" são realizadas pela mesma pessoa. Essa ligação entre crer e pensar - bem como agir e daí a tecnologia - está presente no "eu", no coração, como centro da religiosidade dos seres humanos.[1]

A fé direciona toda atividade humana, inclusive o pensamento teórico. O debate então, não é entre religião e ciência, mas entre fé cristã e fé na ciência. O trabalho científico pressupõe um compromisso religioso que leve em consideração a parcialidade da ciência. Como nos explica Dooyeweerd, "de fato, a ciência em si, no seu próprio ponto de partida, é orientada por um motivo religioso básico. Portanto, a ciência nunca pode ser neutra com respeito aos motivos religiosos básicos a partir dos quais ela opera"[2].

---

[1] SCHUURMAN, Egbert. *Fé, esperança e tecnologia: ciência e fé cristã em uma cultura tecnológica* (Viçosa: Ultimato, 2016), p. 27

[2] DOOYEWEERD, Herman. *Raízes da cultura ocidental* (São Paulo: Cultura Cristã, 2015), p. 22.

A fé cristã contribui para a atividade científica pela capacidade de reconhecer os limites da razão, e isso não significa recorrer ao irracionalismo, pois trata-se de uma fé que conduz o pensamento científico sem supervalorizar a ciência, em obediência à "soberania de Cristo, que também se estende à ciência"[3]. Estamos submetidos às leis dadas por Deus. Criatura e criador se unem por meio das leis dadas no interior desse pacto, no qual a função do cientista é descrevê-las respeitando os limites das esferas científicas sem incorrer no erro da pretensa tentativa de interpretar toda a realidade a partir de um mapa teórico.

A mentalidade tecnicista

A tecnologia faz parte do desenvolvimento histórico e cultural da humanidade. Desde o período conhecido como pré-história ao tempo presente, o ser humano tem aperfeiçoado suas técnicas de controle da realidade. Como nos diz Egbert Schuurman:

> A humanidade e a tecnologia sempre caminharam lado a lado. Isto é tão verdadeiro, que tendemos a descrever a história humana em termos do estado da tecnologia: a idade da pedra, a idade do bronze, a era do metal, a era atômica, a era da informática e por aí em diante.[4]

Como consequência dessa busca por controle, a tecnologia é superestimada ao ponto de se tornar a "esperança" para este mundo. Mais uma vez, o professor Schuurman nos ajudar a entender:

> No mundo ao nosso redor, observamos uma supervalorização da tecnologia. A tecnologia é vista como a resposta a uma série de problemas e como a solução para todos os tipos de males. Neste contexto, a tecnologia adquire certa função idólatra.[5]

Examinando as raízes religiosas do capitalismo, o professor Bob Goudzwaard explica que a fé no progresso, ao colocar as expectativas no futuro, é marcada por uma ação voltada para a expansão do desenvolvimento tecnológico[6]. Schuurman amplia o diálogo e acredita que "o ideal de controle técnico opera por trás do capitalismo", ou seja, "o tecnicismo dá vida ao capitalismo"[7]. Esse ideal de controle técnico tem se mostrado incapaz de cumprir suas promessas e tem ameaçado a liberdade do homem, da natureza e das estruturas sociais. Não é de agora que percebemos os sinais de esgotamento que a natureza — degradação da camada de ozônio, mudanças climáticas, derretimento das calotas polares, aumento do nível do mar — e a sociedade — aumento da pobreza e rompimento dos laços sociais — enfrentam. Mesmo assim, a esperança na tecnologia parece não ter fim.

Onde vamos parar? A tecnologia tem servido para muitas coisas. Não negamos o seu benefício, mas também não podemos fechar os olhos diante dos resultados catastróficos

---

[3] SCHUURMAN, *Fé, esperança e tecnologia*, p. 30.
[4] Ibid., p. 73.
[5] Ibid., p. 77.
[6] GOUDZWAARD, Bob. *Capitalismo e progresso*: um diagnóstico da sociedade ocidental (Viçosa: Ultimato, 2019), p. 83.
[7] SCHUURMAN, *Fé, esperança e tecnologia*, p. 85.

causados pelo ideal de controle. Não custa lembrar, que ela não poderá reconstruir o "Éden" ou superar as consequências da queda. Nenhum aparato tecnológico, por mais avançado que seja, poderá livrar o homem do salário do pecado.

A fé na tecnologia deixa o homem refém de novidades. Essas conquistas por vezes são vistas como redentoras da humanidade. A grande novidade de 1969 foi a chegada do homem à lua, mas não podemos esquecer qual foi realmente o maior evento da história.

> O presidente americano Richard Nixon afirmou: "Esta é a melhor semana da história desde a criação". No Domingo seguinte, Okke Jager disse, numa pregação, que o maior evento na história desde a criação não é que o homem pôs os pés na lua, mas, que há 2.000 anos, Deus, em Cristo, colocou seus pés na Terra.[8]

Por uma tecnologia responsável

A fé cristã não nega a importância da tecnologia e sua expansão, mas rejeita as perspectivas reducionistas que enxergam a realidade de maneira materialista e o ser humano como uma peça de uma grande engrenagem, como nos mostram os dilemas éticos das novas tecnologias para reprodução humana. O humanismo tem perpetuado o engano da serpente: "Você será igual a Deus".

Uma tecnologia usada para glória de Deus deve ter em vista a minimização do sofrimento humano, mas estar atenta aos limites estabelecidos. Em uma época de "overdose" tecnológica, precisamos avaliar nosso coração e tomae cuidado para não se deixar levar pelos ídolos desse tempo. Os ídolos mudam de nome, mas a natureza humana continua sempre a mesma. A tecnologia pode ser idolatrada quanto redimida, e se ela for compreendida como uma extensão da criação, temos uma grande responsabilidade de utilizá-la para o bem comum.

A Bíblia nos fornece parâmetros para desenvolver a vida neste mundo. A tecnologia deve ser usada em serviço do bem-estar e da promoção da harmonia. Não existe técnica humana capaz de nos livrar da condenação eterna. Qualquer uma que se apresente com esse propósito será apenas "avental de folhas de figueira", que cobrem a vergonha, mas não promovem redenção. Somente submetidos ao senhorio de Cristo por sua obra consumada na cruz do calvário é que podemos ser livres e fazer boas obras que glorifiquem seu nome. Na era da cultura tecnológica, que sejamos "jardineiros digitais". Que possamos usar a tecnologia para a glória de Deus.

---

[8] Ibid., p. 86.

Capítulo 35

Thiago Souza Muniz

PRETENSA NEUTRALIDADE DA TECNOLOGIA COMO ATUAL REDUTO DA FÉ NO PROGRESSO

Neste capítulo, iremos discutir a ideia de que a tecnologia é neutra, e para isso iremos apresentar uma crítica a essa postura a partir das contribuições de Verkerk e demais colaboradores na obra *Filosofia da tecnologia*[1].

Busca-se, então, mostrar como as expectativas e pressupostos sobre o desenvolvimento tecnológico funcionam como a melhor expressão da fé no progresso, tal como elaborado por Goudzwaard[2]. O crescimento das forças produtivas e dos desenvolvimentos técnicos proporcionados pelo avanço tecnológico são o atual reduto da fé no progresso.

A prática social da tecnologia contra a ideia de neutralidade

Inicialmente, Verkerk e os demais colaboradores se valem das contribuições de Alasdair MacIntyre para argumentar o caráter cultural e social do uso da tecnologia. Isso é feito a partir do conceito de prática, com o qual se explica como diferentes estruturas, contextos e direções das práticas tecnológicas são moldados pelo poder, valores, normas e visão de mundo exercidos sobre o desenvolvimento da tecnologia[3].

Porém, para se chegar ao conceito de prática, é necessário, primeiro, apresentar o conceito de atividade. Podemos entender o que é atividade levando em consideração que os seres humanos não experimentam a realidade de maneira opaca, ou com uma postura passiva frente a uma realidade "em si mesma". Os autores defendem que os seres humanos respondem às reinvindicações da realidade experimentada através da atividade humana.

Isso acontece por meio da intervenção nessa realidade, desde comer e beber até projetar máquinas, formular planos e fabricar produtos. Essas ações não apenas interpretam a realidade como também expandem seu significado. Essa atividade humana é realizada de forma intencional, pois uma atividade que transforma a realidade dada é diferente de uma reação "natural" ou instintiva, como o bocejo ou um grito de espanto. Logo, a atividade pode ser entendida como algo que tem significado, mediante a suposição de que haja uma intenção consciente por parte daqueles que agem.

Sendo assim, a atividade que envolve significado é, na verdade, uma conduta, pois é através dos aprendizados e processos de intervenção que essa atividade humana cria cultura

---

[1] Publicado pela editora Ultimato em 2018.
[2] GOUDZWAARD, Bob. *Capitalismo e progresso*: um diagnóstico da sociedade ocidental (Viçosa: Ultimato, 2019).
[3] VERKERK, Maarten Johannes; HOOGLAND, Jan; VAN DER STOEP, Jan; VRIES, Marc J. de. *Filosofia da tecnologia: uma introdução* (Viçosa: Ultimato, 2018), p. 234.

e faz história. É exatamente esse ponto que possibilita entender que atividade e significado estão intrinsecamente relacionados, de modo que toda vida humana é afetada por essa relação[4].

Nessa relação entre significado e atividade, tem-se a premissa de que o significado está ligado às regras, de tal forma que atividade é definida como "condutas direcionadas por regras"[5]. Para Wittgenstein, algo tem sentido porque existem regras que possibilitam o entendimento do ato[6]. Isso pode ser exemplificado pela linguagem: para ser entendida, é necessário que a pessoa use corretamente as palavras, frases e conjugações, e para isso é necessário utilizar minimamente as regras da semântica, da sintaxe e da gramática. É a partir do modelamento das regras que se torna possível o ato comunicativo e, assim, a existência de significado.

Um exemplo fornecido para ampliar o entendimento dessas relações é como funciona o aprendizado de jogos em geral. Dentre as várias características diferentes e os diversos tipos de jogos que existem, um elemento comum a todos eles é a necessidade de seguir e aprender regras, mas para isso raramente se utiliza ou se fornece um simples manual. O mais comum é que se aprenda o jogo na prática. Aplicando isso à linguagem, o que se depreende é que, assim como no jogo, para entender os atos discursivos é preciso estar inserido nas regras, utilizando-as nos momentos e situações necessários e de forma adequada[7].

Isso posto, para relacionar essas ideias com as questões relativas à tecnologia, conecta-se o uso da linguagem e das atividades para mostrar que existem diferentes "tipos de vida" em nosso dia a dia. Isso é exemplificado nas diversas ações que se tem ao longo de um dia, pois as pessoas dão comandos, constroem objetos, descrevem ações, relatam acontecimentos; enfim, realizam uma série de ações. Tudo isso se dá pela utilização coerente da linguagem. A conexão desses elementos com a tecnologia está, conforme os autores apontam, na existência de formas de vida que são tecnológicas. Nessa forma tecnológica de vida, o significado advém de expressões, atos e caráter que também são eminentemente tecnológicos.

É, portanto, exatamente para esse tipo de vida, a vida tecnológica, que MacIntyre utiliza o termo "prática"[8] para se referir a uma visão de ética que aponta para as virtudes como uma disposição moral, pela qual uma determinada atitude básica de uma pessoa — seja ela a honestidade, a confiabilidade ou outra — se tornou um hábito pessoal. A partir disso, MacIntyre aplica a ética das virtudes como sendo fundamental para as "práticas sociais", pois as virtudes possibilitam a existência dos bens que são alcançados pelas práticas[9].

A relação de todos esses elementos apresentados é que se pode, agora, abordar integralmente as práticas tecnológicas em sociedades plurais a partir de suas diferentes estruturas, contextos e direções[10].

Por "estrutura", entende-se os aspectos formais de uma organização. Para cada estrutura diferente há diferentes práticas e formas de negócios e atividades, como a prática médica, a prática na agricultura e a prática tecnológica. "Contexto" refere-se ao ambiente no qual uma prática é desenvolvida, pois as diversas culturas imprimem marcas diferentes nos

---

[4]Ibid., p. 231-2.
[5]Ibid., p. 232.
[6]VERKERK et al (2018), p. 232.
[7]VERKERK et al. *Filosofia da tecnologia*, p. 234.
[8]VERKERK et al (2018), p. 233.
[9]VERKERK et al (2018), p. 234.
[10]VERKERK et al. *Filosofia da tecnologia*, p. 241.

laboratórios, por exemplo. Por sua vez, "direção" está relacionado às diferentes concepções sobre o processo de venda e manufatura dos objetos tecnológicos.

Desta forma, a estrutura de uma prática é definida por suas próprias regras de conduta, de modo que há uma delimitação e definição da estrutura pelos diferentes tipos de regras. Cada local possui, portanto, uma estrutura diferente porque suas regras constitutivas são diferentes. O contexto é formado pelas circunstâncias específicas que geram práticas peculiares, ou seja, as diferentes circunstâncias temporais e espaciais, sejam elas sociais, econômicas, políticas ou culturais, impactam decisivamente nas práticas particulares que são adotadas. Já a direção é dada a partir de ideias-base e valores que moldam a ação humana, refletindo sobre todos os elementos da existência, o que pode ser observado pelas respostas dadas a questões sobre: a atitude em relação ao cliente ("o cliente tem sempre razão"), a visão sobre dos subordinados ("eles estão apenas trabalhando pelo salário"), o preconceito em relação à pessoa de pele escura ("eles são preguiçosos"), as opiniões sobre o estilo de liderança ("você tem de dar à sua equipe tanta liberdade quanto possível"), a visão sobre tecnologia ("a tecnologia deveria servir à sociedade") e a visão de mundo ("você tem que desfrutar o máximo que puder dessa vida") ou religião ("você deveria viver para a honra de Deus")[11].

Portanto, "as práticas sociais são fenômenos culturais formados pela atividade humana que existem pela graça daquela atividade"[12]. Desse modo, não existem práticas que possam ser caracterizadas ou chamadas de neutras, pois sempre há elementos normativos, valores, visões implícitas e explícitas, além de questões que envolvem o significado das coisas. Sempre vai existir um ser humano "por trás" das máquinas, das programações, dos dispositivos, imprimindo sua visão de mundo e direcionando os artefatos tecnológicos para um determinado fim.

Avanço tecnológico como fé no progresso

Goudzwaard afirma que ao longo do século 18, a partir das revoluções científica e sociais que ocorreram, e após a destruição das barreiras que sustentavam a sociedade medieval, foi gerado e desenvolvido o que se denominou de *fé no progresso*[13]. A gestação dessa fé foi uma consequência da transformação na percepção de progresso, que passou a ser entendido com base em uma antropologia que não vê limites na capacidade de perfectibilidade humana. A fé no progresso advém da concepção humanista de progresso humano, em que se busca a contínua evolução e melhoramento, ao logo do tempo, nas mais diversas áreas e do próprio ser humano.

A base filosófica dessa fé no progresso é o deísmo, que, partindo de pressupostos racionalistas, encontra sua escatologia numa concepção de futuro gradativamente melhor e perfeitamente atingível pelas próprias capacidades humanas. Dessa forma, para os deístas que colocam sua fé no progresso, a Nova Jerusalém que os cristãos aguardam pode ser vivida aqui e agora[14].

Corroborando com essa perspectiva, Schuurman diz que:

> A característica principal da mentalidade ocidental é o seu caráter de mentalidade técnica, de mentalidade que busca o controle. Tal mentalidade tem

---

[11]Ibid., p. 244.
[12]VERKERK et al (2018), p. 242.
[13]GOUDZWAARD, *Capitalismo e progresso*, p. 24.
[14]Ibid., p. 48-9.

raízes na autonomia ou autossuficiência do pensador. [...] O motivo disso é óbvio: tal mentalidade não contempla a realidade como uma criação, mas a enxerga, em vez disso como uma realidade objetiva sobre a qual a humanidade é "soberana e senhora". A mentalidade técnica pode ser traçada na filosofia de Descartes.[15]

Goudzwaard diz que a melhor caracterização dessa ordem social direcionada para o crescimento e mudança constante é o capitalismo[16], pois ele canaliza as diversas forças culturais, sociais e políticas para buscar o ideal de progresso. No entanto, apontar o capitalismo em si mesmo como a força motriz pode ser muito genérico. Se faz necessário questionar quais elementos dentro dele são utilizados para esse fim.

Defende-se que, contemporaneamente, o progresso tecnológico é a melhor expressão da fé no progresso. Isto pode ser visualizado pelo entendimento de um dos grandes formuladores de projetos para o desenvolvimento econômico e social em escala global: Klaus Schwab, economista fundador do Fórum Econômico Mundial e responsável por dirigir o que se chama atualmente de "*reset* da economia mundial", que nada mais é do que a tentativa de estabelecer novas bases para a produção econômica pautadas por novos ideias de modo a atender as exigências do século 21. Sobre as transformações que estão acontecendo nos últimos anos e que gerarão a quarta revolução industrial, Schwab diz que:

> a tecnologia e a digitalização irão revolucionar tudo, fazendo com que aquela frase tão gasta e maltratada se torne verdadeira: "desta vez será diferente". Isto é, as principais inovações tecnológicas estão à beira de alimentar uma gigantesca mudança histórica em todo o mundo — inevitavelmente. A escala e o escopo das mudanças explicam por que as rupturas e as inovações atuais são tão significativas.[17]

Schwab pensa também que:

> Moldar a quarta revolução industrial para garantir que ela seja empoderadora e centrada no ser humano — em vez de divisionista e desumana — não é uma tarefa para um único interessado ou setor, nem para uma única região, ou indústria ou cultura. Pela própria natureza fundamental e global dessa revolução, ela afetará e será influenciada por todos os países, economias, setores e pessoas.[18]

Com isso, percebe-se, pelas palavras de um dos maiores arquitetos e articuladores de transformações mundiais, que as mudanças propostas e pressupostos adotados para gerar grandes transformações socioeconômicas nada mais são do que pura e simples fé no progresso tecnológico. Isso não é exclusivo da perspectiva econômica, pois ideias formuladas e expressas de forma diferente são apresentadas pela mídia, por setores da academia e pela

---

[15]SCHUURMAN, Egbert. *Fé, esperança e tecnologia* (Viçosa: Ultimato, 2016), p. 52.
[16]GOUDZWAARD, Bob. *Capitalismo e progresso*.
[17]SCHWAB, Klaus. *A quarta revolução industrial* (São Paulo: Edipro, 2016), p. 12.
[18]Ibid., p. 10.

sociedade em geral. O popular historiador israelense Yuval Harari, em seu livro *21 lições para o século 21*, defende a ideia de que há uma perda de espaço da narrativa liberal, que foi intensificada pela crise econômica de 2008, podendo ser observada pelo crescimento dos muros e sistemas de proteção que ressurgiram juntamente com a resistência a imigração e acordos comerciais.

Esses eventos têm como um dos principais fatores causais, segundo Harari, exatamente as grandes mudanças que foram ocasionadas pela união entre biotecnologia e tecnologia da informação[19]. Isso aconteceu porque os engenheiros e empresários têm pouca consciência das implicações políticas de suas ações, e ao criarem as revoluções tecnológicas eles também criam um ambiente de grande incerteza e insegurança, pois soma-se a isso o fato de que o poder político não tem conseguido lidar com o poder disruptivo da tecnologia em todas as suas esferas de influência.

Fornecendo uma crítica cristã robusta a essas questões, Egbert Schuurman diz que:

> O ocidental que gradativamente se desvincula e se aliena de Deus, seculariza as promessas de Deus e tenta cumpri-las de forma independente. O homem ocidental acredita que pode fazê-lo por meio da ciência e da tecnologia. Ele crê nelas, coloca sua confiança religiosa no progresso da ciência e da tecnologia ou crê nelas como sua única fonte de sobrevivência.[20]

Portanto, a fé no progresso tecnológico parte do pressuposto da neutralidade da tecnologia, não toca nos debates éticos extremamente delicados e necessários, derivados das inovações tecnológicas que correlacionam elementos biológicos com digitais, e desvia-se dos problemas socioeconômicos gerados pela ascensão de uma elite digital face a uma população marginalizada digitalmente que, consequentemente, perde cada vez mais espaço e oportunidades em meio à sociedade da informação e da tecnologia.

Com base em tudo o que foi apresentado, podemos entender que, dentro do sistema capitalista, o elemento que mais fortemente enseja a fé no progresso é o avanço tecnológico. Este que, a despeito das implicações para a ética, para o desenvolvimento socioeconômico, para o meio ambiente, para os seres humanos e para o sistema em si mesmo é comemorado e buscado como se fosse a grande "bala de prata" do mundo contemporâneo, como se todos os problemas pudessem ser resolvidos por algum elemento tecnológico. O que se tem, portanto, é um progresso sem freios, no qual o ser humano idealizador e criador se torna servo — e um servo completamente vulnerável.

Finalizo este texto com as palavras que recebi de um grande parceiro dos alunos do Invisible College, Douglas Quintiliano:

A tecnologia pode ser tanto idolatrada quanto redimida. Se ela pode ser compreendida como uma extensão da criação, então temos diante de nós uma grande responsabilidade. Na era da cultura tecnológica, devemos ser 'jardineiros digitais'. Longe de negarmos a tecnologia, temos diante de nós o dever de usá-la para a glória de Deus e o bem comum.[21]

---

[19]HARARI, Yuval Noah. *21 lições para o século 21* (São Paulo: Companhia das Letras, 2018), p. 26.
[20]SCHUURMAN, *Fé, esperança e tecnologia*, p. 174.
[21]Apontamento de Douglas Quintiliano no Programa de Tutoria Avançada, Invisible College, em 28 jan. 2020.

Capítulo 36

Marlon Girardello

UM PONTO CEGO:
tecnologia e o reino de Deus

> *Nada importa senão o reino, mas por causa do reino tudo importa.*
> — Gordon Spykman

A tecnologia está presente e influencia nossa realidade de forma determinante. Ela, inclusive, abarca uma ampla gama de atividades humanas. Carl Mitcham descreve os objetos da tecnologia de maneira abrangente, incluindo todos os "produtos materiais fabricados pelo homem cuja função dependa de uma materialidade específica em si"[1]. No que tange à tecnologia, não há neutralidade, pois ela é produzida por indivíduos que possuem pressupostos e que moldam e são moldados por essas produções, mesmo que inconscientemente.

O modo como a tecnologia atua em nossas vidas envolve tanto aquilo que escolhemos quanto o que nos omitimos em escolher: é sempre uma relação ativa. O relacionamento com a tecnologia exige dos consumidores e dos produtores uma posição crítica, buscando entender os impactos que ela causa. Marshall McLuhan nos dá quatro leis, em forma de questionamentos, para que analisemos esses impactos: (1) O que o produto amplia ou melhora? Qual capacidade humana é amplificada? (2) O que o produto recupera do passado? (3) O que o produto torna obsoleto? (4) Quando levado ao extremo, um produto tende a inverter suas características originais. No que ele se transforma?[2]

Essas quatro leis contribuem para um aprofundamento e compreensão de como a tecnologia tem impactado o reino de Deus. A partir delas, é possível também estabelecer quais premissas são necessárias para uma abordagem genuinamente cristã que parte de uma teologia encarnacional. Surgem, então, outras quatro leis, ligadas às anteriores, acerca de uma perspectiva cristã de reino: (1) Quais os pressupostos desse artefato tecnológico? (2) Podemos viver sem esse artefato tecnológico? O que isso diz sobre nós? (3) Como esse artefato interfere em nossos relacionamentos? (4) Como esse artefato tecnológico redefine nossa compreensão da adoração corporativa e individual?[3]

---

[1] SCHUURMAN, Derek C. *Moldando um mundo digital: fé, cultura e tecnologia computacional* (Brasília: Monergismo, 2019). Não paginada.
[2] Idem.
[3] HUNTRODS, Jessica. The technological church: theology and technological idiocy. Disponível em: https://common.center/theology-technological-idiocy.

A tecnologia é neutra?

Como um peixe que nasceu em um pequeno aquário, a geração atual se relaciona com a tecnologia como se tudo estivesse funcionando perfeitamente. Ocorrem apenas evoluções, nunca involuções. Essa geração, porém, não percebe sua própria escravidão, pois está anestesiada pelo contexto tecnológico-científico no qual está inserida. Derek Schuurman afirma que "a tecnologia não é neutra; é uma atividade cultural carregada de valores em resposta a Deus que molda a criação natural"[4].

Segundo Verkerk e demais colaboradores, a tecnologia não é meramente uma caixa de ferramentas neutras que os seres humanos podem escolher usar ou não, pois, na verdade, ela determina a totalidade da cultura na qual vivemos e forma o padrão de interpretação a partir do qual pensamos[5]. É elementar, portanto, pressupor que não existe neutralidade na tecnologia, uma vez que ela é carregada de vieses de quem a produz. Sem esse ponto de partida, toda discussão será superficial e falseada. A tendência de considerar a neutralidade da tecnologia é fruto de uma abordagem que desassocia o mundo espiritual do físico. O dualismo de natureza e graça coloca a tecnologia em um patamar acima de qualquer suspeita. Adotamos novas tecnologias e, sem a consciência da sua influência sobre nós, simplesmente adaptamo-nos a elas com, no máximo, uma argumentação de que não podemos fazer nada para mudar essa realidade.

No entanto, é inocência pensar que a tecnologia é neutra, pois os criadores dos artefatos tecnológicos imprimem seus valores pessoais e corporativos em suas criações. Não se trata apenas da utilização de aparatos para o bem ou para o mal, pois, em sua essência, eles já visam alcançar determinados objetivos. A persuasão ao usuário é feita de tal forma e de tantos modos que o leva a utilizar o dispositivo de uma maneira específica. A psicologia é hoje uma disciplina essencial para o desenvolvimento tecnológico. São desenvolvidos estudos prolongados e profundos que analisam o comportamento dos usuários frente a algum artefato tecnológico. A posição de um botão em uma tela, o material que é feito, o som que ele emite, as cores, tudo isso é exaustivamente testado até que o dispositivo se torne potencialmente indispensável. As ferramentas tecnológicas já são criadas prevendo comportamentos padrões dos usuários. Elas moldam nossas preferências, induzem ou ampliam nossas percepções, utilizam nossas habilidades e contextos para alcançar seus objetivos. Longe de ser uma "mão invisível" que rege as tomadas de decisões, os artefatos tecnológicos são intencionais em influenciar e direcionar nossos pensamentos, ações e emoções. Derek Schuurman cita o crítico cultural Neil Postman, ao afirmar que "as novas tecnologias alteram a estrutura dos nossos interesses: as coisas sobre as quais pensamos. Elas alteram o caráter dos nossos símbolos — as coisas com as quais pensamos — e alteram a natureza da comunidade — a arena na qual as ideias se desenvolvem"[6].

Indo ainda mais longe, Marshall McLuhan afirma que "o meio é a mensagem", sugerindo, com isso, que as "mensagens" incrustadas nas criações tecnológicas são tão importantes quanto o conteúdo que elas possam transmitir. Não encontramos essa mesma dinâmica em Jesus? Ele não apenas pregou e viveu uma mensagem, ele era a mensagem! Há, portanto, um messianismo nos artefatos tecnológicos. Uma esperança de que a tecnologia, em algum

---

[4]SCHUURMAN, *Moldando um mundo digital*.
[5]VERKERK, Maarten Johannes; HOOGLAND, Jan; VAN DER STOEP, Jan; VRIES, Marc J. de. *Filosofia da tecnologia: uma introdução* (Viçosa: Ultimato, 2018), p. 259.
[6]SCHUURMAN, *Moldando um mundo digital*.

momento, resolverá e redimirá todos os nossos problemas. De certa forma, ansiamos por uma nova realidade na qual a tecnologia vencerá a morte, retirará a dor e gerará uma satisfação plena no futuro. Há uma idolatria tecnológica que envolve as percepções humanas atuais.

Moldando e sendo moldados pela tecnologia
A distinção entre estrutura e direção é necessária ao analisar a tecnologia, pois sem isso poderíamos cair no erro de considerar que a criação dela é má. Temos que evitar o dualismo entre saber se a tecnologia é boa ou má porque ela não é provida só de uma estrutura, mas também de uma direção. Albert Wolters descreve que a estrutura denota a "essência" de algo criado. A direção, pelo contrário, refere-se ao desvio pecaminoso dessa ordenança estrutural e conformidade renovada a ela em Cristo[7]. Em outras palavras, a direção se refere à maneira como qualquer coisa na criação pode ser dirigida em obediência ou desobediência à lei de Deus, enquanto a tecnologia é desdobrada em maneiras mais e menos obedientes ao Senhor.

Em busca de controlar o ambiente no qual vivemos, acabamos criando um deus a quem demos o nome de tecnologia e em quem depositamos nossa confiança. A tecnologia, portanto, se torna um tipo de cosmovisão na qual o progresso gerado por ela é sempre o melhor caminho a se tomar. A busca do homem por conforto, utilidade e eficiência o tornou refém dos artefatos que geram tais efeitos, já que esse caminho acaba sendo o de menor resistência. O pior é que a comodidade torna-se tão importante que perdemos o interesse naquilo que é essencial. Como Verkerk e demais colaboradores argumentam, utilizando o pensamento de Hannah Arendt, não se sabe mais se a tecnologia serve a um propósito real ou se ela tornou-se o próprio propósito[8]. A tecnologia muda nossa maneira de pensar e estruturar o mundo ao nosso redor. John Culkin escreve que "moldamos nossas ferramentas e, depois, elas nos moldam"[9]. A tecnologia acaba criando necessidades humanas que só podem ser supridas por ela mesma.

Até a forma como nós aprendemos está sendo moldada, considerando que estamos constantemente online, sempre em contato com algum artefato tecnológico. Se não refrearmos ou aprendermos a lidar com isso, nos tornaremos superficiais, apressados, distraídos e precipitados. Pensamos superficialmente e acabamos imersos em uma vida rasa. Antes de pensarem em moldar o mundo, os seres humanos precisam, em primeiro lugar, se desenvolverem e se controlarem.

O relógio é um exemplo contundente de tecnologia que moldamos, mas que nos transformou profundamente. Derek Schuurman escreve que eles foram criados originalmente para melhorar as práticas devocionais, mas acabaram por influenciar quase todos os aspectos da vida[10]. Ao citar Lewis Mumford, Verkerk e colaboradores afirmam que "o relógio preparou os seres humanos para a 'batida e o ritmo regular da máquina'. O relógio não é apenas um meio para medir o tempo; ele também é um instrumento para controlar o comportamento dos seres humanos e sintonizá-los uns com os outros"[11]. Parece que o relógio é

---
[7] WOLTERS, Albert M. *A criação restaurada* (São Paulo: Cultura Cristã, 2019), p. 86.
[8] VERKERK, et al. *Filosofia da tecnologia*, p. 320.
[9] CULKIN, John M. "A schoolman's guide to Marshall McLuhan". *Saturday Review*, 1967, p. 70.
[10] SCHUURMAN, *Moldando um mundo digital*.
[11] VERKERK, et al. *Filosofia da tecnologia*, p. 312.

uma extensão do corpo humano, pois ninguém mais se imagina alheio à marcação de tempo. Ele está, inclusive, embarcado em boa parte dos artefatos tecnológicos. Desenvolvemos uma dependência tão determinante da batida e do ritmo que os dispositivos nos fornecem relógios em formato de horas, minutos e segundos. Verkerk e colaboradores afirmam que "a tecnologia torna-se um monstro assim que as pessoas não dão mais atenção ao seu funcionamento e suas condições"[12].

O reino e a tecnologia

Depois de entender que a tecnologia não é neutra e que nos molda, surge a pergunta: o que a tecnologia tem a ver com as crenças cristãs? Partimos da ideia de que ela não é autônoma, mas uma área onde exercemos liberdade e responsabilidade, ou seja, há o que ser feito, não estamos condenados a sermos reféns desses artefatos. O envolvimento responsável é indispensável, pois a tecnologia é uma extensão da criação. Precisamos, portanto, ser capazes de usá-la de maneira que glorifique a Deus e promova seu reino por meio da obediência ao mandato que foi nos dado em Gênesis 2:15. Somos chamados a guardar e cultivar toda a criação, como mordomos e despenseiros da graça. Para isso, precisamos "levar todo pensamento cativo à obediência de Cristo"[13].

A noção bíblica de mordomia nos chama a um "processo de abertura" onde são abertas possibilidades na criação, e isso também se aplica à tecnologia. Ao contrário do *Zeitgeist*, a criação e o estabelecimento do reino de Deus nos permitem criticar. Eles nos dão ferramentas para apresentar uma visão que "abre" possibilidades em uma cultura fechada, ou de túnel. Egbert Schuurman sugere que "a perspectiva dominante técnico-científica deve dar lugar a uma perspectiva da Terra como um jardim a ser trabalhado ou cultivado para que possa florescer"[14]. Schuurman afirma que o pensamento do homem como centro da criação não é bíblico, mas provém de ideias do Renascimento e do Iluminismo. O "eu" humano tornou-se o ponto de partida para pensar e agir, e foi precisamente essa atitude que levou os tempos modernos à crença no progresso[15].

Se, conforme McLuhan, o meio é verdadeiramente a mensagem e o nosso chamado é descansar na presença de Cristo, sendo presença fiel no mundo, então nossas tecnologias devem ser parte dessa vocação. Caso contrário, não têm lugar em nossas vidas e/ou igrejas. As tecnologias, portanto, devem obedecer a três perspectivas: (1) *Integridade*, que é uma oposição à fragmentação. McLuhan acreditava que quanto mais extensões o homem tem, mais fragmentado ele é. (2) *Presença*, em oposição ao isolamento, não apenas na questão de isolamento físico, mas também relacionado à presença mental e emocional. (3) *Realidade*, em oposição à fantasia, pois a tecnologia proporciona meios facilitados que não reproduzem e não são baseados na realidade[16]. Se a igreja não tratar a tecnologia e sua tendência desencarnacional e tecnicista, será questão de tempo para que os cristãos se tornem cada vez mais reféns do

---

[12]Ibid., p. 260.
[13]Cf. 2Coríntios 10:5.
[14]SCHUURMAN, Egbert. *Fé, esperança e tecnologia: ciência e fé cristã em uma cultura tecnológica* (Viçosa: Ultimato, 2016), p 14.
[15]VERKERK, Maarten J. *As raízes mais profundas do problema climático: sobre culpa, arrependimento e renascimento*. Disponível em: https://www.cristaosnaciencia.org.br/as-raizes-mais-profundas-do-problema-climatico-sobre-culpa-arrependimento-e-renascimento/.
[16]HUNTRODS, Jessica. *The technological church*.

mundo digital e seus artefatos. A teologia precisa se aproximar das implicações que o digital nos traz e apresentar uma solução robusta que parta de uma abordagem genuinamente cristã baseada no mandato cultural, na lei de Deus e refletida em Mateus 22:37-39. Uma tecnologia encarnacional é regida, primeiro, pelo amor à Deus e aos seus preceitos, e, em segundo lugar, em amor ao próximo. A igreja não pode se dobrar e aceitar artefatos que esvaziam a criação de Deus e escravizam o próximo. Mais do que resistência, é necessário sabedoria, para utilizá-los e ressignificá-los. A igreja deve operar com "capital emprestado" sabendo que toda a criação tem em sua estrutura as digitais do Criador e pode ser utilizada para obedecer a ele.

Os cristãos, portanto, não devem depositar sua fé e esperança em avanços tecnológicos, pois a perfeição não será alcançada aqui nesta realidade temporal. Em uma postura crítica, sabendo que a tecnologia não é neutra e que os molda, eles não devem, portanto, buscá-la por si só, mas também visar desenvolver e utilizá-la de formas normativas que cumpram o mandato de cultivar e guardar a criação. Na era da cultura tecnológica, devemos ser "jardineiros digitais". Longe de negarmos a tecnologia, temos diante de nós o dever de usá-la para a glória de Deus e para o bem comum, demonstrando amor e cuidado com o próximo.

Conclusão

KAIKY FERNANDEZ

A SAPIÊNCIA PARA ALÉM DA PROFICIÊNCIA

Talvez não seja novidade para ninguém o fato de que o nosso mundo está a cada dia mais complexo. A cada dia deparamos com novas possibilidades, novos desafios e novos dilemas. Parafraseando Rookmaaker,[1] nosso mundo se torna cada vez mais amplo, diante da expansão do nosso horizonte; mas também cada vez menor, diante do encurtamento das distâncias e barreiras geográficas. Essa complexidade se apresenta sob as mais diversas formas: teológica, ética, ambiental, sociocultural ou econômica. Temos de lidar com questões que vão desde o excesso de lixo produzido até as modificações corporais propostas por pessoas que se denominam ciborgues.[2]

Um dos propulsores para essa expansão da complexidade do mundo é a possibilidade da conectividade, a qual trouxe ao mundo uma configuração diferente de nossa forma anterior de viver. Pensemos na comunicação, por exemplo. Antes, tínhamos um contexto no qual a comunicação era totalmente centralizada e altamente hierarquizada; o público consumia apenas o que era produzido. Isso significa, dentre outras coisas, que a produção de conteúdo era restrita aos grandes veículos de comunicação — rádio, televisão, jornais e revistas — e a nós cabia apenas escolher a partir de um pequeno leque de opções.

Com a conectividade, tudo muda. Agora temos uma comunicação descentralizada e de hierarquia difundida, que possibilita sermos não apenas consumidores, mas também produtores de conteúdo. Qualquer pessoa, em qualquer canto do mundo, que tenha acesso à internet e a um dispositivo móvel, é capaz de publicar opiniões nas redes sociais, disponibilizar um *podcast* ou ter um canal no YouTube.

Talvez uma sutileza que nos passa despercebida é que, diante desse cenário, não apenas podemos produzir algo, mas muitas vezes somos culturalmente coagidos a isso. Não se trata somente de um direito que tenho: tornou-se um dever. Aqueles que não se posicionam abertamente sobre o cenário político, por exemplo, são tachados de "isentões"; aqueles que não se pronunciam sobre determinado caso são considerados omissos; quem não opina sobre a polêmica mais recente é um completo alienado.

Este fato, curioso, nos faz recordar o contexto da emblemática visita de Paulo a Atenas. O texto bíblico relata que "todos os atenienses e estrangeiros que lá moravam de nenhuma outra coisa se ocupavam, senão de dizer e ouvir a última novidade" (Atos 17:21). Na era da conectividade, o espírito de nosso tempo parece ter colocado, sobre os ombros dos nativos digitais, *a demanda da última novidade*. São contextos diferentes, porém apresentam o mesmo problema.

---

[1] ROOKMAAKER, Hans. *A arte moderna e a morte de uma cultura* (Viçosa: Ultimato, 2015).
[2] Aquelas que possuem implantes para expandir as sensações e os sentidos, por meio de recursos tecnológicos. Para saber mais: *https://www.cyborgfoundation.com*.

O perigo é que isso pode chegar ao ponto de nos levar a associar nossa identidade àquilo que colocamos publicamente nas redes sociais. Nesse sentido, a responsabilidade social não mais diz respeito ao que fazemos na vida cotidiana, mas às nossas ações nos meios digitais. Riscamos das nossas bíblias o mandato cultural de cultivar e guardar (Gênesis 2:15), e no lugar dele colocamos um *post-it* com o novo, o "mandato digital": publicar e compartilhar.

Apesar dessa crítica, isso não significa, é claro, que devemos abandonar o ambiente digital e todas as suas possibilidades. Até porque este livro é fruto de um instituto educacional que atua de forma totalmente online. A questão não é essa. Penso que o problema está muito mais em "como" e em "por que" do que necessariamente em "o que". Ou seja, está mais relacionado a nossa forma de utilizar esse meio (*como*) e a nossas motivações (*por que*) do que às mídias em si (*o que*). Lembremos aquilo que na teologia cristã é conhecido como *mordomia*: devemos ser bons jardineiros, e isso também vale para o ambiente digital.

O brasileiro passa, em média, nove horas por dia conectado. Somos o país que assume os primeiros lugares no mundo quando se trata do uso das principais redes sociais.[3] No entanto, para além da utilização, quantos de nós já pararam para refletir sobre isso? Quantos de nós, intencionalmente, já pensaram sobre nossas relações com as mídias, seus impactos e desafios? Quantos de nós têm clareza sobre as particularidades, propósitos e dinâmicas de cada uma das redes que utilizamos?

Se você já passou pela experiência de uma entrevista de emprego, sabe que existem alguns requisitos: fazer uma pesquisa breve sobre a empresa para cuja vaga se concorre, usar roupas condizentes com o local e adotar uma linguagem específica. Outro exemplo é de quando viajamos para um país estrangeiro (para turismo, trabalho ou moradia). Se tivermos um mínimo de prudência, faremos algumas medidas fundamentais: estudaremos a língua nativa, faremos uma breve pesquisa sobre costumes ou pratos típicos e deixaremos o mapa da cidade a que iremos baixado em nosso dispositivo móvel.

Apesar das limitações, esses dois exemplos ilustram uma coisa importante: antes de ir para qualquer lugar que não é natural para nós, precisamos tomar alguns cuidados. Precisamos compreender melhor com o que estamos lidando e como agir nesse contexto. Isso vale, portanto, para o ambiente digital e para as mídias sociais, compreendendo-os como uma parte da nossa esfera pública. Ainda que você seja um nativo digital,[4] seu conhecimento sobre as mídias e o uso delas não é inato. Aprendemos a usá-las pelo contato com outras pessoas e com nossa própria experiência, por exemplo. Mas, para aprofundar a questão, é necessário compreender melhor esse uso. Para isso, vou me apropriar da ideia de diferentes perspectivas, proposta por John Frame.[5]

Primeiro: a perspectiva normativa. No contexto das mídias sociais, podemos entender isso no sentido de saber operacionalizá-las: fazer o *download*, criar uma conta e usufruir dos seus recursos. Também se refere a conhecer as normas que norteiam cada uma delas: a forma de interação, o formato do conteúdo ou o tipo de linguagem assimilada pelos outros usuários.

Segundo: a perspectiva situacional. Aqui, diz respeito aos nossos objetivos no uso das mídias sociais, que podem ser conscientes ou não. Quem publica um *post* tem algum

---

[3] MCKINSEY & COMPANY. *Brazil Digital Report*. 1. ed. 2019.
[4] Pessoa que nasceu e cresceu com recursos digitais presentes em sua vida.
[5] FRAME, John. *A doutrina da vida cristã* (São Paulo: Cultura Cristã, 2021), p. 57.

propósito com isso: mostrar o churrasco em família, fazer uma crítica política ou edificar a vida de alguém com o resumo de um sermão. De forma mais profunda, refere-se às decisões estratégicas de utilização: o tom, a estética, a forma como determinado conteúdo foi produzido e publicado.

Terceiro e último: a perspectiva existencial. Diz ela respeito às motivações, aquilo que nos move e orienta no uso das mídias. Não há neutralidade. Todas as nossas escolhas têm uma motivação. É uma questão interior, intimamente relacionada com os compromissos do coração, que possui, por natureza, uma inclinação religiosa. A questão é: *quem é o seu Senhor?*

Desse modo, precisamos compreender que as três perspectivas não estão dissociadas; pelo contrário, compõem um todo. São três lentes para analisar nosso uso, e não três formas distintas de utilização. Sendo assim, o perigo está quando não tomamos consciência disso e ignoramos uma delas. Quem faz um uso normativa e situacionalmente adequado, mas com as motivações erradas — o aspecto existencial —, poderá causar um grande problema. Já alguém com a motivação correta e o objetivo adequado, mas que não compreende a dinâmica de determinada mídia — o aspecto normativo —, não terá sucesso na comunicação. Por fim, aquele que compreende as normas e tem a motivação correta, mas toma decisões erradas em relação aos objetivos — o aspecto situacional —, provavelmente se frustrará.

Toda essa explicação visa dizer que não basta conhecimento, não basta proficiência, necessários e desejáveis. Este livro foi escrito por estudantes de uma instituição de ensino teológico. Queremos, sim, que cada vez mais pessoas tenham um conhecimento profundo sobre a Escritura em que cremos, a fé que professamos e o Deus a que servimos. No entanto, diante do ímpeto de querer ser relevantes, de usar nossas mídias para dar vazão a nossas reflexões e de tentar não nos omitir na esfera pública, damos muita ênfase à proficiência, mas pouca à sapiência. Conhecimento não é sinônimo de sabedoria. É possível ser uma *douta criança* na fé.

Herman Bavinck[6] nos relembra que a Escritura não mostra desprezo pelo conhecimento ou pela filosofia; pelo contrário, apresenta um alto apreço, e um cristão que verdadeiramente compreende as instruções bíblicas valorizará a vida intelectual e a busca por conhecimento. No entanto, a Escritura também aponta que o conhecimento deve ter como princípio o temor a Deus e a busca de sua sabedoria. Ao passo que o filósofo Byung-Chul Han[7] propõe que a responsabilidade estabelece um compromisso com o futuro. Nossa presença pública precisa ser mais responsável. Precisamos nos preocupar também com o amanhã, e não apenas com o hoje.

Diante da efemeridade de um *post* ou *story*, somos induzidos a agir de forma irresponsável, ou seja, sem calcular as consequências, com a falsa percepção de que aquilo desaparecerá em algumas horas ou talvez até minutos. É uma falsa percepção, porque, ainda que por um momento a publicação não apareça mais no *feed*, muito provavelmente alguém já a compartilhou, salvou ou enviou nos grupos de que faz parte. E, mesmo que ninguém faça isso, alguém a leu.

Na maioria das vezes, o que nos falta não é proficiência, mas sapiência. Não é falta de capacidade cognitiva, mas de sensibilidade. Não é falta de entendimento da questão, mas de tato ao problematizá-la. Em seu clássico *Como ler livros*, Mortimer Adler[8] aponta que "Há

---

[6] BAVINCK, Herman. *As maravilhas de Deus: instrução na religião cristã de acordo com a confissão reformada* (São Paulo: Pilgrim Serviços e Aplicações; Rio de Janeiro: Thomas Nelson Brasil, 2021), p. 46.

[7] HAN, Byung-Chul. *No enxame: perspectivas no digital* (Petrópolis: Vozes, 2018), p. 66.

[8] ADLER, Mortimer J.; DOREN, Charles V. *Como ler livros: o guia clássico para a leitura inteligente* (São Paulo: É Realizações, 2010), p. 26.

uma sensação, hoje em dia, de que temos acesso a muitos fatos, mas não necessariamente ao entendimento desses fatos". Minha impressão é a de que, 80 anos após a primeira publicação da obra, essa ainda é uma realidade para nós.

Penso que isso traz um grande problema para a Igreja brasileira, sob pelo menos três aspectos.

O primeiro diz respeito ao imaginário do público não cristão a respeito de nós, evangélicos. Há uma imagem distorcida e generalizada de quem somos como grupo, inclusive de forma bem reducionista, ao ignorar nossas diferentes expressões teológicas e eclesiásticas. Para além das representações caricatas de programas de entretenimento, como novelas ou esquetes humorísticos, grande parte da culpa dessa distorção recai sobre aqueles que se colocam publicamente em posições de destaque na sociedade — na política, principalmente —afirmando-se cristãos. "Uma das maiores tristezas que a igreja pode ter é quando ela se torna motivo de escárnio não pelas verdades em que acredita, mas pela incoerência manifesta da dicotomia entre doutrina e vida real, entre as verdades que declara amar e a falta de correspondência desse amor na vida diária dos que afirmam crer nessas verdades."[9]

O problema não está em atuar publicamente, tampouco em se declarar cristão, mas na ausência de sabedoria, que muitas vezes leva à incoerência. Há uma falta de compatibilidade entre a revelação normativa de Deus na Escritura e a conduta. De igual modo, a falta de sabedoria nas mídias sociais — o caminho mais curto para falar com o maior número possível de indivíduos — também tem contribuído para essa visão distorcida.

O segundo aspecto se refere aos próprios cristãos, que enxergam irmãos com certo destaque como pessoas para inspirar, ouvir e aprender. Isso também, por si só, não é errado. Deus presenteou a igreja com mestres, capazes de compreender e traduzir questões complicadas ao povo. É importante estabelecer a "comunhão dos santos" com eles, sejam os de agora, sejam os de outras épocas. Mas aqueles que possuem uma posição destacada podem agir sem sabedoria, apesar de terem conhecimento: quando aquilo que dizem gera mais fogo do que luz; produz mais confusão do que esclarecimento; causa mais divisão do que edificação.

O terceiro é relativo aos cristãos de outras tradições ou que divergem na leitura de parte da realidade. Nem sempre concordamos em tudo uns com os outros; e, nas questões "secundárias", temos total liberdade para discordar. Não há nada de errado em emitir uma opinião, mesmo em temas considerados polêmicos. Isso é importante para enriquecer o debate e contribuir com diferentes pontos de vista. O problema, mais uma vez, é quando não há sabedoria na forma de fazê-lo; quando se acha que basta ser firme e incisivo ou tecer um argumento irretocável. Muitas vezes, para provarmos ter razão, agimos de tal modo que desumanizamos quem está do outro lado. Diante da tela, o "ame ao próximo como a si mesmo" (Mateus 22.39) é suprimido.

A solução, no entanto, não é a omissão. Não é abrir mão da esfera pública e entregá-la ao secularismo. Não é usufruir de um monastério contemporâneo para se isolar do mundo. Não é. Aquilo de que precisamos é uma presença fiel e um posicionamento direcionado pela sabedoria de Deus.

---

[9] QUINTILIANO, Douglas. O drama do escárnio. *Invisible College*. 15 jan. 2020. Disponível em: https://theinvisible-college.com.br/o-drama-do-escarnio/. Acesso em: 15 jul. 2021.

Devemos nos empenhar cada vez mais em buscar conhecimento. Devemos meditar na Palavra e estudá-la. Devemos participar de cursos de capacitação e formação teológica. Devemos usar parte do tempo que Deus nos deu para ler um bom livro e nos aprofundar em temáticas que nos interessam. Devemos buscar a proficiência. Mas, para além da proficiência, também é necessária a sabedoria. Se quisermos ter uma vida do lado de fora, como esta obra propõe, é necessário o temor a Deus como nossa bússola, a nos orientar e apontar o caminho.

Que Deus abençoe você e lhe dê sabedoria!

Kaiky Fernandez é casado com a Bruna e graduado em Design Gráfico (UFG), com MBA em Gestão de Marketing e Inteligência Digital (ESPM-Rio). É cofundador e coordenador estratégico do Invisible College e um dos idealizadores da Centeia Cultural, projeto de fomentação artística e cultural em Goiânia. Kaiky é membro da Igreja Cristã Farol Esperança e se interessa por arte, mídia, cultura e inovação.

RECURSOS ADICIONAIS

Aquecimento: conteúdo para ouvir e ler, e assim começar a se aprofundar nos temas de cada parte do livro.

Podcasts
Cristãos na ciência (Pedro Dulci)
https://bit.ly/2lRpBQk

Artigos
Redescobrindo a mente evangélica (David Koyzis)
https://bit.ly/2kDgToL

Como o pensamento crítico salva a fé (Nancy Pearcey)
https://bit.ly/2miCkfc

Sobre a erudição acadêmica cristã (Alvin Plantinga)
https://bit.ly/2meRzFO

Cristãos na ciência (Gerrit Glas)
https://bit.ly/2mdHitr

Cristo, a Cultura e Carson (David Koyzis)
https://bit.ly/2kjlDQ1

A igreja precisa de filósofos, e os filósofos precisam da igreja (Paul Goud)
https://bit.ly/2kheWxS

As dimensões cósmicas da relação entre fé e ciência (Pedro Dulci)
https://bit.ly/2kCd7vQ

Conselho aos filósofos cristãos (Alvin Plantinga)
https://bit.ly/2mgJnVz

A idolatria da relevância (Os Guinness)
https://bit.ly/2kmk7Nd

Cristãos na ciência (Gijsbert van den Brink)
https://bit.ly/2kiGlzt

A fé e a prisão da racionalidade pura e simples (Alister McGrath)
https://bit.ly/2kCdJBE

Desenvolvimento: leituras essenciais sobre o tema de cada parte do livro, além de indicações de vídeos, filmes, séries, documentários, músicas e textos feitas pelos próprios autores dos artigos:

PARTE I: O DRAMA DA DOUTRINA
- Kevin J. Vanhoozer, *O drama da doutrina* (Vida Nova)
- Alister McGrath, *A gênese da doutrina: fundamentos da crítica doutrinária* (Vida Nova)

Capítulo 2: Usando o teodrama para conhecer a Deus (Arthur Garcia Ferreira Martins)
Show de Truman: esse filme representa alguém que apenas reproduz o cotidiano sem a referência externa da Narrativa Divina.

Capítulo 3: Praticando o cânon (Bruno Mambrin Maroni)
This is Us: essa série de drama familiar mostra que somos formados por situações cotidianas e pelos relacionamentos em que estamos envolvidos. Da mesma forma, o drama da doutrina fala sobre uma fé vivida no dia a dia, em relação com Deus e com o outro.

PARTE II: UMA FÉ PARA A VIDA
- David Naugle, *Cosmovisão: a história de um conceito* (Monergismo)
- James W. Sire, *Dando nome ao elefante* (Monergismo)

Capítulo 5: Cosmovisão cristã (João Luiz Uliana Filho)
O que é cosmovisão? - https://bit.ly/37VIy9q
Primeira de uma série de 5 aulas do professor Jonas Madureira sobre o tema da cosmovisão.

A cosmovisão cristã em quatro movimentos - https://bit.ly/3mf584Y
Palestra em que Philip Ryken mostra como a narrativa da cosmovisão cristã se desenvolve em quatro movimentos: Criação, Queda, Redenção e Consumação

O que aconteceu com a mente cristã? - https://bit.ly/3stEu9A
A dra. Nancy Pearcey fala sobre a formação de cosmovisões secularistas, como elas são disseminadas na sociedade e como o cristianismo responde a isso.

Capítulo 6: O impacto da cosmovisão na produção cultural (David Nunes Balotin)
Compacto do Guia Perverso para Ideologia, do Slavoj Zizek - https://bit.ly/39sMuiu
Conteúdo simples e direto mostrando como há algo além da superfície; aquilo que Zizek chama de Ideologia, chamamos de cosmovisão.

Epistemologia Reformada - https://bit.ly/3lOJTFh
Uma explicação breve sobre o que é, e qual a importância do *sensus divinitatis*.

Monomito - https://bit.ly/3zv9sQD

PARTE III: FILOSOFIA CRISTÃ
- Herman Dooyeweerd, *No crespúculo do pensamento ocidental* (Monergismo)
- Herman Dooyeweerd, *Raízes da cultura ocidental* (Cultura Cristã)

Capítulo 9: Sobre ser e estar no mundo (Gabriel Maia Peter do Nascimento)
A identidade Bourne - https://bit.ly/3lQiXW1
Esse filme ilustra a inquietação do ser humano por sua identidade e fala sobre como até super habilidades (dons e talentos) podem se revelar sem sentido na falta de um significado para vida.

Sobre o mesmo chão (Palavrantiga) - https://bit.ly/2U8p7a6
Essa canção expressa o movimento de uma fé que nos chama para dentro do mundo. Rompendo com todo e qualquer muro que nos impede de amar e testemunhar a Cristo na vida.

The Big Bang Theory - https://bit.ly/3hUAaMR
Nesta série podemos ver em Sheldon Cooper uma representação de como uma visão de mundo reducionista nos torna pessoas caricatas - desencaixadas da realidade.

PARTE IV: A CERTEZA DA FÉ
- Herman Bavinck, *Filosofia da revelação* (Monergismo)
- Herman Bavinck, *A certeza da fé* (Monergismo)

PARTE V: A TRINDADE CONTRA AS TRETAS
- Guilherme Braun Jr., *Um método trinitário neocalvinista de apologética* (Monergismo)
- Cornelius Van Til, *Graça comum* (Cultura Cristã)

PARTE VI: UMA FÉ QUE TRAZ LUZ
- John Frame, *Doutrina do conhecimento de Deus* (Cultura Cristã)
- John Frame, *Doutrina da Palavra de Deus* (Cultura Cristã)

Capítulo 16: O Deus que fere para salvar (Daniel Ponick Botke)
Fragmentado - https://bit.ly/3zvoAh4
Podemos ver no filme uma metáfora de nossas vidas, quando fazemos o mal que não queremos, e o bem que desejamos não conseguimos fazer. Qual a única solução? O eu ferido, a morte do eu, o fim do eu para que o bem de Cristo possa viver em mim. Sem isso o mal prevalecerá e nos tornaremos monstros fragmentados pelas exigências desta vida terrena.

PARTE VII: A VIDA DO LADO DE FORA
- Roel Kuiper, *Capital moral: o poder de conexão da sociedade* (Monergismo)

Capítulo 20: Vida em rede (Bruno Mambrim Maroni)
Eleanor Rigby (Beatles)
Esse clássico da banda britânica (composto muito antes da era da cibercultura) fala sobre uma personagem que percorre a cidade olhando para pessoas que se cruzam, mas que estão sozinhas.

Her, filme de Spike Jonze (2013) - https://bit.ly/3iI3Z3H
Esse filme conta a história de um homem em uma sociedade futurista, o qual busca amor e pertencimento na relação com um sistema avançado operacional, Samantha. Um retrato dos relacionamentos tecnologicamente mediados.

Capítulo 21: O pacto de membresia em uma sociedade contratualista (Daniel Ponick Botke)
Jogos Vorazes 1-3 - https://bit.ly/3tZaXW8
A trilogia Jogos Vorazes é uma boa caricatura dos tempos contratualistas em que vivemos. Podemos traçar um paralelo entre a resistência ao sistema, personificada na personagem Katniss, e a resistência ao espírito deste século, esperada da Igreja. Semelhantemente à Katniss, Cristo deu sua vida como oferta agradável a Deus em favor de seus irmãos, para que pudéssemos viver como família de Deus, unidos e firmes na esperança do porvir.

PARTE VIII: TRABALHANDO PELO BEM COMUM
- David Koyzis, *Visões e ilusões políticas* (Vida Nova)
- Pedro Dulci, *Fé cristã e ação política* (Ultimato)

Capítulo 22: Os deuses das fake news (Raquel Albuquerque)
Privacidade Hackeada - https://bit.ly/3Avtps1
Documentário sobre o caso Cambridge Analytica, que coletou dados pessoais nas redes sociais e utilizou no direcionamento de campanhas políticas.

Capítulo 23: Tradutores de Deus (Matheus Gouvêa)
Política e Fé Cristã - https://bit.ly/39syepX
Série de palestras proferidas por Pedro Dulci.

Palestra: O Chamado Cristão à Presença Fiel - https://bit.ly/2W0d13D
Trata sobre o conceito de Presença Fiel a partir do autor James D. Hunter

Capítulo 24: A importância da antítese na formação cristã da criança (Ana Ester de Souza)
A antítese e o protagonismo da criança - https://bityli.com/LScUm

Esse texto do Rev. Pedro Dulci é um exemplo de como a antítese é fundamental para que as crianças assumam posições cristãs frutíferas onde estão plantadas.

PARTE IX: NOSSA RELAÇÃO COM DINHEIRO
- Bob Goudzwaard, *Capitalismo e progresso* (Ultimato)
- Wayne Grudem, *A pobreza das nações* (Vida Nova)

Capítulo 25: Mais que trinta moedas de prata (Marlon Girardello)
Living on One Dollar (Vivendo com um Dólar) - https://amzn.to/3it2u9q
Esse documentário confronta o "sonho americano" e a fé no progresso! Quatro jovens americanos vão à Guatemala para viver por dois meses com um dólar por dia. Esse choque de realidade vai nos levar a questionar onde estamos colocando nossa fé.

Capítulo 26: As histórias que compramos (Bruno Mambrim Maroni)
"XS" (Rina Sawayama) - https://bit.ly/3ssfnUZ
Essa música joga com a palavra em inglês "excess", retratando uma cultura que deseja consumir cada vez mais, excessivamente. Isso ressoa o ponto de vista do Bob Goudzwaard em *Capitalismo em Progresso*.

Propaganda (Muse) - https://bit.ly/37IpMC4
Essa música fala sobre o poder atrativo da propaganda, indicando que não se trata apenas de "vender" um produto, mas de fazer promessas irresistíveis ao consumidor.

Upload, série criada por Greg Daniels (2020) - https://bit.ly/3jS2r6I
A série de comédia/ficção imagina um mundo onde as pessoas podem comprar uma "experiência pós-vida virtual", ilustrando comicamente a economia da experiência, que fala sobre o consumo como meio de transformação pessoal.

PARTE X: DEUS É CRIATIVO
- Hans Rookmaaker, *Filosofia e estética* (Monergismo)
- Hans Rookmaaker, *A arte moderna e a morte de uma cultura* (Ultimato)

Capítulo 28: "Vinda a mim os pequeninos" (Ana Ester de Souza)
Uma playlist para o Ministério Infantil - https://bityli.com/J5mrZ
Músicas para você trabalhar com suas crianças no ministério infantil. As canções fazem parte do álbum *Canta com Júbilo*, da cantora Aninha (uma das autores deste livro).

Capítulo 29: Na paisagem sonora (Bruno Mambrim Maroni)
This is Pop - https://bit.ly/3AIcrGC
Essa série conta sobre episódios decisivos na história da música popular, e assim mostra a enorme influência da indústria musical na cultura, sociedade e espiritualidade.

Discoteca Básica, podcast do jornalista Ricardo Alexandre - https://spoti.fi/37J5msY
Esse podcast de áudio-documentários é uma iniciativa de entender os principais álbuns do mundo da música com o propósito de enriquecer e revalorizar o hábito da escuta - o chamado "deep listening", o que corresponde ao apreço pela arte em uma visão de mundo cristã.

PARTE XI: PALAVRA E NATUREZA
- Alister McGrath, *Teologia natural* (Vida Nova)
- Andrew Briggs, *Curiosidade penúltima* (Ultimato)

Capítulo 32: Contemplando a criação com olhar redimido
Soul - https://bit.ly/2XMbYFs
Um filme que nos ajuda a entender como a vida é preciosa nos detalhes.

Nosso planeta - https://bit.ly/3nUhQXH
Nesse documentário percebemos a grandeza e a beleza da criação de Deus.

PARTE XII: DE VOLTA PARA O FUTURO
- Maarten J. Verkerk, *Filosofia da tecnologia* (Ultimato)
- Egbert Schuurman, *Fé, esperança e tecnologia* (Ultimato)

Capítulo 34: Onde vamos parar? (Abraão Soares Silva)
Black Mirror - https://bit.ly/3AuKVN7
Essa série nos ajuda a refletir sobre o perigo de sermos consumidos pela tecnologia.

Capítulo 36: Um ponto cego (Marlon Girardello)
Dilema das Redes - https://bit.ly/3lBTMHV
Esse documentário desvela os pressupostos e as intenções por trás da criação de artefatos tecnológicos, demonstrando como isso muda a maneira que interagimos e nos relacionamos.

Essas e outras indicações também podem ser consultadas com o *QR Code* abaixo:

Este livro foi impresso pela Lis Gráfica, em 2021,
para a Thomas Nelson Brasil.

A fonte de texto é a Minion Pro, de Robert Slimbach.
A fonte dos títulos é a Alegreya, de Juan Pablo del Peral.

No miolo foi usado papel pólen soft 70g/m².
Na capa foi usado papel cartão 250g/m².